Uwe George, 1940 in Kiel geboren, arbeitet seit 1961 in der Wüstenforschung. Zahlreiche lange Forschungsexpeditionen führten ihn in die Sahara. Er unternahm weitere Reisen nach Südamerika und in die arktischen Trockengebiete, und seine Forschungsaufenthalte in den Wüsten Nordamerikas dauerten insgesamt fast drei Jahre. Seit 1970 ist er freier Wissenschaftsjournalist für den Norddeutschen Rundfunk und ist außerdem Mitarbeiter von *GEO*. Er drehte zahlreiche Fernsehfilme über Wüstenforschung. 1971 erhielt er den Förderpreis des Stifterverbandes für die Deutsche Wissenschaft für eine Filmdokumentation über die Sahara.

Vollständige Taschenbuchausgabe
Droemersche Verlagsanstalt Th. Knaur Nachf. München
Lizenzausgabe mit freundlicher Genehmigung des
Hoffmann und Campe Verlags, Hamburg

Umschlagfoto Bavaria Verlag
Umschlaggestaltung Bine Cordes
Satz Fotosatz Weihrauch, Würzburg
Druck und Bindung Ebner Ulm
Printed in Germany · 1 · 10 · 1083
ISBN 3-426-03714-9

1. Auflage

Uwe George:
In den Wüsten dieser Erde

Mit 94 teils farbigen Abbildungen

Knaur

ISBN 3-426-03714-9 1280

Meiner Frau,
die mir während meiner Wüstenjahre
treu zur Seite gestanden hat

Das Leben siedelt sich an
wie Moos an altem Gemäuer.
Für eine kurze Periode,
nur für einen glücklichen Tag
im Ozean der Ewigkeit.

Antoine de Saint-Exupéry

Danksagung

Dieses Buch und die in ihm beschriebenen eigenen Forschungen wären ohne die Hilfe und Mitarbeit meiner Frau - oft unter großen körperlichen Strapazen und Entbehrungen - nicht zustande gekommen.
Danken möchte ich auch meinen beiden nordafrikanischen Freunden, Monsieur Benamar und Monsieur Mohammed Seddiqui, für ihre Gastfreundschaft und Hilfe.
Dank gebührt darüber hinaus Herrn Vitus B. Dröscher, der den Kontakt zum Verlag herstellte, und dem Verlag, der die großzügige Ausstattung des Buches mit Fotomaterial ermöglichte.
Ferner bin ich folgenden Personen für die Durchsicht einzelner Manuskriptteile zu Dank verpflichtet: Herrn Prof. Dr. Gerhard Alberti, Frau Dr. Claudia Nebelsiek, Herrn Dr. Ulrich Nebelsiek, Herrn Dr. Peter von der Osten Sacken.

U. G.

Inhalt

1. Land ohne Schatten

Ein form- und geräuschloser Zustand

Sand soweit das Auge reicht, flimmernde Hitze, kein Wasser und keine Spur von Leben, so stellen sich die meisten Menschen die Wüste vor. Für die Menschen, die in feuchten, fruchtbaren Klimazonen leben, ist die Wüste geradezu ein Symbol der Unfruchtbarkeit und Lebensfeindlichkeit. Dieses Bild der Wüste entstand aus einer ablehnenden Haltung. Der Begriff Wüste erweckt Emotionen, bei vielen Menschen sogar Angst. Die Wüste ist für sie ein unendlicher grenzenloser Raum ohne Orientierungsmöglichkeiten, ohne Sicherheit. Besonders bei Bewohnern dichtbesiedelter Gebiete, bei Bewohnern von Großstädten erzeugt die Vorstellung der oft ozeanischen Weite einer Wüste ein Gefühl des Verlassenseins. In einigen arabischen Ländern wird die Wüste als »Bahr belà mà«, bezeichnet, was soviel heißt wie »Meer ohne Wasser«. In alten arabischen Reiseberichten wird die Karawanenreise durch die Sahara mit der Reise über das Meer verglichen, und der Südrand der Sahara, die sogenannte Sahelzone, in der die »Große Wüste« allmählich in die Savanne übergeht, wird als das Ufer gepriesen, das es zu erreichen gilt.
Viele Menschen, die die Gelegenheit hatten, durch die Wüste zu reisen, berichten, daß sie stets ein Gefühl der Unsicherheit und Leere empfanden. Für sie, meist Bewohner von Städten, war der soziale Kontakt, der Kontakt, den die Augen mit dem Mitmenschen, mit dem Haus des Nachbarn oder sei es nur mit den schützenden Wänden und Decken eines Hauses herstellen, in der grenzenlosen Weite der Wüste und unter einem gleißenden, wolkenlosen Himmel nicht mehr vorhanden. Sie fühlten sich ausgesetzt, unbekannten Gefahren ausgeliefert. Diese Erfahrungen und die Tatsache, daß viele Wüstengebiete noch bis vor wenigen Jahrzehnten zu den unerforschten Regionen auf unserer Erde gehörten, führten dazu, daß das Wort »Wüste« im Sprachgebrauch immer dann benutzt wird, wenn das Gegenteil von Heimat, Geborgenheit und Sicherheit ausgedrückt werden soll. Ich selbst habe einmal auf einer Expedition durch die zentrale Sahara ohne sichtbaren Grund starke Beklemmungen und Ängste empfunden. In einem Geländefahrzeug durchquerten wir zu dritt einen Wüstenabschnitt in der inneren Sahara. Es

handelte sich um ein Gebiet, in dem es von Horizont zu Horizont nicht die geringste Erhebung gab. Es waren weder Anzeichen irgendeines Lebewesens vorhanden, noch war die kleinste Pflanze zu sehen. Hier war die Wüste eben wie ein Tisch, und das auf einer Fläche, die etwa so groß war wie die Bundesrepublik Deutschland. Diese Landschaften in der inneren Sahara bezeichnet man als Serir.

Es war später Nachmittag, als wir beschlossen, an einem Ort, den man nicht näher bezeichnen noch durch irgend etwas charakterisieren kann, anzuhalten und ein Camp aufzuschlagen. Außer dem abstrakten Schnittpunkt der geographischen Länge und Breite gab es nichts, durch das sich dieser Ort von anderen Orten in dieser Landschaft unterschieden hätte.

Am nächsten Morgen, einem kühlen Wintertag, brach ich – ausgerüstet mit Wasserflasche und Kompaß – allein zu einer Wanderung auf, während meine Gefährten im Camp blieben, um Beobachtungen der vergangenen Tage aufzuzeichnen. Ich hatte mir an diesem Tag vorgenommen, auf der einförmigen Gesteinsoberfläche nach Mikroorganismen, die einzigen Lebensformen, die hier vielleicht noch zu existieren vermochten, zu suchen. Ich entfernte mich allmählich immer weiter von der künstlichen Landmarke, dem Auto und dem Zelt. In den Boden, der aus unzähligen, erbsengroßen Steinen bestand, prägten sich die Abdrücke meiner Schuhe einen Zentimeter tief ein. Meine Spur war wahrscheinlich die einzige größere und sichtbare Veränderung, die sich hier in den letzten Jahrtausenden vollzogen hatte. Ich lief immer weiter in die Richtung, die mir der Kompaß anzeigte, nach Osten. Ich weiß nicht, wie lange ich gelaufen war, als ich eine Rast einlegte und mich umschaute. Ein Schrecken durchzuckte mich. Das Camp, das ich vor gar nicht langer Zeit noch als kleine Landmarke erkennen konnte, war verschwunden. Ich mußte demnach mehr als acht Kilometer zurückgelegt haben. Das ist die Entfernung, bei der sich für einen auf flachem Boden oder am Meeresstrand stehenden Beobachter die Erdkrümmung bereits bemerkbar macht. Bei dieser Krümmung verschwinden niedrige Landmarken, wie z.B. Schiffe, hinter der Horizontlinie.

Ich stand völlig allein, und mein Körper bildete den Mittelpunkt einer riesigen, leeren Scheibe. Der Horizont um mich bildete einen durch nichts unterbrochenen Kreis. Der Himmel war von einer grellen, farblosen Helligkeit, und es war nicht eine Wolke zu sehen. Außer mir und dem Grund, auf dem ich stand, gab es nur noch die grellweiße, flimmernde Sonnenscheibe. Sie befand sich jedoch in kosmischer Entfernung und war daher für mich kein Bezugspunkt, der in irgendeiner Beziehung zu meiner persönlichen Existenz stand. Ein unbeschreibliches Gefühl der Verlassenheit überwältigte mich. Ich schien plötzlich keinerlei Empfinden mehr für räumliche oder zeitliche Dimensionen zu besitzen. Hier, wo keine Maßstäbe mehr vorhanden waren, schien auch ich keine inneren Maßstäbe mehr zu besitzen, an denen ich mich orientieren konnte. Vom nächsten Lebewesen schien mich nicht nur eine unendliche Entfernung zu trennen, sondern auch eine unüberwindbar erscheinende, zeitlose Dimension. Diese Eindrücke wurden sicherlich mit dadurch hervorgerufen, daß es an diesem Tag absolut still um mich herum war. Man konnte auch nicht das leiseste Geräusch hören, das der Wind zwischen den kleinen Steinen oder in meiner Kleidung hätte verursachen können. Das Gehörzentrum schien diesen geräuschlosen Zustand dadurch auszugleichen, daß plötzlich Körperfunktionen, die ich bisher nie als Geräusche wahrgenommen hatte, laut an mein Ohr zu dringen schienen. Ich hörte jeden Herzschlag, und selbst das Strömen des Blutes in meinen Adern vernahm ich. Ein Schluck aus der Wasserflasche verursachte ein lautes, gurgelndes Geräusch, als das Wasser durch die Speiseröhre in den Magen rann. Mein Zustand steigerte sich bis zur Angst. Ich hatte das Gefühl, das einzige Lebewesen auf einem toten, fernen Himmelskörper zu sein. Mein Blick fiel auf meine Spur, die im gleichen Moment eine ungeheure Bedeutung anzunehmen schien. Sie war der Beweis dafür, daß ich ein geschichtliches Wesen war, und ihr Verlauf zum Rand der Scheibe, zum Horizont, zeigte mir, daß meine Wanderung einen Anfang, einen Ausgangspunkt gehabt haben muß. Ich begann, in meinen eigenen Spuren zurückzulaufen und beendete den Dauerlauf erst, als das Camp als winziger Punkt am Horizont auftauchte.

In der Nacht dachte ich dann lange an die Astronauten, die als erste den Mond betreten hatten, und mir wurde bewußt, wie sinnvoll es doch ist, zu zweit zu sein. Die Zweisamkeit ist sicherlich die kleinste Einheit, in der höherentwickelte Lebewesen kosmische Dimensionen zu ertragen vermögen. Seit diesem Erlebnis weiß ich, daß absolut lautlose Zustände, die außerhalb des eigenen Körpers liegen, nur inmitten einer großen Wüste bestehen. Seitdem höre ich selbst in schalldichten Kabinen noch schwache Restgeräusche, die von außen durch die Isolierung an mein Ohr dringen.

Der Wüstentyp der einförmigen Serir stellt trotz seiner Größe nur einen kleinen Teil der Gesamtfläche der Wüsten dar. Ähnlich verhält es sich auch mit den Gefühlen, die der Mensch der Wüste entgegenbringt. Die instinktiv empfundenen Ängste vor den unfaß-

baren Weiten der Wüste sind nur die eine Seite menschlicher Empfindungen. Die andere Seite ist das Empfinden grenzenloser Freiheit und Ungebundenheit. Die Menschen der industriellen Massengesellschaft verlieren mehr und mehr ihre persönliche Identität. Wünsche und Sehnsüchte werden durch einen allumfassenden Konsumterror geschickt ausgenutzt, scheinbar erfüllt und erdrosselt. Die Umwelt ist so kompliziert geworden, daß der einzelne nicht mehr in der Lage ist, intuitiv und naiv das Ganze zu erfassen. Der Handlungsspielraum der Individuen ist eingeschränkt worden, und weitgehend anonyme Mächte verwalten ihre Existenz. Ein Bewohner einer Stadt mit einer Million Einwohnern ist eben nur ein Teil des Ganzen, genau ein millionstel Teil. Entscheiden tut die Mehrheit, die Masse. Der einzelne erfüllt oft nur noch eine Funktion, die seinen Möglichkeiten insgesamt nicht mehr gerecht wird.
Das Erlebnis, auf sich allein gestellt durch die grenzenlosen Weiten der Wüste zu wandern, nur seinen eigenen Fähigkeiten vertrauend, ermöglicht es, die eigene Identität wiederzufinden. Man kann den Ballast, den die Leistungsgesellschaft in unserer Seele angehäuft hat, abschütteln und zu seinem Ursprung, zu den Träumen der Kindheit zurückkehren. Hier in der Wüste ist das forschende Wandern noch möglich, in einer Landschaft, in deren Weiten noch jedes Geheimnis denkbar erscheint. So besehen wird die Wüste zu einer Landschaft, in der der menschliche Geist ungebunden schweifen kann, zu einer Landschaft, die das tiefste Bedürfnis des Menschen befriedigen kann, geistige Freiheit. Ein französischer Saharaforscher hat einmal gesagt: »Die Wüste ist wahrscheinlich die am meisten geliebte Landschaft unserer Erde.«
Es gibt aber noch eine andere Seite der Wüste, eine erbarmungslose, grausame, die ihren Ausdruck in Hungersnöten findet. In den letzten Jahren breiteten sich die Wüsten auf unserer Erde explosionsartig aus. Jeden Tag wächst die Fläche der Wüste um ca. 100 qkm, und jeden Tag sterben direkt oder indirekt etwa 200 Menschen an den Folgen dieser Ausbreitung. Besonders die Menschen, die am Rande der größten Wüste unserer Erde, der Sahara, leben, sind betroffen. Das Klima in diesem Raum wird immer trockener. Regenfälle bleiben für viele Jahre ganz aus. Die Folge davon ist: die Brunnen, die Wasser zum Trinken und zur Bewässerung der Felder liefern, versiegen. Immer häufiger auftretende Sandstürme verwüsten die Felder und lassen die letzten Brunnen versanden. Die natürliche Vegetation, die Büsche und Gräser vertrocknen. Der Stolz der Nomaden, die Ziegen-, Schaf- und Kamelherden, finden keine Nahrung mehr. Die Tiere verhungern und verdursten. Ständig

steigender Nahrungsmangel führt schließlich beim Menschen zur Unterernährung. Schwach und ohne Widerstandskraft ist er schutzlos Krankheiten ausgeliefert, die einen fürchterlichen Tribut fordern. Die Hungerkatastrophen, die besonders in den letzten Jahren Afrika heimsuchten, sind erst der schauerliche Auftakt einer Kette von Hungersnöten, die in den nächsten Jahrzehnten auf die Menschheit zukommen wird. Afrika ist ein austrocknender Kontinent, auf dem die Wüste ihren Siegeszug unaufhaltsam fortsetzt. Die Menschen werden auf immer kleineren Flächen zusammengedrängt, bedingt zum einen durch die ständig steigende Ausdehnung der Wüste, zum anderen durch den noch schneller steigenden Geburtenüberschuß. Daß die Wüste diesen makabren Wettlauf gewinnen wird, zeigen die Berichte und Bilder der letzten Jahre von der Hungerfront in Westafrika, Zentralafrika und Äthiopien. Die Wüste wird letztlich verhindern, daß die Zahl der Menschen auf diesem Planeten in den Himmel wächst. Die so oft genannten und gefürchteten 20 Milliarden Menschen um die Jahrtausendwende wird es wahrscheinlich niemals geben.

Ein riesiger weißer Fleck

Bis zu dieser Stelle des Buches hat der Leser einiges über die Verschiedenartigkeit menschlicher Beziehungen zur Wüste erfahren. Persönliche, subjektive Eindrücke und Erlebnisse von Reisenden, daneben die Tatsache, daß für die Bewohner der Wüste oder deren Randgebiete diese Landschaft oft nichts weiter darstellt als einen Feind, gegen den es zu kämpfen gilt. Wie aber sieht nun diese Wüste wirklich aus, wie ist diese Landschaft beschaffen? Ist es möglich, ihre Erscheinung, ihr Wesen mit Hilfe der Naturwissenschaften zu objektivieren, um dadurch zu Erkenntnissen von allgemeiner Bedeutung zu gelangen? Aufgrund der exakt beobachtenden Naturwissenschaften wird es möglich, aus Erscheinungen, Eindrücken und Naturvorgängen ein Gesamtbild dieser Landschaft zu erhalten. Man mag hier entgegnen, daß die naturwissenschaftliche Betrachtungsweise allein nicht ausreicht, das tiefste Wesen der Wüste ganz zu erfassen. Die Naturwissenschaft liefert letztlich nur den mathematischen Beweis dafür, was der naive Wüstenwanderer intuitiv als den Endzustand aller Dinge erfährt. Aber weder die reine Intuition noch die mathematische Exaktheit des Naturwissenschaftlers führt zum Ziel, sondern nur die Synthese dieser beiden menschlichen Auffassungsweisen. Dies gilt ganz besonders für die Erforschung der Wüsten.

Gerade die Verlockungen der grenzenlosen geistigen und seelischen Freiheit, das Unberechenbare zusammen mit dem Wissensdrang, ja oft sogar das lockende Abenteuer, zogen die ersten Forscher in die unwirtlichste aller Landschaften.
Es war die größte Wüste unserer Erde, die Sahara, die die ersten europäischen Reisenden, überwiegend Wissenschaftler, in ihren Bann schlug. Vor den Toren Europas gelegen, war sie verhältnismäßig leicht zu erreichen. Bis zum heutigen Tag ist die Sahara der Inbegriff der Wüste schlechthin geblieben. Die Römer besaßen wohl als erste »Ausländer« detaillierte Kenntnisse dieser großen Wüste. Bereits vor 2000 Jahren unternahmen sie zahlreiche Expeditionen in die Sahara, und ihnen ist wahrscheinlich auch die erste Nord-Süd-Durchquerung gelungen. Die Berichte römischer Geographen gingen jedoch leider verloren oder blieben bis vor kurzem unbeachtet. Arabische Wissenschaftler besaßen ebenfalls vor 1000 Jahren schon genaue Kenntnisse über viele Teilregionen der Sahara. Durch die Verständigungsschwierigkeiten in Sprache und Schrift blieben ihre Erkenntnisse jedoch dem Abendland weitgehend verschlossen. Auf den Weltkarten des 18. Jahrhunderts war dort, wo die Sahara liegt, noch ein riesiger weißer Fleck eingezeichnet. Auf einigen Karten war dieser weiße Fleck ausgefüllt mit phantastisch anmutenden Lebewesen, die Gift und Feuer spien oder fremde Eindringlinge verschlangen. Noch 100 Jahre später, Mitte des letzten Jahrhunderts, war der große Naturforscher Alexander von Humboldt der Meinung, die Sahara sei eine riesige gleichförmige Sandwüste. Erstaunlicherweise existiert dieses völlig unrealistische Bild bis zum heutigen Tag in den Köpfen vieler Menschen. Bei einer Umfrage würden es sicherlich noch 95 von 100 Menschen bestätigen.
1826 hatte der Schotte Gordon Laing als erster Europäer die sagenumwobene Wüstenstadt Timbouktou erreicht. Ein Jahr später betrat dann der Franzose René Caillie diesen bedeutenden Karawanenknotenpunkt am Südrand der Sahara. Die Zeit der systematischen Erforschung begann mit dem deutschen Forschungsreisenden Heinrich Barth, der 1850 eine fünfjährige Reise nach Nordafrika antrat. Ihm folgte 1863 Gustav Nachtigal, der als erster das 3500 Meter hohe Tibesti-Gebirge in der östlichen Sahara besuchte. Anschließend zog Nachtigal weiter nach Schwarzafrika, in das damalige Bornu-Reich. Man vermag sich heute kaum noch vorzustellen, welchen Strapazen und Gefahren diese ersten Forschungsreisenden ausgesetzt waren. Jahrelang waren sie völlig auf sich allein gestellt, in Gebieten unterwegs, die zuvor noch niemals ein Europäer betreten hatte und die oft so viele Gefahren bargen, daß selbst Einheimische

sich weigerten, als Führer mitzuziehen. Die »ungläubigen« Christen mußten oft monatelang als Araber verkleidet mit Karawanen durch glühende, wasserlose Einöden ziehen, um das Ziel ihrer Forschungen zu erreichen. Um unentdeckt zu bleiben, mußten sie die Sprache und die Sitten der fremden Völker genauestens beherrschen. Hätte man sie entdeckt, es wäre in vielen Fällen ihr sicherer Tod gewesen. Als Gustav Nachtigal nach Jahren wieder in Deutschland eintraf, berichtete er dem preußischen König seine Erlebnisse und Forschungen. Dieser war davon so begeistert, daß er ihn beauftragte, zwei lebensgroße Gemälde von sich und seiner Frau dem König des südlich der Sahara gelegenen Bornu-Reiches zu überbringen. Nachtigal befolgte diesen eitlen Befehl Seiner Majestät und begab sich erneut auf eine mehrjährige gefahrvolle Karawanenreise durch die Sahara. Am 5. Juli 1870 überreichte er Scheich Omar von Bornu das Konterfei des preußischen Königs. Die Bücher und Berichte, die Barth und Nachtigal über ihre Reisen veröffentlichten, gehörten in der damaligen Zeit zu den Bestsellern. Heute stehen sie ungelesen in den Kellern der Bibliotheken.

Unter den ersten Erforschern der Sahara befand sich auch eine Frau, die Engländerin Alexandrine Tinné. Nach den Aussagen zeitgenössischer Berichte war sie von auffallender Schönheit. Sie war gerade 29 Jahre alt, als sie 1869 mit einer Karawane versuchte, durch die Sahara ins Innere Afrikas vorzustoßen. Die Karawane wurde jedoch in der Nähe der libyschen Oase Murzuk von räuberischen Tuaregs überfallen und völlig ausgeplündert. Miss Tinné ereilte ein tragisches Schicksal. Bei dem Überfall wurde sie gefangengenommen, und anschließend hackte man ihr den rechten Arm ab. Völlig auf sich allein gestellt, verblutete diese mutige Frau im Innern der Sahara.

In die Zeit dieser ersten europäischen Forschungen fällt auch die Errichtung des Kolonialreiches. Zwischen 1830 und 1880 eroberten die Franzosen große Teile Nordafrikas. Die Wüstenforschung wurde von nun an zu einem großen Teil von Militärs betrieben. Zum erstenmal wurden zahlreiche, befestigte Wüstenposten eingerichtet, die auch von Wissenschaftlern als Stützpunkte benutzt werden konnten. Da in dieser Phase der Kolonialisierung Afrikas jedoch viele Untersuchungen rein machtpolitische Ziele verfolgten, braucht diese Phase hier nicht näher behandelt zu werden.

Wenn man über die Erforschung der Wüsten spricht, darf der Name Théodore Monod nicht ungenannt bleiben. Dieser französische Wüstenforscher gilt als der vielleicht beste Kenner der Sahara. Ab 1934 erregte er großes Aufsehen mit seinen gewagten Kamelritten durch die entlegensten und unerforschtesten Gebiete der Sahara.

Am 12. Dezember 1954 brach Monod von der kleinen mauretanischen Oase Waddan in der westlichen Sahara mit zwei Eingeborenen und mehreren Reit- und Lastkamelen zu einem in der Wüstenforschung beispiellosen Unternehmen auf. Er wollte einen der letzten weißen Flecken erforschen, ein sogenanntes »empty quarter«. Wochenlang war Monod im Niemandsland der Südwest-Sahara unterwegs. Am Tage peitschten ihm glutheiße Sandstürme ins Gesicht, und in den Nächten waren die Männer schneidender Kälte ausgesetzt. Monod und seine Begleiter liefen oft tagelang zu Fuß, um die Reitkamele zu schonen. Völlig erschöpft hielten sich die Männer dabei oft an den Schwänzen der Kamele fest. In wochenlangen Märschen legte die kleine Karawane 900 Kilometer durch ein völlig wasserloses Gebiet zurück und stellte damit nebenbei einen Weltrekord auf. Niemals zuvor hatten Menschen eine derartige Entfernung zwischen zwei Wasserstellen in der Wüste zurückgelegt. Monod machte auf diesem Marsch sensationelle Entdeckungen. Er fand inmitten der Sahara riesige, ausgetrocknete Seen, an deren Ufer sich Überreste alter Fischersiedlungen befanden. Tausende von Knochenharpunen lagen verstreut im Wüstensand. Der Grund der ausgetrockneten Seen war bedeckt mit den Knochen von Flußpferden, Fischen und Krokodilen. Diese rätselvolle Entdeckung werden wir später genauer behandeln. Nach 22 Tagen erreichte die Karawane den Brunnen Arauan. Nachdem die Männer ihre Wasservorräte aufgefüllt hatten, zogen sie noch am selben Tag weiter. Sie legten abermals 850 Kilometer durch ein Gebiet zurück, das in ihren Karten nur als riesige weiße Fläche eingezeichnet war. Nach insgesamt eineinhalb Monaten trafen sie völlig ausgemergelt in der Oase El Galluja ein, nachdem sie insgesamt 1750 Kilometer zurückgelegt hatten.

Heute wird ein Teil der Wüstenforschung von Flugzeugen und Satelliten aus durchgeführt. Aber nach wie vor muß die Hauptarbeit am Boden verrichtet werden, und noch immer gibt es in den Wüsten weiße Flächen. In der wenig durchforschten östlichen Sahara liegen Gebiete, die bis heute kein Mensch betreten hat. Der modernen Wüstenforschung geht es jedoch schon lange nicht mehr darum, die letzten verbliebenen weißen Flecken auf den Landkarten auszutilgen, sondern man bemüht sich, die Rolle der Wüste innerhalb der Erdgeschichte und ihre Auswirkung auf die Lebensentwicklung zu erforschen. Diese komplexen und zum größten Teil sehr schwierigen Fragestellungen lassen sich heute nur noch interdisziplinär lösen. Heute arbeiten Biologen, Geologen, Paläontologen und Klimaforscher, um nur einige zu nennen, in der Wüstenforschung zusammen. Eine Forschung, die in der Lage ist, das Phänomen Wüste umfassend zu erkennen und zu beschreiben, hat den Schlüssel zur Vergangenheit und Zukunft unserer Erde gefunden.

Die Ursachen der Wüstenbildung

Jedes Gebiet unserer Erde kann theoretisch zu einer Wüste werden, wenn sich über einen längeren Zeitraum keine Wolken bilden. Der Regen bliebe dann aus, und die Sonnenstrahlen könnten ständig ungehindert auf die Oberfläche des Landes fallen. Die Vegetation würde verdorren, und in kürzester Zeit würde sich das Land in eine Wüste verwandelt haben. Die Wissenschaft hat genaue Normen erarbeitet, um echte Wüsten von ähnlichen Landschaften, z.B. kahlen Gesteinsregionen in Gebirgen oder durch Überweidung entstandene Verkarstungsgebiete, zu unterscheiden. Da Regen eine der Grundvoraussetzungen für das Leben auf den Kontinenten ist, hängt der Typ der Landschaft des Lebensraumes, man kann auch sagen des Biotopes, von der Höhe der Niederschläge ab. Hinzu kommt als weiterer wichtiger Faktor eine ganz bestimmte Menge von Sonneneinstrahlung, von Wärme. Die Klimabedingungen sind also für jeden Landschaftstyp auf unserer Erde genau festgelegt. Das gilt nicht nur für die großen Klimazonen unserer Erde, wie z.B. die Tropen, die Subtropen, die Wüste und die Arktis, sondern auch für die unzähligen Kleinklimabereiche innerhalb der großen, geschlossenen Klimazonen, die erheblich vom Großklima abweichen können. An Nordhängen wachsen z.B. andere Pflanzen als an sonnigen Südhängen. Jeder, der einen Garten oder ein Blumenfenster besitzt, kennt diese Zusammenhänge. Einige Pflanzen wachsen nur in feuchtem, schattigem Kleinklima unter großen Bäumen, andere wiederum benötigen einen sonnigen, trockenen Standpunkt für ihre Entfaltung. Eine typische Kleinklimazone innerhalb der Wüste ist die Oase, die zwar keine »Sonderzuteilung« von Regen erhält, sondern sich durch das Vorhandensein von Grundwasser auszeichnet.
Man bezeichnet eine Landschaft als Wüste, wenn sie weniger als 250 Millimeter Niederschlag im Jahr erhält. In zahlreichen Wüstengebieten erhalten vor allem die inneren Zonen noch weit weniger Regen. Die niedrigste, für eine Landschaft auf unserer Erde ermittelte Durchschnittsmenge liegt bei nur 10 mm Niederschlag im Jahr. Im Gegensatz dazu erhält die tropische Zone des Regenwaldes durchschnittlich 200 Millimeter Niederschlag und einige Gebiete sogar bis

zu 5000 Millimeter Niederschlag im Jahr. Während andere Klimabereiche, z.B. die Tropenzone, ausgeprägte, feststehende Regen- und Trockenzeiten besitzen, fällt der Regen über den Wüsten ganz unregelmäßig. Es gibt praktisch auf der Erde kein einziges Wüstengebiet, in dem die durchschnittlichen 250 Millimeter Regen regelmäßig jedes Jahr fallen. So hat man z.B. in Gebieten der inneren Sahara innerhalb von 20 Jahren niemals einen Tropfen Regen registriert, obwohl der Jahresdurchschnitt für diese Region 100 Millimeter beträgt. Dann kann es aber eines Tages vorkommen, daß Irrläufer unter den Wolken bis in diese Region gelangen und unvorstellbare Regenmassen abladen. Wer einmal derartige Regenfälle inmitten einer Wüste erlebt hat, hat das Gefühl, als sei eine Wasserschleuse geöffnet. Einzelne Tropfen sind nicht mehr zu unterscheiden. Das Wasser scheint wie ein Sturzbach vom Himmel zu fallen. Auf der durch keine Pflanzendecke geschützten Wüstenoberfläche kommt es dann zu großen Überschwemmungen. Das Wasser sucht sich seinen Weg in die Senken und gräbt dabei metertiefe Rinnen in den Untergrund. Aus diesem Grunde trifft man selbst in den trockensten Regionen der Wüste überall auf Spuren, die strömendes Wasser hinterlassen hat. Die Wadis, wie die ausgetrockneten Bach- und Flußläufe in Nordafrika genannt werden, füllen sich in kürzester Zeit mit Wasser und werden zu reißenden Flüssen. Die Kraft des Wassers ist so groß, daß die gelbbraunen Fluten Tausende Tonnen Schlamm, Sand und Geröll mit sich führen. Es kann vorkommen, daß man am Rand eines seit Jahrzehnten ausgetrockneten Flußbettes steht und in der Stille der Wüste ein fernes Brausen vernimmt. Dieses Brausen steigert sich in wenigen Minuten zu einem gurgelnden Donner, und man erblickt plötzlich eine zwei Meter hohe Wand aus quirlendem braunem Wasser, die aus einer Biegung des ausgetrockneten Flußlaufes herausschießt. Ehe man sich vom ersten Schrecken erholt hat, steht man am Ufer eines entfesselten Wildflusses, der sogar größere Felsbrocken mit sich führt. Diese seltenen, aber unwetterartig auftretenden Wolkenbrüche sind der Grund dafür, daß in den Wüsten wahrscheinlich schon viel mehr Menschen ertrunken als verdurstet sind, und eine der Grundregeln jeder Wüstenreise lautet: Niemals in ausgetrockneten Flußläufen, in Wadis, campieren! Da die Flüsse oft nur wenige Stunden fließen, erreichen sie niemals das meist weitentfernte Meer. Nach kurzem Lauf versickern sie im Untergrund.

In der Wüste kann also in wenigen Stunden die Regenmenge niederregnen, die in den Statistiken der Meteorologen für einen Zeitraum von Jahrzehnten angegeben ist und die die Grundlage für die ange-

Jahresumlauf der Erde um die Sonne

gebenen Jahresdurchschnittsmengen bilden. Ein weiteres Kennzeichen der Wüste sind die hohen Temperaturen. Da sich kaum Wolken bilden und der Feuchtigkeitsgehalt der Luft sehr niedrig ist, er beträgt oft nur 2–5 Prozent, können die Sonnenstrahlen ungehindert auf die Wüstenoberfläche treffen. Bis zu 95 Prozent erreichen den Boden. In den gemäßigten Klimazonen ist das nur bei 30–40 Prozent der Fall; der Rest wird von den Wolken, der hohen Luftfeuchtigkeit, den Pflanzen und im Wasser von Seen und Flüssen absorbiert. Das größte Extrem zur Wüste bildet hier wieder der tropische Regenwald. Bedingt durch Wolken, sehr hohe Luftfeuchtigkeit und das dichte Blätterdach der Urwaldbäume, erreicht hier oft nur 1 Prozent des Sonnenlichtes den Boden. In der Wüste führt die hohe Sonneneinstrahlung zu einer enormen Erhitzung des Wüstenbodens. In Gebieten der Sahara, wo der Boden aus schwarzem Gestein besteht, wurden Bodentemperaturen bis zu 85 Grad Celsius gemessen. Solche Gebiete sind während der Sommermonate unbetretbar. Trotzdem leben auf dieser heißesten und trockensten Oberfläche unserer Erde noch Pflanzen und Tiere. Ich werde an anderer Stelle dieses Buches darüber berichten.

Eine eigentümliche Erscheinung vieler Wüsten sind die sogenannten »Geisterregen«. Wolken, denen es gelungen ist, bis über eine Wüstenregion zu gelangen, ballen sich zusammen. Wie schwarze Vorhänge sieht man den Regen fallen. Aber plötzlich, kurz bevor der Regen die Erde und die durstenden Pflanzen erreicht, trifft er auf die heiße Luftschicht, die sich über dem Boden gebildet hat, und verdunstet sofort. So geht der größte Teil der ohnehin schon seltenen Regenfälle wieder verloren. Die entstehende Verdunstungskälte löst manchmal die Hitzeschicht auf. Ein eventueller zweiter Guß hat die Chance, den Boden zu erreichen.

Die gleichen atmosphärischen Bedingungen, die am Tag eine hohe

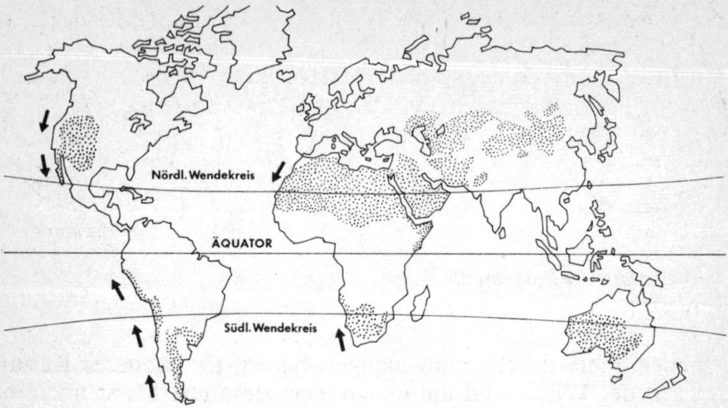

Weltkarte der Wüsten. Die schwarzen Pfeile geben die für die Bildung der Küstenwüsten wichtigsten kalten Meeresströmungen an.

Sonneneinstrahlung ermöglichen, führen nachts zu der starken Abkühlung. Die fehlenden Wolken und die geringe Luftfeuchtigkeit führen dazu, daß 95 Prozent der am Tage im Boden gespeicherten Hitze wieder abgestrahlt wird und in höhere Luftschichten entweicht. In den gemäßigten Klimazonen dagegen wird nachts nur etwa die Hälfte der im Boden gespeicherten Wärme abgegeben, die andere Hälfte wird durch Wolken und Vegetation wieder zurückgestrahlt.

Die Verteilung der Wüsten auf unserer Erde ist keineswegs zufällig. Die meisten liegen in den Subtropen, in der Region der Wendekreise. Zwei Gürtel dieser sogenannten Wendekreiswüsten umspannen die Erde, ein nördlicher und ein südlicher. Zu den Wüsten der nördlichen Wendekreisregion gehört die Sahara, die Wüste der arabischen Halbinsel und ein Teil der persischen Wüste sowie die Wüsten Mexikos und der südliche Teil der nordamerikanischen Wüsten. In der Region des südlichen Wendekreises liegt die Kalahari-Wüste in Südafrika, ein Teil der Patagonischen Trockensteppe in Argentinien und der zu einem großen Teil aus Wüste und Wüstensteppe bestehende australische Kontinent.

Da die Kontinentalmasse auf der nördlichen Halbkugel viel größer ist als auf der südlichen, sind die Wüsten auf der Nordhalbkugel auch entsprechend größer. Der Grund für die Entstehung dieser Wendekreiswüsten ist die kugelförmige Gestalt der Erde und die Neigung der Rotationsachse, die 23,5 Grad beträgt. Die Erde dreht sich in 365 Tagen einmal um die Sonne. Dabei behält die Rotationsachse der Erde, abgesehen von kleinen Schwankungen, stets die gleiche Neigung. Wegen dieser Achsenneigung ist die nördliche Erdhälfte zeitweise der Sonne zugewandt. Dann ist dort Sommer, und über dem nördlichen Wendekreis steht die Sonne genau im Zenith, also senkrecht. In diesen Breitegraden ist deshalb zu dieser Zeit die Aufheizung der Erdoberfläche am größten. Entscheidend für die jahreszeitlich bedingten Temperaturschwankungen auf der Erde ist also nicht die Entfernung, die die Sonnenstrahlen zurücklegen müssen, sondern der Winkel, in dem sie auf die Erdoberfläche auftreffen. Nach sechs Monaten Umlaufzeit ist dann die nördliche Erdhälfte, bedingt durch die gleichbleibende Stellung der Rotationsachse, der Sonne abgeneigt. Die Sonne steht jetzt senkrecht über dem südlichen Wendekreis und verursacht hier die größte Aufheizung. Der Sonnenhöchststand wechselt innerhalb eines Jahres vom nördlichen zum südlichen Wendekreis und wieder zurück. Die Region zwischen den Wendekreisen wird also wegen dieses zweimaligen Zenithdurchlaufes der Sonne am meisten aufgeheizt. Das ist ein wesentlicher Grund dafür, weshalb die meisten Wüsten in den Wendekreisregionen liegen.

Ein weiterer Faktor für die Wüstenbildung sind die Luftdruckverhältnisse auf der Erde. Bedingt durch die unterschiedliche Erwärmung der Luftmassen an unterschiedlichen Orten der Erde und ihre Rotationsgeschwindigkeit bei ihrer Drehung um ihre Achse, kommt es in der Atmosphäre zu starken Luftbewegungen in Form riesiger vertikaler und horizontaler Verwirbelungen. Jeder Ort am Äquator bewegt sich beispielsweise mit einer Geschwindigkeit von ca. 1600 Kilometer in der Stunde. Über der Äquatorregion steigen die stark erwärmten Luftmassen im allgemeinen auf. Dadurch entsteht eine Zone atmosphärischen Tiefdrucks. Die aufsteigenden Luftmassen kühlen ab und verlieren dabei durch Kondensation alle Feuchtigkeit. Das ist eine der Ursachen der starken Regenfälle in der Tropenzone. Die ausgetrockneten Luftmassen sinken beiderseits des Äquators über den Wendekreisregionen wieder ab, wodurch eine Zone hohen Drucks entsteht. Dabei erwärmen sie sich und nehmen alle Feuchtigkeit auf, die vorhanden ist. Die Folge ist Trockenheit in diesen Teilen der Welt. Nördlich der Wendekreisregionen schließen sich dann wieder Zonen mit vorwiegend steigender Luft und niedrigem Luftdruck an. Über den Polargebieten sinken die Luftmassen dann wieder herab, und dadurch herrschen auch dort hoher Luftdruck und Trockenheit. Die Polarregionen der

Erde sind also im Grunde genommen ebenfalls trockene Wüsten. Die meisten Menschen stört bei dieser Vorstellung sicherlich die große Kälte der polaren Wüsten, ist doch für sie gerade große Hitze das typische Kennzeichen einer Wüste. Das ist im großen und ganzen zwar richtig, doch gibt es Ausnahmen von dieser Regel. Sie werden an anderer Stelle dieses Buches erfahren, daß außerhalb der Arktis, weit im Süden, Wüsten liegen, die zu den kältesten Regionen der Erde gehören, und daß dort die Temperatur bis auf minus 50 Grad Celsius absinken kann. Daß die polaren Wüsten dennoch etwas lebensfreundlicher als die heißen Wüsten sind, verdanken sie der Tatsache, daß hier die geringen Niederschlagsmengen nicht sofort wieder verdunsten. Bedingt durch die große Kälte fällt der Niederschlag hier meistens als Schnee, der sich vor allem während des langen polaren Winters ansammelt. Wenn dann während des kurzen Sommers ein Teil des Schnees und Eises schmilzt, bekommen die Pflanzen und Tiere das für sie lebensnotwendige Wasser. Eine kurze Phase üppiger Lebensentwicklung setzt ein.
Bedingt durch die kugelförmige Gestalt der Erde, der Neigung der Rotationsachse und der sich daraus ergebenden Gesetzmäßigkeiten der Sonneneinstrahlung und der Luftbewegungen stellen die Wendekreiswüsten und die Polarwüsten also eine Art festes Grundmuster der Wüsten dar.
Die Rotation der Erde versetzt nicht nur die Luftmassen der Atmosphäre in Bewegung und trägt dadurch zur Wüstenbildung bei, sondern sie bewegt auch die gewaltigen Wassermassen der Ozeane und ist damit verantwortlich für die großen, kreisförmigen, weite Bereiche der Ozeane erfassenden Meeresströmungen. Diese gewaltigen Wasserströmungen sind, so paradox es klingt, ein weiterer wichtiger Faktor für die Entstehung der Wüsten. Große Meeresströme, die ihren Ursprung in den polaren Meeren haben, transportieren gewaltige Mengen kalten Wassers in Richtung des Äquators. Sie streichen dabei hauptsächlich an den Westseiten der Kontinente entlang, genauer gesagt, an den Rändern der untermeerischen Kontinentalsockel. Dabei gelangen die oft in großer Tiefe fließenden, kalten Wassermassen an die Oberfläche. Von den Ozeanen in Richtung auf die Landmassen wehende Winde müssen diese kalten Meeresströmungen überqueren. Dabei kühlt die Luft ab und ist nicht mehr in der Lage, größere Mengen Feuchtigkeit aufzunehmen. Küstenabschnitte, an denen solche Meeresströmungen vorbeifließen, werden dadurch zur Wüste, selbst wenn sie in tropischen Bereichen liegen. Die bekanntesten dieser Küstenwüsten liegen auf der Südhalbkugel. Der aus dem antarktischen Südpolarmeer stammen-

de Benguella-Strom läßt an der Küste von Südwestafrika die Namib-Wüste entstehen. Eine andere Küstenwüste, die sich über 2000 Kilometer an der südamerikanischen Pazifikküste entlangziehende Atacama-Wüste, wird ebenfalls durch eine aus dem Südpolarmeer stammende Meeresströmung, dem Humboldtstrom, gegen jede Regenwolke vom Ozean abgeschirmt. In unmittelbarer Nähe des Meeres gelegen, gehört die Atacama-Wüste zusammen mit großen Gebieten der inneren Sahara, dem Tal des Todes in Nordamerika und der persischen Wüste Lut zu den lebensfeindlichsten Landschaften unserer Erde. Große Bereiche dieser Gebiete haben im Verlauf vieler Jahrzehnte niemals Regen erhalten. Blickt man, an der Pazifikküste Südamerikas stehend, auf das Meer, dann erblickt man Millionen von Seevögeln, die den riesigen, in den kalten Wassern des Humboldtstromes schwimmenden Fischschwärmen nachstellen. Richtet man den Blick ins Binnenland, erblickt man eine totale Wüste. Man sieht durch Verwitterung zernagte Berge, die mit einer dicken, grauen Staubschicht bedeckt sind. Eine fast sterile Landschaft ohne das geringste Anzeichen von Leben.
Auch auf der nördlichen Erdhälfte gibt es Küstenwüsten. Die zu Mexiko gehörende Niederkalifornische Halbinsel bekommt nur alle 5 bis 6 Jahre Regen. Der aus der Arktis stammende kalte Kalifornienstrom verhindert, daß feuchte Luftmassen die Halbinsel erreichen.
Außer Wendekreiswüsten, arktischen Trockenzonen und Küstenwüsten gibt es noch die Reliefwüsten. Wie schon der Name sagt, ist dieser Wüstentyp vom Relief der Erdoberfläche abhängig. Reliefwüsten entstehen in Gebieten hinter hohen Gebirgszügen oder auf Hochplateaus, die von den Regenwolken nicht erreicht werden können. Beim Aufsteigen kühlen die Wolken ab, und der Regen fällt schon an der Außenseite des Gebirges oder des Hochplateaus.
Riesige Gebiete der westlichen Hälfte Nordamerikas sind eine Reliefwüste. Die hohen Gebirgsketten hindern die vom Pazifik kommenden Regenwolken daran, ins Binnenland vorzudringen. Das gleiche gilt für die Hochplateaus in Persien, Südrußland und Afghanistan, die von den Wolken, die vom Indischen Ozean heranziehen, nicht erreicht werden.
Die ausgedehntesten Reliefwüsten liegen im Inneren Asiens. Zu ihnen gehört die in der westlichen Provinz Chinas liegende Takla Makan-Wüste. Die vielleicht bekannteste Reliefwüste Asiens ist die Wüste Gobi, die große Teil Nordchinas und der Mongolei bedeckt. Diese innerasiatischen Wüsten entstanden zum Teil durch das mit fast 9000 Meter höchste Gebirge der Erde, dem Himalaja, in dessen Regenschatten sie liegen. Bei anderen ist die Wüstenbildung auf die

sehr große Höhe und die Entfernung zum Meer zurückzuführen, die bis zu 3000 Kilometer beträgt.
Obwohl die Reliefwüsten insgesamt eine viel kleinere Fläche bedecken als die Wendekreiswüsten, stellen sie erdgeschichtlich den am weitesten entwickelten Typ dar. Dies hängt mit der erstaunlichen Tatsache zusammen, daß die Gebirge und Hochplateaus, die diesen Wüstentyp entstehen lassen, sich ständig neu bilden und dabei anscheinend immer höher werden. Ich werde auf dieses Phänomen in einem späteren Kapitel zurückkommen. Im Gegensatz zu den anderen Wüstentypen, die an ganz bestimmte Breitengrade gebunden sind, kann praktisch jedes Gebiet der Erdoberfläche durch die Erhöhung des Reliefs zur Wüste werden, und durch das Zusammenspiel aller wüstenbildenden Kräfte kann schließlich eines Tages aus der ganzen Erde eine unbewohnbare, trockene Einöde werden.
Die Wüsten zeichnen sich dadurch aus, daß in ihnen aufgrund der fehlenden Niederschläge wenig oder überhaupt keine Pflanzen mehr wachsen. Pflanzen stellen aber nicht nur die Nahrungsgrundlage einer ständig sich vermehrenden Menschheit dar, sondern sie produzieren auch den für uns alle lebenswichtigen Sauerstoff. Wenn die Wüsten sich immer weiter ausbreiten, so bedeutet das, daß die Nahrungs- und Sauerstoffproduktion auf der Erde immer geringer wird.
Wüsten und Wüstensteppen bedecken heute einen großen Teil der Festlandsfläche. Rechnet man alle Trockenzonen einschließlich der arktischen Gebiete zusammen, so stellt man fest, daß darunter bereits 30 Prozent der gesamten Festlandsfläche fallen. An der Spitze der Austrocknung steht Afrika. Von den 30 Millionen Quadratkilometern dieses Kontinents bestehen ca. 11 Millionen Quadratkilometer aus Wüste. Hinzu kommen riesige Gebiete wüstenartiger Trockensteppen und zeitweise trockener Savannen. Insgesamt besteht Afrika zu etwa 50 Prozent aus Wüsten und Trockengebieten. Die größte Wüste der Erde ist die Sahara. Sie nimmt mit ihrer Fläche von ca. 9 Millionen Quadratkilometern kontinentale Ausmaße an. Die Größe dieses »Wüstenkontinents« wird noch eindrucksvoller, wenn man die 3 Millionen Quadratkilometer umfassende wüstenhafte Arabische Halbinsel dazurechnet, die bezüglich ihres Klimas, ihres geologischen Aufbaus und ihrer Oberflächenformen weitgehend mit der Sahara übereinstimmt. Beide Erdteile sind erst in geologisch junger Zeit durch das Aufbrechen eines neuen, embryonalen Ozeans, des Roten Meeres, getrennt worden. Dieser an sich zusammengehörende Wüstenraum ist mit seinen 12 Millionen

Quadratkilometern neben der Antarktis der größte in sich geschlossene Naturgroßraum unserer Erde. Die Nordsüdausdehnung dieser Wüstenregion beträgt annähernd 2000 Kilometer, und mit einer Ostwestausdehnung von fast 8000 Kilometern entspricht der Saharaarabische Wüstenraum einem Fünftel des Erdumfangs. Die selbst für Saharakenner nur schwer vorstellbare Ausdehnung dieser Wüstenregion läßt sich nur durch ein Zusammenspiel aller wüstenbildenden Kräfte erklären. In erster Linie ist die Sahara eine Wendekreiswüste. Hinzu kommt der kalte, aus dem Nordatlantik stammende Kanarenstrom, der an der Westküste Afrikas nach Süden strömt. Er hält der Sahara alle feuchten Winde fern. Die hohen Atlasgebirge am Nordrand Afrikas verhindern schließlich, daß aus den nordöstlichen Teilen des Atlantiks und des Mittelmeeres stammende regenspendende Tiefdrucksysteme nach Nordafrika gelangen. Diese drei Faktoren ließen eine Wüste entstehen, die so groß ist, daß, selbst wenn genügend Regenwolken vorhanden wären, diese es schwer hätten, die große Entfernung bis ins Innere der Wüste zurückzulegen.

Das größte Sandstrahlgebläse der Erde

Damit kommen wir zu einem interessanten Phänomen, das man als Selbstverwüstung bezeichnen kann. Wenn ein wüstenhafter Naturgroßraum unserer Erde einmal durch das Zusammenwirken mehrerer Faktoren eine riesige Größe erreicht hat, scheint die Erhaltung und Ausdehnung dieser Landschaft einer Eigendynamik zu unterliegen. Ein Beispiel soll erläutern, was gemeint ist. Wenn innerhalb einer großen geschlossenen Waldfläche eine Lichtung gerodet wird, so besteht die Gefahr, daß Stürme an dieser Stelle einfallen. Die in den inneren Bereichen des Waldes stehenden Bäume, die nicht so widerstandsfähig sind wie Bäume am Rande des Waldes, sind dadurch gefährdet. Würde die Lichtung nicht wieder aufgeforstet werden, würde sie sich wie von selbst immer mehr vergrößern. Eine ähnliche Eigendynamik tritt auf, wenn innerhalb einer großen Weidefläche, die in einer an sich schon trockenen Klimazone – z.B. in Südeuropa – liegt, durch Überweidung eine kahle Fläche entsteht. Da die schützende Decke der Bodenvegetation zerstört ist, ist der Boden jetzt schutzlos den Kräften der Verwitterung ausgesetzt. Er trocknet aus und wird vom Wind davongetragen. Allmählich bildet sich eine Senke, in der der Wind Wirbel bildet, die ähnlich wie eine Fräse wirken. Die Erosionsnarbe vergrößert sich immer mehr. Sind

mehrere solcher Stellen vorhanden, so transportiert der Wind das Verwitterungsmaterial in Form von Sand und Staub von einer Erosionsfläche zur anderen. Der Sand wirkt dabei wie Schmirgelmaterial. Der Selbstzerstörungsprozeß einer Landschaft setzt ein und ist in diesem Stadium kaum noch aufzuhalten.
Der Wind ist nicht nur für die Prägung der Wüstenlandschaft verantwortlich, sondern er stellt auch gleichzeitig die Ursache der Selbstverwüstung dar. Die berüchtigten Sandstürme der Sahara sind bei den Bewohnern der Oasen, wie bei Wüstenreisenden sehr gefürchtet. In allen Teilen der Sahara gibt es unterschiedliche Arten von Sandstürmen, die jeweils einen anderen Namen tragen. In Libyen gibt es den Ghibli, auch Schirokko genannt. Er weht aus südlicher Richtung und gelangt bis in die Alpenländer. In Ägypten weht tagelang der heiße und extrem trockene Khamsin. Harmattan heißt der Sandsturm, der innerhalb einer achtmonatigen Periode am Südrand der Sahara auftreten kann. Er kann eine Fläche von 6 Millionen Quadratkilometern erfassen. Sandsturm ist jedoch ein recht oberflächlicher Begriff, und nicht jeder in einer Reiseschilderung dramatisch beschriebene Sandsturm ist wirklich einer. Staubstürme treten viel häufiger auf. Hier müssen wir zunächst einmal den Unterschied zwischen Sand und Staub definieren, wie ihn die Wüstenforscher festgelegt haben. Ein Sandkorn hat danach einen Durchmesser von 1/5 bis zu 2 Millimeter, ein Staubkorn einen Durchmesser von wenigen hundertstel Millimeter bis 1/5 Millimeter. Der sehr viel feinere Staub kann sehr leicht vom Wind transportiert werden, und schon bei mittleren Windgeschwindigkeiten werden gewaltige Staubstürme entfesselt. Die Staubstürme gehören mit zu den eindrucksvollsten und zugleich furchterregendsten Erscheinungen der Sahara. Sie tauchen plötzlich am Horizont in Form einer gewaltigen, bis zu 3000 Meter hohen, undurchdringlich erscheinenden Walze auf. Reisende, die das Heraufziehen eines starken Staubsturms zum erstenmal erlebten, berichteten, daß ihnen die unaufhörlich näherrückende gelbbraune Staubmauer Furcht, ja Todesangst einjagte. Man hat bei diesem Anblick in der Tat das Gefühl, erdrückt zu werden oder zu ersticken. Die Staubstürme werden meistens in den Wintermonaten durch eine durchziehende Kaltfront ausgelöst. Der Staub ist so dicht, daß selbst die grelle Wüstensonne sie nicht durchdringen kann. Im Mittelpunkt des Staubsturmes ist die Sichtweite absolut Null, es

Abbildung 1:
Sanddünenwüste in der Sahara.

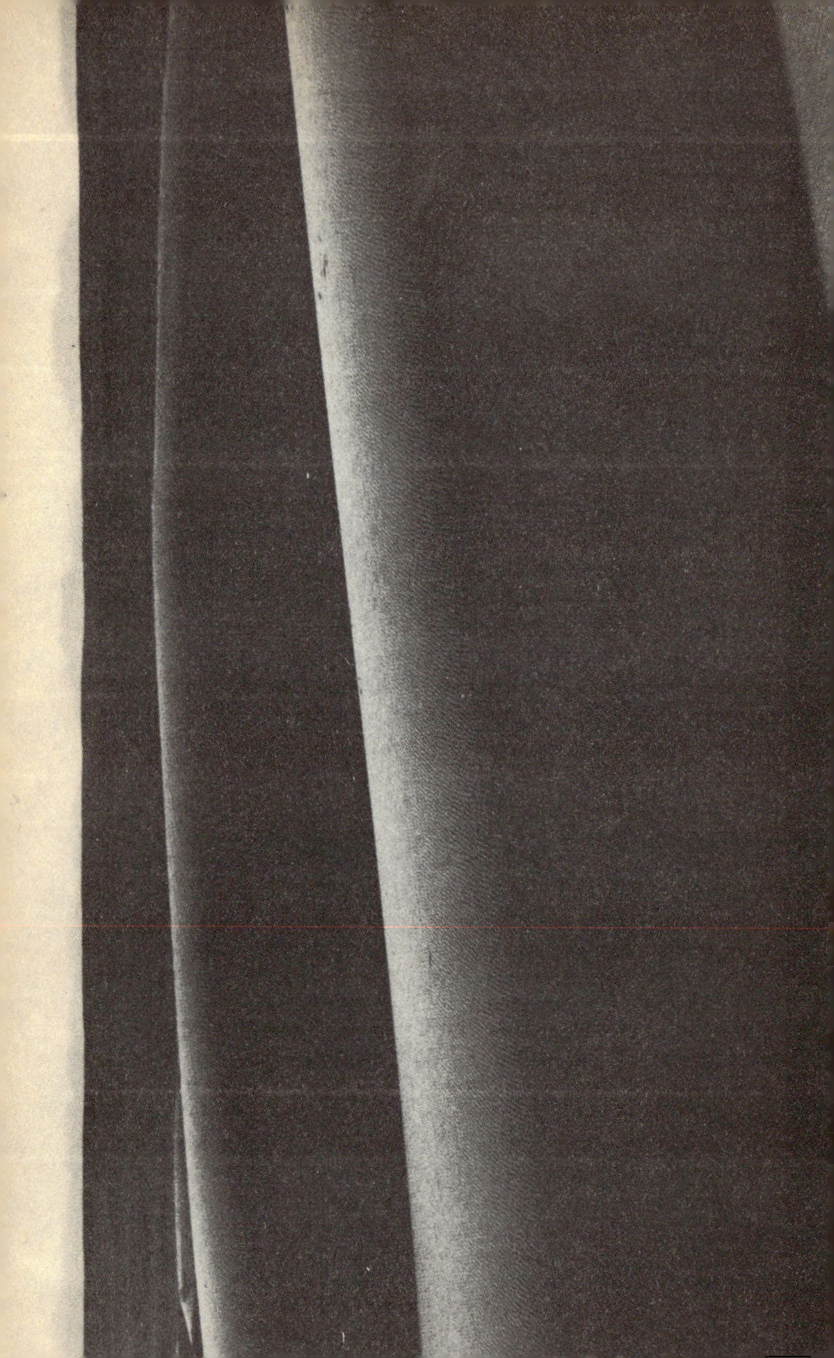

herrscht tiefschwarze Nacht. Sehr wichtig ist es, bei einem heraufziehenden Staubsturm sofort Nase und Mund mit nassen Tüchern zu bedecken. Diese Staubwalzen oder Staubmauern sind glücklicherweise recht kurze Erscheinungen. Sie besitzen einen Durchmesser von 10 bis 20 Kilometern, und oft ist nach 30 Minuten der Spuk vorbei. Die Sonne bricht durch, und man sieht die Staubwalze von hinten. Der feine leichte Staub kann sich selbst nach eingetretener Windstille sehr lange Zeit, Tage, Monate, ja sogar Jahre schwebend in der Atmosphäre halten. Er gelangt bis in Höhen von 10 000 Metern, und die Passatwinde können die Staubwolken, wie Satellitenbeobachtungen vermuten lassen, in großer Höhe um die ganze Erde treiben. Die Sahara übt danach wahrscheinlich einen globalen Einfluß aus. Als im Jahre 1883 die Insel Krakatau durch einen gewaltigen Vulkanausbruch explodierte, konnte man etwas Ähnliches beobachten. Die bei der Explosion in die Atmosphäre geschleuderten vulkanischen Staubmassen zogen jahrelang in großer Höhe um den Erdball.

Eine andere, durch den Staub hervorgerufene Erscheinung in der Sahara ist der sogenannte Trockennebel. Er entsteht bei schwachem Wind oder an windstillen, heißen Tagen. Zusammen mit der aufsteigenden heißen Luft gelangen große Mengen sehr feinen Staubes in die Atmosphäre. Diese feinen Staubpartikeln können sich monatelang über weite Bereiche der Sahara ausbreiten. Bei schwachen Winden ziehen sie, Nebelschwaden im Gebirge gleich, durch die Wüste. Da die Sicht im Trockennebel nur wenige Meter beträgt und die Sonne tagelang verhüllt bleibt, stellen sie eine große Gefahr für Karawanen und auch für Autoreisende dar. Jede Orientierung wird unmöglich. Wichtige Landmarken und Brunnen können nicht mehr ausgemacht werden.

Im Unterschied zu Staubstürmen bilden sich Sandstürme erst bei hohen Windgeschwindigkeiten. Viele Sandstürme kündigen sich allerdings durch große Staubmassen an, da der einsetzende Wind zuerst die Staubpartikeln aufweht und abtransportiert. Bei zunehmender Windgeschwindigkeit setzt sich dann auch der Sand in Bewegung. Sandstürme verlaufen sehr verschiedenartig. Es beginnt fast immer mit einzelnen, einige Zentimeter hohen, über den Boden dahintreibenden schmalen Sandbändern. Nach kurzer Zeit vereinigen sich die Sandbänder mehr und mehr, bis schließlich ein riesiger, zusam-

Abbildung 2:
Walzenförmige Dünen in der Sahara.

menhängender gelber Sandteppich mit großer Geschwindigkeit über die Wüstenoberfläche dahingleitet. Bei zunehmender Windgeschwindigkeit werden immer größere Sandmassen bewegt, und die Oberfläche des Sandteppichs gewinnt allmählich an Höhe. Das ist Sandsturm. Ich selbst habe mehrfach Sandstürme erlebt; einen der schwersten in der inneren Sahara, nahe der Oase In Salah in Algerien. Dieser Sandsturm kündigte sich in der beschriebenen Art und Weise an. Zuerst bei mittleren Windgeschwindigkeiten mit gewaltigen treibenden Staubmassen, die allmählich in einen dichten, von Horizont zu Horizont über den Boden gleitenden flachen Sandteppich übergingen. Der Wind wurde stärker. Er wehte stark und gleichmäßig, und nach kurzer Zeit schien die Luft nur noch aus gelbem Sand zu bestehen, der gegen die Windschutzscheibe prasselte, als wenn jemand schaufelweise Sand gegen das Auto warf. Die Sicht betrug zeitweise gleich Null. Kurz bevor es soweit war, hatte ich noch gesehen, daß die geradlinig verlaufende Piste in einigen hundert Meter Entfernung zu einer Anhöhe führte. Ich gelangte dorthin, indem ich mit dem Auto, einem auftauchenden durch die Wasseroberfläche brechenden Unterseeboot vergleichbar, plötzlich durch die Obergrenze des Sandsturms stieß. Das Schauspiel, das sich mir dann bot, war einzigartig. Ich stand unter einem strahlend blauen Himmel und blickte auf die Oberfläche eines unendlich erscheinenden Sandmeeres, das mit hoher Geschwindigkeit dahinfloß. Die Kuppe der Anhöhe, auf der ich stand, bildete eine Insel inmitten des goldgelben wallenden Sandmeeres. In einiger Entfernung waren andere Kuppen, andere »Inseln« zu erkennen. Das eigentümlichste an dem Erlebnis waren jedoch mehrere Kamelköpfe und -höcker, die auf der Oberfläche des Sandes dahinzutreiben schienen. Sie erinnerten mich an Enten, die sich von der Strömung eines Flusses treiben lassen. Die Kamelköpfe und -höcker, die die Obergrenze des Sandsturmes überragten, bewegten sich in der gleichen Richtung wie der treibende Sand, nur wesentlich langsamer.

Eine abrupte, scharfe Obergrenze ist typisch für Sandstürme, die durch starke, aber gleichmäßige Winde gebildet werden. Die Ursache liegt darin begründet, daß fast alle Sandkörner im Unterschied zu Staubpartikeln von gleicher Größe und Gewicht sind. Eine ganz bestimmte Windgeschwindigkeit kann den gleichmäßig beschaffenen Sand auf eine ganz bestimmte Höhe emporwirbeln. Die maximale Höhe einer dichten, treibenden Sanddecke hängt also im wesentlichen von der zur Verfügung stehenden Windenergie ab. Sehr starke Winde heben den Sand bis in eine Höhe von ca. 2 Metern, nicht darüber. Staub wird dagegen wegen seines viel geringeren Gewichtes

nicht nur viel höher hinaufgehoben, sondern es bildet sich auch aufgrund der unterschiedlicheren Größe der Partikeln keine scharfe Obergrenze aus. Von den größeren Staubpartikeln, die in Bodennähe bewegt werden, bis zu den kleinsten, die in mehreren tausend Metern Höhe fliegen, besteht ein kontinuierlicher, für das menschliche Auge nicht zu registrierender Übergang.
Würde man alle Sandstürme statistisch erfassen und auswerten, so ergäbe sich sicherlich die angegebene Höhe von ca. 2 Metern. Das ist jedoch bisher aufgrund fehlender Beobachtungsdaten und noch nicht vorhandener wissenschaftlicher Stationen in der Wüste nicht möglich. Es gibt jedoch einen indirekten Beweis für die Annahme, daß der bei Sandstürmen aufgewirbelte Sand meistens diese Höhe erreicht, und zwar die Größe der der Wüste angepaßten Kamele. Das Erlebnis mit den Kamelköpfen zeigt, daß die Köpfe dieser Tiere die Zone des stärksten und dichtesten Sandtreibens gerade überragen und dadurch eine wichtige Voraussetzung für das Überleben in der Wüste, das Einatmen möglichst sandfreier Luft, gewährleistet ist. Die typische erhobene Kopfhaltung der Kamele trägt auch dazu bei, daß sich ihre Nüstern über der statistisch wahrscheinlichsten Maximalhöhe des treibenden Sandes befinden. Das Einatmen staubfreier Luft gelingt aber auch den Kamelen nicht.
Andere Säugetiere der Wüste, die nicht so groß sind wie Kamele und dadurch dem Sandtreiben nicht entgehen können, verhindern das Eindringen von Sand und Staub in die Atemorgane durch komplizierte Vorrichtungen. Ein gutes Beispiel dafür ist die Saiga-Antilope in den Wüstensteppen Südrußlands, die ihre Atemwege durch hochwirksame Filtervorrichtungen schützt.
Bei Windgeschwindigkeiten, die von Sturmstärke bis Orkanstärke reichen, kann der Sand auch höher aufgewirbelt werden. Die Sandmassen beginnen sich in Form riesiger Walzen zu drehen. Sandwalze auf Sandwalze folgen einander oft tagelang. Da schwere Sandstürme oft durch ein Hitzetief entstehen, steigt die Temperatur während eines Sandsturmes manchmal ins Unerträgliche. Bis zu 58 Grad Lufttemperatur sind gemessen worden. Gleichzeitig sinkt die Luftfeuchtigkeit bis auf wenige Prozent herab. Für Wüstenreisende, die in schwere, langanhaltende Sandstürme geraten, besteht höchste Lebensgefahr. Trotz Kleidung kann der menschliche Körper durch die austrocknende Wirkung des Sturmes bis zu einem Liter Feuchtigkeit in der Stunde verlieren. Wenn nicht größere Trinkwassermengen vorhanden sind, um den Wasserverlust immer wieder auszugleichen, ist der Verdurstungstod eine Sache weniger Stunden. Menschen, die auf diese Weise umgekommen sind, wurden als völlig ver-

trocknete Mumien aufgefunden. Ihre gesamte Körperflüssigkeit war während des Sandsturmes verdampft. Eine sehr unangenehme Begleiterscheinung des Sandsturmes ist der Anstieg der Luftelektrizität. Durch die gegenseitige Reibung der Sandkörner steigt die elektrische Spannung der Luft bis auf 80 Volt pro Quadratmeter. Diese Spannung stört das elektrische Feld des menschlichen Körpers empfindlich. Unerträgliche Kopfschmerzen und Übelkeit sind die Folge. Der deutsche Geograph van der Esch, der vor dem Zweiten Weltkrieg große Teile der östlichen Sahara zum erstenmal vermessen hat, kam während eines tagelang wütenden Sandsturmes auf die Idee, die elektrische Spannung, die sich im Körper angesammelt hatte und die ihm unerträgliche Kopfschmerzen verursachte, mittels einer Eisenstange in den Boden abzuleiten. Die Stahlstange seines Wagenhebers als Spazierstock benutzend, ging er im Sandsturm auf und ab. Die Methode war erfolgreich. Nach einer halben Stunde, so berichtet er, gingen die Kopfschmerzen merklich zurück.

Staub und Sand ist das Verwitterungsendprodukt verschiedener Gesteine, aus denen die Erdkruste besteht und die gleichzeitig die Wüstenoberfläche bilden. Eine der Hauptursachen der Verwitterung in der Wüste sind zunächst einmal die großen Temperaturunterschiede zwischen Tag und Nacht, vor denen das Gestein durch keine Vegetationsdecke geschützt ist. Am Tag können sich die Gesteine bis auf über 80 Grad Celsius erhitzen, und nach Sonnenuntergang kühlen sie oft innerhalb weniger Stunden bis auf 10 Grad Celsius ab. Unter dem ständigen Einfluß derart hoher Temperaturschwankungen zerreißen und zerplatzen die Flanken der Wüstenberge. Die in Einzelteile zerbrochenen Gesteinsschichten rutschen zu Tal und zerbrechen in immer kleinere Stücke. Eine Gesteinsschicht nach der anderen wird aufgedeckt und fällt der Zerstörung anheim. Besonders in den heißen Sommermonaten kann man in den Gebirgen der Wüste ein Krachen und Bersten hören, das durch zerspringendes Gestein ausgelöst wird, wobei sich bis zu einhundert Meter lange, klaffende Risse im Gestein bilden können. Ich habe selbst einmal erlebt, wie ein großer Felsbrocken von etwa einem Meter Durchmesser, in dessen unmittelbarer Nähe ich rastete, plötzlich mit einem lauten Knall in mehrere Teile zersprang. Gerade zuvor hatte ein kurzer, aber heftiger Regenguß den erhitzten Stein abrupt abgekühlt, so daß seine Oberfläche dampfte.

Die Ursache dieser sogenannten Kernsprünge, die für Wüstengesteine typisch sind, liegt aber nicht nur allein in den großen Temperaturunterschieden. Hinzu kommt eine Druckentlastung, die eintritt, wenn Gesteine, die normalerweise in größerer Tiefe lagerten, durch

Sicheldünen (Barchane)

die Verwitterung freigelegt werden. Viele Millionen Jahre standen sie unter dem ungeheuren Druck, den die oberen Gesteinsschichten ausübten. Das Gesteinsgefüge hatte sich auf diesen Druck eingestellt. Durch die Verwitterung freigelegt, steht das Gestein dann unter großen inneren Spannungen. Ein vergleichsweise geringer Anlaß, wie Temperaturunterschiede zwischen Tag und Nacht oder plötzliche Abkühlung, hervorgerufen durch einen Regenguß, löst dann das Zerspringen aus.
Bei vielen Wüstengesteinen zeigt sich eine sogenannte Abschälung. Runde Steine sehen wie Kohlköpfe aus. Wenn man sie aufhebt, lassen sich dünne, schalenförmige Steinschichten, Kohlblättern vergleichbar, abheben. Diese Art der Verwitterung wird durch Mineralien bewirkt, die im Gestein enthalten sind. Die geringen Feuchtigkeitsmengen, die in der Wüste vorhanden sind, dringen durch feine Risse, die durch die Temperatursprengungen entstanden sind, ins Gestein ein. Die Feuchtigkeitsmenge reicht jedoch nicht aus, um,

wie z.B. in feuchten Klimazonen, die Minerale zu lösen und aus dem Gestein herauszuspülen. Die Minerale, z.B. Salze, quellen auf, verschließen Hohlräume und Spalten und verursachen dadurch einen Sprengdruck bis zu 30 Kilogramm pro Quadratzentimeter. Diese Spannungen lassen die Steine rindenförmig auseinanderbrechen. Die beschriebenen Vorgänge führen dazu, daß sämtliche Gebirgszüge und Gesteinsschichten der Wüste allmählich zerbersten. Das Resultat dieses Gesteinszerfalls sind ausgedehnte Trümmerlandschaften, die nur noch aus Schutt bestehen. Das Gestein ist oft so mürbe und brüchig, daß es unter den Schritten des Wüstenwanderers zerbricht. Man hat dabei oft das Gefühl, über große Flächen zerbrochener Dachziegel zu schreiten. Schließlich zerfällt es zu Sand oder Staub, je nach Art des Gesteins. Staub bildet sich z.B. aus verfestigtem Ton oder vulkanischen Ablagerungen, größere Sandkörner sind das Verwitterungsendprodukt sehr harter Gesteine wie Granit, Sandstein oder Kalkstein. Die so entstandenen, noch mit bloßem Auge erkennbaren Sandkörner stellen wahrscheinlich die minimale Größe dar. Durch ihre oft kugelförmige Gestalt, von gleicher Größe und Gewicht, bieten sie sich gegenseitig keine Angriffsflächen mehr. Nur so ist es zu erklären, daß der Sand nicht weiter zu Staub zerfällt, sondern in Form ausgedehnter Sanddünengebiete erhalten bleibt. Der durch die Verwitterung entstehende Staub und Sand stellt zusammen mit dem Wind die Ursache dafür dar, daß die Ausweitung des Gesteinszerfalls, die Selbstzerstörung der Landschaft, eine Eigendynamik annimmt. Die Staub- und Sandstürme wirken wie ein riesiges, natürliches Sandstrahlgebläse. Der ständige Wüstenwind treibt die Sandkörner gegen das noch nicht verwitterte Gestein und zerschmirgelt es zu Sand. Mehr Sand bedeutet mehr Schleifmaterial, und das wiederum bedeutet eine Steigerung der Erosion. Eine Art Kettenreaktion läßt die Selbstzerstörung unaufhaltsam weiter schreiten.

Wie groß die Schmirgelkraft der Sandkörner ist, zeigt eine Begebenheit aus Libyen. Dort gerieten mehrere Autos in einen tagelangen, schweren Sandsturm, mit Windgeschwindigkeiten von Orkanstärke. Nach 48 Stunden war der gesamte Lack der Fahrzeuge von den Sandkörnern abgeschliffen worden, und das blanke Blech trat zutage. Außerdem waren die Scheiben der Autos matt und undurchsichtig geworden. Die Windschutzscheiben mußten herausgeschlagen werden, damit die Fahrt überhaupt fortgesetzt werden konnte. Durch diese selbstzerstörerische Verwitterung entstehen in der Wüste immer neue und immer größere Sandmengen. Die Umwandlung und Umlagerung von Gestein nimmt gigantische Ausmaße an. Die

zu Sand zerfallenden Wüstengebirge werden vom Wind nach und nach abtransportiert und an weit entfernten Plätzen in Form gewaltiger Sanddünengebirge wieder abgelagert. Diese Sanddünen sind für die meisten Menschen der Inbegriff einer Wüste schlechthin. Sandwüsten machen jedoch nur einen weit geringeren Anteil der Gesamtfläche einer Wüste aus, als normalerweise angenommen wird. Im Sahara-arabischen Wüstenraum entfallen von den 12 Millionen Quadratkilometern Gesamtfläche ca. 2,5 Millionen Quadratkilometer auf die Sandwüste, also nur etwa 20 Prozent. Die andere, weitaus größere Fläche besteht aus bis zu 3500 Meter hohen Gebirgswüsten, ausgedehnten steinigen Hochplateaus - den Hammadas -, tiefliegenden, staubgefüllten Becken, endlos erscheinenden, sich von Horizont zu Horizont ausdehnenden Kieswüsten - Serir genannt - und unzähligen kleinen Gebirgszügen, die zu schwarzen Schutthalden zerfallen sind.
Die riesenhafte Gesamtfläche der Sahara läßt jedoch den vergleichsweise zu den anderen Wüstentypen geringen Anteil der Sandwüste in einer falschen Relation erscheinen. »Nur« 20 Prozent, das sind 2,5 Millionen Quadratkilometer, entsprechen schließlich einer Fläche, die sechs- bis siebenmal so groß ist wie die Bundesrepublik Deutschland. Einige der Sandwüsten, die über den gesamten Saharaaraum verteilt sind, besitzen sogar eine zusammenhängende Fläche, die der zweifachen Größe der Bundesrepublik entspricht.
Nicht nur wegen ihrer Dünen, die wie die erstarrten Wellen eines Ozeans aussehen, sondern auch wegen ihrer Ausdehnung vermitteln die Sandwüsten ein Gefühl ozeanischer Weiten. In keinem anderen Gebiet der Erde können Wind und Sand so ungehindert zusammenwirken wie hier. Empfindet man beim Anblick der von der Sonne ausgeglühten schwarzen Trümmerlandschaften der Stein- und Gebirgswüste Zerstörung und Chaos, so stellt der Anblick einer Sandwüste einen ästhetischen Genuß dar. Statt kantiger, zerborstener Felstrümmer erblickt das Auge abgerundete, harmonische Formen, runde Kuppen und sanft geschwungene, aus goldgelbem Sand bestehende Höhenzüge. Der Hauch des Windes, der die Wasseroberfläche eines Sees kräuselt und unter dem sich das Schilf sanft neigt, der starke Wind, der die Wellen auf dem Meer entstehen läßt, der die Bäume biegt und ein Kornfeld in eine sanfte, flache Woge verwandelt, dieser Wind, dieser für einen Moment zur Form gewordene Wind, scheint ein dauerhaftes Abbild, eine dauerhafte Form in den Dünen einer Sandwüste gefunden zu haben. Alle Wesenszüge des Windes sind in der Sandwüste gleichsam versteinert erhalten; kleine, wenige Zentimeter hohe Sandrippeln, hohe, kreuz und quer

verlaufende, sich auf ihren Kämmen brechende Sandwogen und sanfte abgerundete, wenige Meter hohe Sandwellen, die in endloser Abfolge riesige Flächen bedecken. Statt Chaos und Willkür findet das menschliche Auge ein System sich rhythmisch wiederholender Formen vor. Obwohl die Sandwüste zu den lebensfeindlichsten Bereichen der Wüste gehört, rufen die Rhythmik und Sanftheit ihrer Formen im Gegensatz zu der bedrückenden Trümmerlandschaft der Steinwüste beim Menschen ein Gefühl des Wohlbefindens, des Geborgenseins hervor.

Die Faszination und die Anziehungskraft, die die Sandwüste auf jeden Wüstenreisenden ausübt, mag ihren Grund in der Eigenrhythmik des Menschen haben. Die dem Menschen und allen Lebewesen eigene Rhythmik - Herzschlag, Ein- und Ausatmen, Schlafen und Wachen - ist vielleicht eines der Merkmale, die uns mit dieser Art von Wüste verbindet.

Einige der größten zusammenhängenden Sanddünengebiete der Sahara liegen an den tiefsten Stellen, in den weiträumigen, flachen geologischen Becken. Winde aus allen Richtungen lagern ihre Sandfracht in diesen Becken ab, und Gebirge aus Sand entstehen. Innerhalb dieser, in der Sahara als Erg bezeichneten Sandwüsten, liegen die gewaltigen bis zu 300 Meter hohen Sterndünen. Sie setzen sich aus zahlreichen, steil zu einem Mittelpunkt ansteigenden Dünenrükken zusammen. Im Gegensatz zu vielen anderen Dünentypen, die wandern oder ständig ihre Form verändern, sind die Sterndünen an einen Ort fixiert und bieten oft für viele Jahrzehnte feste, sich nur wenig verändernde Landmarken. Die großen, komplexen, im Laufe von Jahrhunderttausenden entstehenden Ergs vermag der Wind als Ganzes nicht mehr zu bewegen.

Der Wind teilt den Sand in kleine, transportable Portionen auf, in kleine Sicheldünen, auch Barchane genannt. Es sind Wanderdünen in Form einer Sichel.

Die offene Seite der Sichel weist in die Wanderrichtung. Winde, die stets aus der gleichen Richtung wehen, transportieren die Sandmassen an den Flanken der Einzeldüne schneller voran. Außerdem nimmt die Windgeschwindigkeit an den Außenseiten der Düne zu. Dadurch entsteht die in die Windrichtung weisende Sichelform. Die Barchane wandern in oft hundert Kilometer langem Kettenverband durch die Wüste. Sie legen dabei im Jahr je nach Windstärke zwischen 20 und 50 Meter zurück. Die Barchane sind sogar in der Lage, auf ihrer Wanderung größere Hindernisse zu überwinden. Treffen diese Wanderdünen z.B. auf die hohe, steile Abbruchkante eines Plateaus, so bildet sich zunächst ein Stau. Tausende von Barchanen schieben sich übereinander, als wären sich brechende Wellen bei einem Sturm erstarrt. Diese aufgestauten Barchane bilden eine mächtige Sandrampe, die allmählich bis zur Oberkante des Plateaus vordringt. Die in endloser Kette nachfolgenden Barchane bewältigen Steigungen von ca.25 Grad und gelangen schließlich über die selbstgebaute Rampe auf das Hochplateau, wo sie ihre Wanderung fortsetzen. Sie lösen sich auf, wenn sie ein großes Sanddünengebiet erreichen.

Wie die Sicheldüne, so entsteht auch ein anderer häufiger Dünentyp der Sahara, die sogenannte Walfischrückendüne, quer zur vorherrschenden Windrichtung. Diese Dünen werden bis zu 150 Kilometer lang. Sie entstehen - ähnlich wie die Wellen auf dem Meer -, wenn der Wind den losen Sand aufwirft. In ihrer gleichmäßigen Abfolge bilden diese Dünen riesige Sandwüsten innerhalb der Sahara aus, die treffend Sandsee genannt werden (siehe Abbildung 2).

Andere große Dünenfelder bestehen aus einer Abfolge von parallel zueinander verlaufenden Dünenketten, deren Länge oft über 300 Kilometer beträgt. Dazwischen sind schmale Streifen des felsigen Untergrundes sichtbar. Diese Dünenkorridore werden Gassis genannt und bilden sich parallel zur Windrichtung. Sie verdanken ihre Existenz dem in weiten Bereichen der Sahara von Nordost nach Südwest wehenden Passatwind. Die Dünenketten verlaufen daher alle in der gleichen Richtung. Der oft sehr starke Passatwind bläst die Gassis aus, und kreuzweise verlaufende Böen führen ihnen Sand zu. Aus der Luft sehen diese oft überkreuzten Längsdünen aus wie lange, vom Wind geflochtene Sandzöpfe.

So erstaunlich es klingen mag, aber von allen Wüstenlandschaften ist die Sandwüste wahrscheinlich die am wenigsten erforschte. Es gibt in der Sandwüste bis heute sehr viele rätselhaft gebliebene Formen, deren Entstehung man sich nicht nur aus der Wirkung horizontaler Luftversetzungen erklären kann. Versuchen Sie z.B. selbst einmal, eine zwei Meter hohe Pyramide aus Tischtennisbällen zu erbauen. Es ist unmöglich. Ein vergleichbares Prinzip liegt den 300 Meter hohen Sterndünen zugrunde. Sie bestehen ebenfalls aus Kugeln - aus Myriaden winziger Sandkugeln. Bei ihrer bis heute rätselhaft gebliebenen Entstehung spielen sicherlich auch ständige Aufwinde sowie elektrische Spannungen zwischen den einzelnen Sandkörnern eine große Rolle. Auch die Entstehung der 300 Kilometer langen Längsdünen läßt sich mit dem Passatwind allein nicht erklären. Es wäre durchaus denkbar, daß die ungeheuren Fliehkräfte, die bei der Rotation der Erde auftreten und die Luft- und Wassermengen unseres Planeten in Bewegung versetzen, auch an der Bewegung und For-

mung der Dünen beteiligt sind. Eine ebenfalls bis heute nicht restlos geklärte unheimliche Erscheinung in der Sandwüste ist ein selten zu hörendes dumpfes Dröhnen. Der englische Dünengeologe Bagnold erlebte es einmal während seiner Forschungen in der libyschen Sandwüste, fast 1000 Kilometer vom nächsten größeren Ort entfernt. »Zweimal hörte ich es während einer stillen Nacht«, schreibt Bagnold in seinem Expeditionsbericht. »Es war ein jäh anbrechendes bebendes Dröhnen, so laut, daß ich mich nur schreiend mit meinen Reisegefährten verständigen konnte. Kurz darauf setzte das Dröhnen auch an anderen Orten ein, und zusammen mit dem ersten glaubte man einen langsamen Takt herauszuhören. Dieser unheimlich dröhnende Chor dauerte mehr als fünf Minuten und verursachte ein Beben des Bodens. Dann trat plötzlich wieder völlige Stille ein.« Es gelang Bagnold nicht, eine befriedigende Erklärung dieses Phänomens zu finden.
Je mehr Verwitterungsprodukte wie Staub und Sand im Laufe der langen Erdgeschichte durch Umlagerung gebildet wurden, um so mehr Schleifmaterial stand dem natürlichen »Sandstrahlgebläse« zur Verfügung. Seine Kraft wurde dadurch immer größer, und die hierdurch hervorgerufene, bereits erwähnte Selbstverwüstung weitete sich immer mehr aus.
Nach meinen eigenen Schätzungen befinden sich über dem Sahararaum ständig mindestens 3–5 Millionen Tonnen Verwitterungsmaterial in Form von Staub und Sand in der Atmosphäre. Diese Zahl ist natürlich ein Durchschnittswert. Es ist durchaus möglich, daß zu gewissen Zeiten wesentlich weniger oder mehr Staub und Sand in der Atmosphäre vorhanden ist. Während ca. 80 Prozent des schweren Sandes in Form von Sanddünen in der Sahara wieder akkumuliert wird, verlassen die übrigen 20 Prozent und vor allen Dingen der größte Teil des Staubes den Sahararaum. Ich schätze, daß täglich eine Million Tonnen Staub und Sand den Sahararaum verlassen. Sollte ein Güterzug diese Menge transportieren, so müßte er eine Länge von mehreren hundert Kilometern haben. Der größte Teil davon wird auf die Meere hinausgetragen und sinkt auf den Grund der Ozeane. Ein gutes Beispiel dafür, wie weit das Verwitterungsmaterial verfrachtet wird und wie die Selbstverwüstung einer Landschaft sogar noch weit über ihre eigenen Grenzen hinaus wirksam wird, ist die Tatsache, daß durch niedersinkenden Saharastaub der Rückzug und das Abschmelzen der Alpengletscher wesentlich beschleunigt wird. Der rote Staub lagert sich dort als dünne Schicht ab. Dadurch wird die Reflexion des Sonnenlichtes herabgesetzt und mehr Wärme vom Eis absorbiert. Der Gletscher schmilzt. Ein anderes Phänomen

hat man im Kaukasus beobachtet. Monate nach einem schweren Sand- und Staubsturm, der aus der östlichen Sahara bis zum Kaukasus vorgedrungen war, entdeckten Botaniker zwischen den einheimischen Pflanzen einige Arten, die normalerweise nur im Saharaum wachsen. Mit dem Sandsturm waren also Pollen und Samenkörner von Saharapflanzen transportiert worden, eine interessante Art der Pflanzenverbreitung. Würde man den Wind oder besser gesagt die Reichweite der häufig auftretenden Staub- und Sandstürme der Sahara als Grenzen dieser Wüste ansehen, dann würde sich sie Sahara bis Südschweden bzw. bis zur Küste Südamerikas erstrecken. So weit gelangen nämlich die berüchtigten Staubstürme der Sahara. In Südschweden wird regelmäßig niedersinkender Saharastaub nachgewiesen, und 1970 überquerte sogar ein gewalter Saharastaubsturm den Atlantik. Auf einigen, vor der Küste Südamerikas liegenden Inseln wurde die Luftfahrt tagelang durch den Saharastaub stark behindert. Die Wirkung des »Sandstrahlgebläses«, die Umlagerung und die Verluste durch Abtransport in Gebiete außerhalb des Wüstenraumes, muß zwangsläufig dazu führen, daß immer tiefere Bereiche der Erdkruste freigelegt werden. In unserer feuchten Klimazone überdecken die Vegetation und die dicke Schicht des Humusbodens die eigentliche Erdkruste, die aus festem Gestein besteht. Nur in einigen Steinbrüchen und dort, wo die Erdkruste sich zu Gebirgen verfaltet hat, können wir die Gesteine erkennen, aus denen sie sich aufbaut. Anders in den Wüsten. Dort ist fast die gesamte Erdkruste durch Verwitterungsvorgänge sichtbar geworden. Phantastische, bizarre Felslandschaften entstanden im Laufe von Jahrmillionen. Ein besonders gutes Beispiel dafür, wie die Gesteine der Erdkruste durch die Verwitterung zerstört und aufgedeckt werden, ist das Tassili-Sandsteinplateau in der zentralen Sahara. Auf diesem, bis zu 2000 Meter hohen, 500 Kilometer langen und 200 Kilometer breiten Hochplateau findet man einen großen Teil der durch Verwitterung entstandenen Felsformationen, die typisch für alle Wüsten unserer Erde sind. Der Name Tassili-Plateau ist ganz und gar nicht zutreffend. Denkt man doch bei einem Plateau an eine tischförmige, im großen und ganzen glatte Gesteinsoberfläche. Das ist jedoch hier nicht der Fall. Als das Plateau vor Millionen Jahren durch Bewegungen der Erdkruste emporgehoben wurde, zerbrach es in zahlreiche Einzelblöcke, die durch tiefe schmale Kluften getrennt sind. Dem Besucher bietet sich so ein chaotisches, aber phantastisches Landschaftsbild dar, das auf unserer Erde nicht seinesgleichen hat. Der sandbeladene Wüstenwind hat das ehemalige Plateau in ein großes Felsenlabyrinth verwandelt, aus dem man ohne die genauen

Ortskenntnisse eines einheimischen Führers sicherlich allein nicht wieder herausfinden würde. Das Grundmuster dieses Labyrinths läßt sich am besten mit dem Straßennetz einer europäischen Großstadt vergleichen. Neben einigen 600 Meter tiefen Schluchten besteht der größte Teil der Felsenlandschaft aus 20-60 Meter tiefen, schmalen Canyons, die der Wind zusammen mit anderen Verwitterungskräften in den Sandstein hineingefräst hat. Diese Canyons durchziehen das Plateau kreuz und quer wie ein Straßensystem, zwischen dem die Reste des Plateaus wie große »Häuserblocks« stehen. Verstärkt wird dieser Eindruck noch dadurch, daß die Oberfläche der Felsen mit einem dichten Netz von Rissen überzogen ist, die wie ein Mauerwerk wirken. Es gibt Kreuzungen und Sackgassen sowie Felsbrücken, die die »Straßen« überspannen. Oft sind diese »Straßen« zwischen den steilaufragenden Felswänden so schmal, daß ein Mensch sich gerade noch hindurchzwängen kann. Die oft Quadratkilometer großen Teile des Plateaus enthalten vom »Sandstrahlgebläse« ausgearbeitete Höhlen und Gänge. Genau wie man in einer Stadt von einer Straße aus einen Häuserblock betreten kann, ihn durchquert und in einer ganz anderen Straße wieder herauskommt, genauso ist es auch in den »Häuserblocks« des Tassili-Plateaus. Durch mehrere hundert Meter lange Gänge kann man manchmal aufrecht, manchmal kriechend, den nächsten »Straßenzug« erreichen.

Oft verlaufen mehrere Dutzend enge, tiefe Canyons parallel nebeneinander, getrennt durch aufrechtstehende, nur ein bis zwei Meter breite, aber 50 Meter hohe Felsplatten, in die der Wind unzählige Löcher hineingefressen hat. An vielen Stellen des Felsenlabyrinths öffnen sich dem Wanderer weite Plätze, auf denen verstreut 30 Meter hohe Felsnadeln stehengeblieben sind. Andere Bereiche sehen wiederum aus wie ein Wald aus drei bis vier Meter hohen Riesenpilzen. Die pilzförmigen Felspfeiler kommen dadurch zustande, daß - wie bereits erwähnt - die großen Sandkörner, die die größte Schmirgelkraft besitzen, vom Wind meistens nur bis zu einer Höhe von zwei Metern emporgewirbelt werden. So werden die unteren Bereiche der Felspfeiler schneller abradiert als die oberen.

Auf dem Tassili-Plateau scheint überhaupt jede von der Phantasie erdachte Felsform zu existieren (vgl. Abbildung 41). Wenn man durch dieses Felsenlabyrinth wandert, vermag man in dem unendlich erscheinenden Formenreichtum nur sehr schwer irgendein System zu erkennen. Erst aus großer Höhe, aus dem Flugzeug sieht man, daß ein großer Teil der »Straßen« und der langgestreckten Felsformationen in Richtung des Passatwindes, von Nordost nach Südwest verläuft. Die Oberfläche des Tassili-Plateaus besitzt ein windgeformtes, aerodynamisches Profil. Seine Felsformationen erinnern oft an eine riesige, mit dem Rücken über der Wasseroberfläche schwimmende Walherde. An seinem Südrand löst sich das Tassili-Plateau mehr und mehr auf. Nur noch einige wenige, isoliert stehende, bis zu 150 Meter hohe Felstürme haben bis heute der Verwitterung widerstanden. Diese für viele Wüsten unserer Erde typischen Felstürme bezeichnet man als Zeugenberge, legen sie doch Zeugnis ab von der einstigen Ausdehnung eines Plateaus oder einer Gesteinsschicht. Wo auch die Zeugenberge bereits durch das »Sandstrahlgebläse« des Wüstenwindes zu Sand geworden sind, findet man die letzten Reste des Gesteins oft in Form herrlicher Mosaikböden vor, die sich flach bis zum Horizont erstrecken (siehe Abbildung 9). Der sandbeladene Wind schleift die am Boden liegenden Gesteinsreste so lange ab, bis sich die einzelnen Steine zu einem flachen mosaikartigen Gesteinspflaster zusammenfügen. Man kann sich diese Gesteinsselektion am besten vorstellen, wenn man einen einzelnen Stein betrachtet, der noch auf der Oberfläche des Gesteinspflasters liegt. Da er seine völlig flache Umgebung überragt, wird er vom sandbeladenen Wind so lange geschliffen, bis er sich genau in eine noch vorhandene Lücke des Untergrundes einpaßt. Wenn diese nicht mehr vorhanden ist, wird er völlig zu Sand zerrieben. Die einzelnen Steine dieser lückenlosen Mosaikböden besitzen jede erdenkbare Form, drei-, vier- oder sechseckig, rhombenförmig oder rund. Da das Mosaik sich aus verschiedenartigen Gesteinen zusammensetzt, besitzt oft jeder Stein eine andere Färbung. Die ebene Oberfläche der Mosaikböden, die nicht selten vom treibenden Sand spiegelglatt poliert ist, bietet dem Wind keine Angriffsfläche mehr. Diese Gesteinspflaster, die große Flächen in der Sahara wie auch in anderen Wüsten bedecken, stellen das letzte Stadium der Verwitterung dar. Sie sind sozusagen die übriggebliebene dünne Grundlage einst mächtiger Gesteinsschichten, die zu Sand und Staub zerfallen sind.

Der Kalender der Erdkruste

An den Flanken der verwitternden Gebirge, in den Schluchten der zerklüfteten Felsplateaus und an den Felsabstürzen der Zeugenberge wird sichtbar, daß die äußere Erdkruste sich aus aufeinanderliegenden, verschiedenartigen Gesteinsschichten aufbaut. Die einzelnen Gesteinsschichten, die sich aus verfestigten Ablagerungen

wie z.B. Schlamm und Sand bildeten, lagerten sich im Laufe der langen Erdgeschichte übereinander ab. Jede Phase der Erdentwicklung hat dabei ihre ganz besonderen Spuren, oft in Form von Fossilien, versteinerten Pflanzen und Tieren in den Gesteinsablagerungen hinterlassen.
In der Wüste wird so sichtbar, was dem Auge in anderen Klimazonen durch die Vegetation weitgehend verborgen bleibt. Man kann an der Erdkruste die zeitliche Abfolge der Erdentwicklung ablesen, die ein geschichtlicher, also ein einmaliger gerichteter Vorgang ist. Besonders eindrucksvoll tritt dies in einer in vieler Beziehung einzigartigen Wüstenregion unserer Erde, auf dem verwitterten, zerklüfteten Colorado-Plateau im Südwesten des nordamerikanischen Kontinents zutage. Für die Abtragung der 4000 Meter hohen Gesteinsablagerungen sind hier nicht sandbeladene Wüstenwinde verantwortlich, sondern in erster Linie das Wasser des Colorado Rivers. So entstand eine bizarre Felsenwüste, deren Wildheit und landschaftliche Schönheit nicht ihresgleichen auf der Erde hat. Der 2500 Kilometer lange Colorado River, der fern der Wüsten und Wüstensteppen des Colorado-Plateaus in den schneebeladenen Rocky Mountains entspringt, durchfließt das wüstenhafte Sandsteinplateau auf einer Länge von fast 2000 Kilometern, bevor er in den Golf von Niederkalifornien mündet. Neben dem Nil ist der Colorado damit der einzige Fluß dieser Größenordnung, der außerhalb der Wüste entspringt und anschließend eine große zusammenhängende Wüstenregion durchfließt. Auf seinem Weg durch das rote Sandsteinplateau hat der Fluß einen mehrere hundert Meter tiefen Canyon in die Gesteinsablagerungen der Erdkruste hineingegraben. Der Canyon entstand im Laufe der letzten Jahrmillionen, als sich das Sandsteinplateau - bedingt durch gebirgsbildende Prozesse in den Rocky Mountains und den pazifischen Küstengebirgen sowie durch Bewegungen und Zusammenschübe der Erdkruste, die große Teile des westlichen nordamerikanischen Kontinents erfaßten - nach und nach auf seine heutige Höhe von fast 3000 Metern emporhob.
Der Colorado und seine zahlreichen Nebenflüsse in ihren alten mäandrierenden Betten glichen die Hebung der Erdkruste aus, indem sie sich immer tiefer in das emporsteigende Sandsteinplateau hineinarbeiteten.
Die im Laufe der Erdgeschichte immer höher werdenden Gebirgszüge im Westen Nordamerikas, die das heutige Colorado-Plateau umschließen und die die vom Pazifik kommenden Regenwolken daran hindern, in das Innere des Kontinentes vorzudringen, und die allgemeine Krustenverdickung machten aus dem Colorado-Plateau

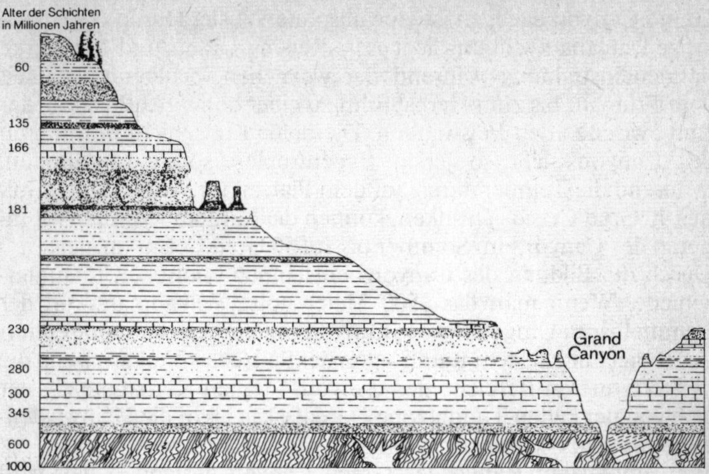

Querschnitt durch die sich aus geschichteten Ablagerungen aufbauende äußere Erdkruste des Colorado-Plateaus

allmählich das, was es heute ist, eine trockene und lebensfeindliche Reliefwüste.
Vor allem im Nordosten wurden große Teile des Sandsteinplateaus durch den Colorado und seine Nebenflüsse sowie durch das Sandstrahlgebläse des Wüstenwindes großflächig abgetragen und in eine gewaltige Schichtstufenlandschaft verwandelt, deren einzelne terrassenartige Plateaus mit Zeugenbergen übersät sind (siehe Abbildung 44). Im südwestlichen Teil des Plateaus hat sich der Colorado auf einer Länge von 400 Kilometern bereits fast 2000 Meter tief in die Erdkruste hineingefressen; es entstand der Grand Canyon, die gewaltigste Erosionsfurche unserer Erde. Er durchzieht mit einer schwindelerregenden Tiefe von fast zwei Kilometern, einer Breite von 30 Kilometern und Felswänden, die oft 1000 Meter senkrecht in den Abgrund stürzen, die Erdkruste wie eine gewaltige, klaffende Wunde.
Die kuppenförmige, 2500 Meter hohe Oberfläche des Colorado-Plateaus oberhalb des Grand Canyon stellt eine Art Oase inmitten des sonst wüstenhaften Sandsteinplateaus dar. In dieser Höhe fallen in eiskalten Wintern oft größere Mengen Niederschlag in Form von Schnee. Bei der Schneeschmelze im Frühjahr erhält die zähe Nadelholzvegetation genügend Wasser zum Überleben. Das Innere des

Grand Canyon dagegen ist eine absolute Wüste. Durch die oasenartige Plateauaufwölbung liegt es im Regenschatten, und sehr starke Sonneneinstrahlung während der weitgehend wolkenfreien Zeit vom Frühjahr bis zum Herbst führt zu einer hohen Aufheizung der Luft zwischen den Felswänden. Die heiße Luftschicht im Inneren des Canyons läßt so jeden Regentropfen sofort verdampfen. Während die Temperaturen auf dem Plateau im Winter bis auf minus 40 Grad Celsius absinken, können die Lufttemperaturen im Inneren des Canyons im Sommer bis auf 50 Grad Celsius ansteigen.
Durch die Bildung des Canyons entstanden enorme Klimaunterschiede. Wenn man das 3500 Meter hohe Vulkanmassiv in der unmittelbaren Umgebung des Canyons miteinbezieht, repräsentiert das Relief auf engstem Raum - von der Spitze des Vulkans bis in die tiefsten inneren Bereiche des Canyons - einen Klimabereich, der sich von der kalten Tundrazone Nordalaskas bis in die Heißwüstenzone Mexikos erstreckt.
Wer einmal am Rande des Grand Canyon gestanden hat, wird niemals oder nur schwer begreifen, daß der sich vor ihm auftuende Abgrund das Werk eines Wüstenflusses ist. Und doch ist es so. Seltene, aber verheerende Wolkenbrüche und Wüstenwinde zerstören die Gesteine des weitgehend durch keine Vegetationsdecke geschützten Colorado-Plateaus und führen die Verwitterungsprodukte dem Colorado River zu. Diese Verwitterungsprodukte, wie Staub, Sand und Gesteinsschutt, selbst ganze Felsbrocken, verwandeln den mit der Geschwindigkeit eines Gebirgsflusses fließenden Colorado in eine rotfarbene, quirlende Gesteinsfräse, die sich - je nach Beschaffenheit des Gesteins - mit einer Geschwindigkeit von einem Meter in ungefähr 5000 Jahren selbst in eines der härtesten Gesteine der Erdkruste, in Granit, hineinfrißt. Tag für Tag transportiert der Colorado 500 000 Tonnen Sand und Gesteinsschutt in den Pazifischen Ozean. Ein Güterzug mit der gleichen Transportleistung müßte eine Länge von 250 Kilometern haben*.
Der Colorado hat sich im Laufe der Zeit durch sämtliche Gesteinsablagerungen hindurchgearbeitet, die sich im Laufe der langen Erdgeschichte auf dem Untergrund der Kontinente abgelagert haben. Im Grand Canyon hat er sich bereits 500 Meter tief in diesen aus hartem Granit bestehenden Untergrund hineingenagt. Die Fels-

* *In der Gegenwart ist der Sedimenttransport durch mehrere Staudämme unterbrochen. Statt im Pazifik lagern sich die Sedimente momentan in den Stauseen ab, die daher bald aufgefüllt sein werden.*

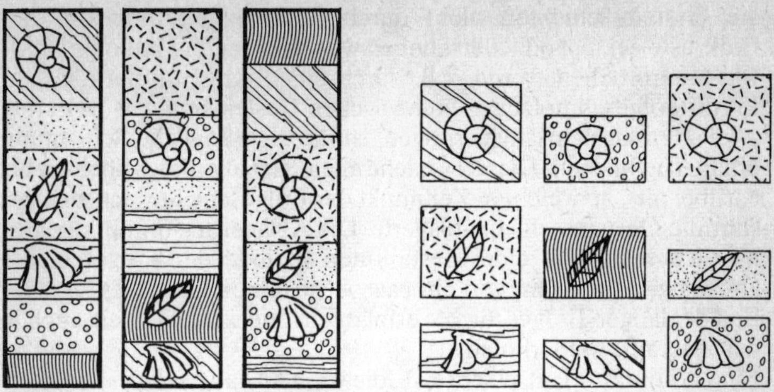

Modell der Biochronologie nach W. Smith
Links: Drei an unterschiedlichen Orten erbohrte verschiedenartige Gesteinssäulen. Die in ihnen enthaltenen drei unterschiedlichen Fossilien sind jeweils in verschiedenartigen Gesteinstypen unterschiedlicher Dicke eingeschlossen.
Rechts: Die in den Gesteinssäulen enthaltenen Fossilien wurden unabhängig vom Gesteinstyp und der Dicke der Ablagerungen in der sie eingeschlossen sind, entsprechend ihrer entwicklungsgeschichtlichen Abfolge aufgereiht.

wände des Grand Canyon, die gewaltigen Schichtstufen, die von dort wie eine Riesentreppe in immer höhere Bereiche des Colorado-Plateaus führen, die Abtragungsreste, die Zeugenberge und Felszinnen, decken den geschichteten, geschichtlichen Aufbau der Erdkruste auf einzigartige Weise auf. Über eine Milliarde Jahre Erdgeschichte ist allein in den freigelegten Gesteinsschichten des Colorado-Plateaus wieder sichtbar geworden. Wie ist es aber überhaupt möglich, aus den zahlreichen, freigelegten Gesteinsablagerungen, aus den in ihnen enthaltenen versteinerten Pflanzen und Tieren einen geschichtlichen Ablauf der Erdentwicklung zu rekonstruieren? Wie ist es möglich, herauszufinden, zu welcher Zeit sich eine bestimmte Gesteinsschicht abgelagert hat und wann die in ihr als Versteinerungen eingebetteten Lebewesen gelebt haben?
Mit ihren Gesteinsschichten hat uns die Erde eine Art Tagebuch hinterlassen, das Eintragungen ihrer eigenen, gesamten Entwicklung enthält. Diese »Eintragungen« werden von den versteinerten Pflanzen und Tieren, der Struktur und Beschaffenheit der Gesteinsschichten dargestellt, an der sich erkennen läßt, unter welchen klimatischen, ja unter welchen atmosphärischen Bedingungen sie sich aus abgelagertem Schlamm und Sand zu Gestein verfestigt haben. Wenn

die Gesteinsschichten nicht durch Bewegungen innerhalb der Erdkruste gekippt oder verschoben wurden oder ihre Abfolge sonstwie unterbrochen wurde, z.B. durch einen jungen unterirdischen Erguß aufgeschmolzener vulkanischer Gesteinsmassen zwischen zwei alten Gesteinsablagerungen, ist die ursprüngliche Schichtung erhalten geblieben. Diese Tatsache allein sagt allerdings noch nichts darüber aus, zu welchem Zeitpunkt der Erdgeschichte sich eine bestimmte Gesteinsschicht ablagerte. Die Ablagerung und Bildung ist nämlich nicht von einer bestimmten Periode der Erdgeschichte abhängig. Abgesehen von ein paar Ausnahmen kann dies zu jeder Zeit der langen Erdgeschichte erfolgt sein und sich jederzeit, auch in der Zukunft, wiederholen.

Eine bestimmte Tonschicht z.B., die wir heute an der Erdoberfläche entdecken, kann sehr jung oder sehr alt sein. Die Beschaffenheit des Gesteins allein genügt meist nicht, diese Frage zu beantworten und der Tonschicht ihren richtigen Platz im Ablauf der Erdgeschichte zuzuweisen. In den meisten Fällen können wir nicht wissen, ob sich z.B. über der Tonschicht noch andere Schichten abgelagert haben, die bereits durch die Verwitterung wieder abgetragen wurden.

Für eine Zeittafel der Erdgeschichte benötigt man zunächst einmal Zeugnisse von Ereignissen, die nur einmal innerhalb der Erdgeschichte aufgetreten und nicht wiederholbar sind. Diese Ereignisse stellen die gerichteten Entwicklungen der Lebensformen im Verlauf der Erdgeschichte dar. Es hat nicht nur eine Entwicklung der Lebewesen, von niederen zu immer höher entwickelten Lebensformen stattgefunden, sondern zahlreiche, früher existierende Pflanzen- und Tiergruppen sind längst ausgestorben. Aus diesem Grund besitzt jede Phase der Entwicklung ganz spezielle, die jeweilige Erdperiode bezeichnende Arten. Diese Leitfossilien - sofern sie erhalten geblieben sind - und nicht die Beschaffenheit des Gesteins ermöglichen eine relative Zeitmessung. Sie haben für die Erdentwicklung etwa die gleiche Bedeutung wie die Bau- und Kunstdenkmäler für die zeitliche Untergliederung der historischen Periode der Menschheitsentwicklung.

Der englische Kanalbauingenieur William Smith erkannte bei der Beaufsichtigung zahlreicher Kanalbauten Anfang letzten Jahrhunderts in England, daß sich die unterschiedlichen, an ihrer Farbe und Struktur erkennbaren Gesteinsschichten von Baustelle zu Baustelle, oft in wechselnder Reihenfolge und in unterschiedlicher Dicke abgelagert hatten. Die Lage der versteinerten Lebensformen, der Fossilien, war jedoch entsprechend ihrer entwicklungsgeschichtlichen Abfolge an allen Orten stets die gleiche, unabhängig von der

Gesteinsart, in der sie eingebettet waren. Er folgerte daraus als erster, daß nicht die Aufeinanderfolge der Gesteinsschichten, sondern die Abfolge der in ihnen enthaltenen Fossilien eine Chronologie der Erdgeschichte ermöglichte. Durch diese Erkenntnis wurde William Smith zum Begründer der Biochronologie.

Eine der zahlreichen und überaus schwierigen Voraussetzungen für die Anwendbarkeit der Biochronologie ist, daß die für eine bestimmte erdgeschichtliche Periode als bezeichnend erkannten Fossilien überall auf der Welt gleichzeitig verbreitet waren. Noch idealer ist es, wenn in der Schichtfolge sowohl die entwicklungsgeschichtlichen Vorfahren als auch die Nachfahren des Leitfossils vorhanden sind, so daß eine zeitlich gerichtete Entwicklungsreihe erkennbar wird. Dies ist jedoch äußerst selten.

Die bisher kurz geschilderten Methoden erlauben nur eine relative Zeitbestimmung der bisher abgelaufenen Erdgeschichte und beweisen, daß es eine gerichtete, zeitliche Abfolge der Erdentwicklung gab. Eine absolute Zeitbestimmung wurde erst durch die zu Beginn dieses Jahrhunderts entdeckte Radioaktivität gewisser Elemente und ihre Zerfallsgeschwindigkeit möglich. Der absoluten Zeitmessung liegt als Grundmaßstab der Lauf der Erde um die Sonne, das Jahr zugrunde. Die Altersbestimmung von Gesteinen und Fossilien mit Hilfe der radioaktiven Elemente beruht auf der Erkenntnis, daß die Atomkerne bestimmter radioaktiver Elemente, völlig unabhängig von äußeren Einflüssen wie z.B. Drücken, Temperaturen und chemischen Veränderungen des Gesteins, in einer bestimmten, physikalischen Gesetzmäßigkeiten unterliegenden Zeitspanne, der sogenannten Halbwertzeit, in neue Elemente, sogenannte Tochterelemente, zerfallen. Diese Tochterelemente können selbst wieder radioaktiv sein und in weitere Tochterelemente zerfallen. Radium ist z.B. eines der zahlreichen Tochterelemente des Urans, eines der Glieder einer bekannten Zerfallreihe, die schließlich mit dem stabilen und nicht mehr radioaktiven Blei endet. Die Urandatierung ist zum klassischen Beispiel für Zeitmessungen durch Radioaktivität geworden. Das Uran mit dem Atomgewicht 238 besitzt z.B. eine sehr lange Halbwertzeit von 4,5 Milliarden Jahren, wobei als Endprodukt seiner Zerfallsreihe Blei mit dem Atomgewicht 206 übrigbleibt. In den 4,5 Milliarden Jahren sind von 1000 Atomen des Urans noch die Hälfte übrig. Dafür sind 500 Bleiatome neu entstanden. Nach weiteren 4,5 Milliarden Jahren hat sich dann das zerfallene Uran abermals halbiert, und es sind nur noch 250 Uranatome übrig. Die Zahl der Bleiatome ist dagegen auf 750 angestiegen. Dieser Prozeß, der Zerfall des Mutterelements, geht so lange weiter, bis das Uran völlig zu Blei zerfallen ist. Andere Elemente weisen kürzere Halbwertzeiten auf, die nur nach Jahrmillionen, Jahrtausenden, Tagen, ja Sekunden zählen.

Da die verschiedenen Halbwertzeiten von den Physikern mit Hilfe hochempfindlicher, physikalischer Verfahren meßbar sind, ermöglichen diese radioaktiven Zerfallsreihen eine absolute Zeitmessung von Gesteinen, in denen die entsprechenden Elemente in den gesteinsbildenden Mineralien eingeschlossen sind. Elemente mit langen Halbwertzeiten eignen sich zur Datierung sehr alter, tiefliegender Gesteine, diejenigen mit kurzen Halbwertzeiten zur Datierung junger Gesteine.

In einer uranhaltigen, mineralischen Gesteinsprobe muß sich z.B. das Tochterelement im Laufe der Zeit mehr und mehr anreichern, während sich das Mutterelement, das Uran, entsprechend verringert. Bei bekannter Zerfallsgeschwindigkeit, der Halbwertzeit und bekannter Anfangsmenge läßt sich aus dem Mengenverhältnis von Mutterelement zu Tochterelement das Alter der Mineralbildung berechnen, also der Zeitpunkt, zu dem das Mutterelement in dem Kristall eingeschlossen wurde und der Zerfallsprozeß einsetzte.

Je weniger Uran und je mehr Blei also in einem Mineral zu finden ist, um so älter ist es. Diese Altersberechnung von Gesteinen läßt sich natürlich nur dann durchführen, wenn bei der Entstehung des Gesteins radioaktive Elemente in neu sich bildende Mineralien eingeschlossen wurden. Die meisten Ablagerungsgesteine, Sedimente genannt, können oft nicht direkt datiert werden, da die radioaktiven Mineralkörner, die am Aufbau des Gesteins beteiligt sind, schon eine lange Zerfallsgeschichte hinter sich haben. Sie stammen meist aus von den Kräften der Verwitterung abgetragenen älteren Gesteinen und sind sozusagen nicht mehr als »frisch« und »neu« zu bezeichnen, wenn sie in einem sich neu ablagernden Sediment, das ja zu einem großen Teil aus dem alten Verwitterungsschutt besteht, eingeschlossen werden.

Davon ausgenommen sind vulkanische Gesteine, die sich aus einer vulkanischen Schmelze neu bilden und meistens Spuren von Uran enthalten. Mit dem Moment ihres Erstarrens hört das Durcheinanderfließen, der Austausch mit der Umgebung auf. Das Mutter-

Abbildung 3:
Hochgebirgswüste im Hoggar (zentrale Sahara).
Bei den Felszinnen handelt es sich um die erhalten gebliebenen Schlotfüllungen großer Vulkane.

element Uran und das Zerfallsprodukt bleiben im erstarrten Gestein fest gebunden. Von diesem Zeitpunkt an beginnt die Uranuhr zu ticken, einer Stoppuhr vergleichbar, die durch einen Fingerdruck in Gang gesetzt wird.
Direkt datieren lassen sich außerdem Gesteine, die das Mineral Glauconit enthalten, das sich erst während der Ablagerung ganz neu bildet. Das Alter von Gesteinsablagerungen und der in ihnen eingebetteten fossilen Pflanzen und Tiere läßt sich daher oft nur indirekt bestimmen, wenn sie innerhalb anderer Gesteinsablagerungen, die aus vulkanischen Gesteinen oder Gesteinen, die das Mineral Glauconit enthalten, liegen.
Die sogenannte Radiokarbonmethode, mit deren Hilfe sich das Alter von organischen Substanzen, z.B. Knochen oder Holz, bis auf fünfzigtausend Jahre genau ermitteln läßt, soll hier nicht behandelt werden, da die mit ihr errechenbaren Zeiteinheiten für die uns interessierende gesamte Entwicklung nur von untergeordneter Bedeutung sind.
Mit Hilfe der absoluten Zeitmessung ist es möglich geworden, das wirkliche Alter vieler Gesteine und Fossilien direkt oder indirekt zu bestimmen. Der alte Wunschtraum der Naturwissenschaftler, insbesondere der Geologen und Paläontologen, zu erfahren, vor welcher Zeit, vor wieviel Millionen Jahren ein von ihnen ausgegrabener Saurier gelebt hat oder wann sich z.B. eine bestimmte Kohleschicht abgelagert hat, ging in Erfüllung.
Im Jahr 1650 legte der Erzbischof James Usher die Schöpfung der Erde noch auf Schlag neun Uhr am Sonntagmorgen, dem 23. Oktober des Jahres 4004 vor Christi Geburt, fest. Die Naturwissenschaftler Ende letzten Jahrhunderts waren hier schon realistischer und schätzten die Dauer der Erdgeschichte aufgrund der Biochronologie bereits auf etwa 100 Millionen Jahre, und mit Hilfe der modernen physikalischen Altersbestimmung kennt man heute Gesteinsproben, die mehr als 4 Milliarden Jahre alt sind.
Die Methoden der Biochronologie für relative Zeitmessung und in ganz besonderem Maße die physikalische absolute Zeitbestimmung haben die Naturwissenschaft in die Lage versetzt, das erdgeschichtliche Tagebuch lesen zu können. Die durch die Kräfte der Verwitte-

Abbildung 4:
Völlig ebene Kieswüste (Serir) inmitten der Sahara. In dieser Landschaft haben die Kräfte der Verwitterung im Laufe von Jahrmillionen alles das zerstört und eingeebnet, was für uns normalerweise eine Landschaft ausmacht.

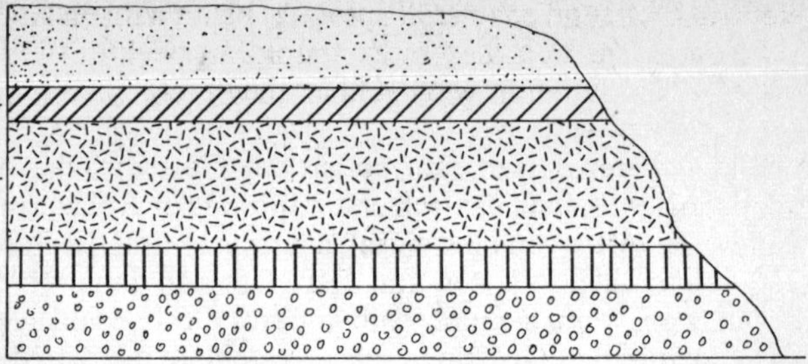

Beispiel datierbarer Ablagerungen

rung aufgedeckte Erdkruste mit ihren Gesteinsschichten und Fossilien konnte mit einem Kalendarium, mit einer Zeitskala versehen werden, die erforderlich ist, um das Alter und die Entwicklungsgeschichte unseres Planeten und schließlich unsere eigene Existenz begreifen zu lernen.

Das erdgeschichtliche Tagebuch wurde zu einem Kalender der gesamten Erdentwicklung, dessen erstes Blatt vor 4 bis 5 Milliarden Jahren mit »Eintragungen« versehen wurde, die den Beginn der Erdentwicklung bezeichnen. Die Schichten zusammen mit den in ihnen enthaltenen Fossilien stellen für den Naturwissenschaftler, der in ihnen zu lesen versteht, ein unerschöpfliches Informationspotential dar. Die Kräfte der Verwitterung haben in der Wüste Hunderte von Schichten aufgedeckt, darunter auch tiefe, sehr alte, die aus den Anfängen der Erdentwicklung stammen und die normalerweise viele tausend Meter unter der Erdoberfläche liegen und dem Auge verborgen bleiben. So ist gerade in der Wüste die Möglichkeit eröffnet worden - und dies im wahrsten Sinne des Wortes -, besonders viel über die Entwicklungsgeschichte unseres Planeten zu erfahren. Man kann die Verwitterung, die diese Schichten aufdeckt, mit einem Wind vergleichen, der die Seiten eines Buches - des Tagebuches -, in dem die Entwicklungsgeschichte unserer Erde beschrieben wird, Seite um Seite, von hinten bis vorne umblättert. Um die Vergangen-

Formationstabelle (Zeittafel) der gesamten Erdgeschichte. Die schwarze Wellenlinie am rechten Rand bezeichnet die wichtigsten Gebirgsbildungsphasen seit dem Präkambrium.

Ära	System (Periode) Dauer in Mio. Jahren	Epoche	Beginn vor Millionen Jahren	Gebirgs-bildung
Erdneuzeit oder Känozoikum	Quartär (1,5)	Holozän (Alluvium)	0,01	Alpidische Faltung (heutige Hochgebirge)
		Pleistozän (Diluvium)	1,5 ± 0,5	
	Tertiär (65)	Neogen (Jungtertiär)	26 ± 2	
		Paläogen (Alttertiär)	67 ± 3	
Erdmittelalter oder Mesozoikum	Kreide (70)	Oberkreide	100 ± 5	
		Unterkreide	137 ± 5	
	Jura (58)	Malm (Weißer Jura)	162 ± 5	
		Dogger (Brauner Jura)	172 ± 5	
		Lias (Schwarzer Jura)	195 ± 5	
	Trias (35)	Keuper	205 ± 5	
		Muschelkalk	215 ± 5	
		Buntsandstein	230 ± 5	
Erdaltertum oder Paläozoikum	Perm (55)	Zechstein	240 ± 10	Variszische Phase
		Rotliegendes	285 ± 10	
	Karbon (65)	Oberkarbon	325 ± 10	
		Unterkarbon	350 ± 10	
	Devon (55)	Oberdevon	360 ± 10	
		Mitteldevon	370 ± 10	
		Unterdevon	405 ± 10	
	Silur (35)		440 ± 10	Kaledonische
	Ordovizium (70)		500 ± 15	
	Kambrium (70)	Oberkambrium	515 ± 15	
		Mittelkambrium	540 ± 15	
		Unterkambrium	570 ± 15	
Erdfrühzeit oder Präkambrium	Riphäikum (400)		etwa 1000 ± 50	
	Protero-zoikum (1000)		etwa 2000 ± 50	
	Archaikum (800)		etwa 2800 ± 50	
	Kat-archaikum (1200)		etwa 4000	
Erdurzeit	Azoikum		etwa 5000	

heit und die Zukunft des Wüstenplaneten Erde zu begreifen, müssen wir uns zuerst mit der Frage beschäftigen, wie unser Planet, seine Atmosphäre und das Leben überhaupt entstanden ist.

2. Die Entstehung der Erde und des Lebens

Den Ursprung der Erde kann man nur verstehen und begreifen, wenn man die Geschichte des gesamten Sonnensystems kennt, mit dessen Entwicklung die Entstehung unseres Planeten untrennbar verbunden ist.

Es wird vermutlich viele Leser in Erstaunen versetzen, wenn sie an dieser Stelle erfahren, daß die Naturwissenschaftler z.B. über die Entstehung der Atmosphäre und des Lebens auf unserer Erde wesentlich besser informiert sind als über die astrophysikalischen Vorgänge, die zur Bildung unseres Planeten selbst geführt haben. Diese Tatsache scheint auf den ersten Blick noch erstaunlicher zu sein, wenn man bedenkt, daß der Mensch bereits zahlreiche, erfolgreiche Weltraumflüge unternommen und seinen Fuß bereits auf einen fernen Himmelskörper, den Mond, gesetzt hat.

Wenn sich nach weiteren Forschungen die Vermutung vieler Wissenschaftler bestätigen sollte, daß Mond und Erde einst in der Frühzeit unseres Planetensystems als Doppelplanet gleichzeitig entstanden, dann hat der Mensch bereits den ersten fremden Planeten betreten. Diese Weltraumflüge, die - wie Millionen Menschen auf den Bildschirmen ihrer Fernsehgeräte verfolgen konnten - mit einer erstaunlichen Sicherheit und einer bestechenden Präzision erfolgen, setzen eine sehr genaue Kenntnis der im Weltall herrschenden Gesetzmäßigkeiten voraus.

Damit zwei Menschen auf dem Mond sicher landen können, müssen die zwischen den einzelnen Mitgliedern unseres Planetensystems - zwischen der Sonne und den sie umkreisenden Planeten - herrschenden Anziehungs- und Fliehkräfte, die Gesetze der Himmelsmechanik genau bekannt sein. Dieser Punkt ist es, der viele Menschen verwirrt. Wenn man die Gesetze der Himmelsmechanik »beherrscht«, so glauben sie, dürfte es eigentlich nur noch ein recht kleiner Schritt sein, um sich auch die Entstehung und die Bewegungen der Körper, die ihnen gehorchen, erklären zu können. Aber hier liegt der gedankliche Fehler.

Auf mehreren Schiffsreisen, die ich selbst als Passagier auf Frachtschiffen zwischen den Kontinenten unternommen habe, hat es mich immer wieder in Erstaunen versetzt - obwohl mir die Grundlagen der Navigation bekannt waren -, wie nach wochenlanger Fahrt, nach

Tausenden von Seemeilen eines Tages am Horizont genau das Leuchtfeuer eines bestimmten Hafens aufblitzte, den das Schiff als Zielhafen angepeilt hatte. Die mit der Navigation betrauten Besatzungsmitglieder verdankten ihre Fähigkeiten einer genauen Kenntnis der Himmelsmechanik und einer schon als intim zu bezeichnenden Kenntnis des Ozeans, über den sie ihr Schiff steuerten. Um sicher ihr Ziel zu erreichen, mußten ihnen die Gezeiten, der Verlauf der Küsten, die Gesetze des Windes – um nur einiges zu nennen – genauestens bekannt sein. Interessant war aber, daß ich niemals einen Seemann kennengelernt habe, der über die Entstehung des Ozeans selbst, dem er sich anvertraute, informiert war. Die Tatsache, daß sie stets ihr Ziel erreichten, war aber ein Beweis dafür, daß derartige Kenntnisse gar nicht notwendig waren.
Bis heute gibt es keine endgültige Hypothese über die Entstehung unseres Planetensystems, der alle Wissenschaftler vorbehaltlos folgen. Der Grund dafür ist, daß die Astronomen und Physiker bis heute so viele Details über die Natur unseres Sonnensystems zusammengetragen haben, daß kein Wissenschaftler mehr in der Lage ist, die Frage der Entstehung des Sonnensystems im Alleingang zu lösen. Alle diese Einzelheiten müssen durch eine gemeinsame These von der Entstehung des Sonnensystems berücksichtigt und erklärt werden.
Einige Wissenschaftler sind sehr pessimistisch, was die Lösung des überaus schwierigen Problems anbelangt. So hat der amerikanische Astronom G.P. Kuiper darauf hingewiesen, daß alle bis heute erarbeiteten Theorien über die Entstehung des Sonnensystems Annahmen enthalten, deren Beweisbarkeit viele Milliarden Jahre nach dem kosmischen Ereignis nur noch sehr schwer oder gar nicht mehr möglich ist. Kuiper schrieb: »Es ist keineswegs eine ausgemachte Sache, daß das Problem eine wissenschaftliche Lösung hat. Zum Beispiel gibt ein abgeschlossener Raum, in dem Luft bewegt worden ist, nach einiger Zeit keinerlei Hinweise mehr auf die Art oder den Zeitpunkt der Bewegung. Alle Erinnerung an das Ereignis ist innerhalb des Systems verlorengegangen.«
Trotz der überaus komplexen und verwickelten physikalischen Zusammenhänge scheint es mir durchaus wahrscheinlich zu sein, daß durch die gegenwärtigen Anstrengungen auf dem Gebiet der Weltraumforschung, durch enge Zusammenarbeit der verschiedenen wissenschaftlichen Disziplinen und durch den Einsatz von Großrechenanlagen die durchaus brauchbaren Hypothesen, die bis heute entwickelt wurden, schon in naher Zukunft bestätigt werden können und eine endgültige Lösung des Problems bevorsteht.

Mit Hilfe der modernen Radioastronomie ist es z.B. möglich, sich die Entstehung unseres Sonnensystems – genauer gesagt eines wichtigen Teiles davon: unserer Sonne – indirekt in Erinnerung zu rufen. Wenn man auch heute noch nicht nachweisen kann, daß auch eine andere der Milliarden Sonnen, die allein unser Milchstraßensystem beherbergt, von Planeten umkreist wird, so ist man doch in der Lage, ihre Entstehung und ihr Vergehen zu studieren. Ganz abgesehen davon ist es aufgrund wissenschaftlicher Erfahrungswerte äußerst unwahrscheinlich, daß ausgerechnet nur unsere Sonne von Planeten umkreist wird. Auf den ersten Blick sieht es jedenfalls für einen Naturwissenschaftler so aus, als ob der Entstehung unseres Sonnensystems ein relativ einfacher physikalischer Vorgang zugrunde liegt.
Die überaus wichtige Tatsache, daß alle neun Planeten die Sonne in der gleichen Richtung auf elliptischen Bahnen umlaufen und daß diese Umlaufbahnen alle annähernd in der gleichen Ebene liegen, ist ein Phänomen, das eigentlich nur *einen* Schluß zuläßt: Sonne und Planeten haben sich gleichzeitig aus einer kosmischen Gas- und Staubwolke gebildet. Aufgrund der Gesetze der Himmelsmechanik wäre es theoretisch ebensogut möglich gewesen, daß die Planeten die Sonne sozusagen individuell, mit unterschiedlichen Richtungen und in unterschiedlichen Ebenen, umkreisen, ähnlich wie Motten, die eine Lichtquelle in jeweils eigener Flugbahn umschwirren.
Die Gas- und Staubwolke, die im wesentlichen aus der Ursubstanz des Universums, aus Wasserstoffgas bestand, zog sich aufgrund des im gesamten Kosmos allgegenwärtigen Gravitationsgesetzes mehr und mehr auf einen gemeinsamen Mittelpunkt hin zusammen. Dieser permanente Verdichtungsprozeß steigerte die Temperatur der Gasmassen kontinuierlich, bis sie schließlich aufglühten und ihre Temperatur auf Millionen Grad anstieg.
Aufgrund eines weiteren physikalischen Gesetzes muß die sich zu einem kugelförmigen Gebilde, zu einer Ursonne zusammenziehende Gaswolke dabei in eine immer schnellere Umdrehung geraten sein. Die Rotation der glühenden Gaskugel wurde schließlich so groß, daß sie sich zu einer riesigen rotierenden Scheibe abflachte, von deren Außenrand mehrere gewaltige glühende Gasfetzen abgeschleudert wurden. Diese Gasfetzen, Grundsubstanz der späteren Planeten, bewegten sich natürlich weiter, alle in die gleiche Richtung und alle annähernd in der gleichen Ebene um den gemeinsamen Mittelpunkt. Während die Hauptmasse der Gasscheibe sich wieder stabilisierte, sich zusammenzog und dadurch allmählich zur Sonne verdichtete, zogen sich auch die einzelnen abgeschleuderten Teile,

dem Gravitationsgesetz folgend, auf ihren eigenen Schwerpunkt hin zusammen. Dadurch gerieten sie genau wie die Urmasse, aus der sie hervorgegangen waren, in eine Umdrehung. Die Urplaneten waren entstanden. So plausibel sich diese Entstehungsgeschichte unseres Sonnensystems anhört, so gibt es doch zahlreiche physikalische Phänomene im heutigen Planetensystem, die damit in einem unauflöslichen Widerspruch zu stehen scheinen.
Der wichtigste und gravierendste Einwand ist das sogenannte »Drehimpuls-Paradoxon«. Dieser kompliziert klingende Begriff ist relativ einfach zu verstehen. Unsere Sonne dreht sich heute mit unterschiedlicher Geschwindigkeit innerhalb von 25 bis 27 Tagen einmal um sich selbst. Die Ursonne müßte sich aber erheblich schneller gedreht haben, um das Material abzuschleudern, aus dem sich später die Planeten gebildet haben. Aufgrund physikalischer Gesetze müßte die Umdrehungsgeschwindigkeit der Sonne, gemessen an einem Punkt am Außenrand ihrer Äquatorebene, mindestens genauso groß sein wie die Bahngeschwindigkeit der von ihrem Außenrand abgeschleuderten planetarischen Teile. Für die abgeschleuderten Urplanetenmassen, die mit ihrer »Entstehungsgeschwindigkeit« weiterhin um das Zentrum kreisten, sind keine Kräfte bekannt, die die ihnen einmal zugedachte Bahngeschwindigkeit nachträglich erhöhen konnten. Im Gegenteil, einige Forscher sind heute der Meinung, daß zwischen den Planeten und dem Zentralgestirn eine Art Magnetbremse wirksam ist, die – innerhalb kosmischer Zeiträume – die Bahngeschwindigkeit der Planeten langsam abbremst.
Die zentrale Gasmasse, die Ursonne, verdichtete sich auch nach der Abtrennung der planetarischen Massen immer weiter bis zur heutigen Größe; gleichzeitig erhöhte sich dadurch ihre Rotationsgeschwindigkeit.
Bis zum heutigen Tage müßte demnach – wenn die so einleuchtende Hypothese von der Entstehung des Planetensystems richtig sein sollte – der Drehimpuls der Sonne um ein Vielfaches größer, mindestens aber genauso groß sein wie der aller Planeten zusammengenommen. Das Gegenteil ist jedoch der Fall.
Obwohl in der Sonne mehr als 99 Prozent der gesamten Masse des Planetensystems konzentriert ist, besitzt sie heute nur noch zwei Prozent von dessen Drehimpuls, alles übrige besitzen die Planeten. Eine interessante Zusatzhypothese des Engländers Fred Hoyle und des Schweden Hannes Alfvén, in den 50er Jahren dieses Jahrhunderts erarbeitet, könnte jedoch eine Erklärung für dieses bisher mit den Gesetzen der Himmelsmechanik unvereinbare Phänomen liefern.

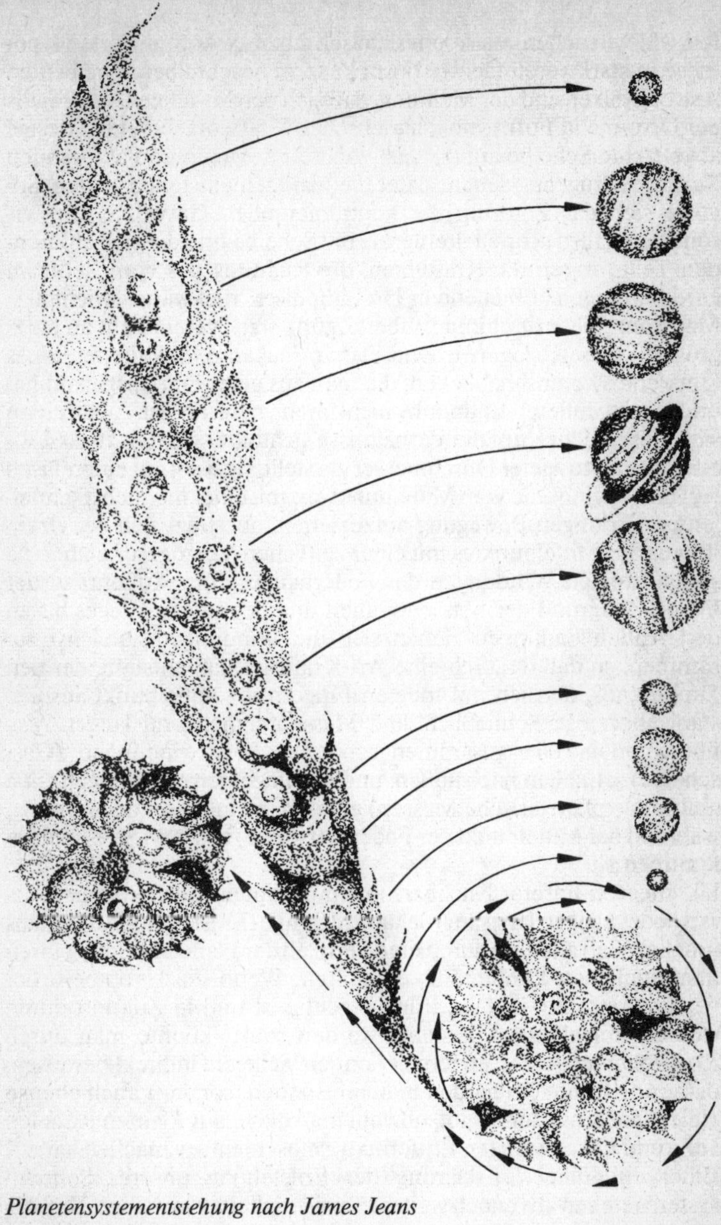

Planetensystementstehung nach James Jeans

Ich will versuchen, diese physikalisch überaus komplizierte Hypothese in stark vereinfachter Form kurz zu beschreiben. Die beiden Astrophysiker sind der Meinung, daß sich der gewaltige Drehimpuls der Ursonne in Form von magnetischen Kraftlinien über die riesige abgeflachte Scheibe auf die sich von deren Außenrand ablösenden Teile übertrug, aus denen später die Planeten entstehen sollten. Solange sich das Zentrum der kontrahierenden Gaswolke, die Ursonne, genauso schnell drehte wie die Scheibe und die sich ablösenden Teile, waren die Kraftlinien, die Richtung des vom Zentrum gewissermaßen abfließenden Drehimpulses, rückwärts gerichtet.
Man kann diese Drehimpulsübertragung stark vereinfacht an einer großen, unaufgezogenen und daher lockeren Spiralfeder eines Uhrwerkes veranschaulichen, die man aus einer Uhr ausgebaut hat und deren äußerer Endpunkt nicht mehr befestigt ist. Wenn man sich diese Feder – um die Verhältnisse sichtbarer werden zu lassen – z.B. mit einem Meter Durchmesser vorstellt, sie flach auf einen Tisch legt und beginnt, sie vom Mittelpunkt aus mit einer möglichst schnellen und kräftigen Bewegung aufzuziehen, überträgt sich der Drehimpuls des Mittelpunktes mit einer zeitlichen Verzögerung über die spiralförmigen Windungen des Federbandes zum Außenrand der Feder. Aufgrund der Massenträgheit und des langen Weges bis zu den Außenwindungen ziehen sich die Windungen zunächst zusammen, so daß dadurch eine Art Kraftrückstau entsteht, der den Drehimpuls, den ich mit meinen Fingern im Mittelpunkt ausübe, stark abbremst. Schließlich sind Massenträgheit und langer Weg überwunden. Die zusammengezogenen Federwindungen (Gasscheibe) schnellen nach außen, und die einzelnen Windungen (sich ablösende planetarische Massen) geraten in eine rasende Drehung, während der Mittelpunkt der Feder (Ursonne) fast zum Stillstand gekommen ist.
Die meisten unserer Nachbarsonnen im Milchstraßensystem rotieren heute ebenso langsam wie unsere Sonne. Es ist deshalb durchaus möglich, daß auch sie durch einen Prozeß der Planetenbildung ihren ursprünglichen Drehimpuls einbüßten. Wenn die Hypothese der beiden Astrophysiker im Prinzip richtig ist und in Zukunft durch weitere Forschungen bestätigt werden sollte, könnte man durch Rotationsmessungen an fernen Sonnen vielleicht indirekt beweisen, daß es nicht nur Milliarden anderer Sonnen, sondern auch ebenso viele Planetensysteme gibt, obwohl man die relativ kleinen Planeten aufgrund der gewaltigen Entfernung selbst nicht ausmachen kann.
Einer endgültigen Erklärung der Entstehung unseres Sonnensystems stehen aber noch weitere Schwierigkeiten im Wege. Daß die

Planetensystementstehung durch Wirbelbildung

Äquatorebene der Sonne gegenüber der annähernd gemeinsamen Ebene der Planetenbahnen um etwa sechs Grad geneigt ist, widerspricht der Annahme, daß die planetarischen Massen einfach durch Zentrifugalkräfte aus der Ursonnenmasse herausgeschleudert wurden. Außerdem spricht die chemische Zusammensetzung des Erdkörpers dafür, daß die Oberfläche unseres Planeten während seiner gesamten Entstehungsgeschichte niemals heißer als einige tausend Grad Celsius gewesen ist und aufgrund dieser Tatsache nicht aus einer wahrscheinlich mehr als einer Million Grad heißen, sich kontrahierenden Gas- und Staubwolke hervorgegangen sein kann. Ganz abgesehen davon wäre eine derart heiße Gaswolke im Weltraum völlig instabil. Noch bevor sie Gelegenheit hätte, sich abzukühlen und zu einem Planeten zusammenzuziehen, würden sich ihre Bestandteile nach allen Richtungen in den leeren Raum verflüchtigen. Nur die gewaltige Gasmasse, die sich im Zentrum der glühenden Wolke allmählich zu einer Ursonne zusammenzog, war aufgrund ihrer ungeheuerlichen Schwerkraft in der Lage, sich selbst bei derartig hohen Temperaturen zusammenzuhalten.

Aufgrund der zuletzt genannten Tatsache wurde auch eine Hypothese wieder verworfen, die Anfang dieses Jahrhunderts von dem englischen Astronomen James H. Jeans entwickelt wurde und die, bekannt als sogenannte Katastrophenhypothese, lange Zeit die Gemüter der Naturwissenschaftler beschäftigte. Die annähernd gleiche Bahnebene und die gleiche Umlaufrichtung aller Planeten konnte man sich mit der Abschleuderungshypothese ganz gut erklären. Jeans ging es aber hauptsächlich darum, eine Erklärung für die Neigung der Bahnebenen gegenüber der Äquatorebene der Sonne, insbesondere aber für das überschüssige Drehmoment der Planeten zu finden. Seiner Ansicht nach war die Entstehung unseres Planetensystems das Resultat eines fast unwahrscheinlichen kosmischen Zufalls: Die Ursprungsmasse aller Planeten sei durch die Anziehungskraft einer fremden Sonne aus der glutflüssigen Oberfläche unserer Sonne herausgerissen worden, als erstere so nahe an unserem Zentralgestirn vorbeiflog, daß es fast zu einem Zusammenstoß gekommen wäre. Jean's Theorie schien sehr einleuchtend zu sein, da sie u.a. das Problem des überschüssigen Drehmoments der Planeten, für das man zu Beginn dieses Jahrhunderts noch keinerlei Erklärung hatte, auf recht einfache Weise zu lösen schien. Eine von außen kommende Kraft, die fremde vorbeirasende Sonne, hatte nicht nur die Ursprungsmassen der Planeten aus unserer Sonne herausgerissen und sie alle in gleicher Richtung auf eine Umlaufbahn gezwungen. Auch der Schwung, den die Urplaneten mitbekamen, war so gewaltig, daß sie sich schneller um das Zentralgestirn drehten als dieses sich selbst um seine eigene Achse. Die Neigung der Ebene der Planetenbahnen gegenüber der Äquatorebene der Sonne ließ sich ebenfalls mit der Jeansschen Theorie sehr gut erklären. Spätere mathematische Berechnungen widerlegten seine Theorie jedoch in jeder Beziehung, ganz abgesehen davon, daß die aus der Sonnenoberfläche herausgerissenen glühenden Gasmassen nicht stabil genug gewesen wären, neue Planeten zu bilden. Die Gasmassen hätten sich ausgedehnt und aufgelöst.

Heute findet eine Hypothese immer mehr Bestätigung, deren Grundzüge erstaunlicherweise nicht von einem Astronomen, sondern von dem deutschen Philosophen Immanuel Kant im Jahre 1775 entwickelt wurde. Er erkannte als erster, daß die einheitliche Gestalt unseres Planetensystems und die in ihm gleichgerichteten Bewegungen nur historisch zu erklären waren. Für ihn stellte es den Überrest aus einer Zeit dar, in der alle Mitglieder des Systems noch physisch verbunden waren. Vor allem der deutsche Physiker und Philosoph Carl Friedrich von Weizsäcker hat dieser Hypothese durch neuere Berechnungen und Überlegungen zu neuem Ansehen verholfen. Sie geht von der Annahme aus, daß sich Sonne und Planeten aufgrund der bereits beschriebenen physikalischen Fakten zwar gleichzeitig, aber unabhängig voneinander gebildet haben und daß die Planeten nicht aus einer glühenden Masse entstanden sind. Eine ungeheuer große, kalte, vorwiegend aus Wasserstoffgas sowie aus Gesteins- und Metallstaub bestehende kosmische Wolke, die sich bei einer riesigen Explosion gebildet hatte und in der die bekannten 92 Elemente sozusagen als Grundsubstanz vorhanden waren, begann um einen gemeinsamen Mittelpunkt zu rotieren und flachte sich dabei immer mehr ab. Dabei entstand nicht nur im Zentrum, dem Drehpunkt des Gebildes, ein riesiger Wirbel, sondern gleichzeitig bildeten sich auch in den äußeren Bereichen zahlreiche kleine Wirbel aus. Aufgrund der Gesetze der Schwerkraft konzentrierte sich die Materie allmählich mehr und mehr in diesen Wirbeln. Je größer und schwerer sie wurden, um so stärker wurde ihre Anziehungskraft, die sie auf die noch ungeordnete Materie ausübten. Durch diesen Prozeß konzentrierte sich die anfänglich chaotische kosmische Wolke in einem gewaltigen Massezentrum in ihrem Mittelpunkt, aus dem später die Sonne entstehen sollte, und in kleine Massezentren, die weiterhin um den gemeinsamen Mittelpunkt rotierten und aus denen später die Planeten entstehen sollten.

An diesem Punkt scheint sich aber erneut eine unüberwindbare physikalische Hürde aufzubauen. Das bei weitem häufigste Element der Urwolke, der leicht flüchtige Wasserstoff, konnte zwar im zentralen Wirbel aufgrund der sich hier konzentrierenden Masse eine ausreichende Schwerkraft entwickeln und einen stabilen Körper ausbilden. Die Wasserstoffmenge innerhalb der planetarischen Kleinwirbel konnte aber bei weitem nicht ausreichen, daß sie sich zu Planeten verdichtete. Noch rätselvoller und schwieriger scheint es zu werden, wenn man bedenkt, daß die Planeten – jedenfalls die inneren Planeten Merkur, Venus, Erde und Mars – gar nicht vorwiegend aus dem leichten Element Wasserstoff bestehen. Die Erde, die wir natürlich am besten kennen, besteht im wesentlichen aus schwereren Elementen, hauptsächlich aus Silikaten – Verbindungen der Elemente Silizium und Sauerstoff – sowie aus Aluminium, Magnesium, Titan und Eisen. Nur das Zentralgestirn, die Sonne, besteht im wesentlichen aus den leichten Elementen Wasserstoff und Helium und nur zu einem Hundertstel aus schwereren Elementen, wie sie typisch für die Planeten sind. Bedenkt man, daß Sonnen mit den gewaltigen, in ihnen konzentrierten Gasmassen die mit Abstand häufigsten Himmelskörper im Weltall sind – allein in unserem Milchstraßensystem, in unserer Galaxie, gibt es mehr als

einhundert Milliarden von ihnen –, dann wird klar, daß die winzigen Planeten in der Zusammensetzung ihrer Elemente eine chemische Ausnahme im Kosmos darstellen. Sie sind praktisch eine konzentrierte Ansammlung der schweren Elemente, die in geringen Mengen fein verteilt als Staub in der vorwiegend aus Wasserstoff bestehenden Urwolke vorhanden waren. Wie können aber bei einer relativ so unterschiedlichen Massenverteilung der Elemente alle Mitglieder unseres Sonnensystems, die Sonne und die Planeten, aus einer gemeinsamen Urwolke entstanden sein? Daß die Planeten mit ihrer Sonne trotz der physikalischen »Schwierigkeiten« aus *einer* gemeinsamen Urwolke hervorgegangen sind, läßt sich wiederum aus der Geschichte des Systems verstehen.
Auch innerhalb der planetarischen Kleinwirbel, die sich aufgrund ihrer Schwerkraft allmählich zu rotierenden Gaskugeln formten, fand eine Sortierung der Elemente nach ihrem Gewicht statt. Verfolgen wir nun den weiteren Verlauf der Entwicklung an einem der inneren Planeten, an unserer Erde.
Die Spuren der schweren Elemente sanken in Form von Gesteins- und Metallpartikeln zum Mittelpunkt der Kugel und bildeten einen kleinen massigen Kern, der außen von den leichten Gasen Wasserstoff und Helium umhüllt war. Diese Gaskugel, die Protoerde, deren Durchmesser 2000mal so groß war wie der der heutigen Erde, bestand also überwiegend aus den leichten elementaren Gasen Wasserstoff und Helium.
Zum gleichen Zeitpunkt zog sich auch der gewaltige Gaswirbel im Zentrum des ganzen Gebildes – die Ursonne – mehr und mehr zusammen und nahm dadurch ebenfalls die Form einer rotierenden Kugel an. An dieser Stelle sei daran erinnert, daß in dieser zentralen Gaskugel mehr als 99 Prozent der gesamten Masse des Systems konzentriert war und noch heute ist.
Als Folge ihrer gewaltigen, nach innen gerichteten Anziehungskräfte entstanden im Innern der Gaskugel Drücke von 200 Milliarden Tonnen und Temperaturen von 15 Millionen Grad Celsius. Es bildete sich ein riesiger freischwebender Atomreaktor – eine Sonne. Die unvorstellbar hohen Drücke und Temperaturen leiteten im Innern Kernverschmelzungsprozesse ein, bei denen der Wasserstoff atomar zu brennen begann und Energie freigesetzt wurde.

Planetensystem: Die Zeichnung vermittelt ein Bild von den Größenverhältnissen der neun Planeten und ihrer zweiunddreißig Monde im Vergleich zum Zentralgestirn der Sonne.

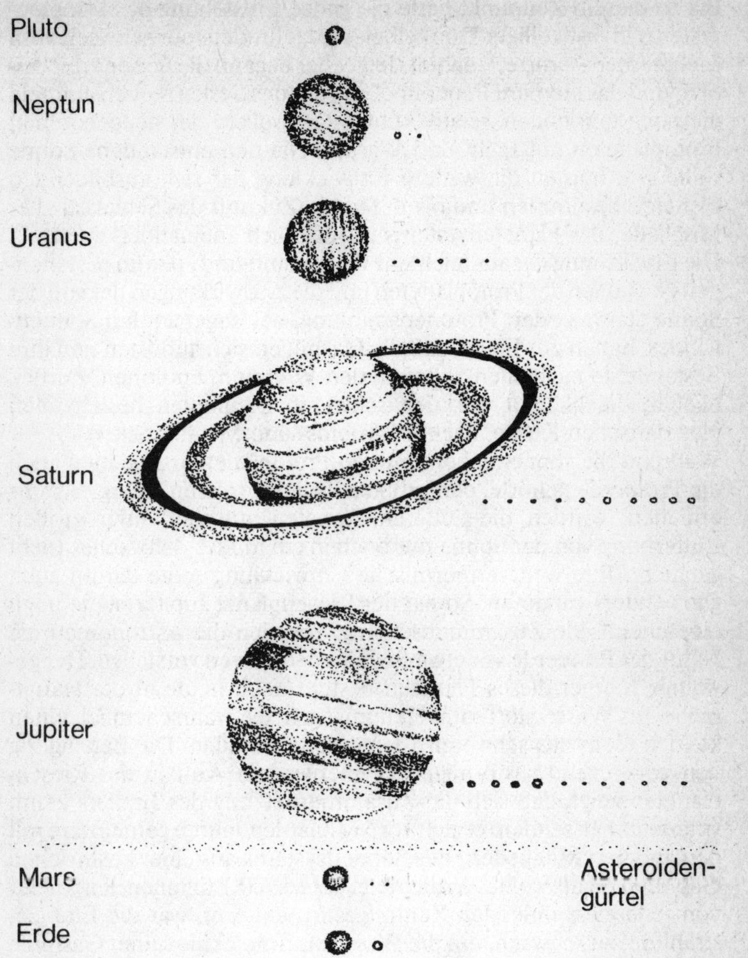
Pluto
Neptun
Uranus
Saturn
Jupiter
Mars
Asteroiden-
gürtel
Erde
Venus
Merkur
Sonne

Bis zu diesem Zeitpunkt hatte die ganze Entstehung des Planetensystems in fast völliger Dunkelheit stattgefunden, nur schwach vom Licht ferner Sterne erleuchtet. Jetzt aber begann die Sonne zu scheinen, und das atomare Feuer im Zentrum des Systems überschüttete die noch quirlenden, relativ kühlen Gaswolken der neugeborenen Protoplaneten mit Licht und Wärme. Die neu entstandene Sonne sollte von nun an die weitere Entwicklung der sich ausbildenden Planeten bestimmen und bis in fernste Zukunft das Schicksal aller Mitglieder des Planetensystems unauflöslich aneinanderketten.
Die Erwärmung der aus leichtem Wasserstoff und Helium bestehenden Gashüllen der Protoplaneten und die Auswirkungen der von der Sonne stammenden Protonenstrahlung, des sogenannten Sonnenwindes, hatten zur Folge, daß die Gashüllen sich auflösten und ihre Bestandteile nach allen Seiten in den Weltraum entflohen. Zurück blieben die kleinen, aus den schweren Elementen bestehenden planetarischen Kerne, nackte Gesteins- und Metallbrocken.
Während die sonnennahen inneren Protoplaneten, zu denen auch die Protoerde gehörte, den größten Teil des solaren Energiestroms erhielten, wurden die äußeren Planeten aufgrund ihrer großen Entfernung von der Sonne nur noch in ein mildes, schwaches Licht getaucht. Ihre weitere thermische Entwicklung sollte darum auch ganz anders verlaufen. So hat der Riesenplanet Jupiter heute noch eine chemische Zusammensetzung, wie sich die Astronomen die Natur der Protoerde vor etwa 5 Milliarden Jahren vorstellen. Der gewaltige Körper dieses Planeten besteht noch heute in der Hauptsache aus Wasserstoff- und Heliumgasen, die wahrscheinlich einen kleinen Kern aus schweren Elementen umhüllen. Die Beteiligung von vorwiegend gasförmigen Elementen am Aufbau des Riesenplaneten zeigt, daß sich die Zusammensetzung des Jupiters kaum verändert hat, seitdem er sich vor 5 Milliarden Jahren gemeinsam mit den anderen Mitgliedern des Sonnensystems aus einer kosmischen Gas- und Staubwolke verdichtete. Über 700 Millionen Kilometer vom energiespendenden Zentralgestirn entfernt, war die Energiestrahlung zu schwach, um die Wasserstoffmoleküle seiner Gashülle auf die erforderliche Geschwindigkeit zu beschleunigen, die nötig gewesen wäre, damit sie das gewaltige Schwerefeld des Planeten hätten verlassen können.
Die inneren Planeten wären sicherlich nicht über das Ausmaß kleiner Gesteinsbrocken hinausgewachsen, hätte nicht gleichzeitig mit dem Abwandern ihrer aus leichten elementaren Gasen bestehenden Hülle ein anderer Prozeß eingesetzt. Die übriggebliebenen planetarischen Gesteinskerne wirkten aufgrund ihrer Schwer-

kraft wie Magneten, die nach und nach den noch ungeordneten Gesteins- und Metallstaub - bestehend aus den verschiedensten Elementen der einstigen Urwolke - einsammelten. Immer mehr Staubpartikeln prallten auf den Kernbrocken und blieben haften. In der Ursprungswolke waren außer den elementaren Gasen und den Staubpartikeln wahrscheinlich auch unzählige größere Gesteins- und Metallbrocken vorhanden: Meteoriten von Stecknadelkopfgröße bis hin zu Objekten mit einem Durchmesser bis zu mehreren Kilometern.

Solange die planetarischen Kerne noch klein waren und daher nur eine geringe Gravitation ausübten, landeten die kleineren Brocken noch sanft auf ihnen. Bis zu diesem Zeitpunkt war der Zusammenbau der Protoerde auf kaltem Wege erfolgt. Als aber ihre Masse unaufhaltsam wuchs und ihre Gravitation zunahm, prallten die kleinen und großen Gesteinsbrocken in immer größerer Zahl mit der Wucht eines Meteors auf. Durch die Umwandlung der kinetischen Energie der auf den wachsenden Erdkörper einstürzenden Brocken wurden bei ihrem Aufprall gewaltige Energiemengen freigesetzt.

Der größte Teil des Staubes und der Gesteinsbrocken, die auf die Protoerde einstürzten, bestand aus Silikaten und einem Eisen-Nickel-Gemisch. Nur kleine Mengen anderer zum Teil radioaktiver Elemente - z.B. Uran, Thorium und Kalium - waren darin enthalten. Außer diesen langlebigen radioaktiven Elementen, deren Zerfallsgeschwindigkeit nach Milliarden Jahren zählt und die deshalb noch heute vorhanden sind, waren unter ihnen auch zahlreiche kurzlebige radioaktive Elemente, die inzwischen zu den häufigeren, nicht mehr radioaktiven Elementen zerfallen sind. Die beträchtlichen Energiemengen, die dabei frei wurden, hatten zusammen mit der Schwerkraft und der bei dem ständigen Aufprall der Meteoriten frei werdenden Energie zur Folge, daß der ständig wachsende Erdkörper aufgeschmolzen wurde. Durch diese Aufschmelzung der Gesteins- und Metallmasse der Protoerde kam es innerhalb der ständig größer werdenden Erdkugel abermals zu einer Sortierung der Elemente nach ihrem Gewicht. Eisen und Nickel verflüssigten sich früher als die Silikate und sanken aufgrund ihres hohen spezifischen Gewichts allmählich zum Mittelpunkt der Protoerde ab, während die leichten, gesteinsbildenden Silikate an die Oberfläche drängten. Aus ihnen sollten später die hauchdünne Erdkruste und die Kontinente hervorgehen.

Jahrmillionen hindurch muß unsere Erde im Urzustand ein schauriges Bild geboten haben. Pausenlos klatschten große und kleine Meteoriten in die dickflüssige, in einem matten roten Licht glühende

Oberfläche der Urerde und ließen die glutflüssige Materie hoch aufspritzen. Leichte, inzwischen erstarrte Gesteinsschollen, die sich aus Silikaten aufbauten, schwammen wie schwarze Eisschollen auf einem roten Ozean inmitten des Infernos.
Während wir in dem Riesenplaneten Jupiter noch heute die gasförmige, frühe Entwicklungsphase des Protoplaneten Erde vor Augen haben, sind viele Wissenschaftler der Meinung, daß wir die Spuren der letzten Phase der Erdentstehung, die Spuren des Meteoritenbombardements - die auf der Erde infolge der Totalaufschmelzung natürlich nicht erhalten blieben - noch heute auf dem uns am nächsten kommenden Himmelskörper - dem Mond - sehen können. Im Gegensatz zur Erde war der Mond aufgrund seiner zu geringen Masse wahrscheinlich niemals total aufgeschmolzen. Da der Mond außerdem wegen seiner zu geringen Größe auch niemals in der Lage war, eine Atmosphäre auszubilden und festzuhalten, hat es auf ihm auch nie so etwas wie Wind und Wetter gegeben, die seine Oberfläche wie die Oberfläche der Erde ständig umgeformt hätten. Die Spuren seiner Entstehungsgeschichte, die Narben der Meteoriteneinschläge, sind daher in Form unzähliger Krater auf seiner Oberfläche über Jahrmilliarden erhalten geblieben.
Die an radioaktiven Elementen durchgeführten Altersbestimmungen des Mondgesteins haben ergeben, daß die Kruste des Mondes schon erstarrt war, als sie vor 5 bis 3,5 Milliarden Jahren immer noch von Meteoriten bombardiert wurde. Die große Zahl der Krater in der erhaltenen Urkruste des Mondes ist damit ein sehr guter Beweis dafür, daß während der Entstehung des Planetensystems kosmische Kleinkörper bedeutend häufiger waren als in der Gegenwart und daß sich nicht nur die Mondmasse, sondern auch unsere Erde aus zusammenstürzenden Staub- und Gesteinsbrocken aufbaute.
Als dann eines Tages der Vorrat an einfangbaren Staubpartikeln und Gesteinsbrocken aufgebraucht war, besaß unser Planet seine heutige Größe. Seine Oberfläche kühlte langsam ab, und wie sich z.B. auf der Oberfläche langsam abkühlender Milch eine dünne, erstarrte Haut bildet, so bildete auch die Erde eine zusammenhängende dünne, aber stabile, aus leichtem, schwimmendem Gestein bestehende Haut aus - die Erdkruste. Die ältesten Datierungen irdischer Gesteine lassen erkennen, daß diese Verkrustung bereits vor etwa 4 Milliarden Jahren einen hohen Grad erreicht hatte.
Wie jeder an den in der Erdatmosphäre aufleuchtenden Sternschnuppen, den Kleinmeteoriten, sehen kann, sammelt die Erde bis zum heutigen Tage neben Partikeln unbekannter Herkunft noch letzte spärliche Überreste der Ursprungswolke ein, aus der sie einst

entstand. Die Masse des Meteoritenregens, der jährlich auf die Erde fällt, beträgt immerhin noch eine Million Tonnen. Ab und zu stürzen in großen zeitlichen Abständen auch noch größere Brocken von mehreren hundert Metern Durchmesser und Zehntausenden Tonnen Gewicht auf die Erde und sprengen bei ihrem Aufprall gewaltige Krater aus der Erdkruste heraus, wie z.B. den Diablo-Krater, der inmitten der Wüste von Arizona liegt und einen Durchmesser von anderthalb Kilometern und eine Tiefe von über 200 Metern besitzt.
Unser Planet verdankt es einer Kette glücklicher Zufälle bei seiner Entstehung, daß er nicht wie der Mond von Anfang an dazu verurteilt war, ohne Atmosphäre, ohne Ozeane und ohne Leben zu bleiben. Ich werde im weiteren Verlauf des Buches zeigen, daß die Erde nicht nur an einem ganz bevorzugten Platz innerhalb des Sonnensystems entstanden ist, an dem sie das für ihre weitere Entwicklung gerade zuträgliche und »richtige« Maß an Sonneneinstrahlung erhielt, sondern daß sich bei ihrer Entstehung auch genau die »richtige« Masse zusammengefügt hatte, die zusammen mit dem günstigen Sonnenabstand die Grundvoraussetzung allen Lebens schaffen sollte: die Ausbildung von Ozeanen und einer Atmosphäre.

Die Entstehung der Weltmeere und der Uratmosphäre

Unsere Erde läßt sich in etwa maßstabsgetreu bis auf die Größe eines Pfirsichs verkleinern. Das Innere des Pfirsichkerns würde dabei in seiner Größe etwa mit dem wahrscheinlich aus festen metallischen Eisen und Nickel bestehenden inneren Erdkern vergleichbar sein, die dicke harte Schale des Pfirsichkerns würde dem äußeren Erdkern, der wahrscheinlich aus flüssigem Eisen besteht, entsprechen, das Fruchtfleisch den aus den verschiedenartigsten Mineralien zusammengesetzten zähflüssigen Gesteinen des mächtigen Erdmantels. Die dünne Außenhaut der Frucht würde jedoch bereits die erkaltete, maximal 65 Kilometer dicke äußere Erdkruste an Dicke bei weitem übertreffen. Der aus feinsten Härchen bestehende samtweiche Überzug der Pfirsichhaut würde jedoch in etwa wieder der Dicke der die Erde umhüllenden Atmosphäre entsprechen.
Die Ozeane mit ihrer durchschnittlichen Tiefe von nur 3000 Metern, die den größten Teil der erkalteten Erdkruste bedecken, könnte man mit ihrer Tiefe nur noch sehr schwer auf der Außenhaut unseres Pfirsichs darstellen. Selbst wenn man sie mit Hilfe eines Pinsels mit blauer Wasserfarbe so dünn wie möglich auftragen würde, würde die

Farbschicht die Mächtigkeit ihrer Wasserschicht bereits mehrfach übertreffen.
Alles Leben, alle Dinge, die wir sehen können und die unsere Erfahrungen ausmachen, vollziehen sich auf der Oberfläche der dünnen erkalteten Erdkruste, in der Region der Kontinente, der Ozeane und der im wahrsten Sinne des Wortes hauchdünnen Atmosphäre. Ohne das Treibhaus »Erdatmosphäre« würde es weder Wind noch Wetter geben und keinen Wasserkreislauf, der das für das pflanzliche Wachstum notwendige Wasser in Form von Regenwolken aus den Ozeanen pumpt und es auf die trockenen Kontinente transportiert. Ohne Wasser in flüssiger Form, gespeichert in Ozeanen, Teichen, Flüssen und eingeschlossen in aller lebendigen Substanz, wäre kein Leben denkbar. Wasser ist das universale Lösungsmittel, in dem sich die chemischen Prozesse vollziehen, die das Leben ausmachen. Und ohne Kohlendioxyd in der Atmosphäre wären die Pflanzen nicht in der Lage, mit Hilfe des Sonnenlichtes Nahrung zu produzieren, die die Grundlage aller unserer Existenz darstellt. Ohne Wasserdampf und Sauerstoff in der Atmosphäre, die wie gewaltige unsichtbare Filter die von der Sonne stammende ultraviolette Strahlung von der Erdoberfläche fernhalten, wäre kein höher entwickeltes Leben auf der Erde möglich.
Wenn man über diesen hauchdünnen Raum allen Lebens eine Weile nachdenkt, dann drängt sich einem förmlich die Frage auf, warum die Erdkugel überhaupt diese aus nicht festen, sondern flüchtigen Substanzen bestehende hauchdünne Umhüllung besitzt, und wie sie entstanden ist.
Nachdem der kosmische Zusammenbau der Erde aus Staubpartikeln und Gesteinsbrocken im wesentlichen zum Abschluß gekommen war und die Energiestrahlung des in Gang gekommenen atomaren Sonnenkraftwerkes die Erdkugel von den Wasserstoff- und Heliumgasen, die praktisch ihre erste Atmosphäre gebildet hatten, weitgehend leergefegt hatte, blieb eine sich langsam abkühlende und mehr und mehr erstarrende Erdkruste zurück, die, wie in der Genesis der Bibel beschrieben, wüst und leer war.
Daß die Erde eine zweite Atmosphäre ausbildete, die ich im weiteren Verlauf als Uratmosphäre bezeichnen möchte, war nur möglich, weil

Abbildung 5:
In den Abgründen der Grand-Canyon-Wüste in Arizona wird sichtbar, daß die äußere Erdkruste aus zahlreichen Gesteinsschichten besteht, die sich im Laufe der langen Erdgeschichte übereinander ablagerten.

die leicht flüchtigen leichten Elemente die Eigenschaft besitzen, sich mit anderen schweren Elementen zu verbinden. Auf diese Weise konnten die Gesteine der Erdkruste und des Erdmantels große Mengen leicht flüchtiger, gasförmiger Elemente binden. Dadurch wurde das restliche Abwandern dieser Gase in den Weltraum verhindert. Wäre das nicht der Fall gewesen, dann gäbe es heute auf der Erde z.B. keinen Tropfen Wasser mehr. Wasser ist ja nichts anderes als die chemische Verbindung des leichtesten Elementes Wasserstoff H mit einem schwereren Element, nämlich mit Sauerstoff O. Auch das in der heutigen Atmosphäre vorkommende Gas Kohlendioxyd, das neben dem Wasser eine der lebenswichtigsten chemischen Verbindungen darstellt, ist nichts anderes als eine Verbindung des Elementes Sauerstoff O mit dem Element Kohlenstoff C.
Von dieser »Verbindungsfreudigkeit« gasförmiger Elemente gibt es eine interessante Ausnahme. Die Edelgase Xenon, Krypton, Argon und Neon sind nicht in der Lage, mit anderen Elementen eine chemische Verbindung einzugehen. Sehr bezeichnend für die Abläufe bei der Erdentstehung ist nun, daß diese Edelgase heute tatsächlich im Gegensatz zu den meisten anderen Elementen weit unterrepräsentiert sind. Der Grund dafür ist, daß die Edelgase nicht in der Lage waren, sich durch chemische Verbindungen an andere Elemente zu »retten«, wie es z.B. große Mengen des Wasserstoffes taten, als die Erde vor 5 Milliarden Jahren durch die Energie der Sonnenstrahlung und durch die Aufschmelzung infolge von Meteoriteneinschlägen und radioaktiver Wärmeabstrahlung ihre erste Atmosphäre verlor. Die relative Seltenheit der Edelgase ist also ein weiteres Glied in der Beweiskette, daß die Erde einst in der beschriebenen Weise entstanden ist und daß die noch heute reichlich vorhandenen Elemente nur dadurch erhalten blieben, weil sie sich durch Verbindungen »retten« konnten. Berechnungen haben ergeben, daß z.B. der Wassergehalt und somit der Vorrat des Elementes Wasserstoff, der noch heute primär in den Gesteinen der Erdkruste und des Erdmantels enthalten ist, mit 4×10^{18} Tonnen das Dreifache der Wassermenge aller Ozeane beträgt. Aus dem riesigen Reservoir der in ihrem Inneren erhalten gebliebenen leichten Elemente bildete die Erde nun im weiteren Verlauf ihrer Entwicklung ihre zweite, ihre Uratmosphäre aus.
Viele meiner Leser können sich vielleicht noch aus ihrer Kindheit an das Märchen vom tapferen Schneiderlein erinnern. Der Riese versucht das Schneiderlein einzuschüchtern, indem er einen Stein aufhebt und mit der Hand Wasser aus ihm herauspreßt. Naturwissenschaftlich betrachtet dürfte einem Märchenriesen, der über unge-

heure Kräfte verfügt, so etwas tatsächlich möglich sein, da in den meisten Steinen Wasser chemisch gebunden enthalten ist.
Ähnliches wie dem Stein im Märchen widerfuhr der Gesteinskruste und dem Gesteinsmantel unserer Erde in ihrer Frühgeschichte. Der Druck auf die Erdkugel wurde allerdings nicht von außen ausgeübt, sondern die Erdmasse zog sich durch ihr eigenes Gewicht aufgrund der Schwerkraftgesetze auf einen gemeinsamen Mittelpunkt hin zusammen. Nachdem der Meteoriteneinschlag aufgehört hatte, reichte die Wärmeabstrahlung der radioaktiven zerfallenden Elemente und die Gravitation des Erdkörpers aus, um das Innere der Erde bis zum heutigen Tag glutflüssig zu erhalten und unter ihrer dünnen erkalteten Kruste gewaltige Drücke entstehen zu lassen.
Die unter der Erdkruste unter hohem Druck und hohen Temperaturen stehenden, zum Teil geschmolzenen Gesteine machen sich Luft, indem sie durch gewaltige »Überdruckventile«, die Vulkane, bis zum heutigen Tage an die Erdoberfläche drängen. Ohne diese Vulkane gäbe es auf der Erde keine Ozeane, keine Atmosphäre und kein Leben. Aus den Vulkanen ergießen sich nämlich nicht nur Ströme glutflüssigen Gesteins an die Erdoberfläche, sondern wie sich an dem oft mehrere tausend Meter hoch emporsteigenden Qualmwolken eines tätigen Vulkans erkennen läßt, gast die ausströmende, druckentlastete Lava gewaltige Mengen Wasserdampf, Kohlendioxyd, Stickstoff und einige andere gasförmige Elemente aus. Während der Frühzeit der Erde, als die Hitze, die Millionen auf die Erde stürzende Meteoriten verursacht hatten, noch nicht wieder in den Weltraum entwichen war und die Menge »frischer« zerfallbarer und damit wärmeabstrahlender radioaktiver Elemente ungleich größer war als heute und sich die Urerde gerade mit einer dünnen Haut abgekühlter Gesteine überzogen hatte, müssen die vulkanischen Aktivitäten ungleich größer gewesen sein. Durch unzählige Vulkanschlote und Risse, die die langsam abkühlende Gesteinskruste kreuz und quer durchzogen, drängte ein großer Teil der leichten, in den Gesteinen der Erdkruste und des Erdmantels festgehaltenen Elemente in Form gasförmiger chemischer Verbindungen an die Erdoberfläche. Genau wie heute waren sicherlich 80 bis 90 Prozent der vulkanischen Exhalationen Wasserdampf. Die übrigen 20 Prozent bestanden im wesentlichen aus Kohlendioxyd, Stickstoff, Methan (Verbindung aus Kohlenstoff und Wasserstoff) und aus Ammoniak (Verbindung aus Stickstoff und Wasserstoff) sowie Resten von ungebundenem Wasserstoff.
Die Urerde muß, als sie ihre Uratmosphäre ausgaste, ein wahrhaft höllischer Planet gewesen sein. Da ihre Oberfläche wahrscheinlich

nur sehr langsam abkühlte, konnte der sich in großer Höhe abkühlende und kondensierende Wasserdampf noch nicht als Regen auf die Erdoberfläche gelangen. Vergleichbar dem heutigen Geisterregen in der Wüste, verdampften die Regentropfen immer wieder, wenn sie auf die heiße, aus den genannten Gasen bestehende Luftschicht trafen, die über der noch mehr als einhundert Grad heißen Erdkruste lag. Da die Vulkanschlote ständig für Wasserdampfnachschub sorgten, sammelten sich im Laufe langer Zeiträume immer größere Mengen kochenden, quirlenden Wasserdampfes in der Uratmosphäre an. Bald hüllten sie den ganzen Planeten ein und ließen keinen Sonnenstrahl mehr zur Erdoberfläche durchdringen. Jahrhunderttausende wurde die schauerliche dunkle Einöde der wüsten Urerde nur von den grell zuckenden Blitzen pausenlos tobender Gewitter erhellt.
Die Erdoberfläche kühlte jedoch immer weiter ab, und schließlich gelang es dem Regen, die Erdoberfläche zu erreichen. Was nun folgte, waren sintflutartige Wolkenbrüche, die vielleicht mehrere Millionen Jahre hindurch die dampfende Erdkruste mit Wasser überfluteten (siehe Abbildung 6). Das Wasser sammelte sich in den großen Senken der Erdkruste. So entstanden die Ozeane. Mit dem Regen gelangte auch ein großer Teil der anderen chemischen Bestandteile der Atmosphäre in die sich bildenden Urozeane. Die dichte Wasserdampfschicht löste sich immer weiter auf, es entstanden zum erstenmal differenzierte Wolken, der Himmel wurde sichtbar, und Sonnenstrahlen erhellten die Erdoberfläche.
In dieser Phase der Erdentwicklung hatte sich zum erstenmal ihr optimaler Sonnenabstand ausgezahlt. Wäre unser Planet zufällig in einer etwas größeren Sonnennähe entstanden, wäre die solare Wärmestrahlung erheblich größer gewesen und hätte die Kondensation des Wasserdampfes verhindert. In einem größeren Abstand wäre dagegen der ausgegaste Wasserdampf so weit abgekühlt, daß er sich als dicker Eispanzer auf der ganzen Erde niedergeschlagen hätte. In beiden Fällen wäre also niemals das wichtigste Medium des Lebens, das flüssige Wasser, entstanden.
So positiv, so lebensfreundlich sich dieser frühe Entwicklungsstand der Urerde bereits ausnimmt, wir Menschen und mit uns alle sichtbaren Pflanzen und Lebewesen hätten nicht einen Moment lang in der damaligen Atmosphäre überleben können. Wir wären auf der Stelle erstickt, und die biologischen Bausteine, aus denen sich alle Teile unseres Körper zusammensetzen, wären in kürzester Zeit von dem fast ungehindert auf die Erdoberfläche auftreffenden ultravioletten Strahlungsanteil des Sonnenlichtes zerstört worden. Unter

den verschiedenen aus den Vulkanen ausströmenden Gasen, aus denen sich die damalige Luft zusammensetzte, fehlte nämlich ein elementares Gas, ohne das heute keinerlei höher entwickeltes Leben auf unserem Planeten möglich wäre – das die tödlichen ultravioletten Sonnenstrahlen abweisende und unser aller Atmung unterhaltende Gas Sauerstoff.

Wie wichtig der Sauerstoffgehalt der Atmosphäre nicht nur für unsere Atmung, sondern auch als Filter für das tödliche ultraviolette Sonnenlicht ist, wird auf einer Wanderung im Hochgebirge besonders deutlich. Mehrere tausend Meter über dem Meeresspiegel ist der Sauerstoffschutzfilter zwischen der lebenden Substanz und der Sonne entsprechend dünner. Die Folge davon sind meist schwere Hautverbrennungen, wenn man die fehlende atmosphärische Sauerstoffbedeckung nicht durch Schutzsalben ausgleicht.

Die Abwesenheit von freiem, ungebundenem, also nicht in chemischen Verbindungen wie z.B. Wasser oder Kohlendioxyd enthaltenem Sauerstoff in der von der Erde ausgegasten Uratmosphäre erscheint im ersten Moment noch rätselvoller, wenn man erfährt, daß das Element Sauerstoff mit etwa 46 Gewichtsprozent am Aufbau der irdischen Gesteinshülle, der Lithosphäre, beteiligt ist. Sauerstoff ist also in großer Menge vorhanden. Die Silikate, von denen ja bereits die Rede war und die als wichtigste gesteinsbildende Mineralien 92 Prozent der Erdkruste aufbauen, bestehen zu einem großen Teil aus Kugelpackungen von Sauerstoffionen, die durch sogenannte Kationen fest zusammengehalten werden. Die Bindung des Sauerstoffes in den Silikatstrukturen ist jedoch so fest, daß es völlig unmöglich ist, daß er unter den in der Erdkruste und im Erdmantel herrschenden Druck- und Temperaturbedingungen daraus befreit werden könnte. Erst bei sehr hohen Temperaturen, wie sie aber selbst in der Gesteinshülle der Urerde wahrscheinlich nicht vorhanden waren, und bei Anwesenheit eines starken Reduktionsmittels wie Kohlenstoff, ist ein Aufbrechen der Silikatstruktur möglich. Aber selbst dann wird der Sauerstoff nicht ungebunden freigesetzt, sondern nur verbunden mit dem Reduktionsmittel Kohlenstoff als Kohlenmonoxyd oder Kohlendioxyd. Aus diesen Gründen konnte freier atmosphärischer Sauerstoff, wie wir ihn heute als unerläßlichen Brennstoff unserer Stoffwechselfunktionen und damit unserer Lebensvorgänge einatmen, weder heute noch in der Frühgeschichte unserer Erde als Bestandteil vulkanischer Ausgasungen in die Atmosphäre gelangen.

Nun wird mancher meiner Leser sicherlich argumentieren: Wenn ungebundener Sauerstoff nicht zusammen mit den anderen

atmosphärischen Bestandteilen aus den Vulkanschloten an die Erdoberfläche gelangt ist, dann muß er, da er ja heute vorhanden ist, irgendwo anders hergekommen sein. Diese Überlegung ist natürlich logisch. Tatsache ist aber, daß die Uratmosphäre der Erde zunächst kaum Sauerstoff enthielt, und zwar mehrere Milliarden Jahre lang. Das weiß man sehr genau durch die Untersuchung sehr alter Eisenerzlagerstätten, die sich vor mehreren Milliarden Jahren ablagerten und bis heute tief unter anderen Sedimenten begraben lagen und daher in keinem Kontakt mit der heutigen Atmosphäre standen. An den abgeschliffenen runden Formen des eisenhaltigen Gesteins ist eindeutig zu erkennen, daß sie einst in der Frühzeit der Erde unmittelbar an der Erdoberfläche lagen und den Verwitterungseinflüssen der damaligen Atmosphäre ausgesetzt waren. Interessant ist nun, daß diese Eisensteine nicht den Grad an chemischen Veränderungen zeigen, wie es der Fall sein müßte, wenn sie damals mit sauerstoffreicher Luft in Verbindung gekommen wären. Das Eisen wäre mit dem freien atmosphärischen Sauerstoff eine Verbindung eingegangen, es wäre sofort oxydiert, da der Sauerstoff chemisch sehr aktiv ist. Diese chemische Aktivität des Sauerstoffs, die ganz bestimmte typische Spuren hinterläßt, die in den alten Eisensteinen jedoch nicht vorhanden waren, beweist, daß unsere Erde nicht von Anfang an eine sauerstoffreiche Atmosphäre besaß.
Aufgrund unseres heutigen Erkenntnisstandes über die Beschaffenheit fremder Planetenatmosphären innerhalb unseres Sonnensystems wissen wir, daß die heutige sauerstoffreiche Erdatmosphäre eine Art Ausnahmezustand innerhalb einer planetarischen Entwicklung darstellt. Freier Sauerstoff war für den nächsten entscheidenden Schritt der Erdgeschichte, für die Entstehung des Lebens, auch gar nicht erforderlich. Im Gegenteil, aufgrund seiner chemischen Aktivität, sich mit anderen Stoffen zu verbinden, ist er ein starkes, gefährliches Gift, und er hätte für die ersten einfach konstruierten Bausteine des Lebens eine tödliche Gefahr dargestellt.
Über eines sind sich alle Naturwissenschaftler einig, wäre reichlich Sauerstoff von Anbeginn in der Uratmosphäre der Erde vorhanden gewesen, wäre sicherlich kein Leben entstanden.
Heute werden z.B. in Krankenhäusern neben Lampen, die ultraviolettes Licht abstrahlen, auch sauerstoffabspaltende Desinfektionsmittel verwandt, um die primitivsten Lebensformen, die dem Menschen oft gefährlich werdenden Bakterien, abzutöten. Auch die Aufschrift: »Mit geballter Sauerstoffkraft« auf manchen Reinigungsmitteln für den Haushalt verspricht die gleiche keimtötende Wirkung.

Freier, ungebundener Sauerstoff trat in der Menge, wie wir ihn heute in der Atmosphäre vorfinden, erst relativ spät in der Erdgeschichte auf. Und das Erstaunliche an diesem Gas ist, daß es im wesentlichen zunächst als ein völlig wertloses, ja aufgrund seiner toxischen Wirkung als ein lebensgefährliches Stoffwechselabfallprodukt von den Lebensformen selbst produziert und freigesetzt wurde. Die frühen Lebensformen sollten mehrere Milliarden Jahre dazu benötigen, mit diesem von ihnen selbst produzierten Umweltgift fertig zu werden. Schließlich gelang es ihnen sogar, ihr eigenes gefährliches Stoffwechselabfallprodukt zu einer Art Recycling-Verfahren für ihre Weiterentwicklung nutzbar zu machen.
Das vorläufige Endergebnis dieses Recycling-Verfahrens sind wir Menschen. Aber ich will nicht vorgreifen. Stellen wir zunächst die Frage: Wie ist das Leben überhaupt entstanden?

Die Urzeugung und die Entwicklung des Lebens

Daß die Naturwissenschaftler heute über die Vorgänge, die zur Entstehung des Lebens auf unserem Planeten geführt haben, schon recht gut unterrichtet sind, verdanken wir nicht zuletzt der Tatsache, daß sich der entscheidende Schritt der Lebensentwicklung innerhalb der Erdgeschichte praktisch zweimal vollzogen hat: einmal in fernster Vergangenheit vor ca. 4,5 Milliarden Jahren und einmal 1953 in Chicago.
Die Frage nach der Entstehung des Lebens gehört zu den Aufgabenstellungen, deren Lösung Generationen von Naturwissenschaftlern beschäftigte. Ausgehend von der Erkenntnis, daß die Naturgesetze, die dem Funktionieren aller heute existierender Lebewesen zugrunde liegen, unendlich kompliziert sind und es bis heute noch unzählige Geheimnisse gibt, schien es noch zu Beginn unseres Jahrhunderts wenig Hoffnung zu geben, die Entstehung des Lebens vor 4,5 Milliarden Jahren zu entschlüsseln. Das Hauptproblem war, daß diese Zeit so weit zurückliegt, daß aus ihr praktisch keine Zeugnisse in Form von Gesteinsablagerungen und Mikrofossilien mehr erhalten geblieben sind.
Eine wissenschaftliche Reise in diese ferne Vergangenheit wurde erst möglich, als im weiteren Verlauf dieses Jahrhunderts die Physiker und die Biochemiker die universellen, zeitlich unabhängigen Funktionsgesetze der kleinsten Bausteine der Materie und des Lebens entschlüsselten. Ausgerüstet mit diesem wissenschaftlichen Werkzeug, dessen Entwicklung mit zu den größten Geistesleistun-

gen unserer Art gehört, sollte es nun möglich werden, die Entstehung des Lebens und somit die Grundlage unserer Existenz aus der Dunkelheit der Vergangenheit herauszuheben, um sie der modernen naturwissenschaftlichen Forschung zugänglich zu machen.

An dieser Stelle sei vermerkt, daß die Entstehung des Lebens in allen ihren Einzelheiten keinesfalls als gelöst betrachtet werden kann. Immerhin ist man sich aber über die Grundzüge der Lebensentstehung im großen und ganzen im klaren. Ich kann in meinem Buch nur eine Skizze der überaus komplizierten Entwicklung geben, die dazu dienen soll, das heutige und zukünftige Schicksal des Wüstenplaneten Erde besser zu verstehen.

Zu der neuen Wissenschaftlergeneration gehörte auch der Amerikaner Stanley Miller, der Anfang der fünfziger Jahre in Chicago Biochemie studierte. Ihm sollte es schon als Student vergönnt sein, eine der entscheidensten naturwissenschaftlichen Entdeckungen dieses Jahrhunderts zu machen. Während seines Studiums hatte Stanley Miller oft Gelegenheit, sich mit den verschiedenartigsten, verwirrendsten und kompliziertesten Hypothesen über die Entstehung des Lebens vertraut zu machen. Besonders eine Tatsache schien der Lösung des Problems als unüberwindliches Hindernis entgegenzustehen: Wie konnten die wichtigsten Grundbausteine des Lebens, die sogenannten Biopolymere, die heute von den Lebewesen selbst immer wieder neu erzeugt werden, am Anfang der Erdentwicklung aus den unbelebten, in der Uratmosphäre und den Urozeanen vorhandenen chemischen Verbindungen Wasser, Kohlendioxyd, Methan und Ammoniak auf abiotischem Wege entstanden sein? Diese anscheinend unlösbare naturwissenschaftliche Grundfrage war in den fünfziger Jahren so allgegenwärtig, daß sie sich selbst unter Nichtfachleuten in der Frage niederschlug: Was war zuerst da, die Henne oder das Ei?

Student Miller, den diese Fragen Tag und Nacht bewegten, beschloß ein Experiment zu machen, das im Grunde genommen so einfach war, daß Fachleute, die sich seit Jahrzehnten mit der Frage der Lebensentstehung beschäftigten, wahrscheinlich nie darauf gekommen wären, da sie sich schon viel zu sehr in der Kompliziertheit des Problems verstrickt hatten. Stanley Miller nahm einen Glaskolben und füllte ihn mit den Gasen, aus denen die Uratmosphäre der Erde bestanden hatte, mit Methan und Ammoniak. Die dritte Substanz, die er in den Glaskolben einfüllte, bevor er ihn hermetisch verschloß, war Wasser. Im Innern des abgeschlossenen Glaskolbens existierte jetzt also eine Miniaturausgabe der irdischen Uratmo-

Versuchsapparatur von Stanley Miller

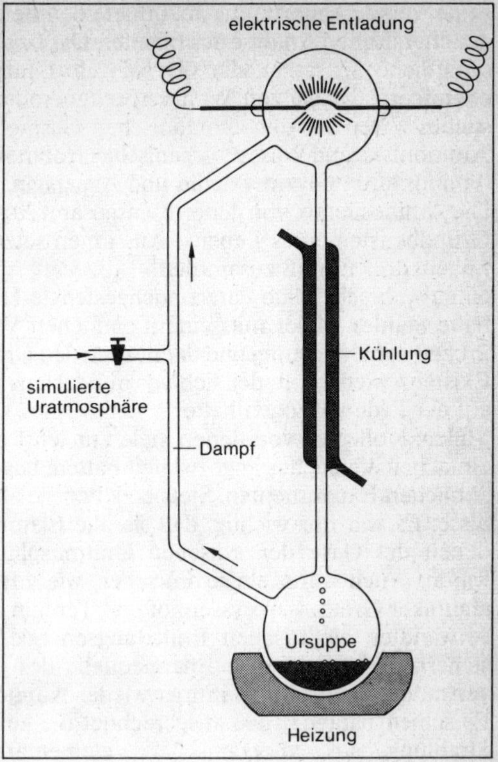

sphäre, die in keinerlei Kontakt mehr mit der heutigen Atmosphäre stand. Damit in dieser künstlichen Uratmosphäre nun überhaupt etwas passieren konnte, damit ihre einzelnen Bestandteile, wie der Chemiker sagt, überhaupt miteinander reagieren konnten, bedurfte es noch einer Energie. Die irdische Uratmosphäre wurde hauptsächlich von zwei Energiequellen beeinflußt: von dem energiereichen Teil des Sonnenlichtes, dem ultravioletten Licht, und von den elektrischen Entladungen der Gewitterblitze.
Da es im Prinzip egal ist, welche Energiequelle man für ein chemisches Experiment verwendet, wie es Stanley Miller vorhatte, entschied er sich für Gewitterblitze, die er in Form elektrischer Hochspannungsentladungen durch seine Miniaturatmosphäre schickte. Begierig zu erfahren, welche chemischen Reaktionen sich in seiner Uratmosphäre vollzogen hatten, schaltete er bereits nach einem Tag

seine Versuchsanordnung ab, öffnete den Behälter und begann mit der chemischen Analyse des Inhaltes. Das Ergebnis war eine wissenschaftliche Sensation, die sich wie ein Lauffeuer unter den Biochemikern der ganzen Welt verbreiten sollte. Während des Versuches waren aus den anorganischen Gasmolekülen des Methans, Ammoniaks und Wassers organische Großmoleküle entstanden, die Aminosäuren Glyzin, Alanin und Asparagin.
Die Aminosäuren, von denen es insgesamt 20 gibt, sind praktisch die Grundbausteine des Lebens. Aus ihnen setzt sich der universelle Lebensstoff Eiweiß zusammen.
Ohne wahrscheinlich derart hochgesteckte Hoffnungen zu hegen, hatte Stanley Miller mit seinem einfachen Versuch praktisch den Prozeß der Urzeugung und damit auch den Urbeginn seiner eigenen Existenz wiederholt, der sich vor mindestens 4,5 Milliarden Jahren auf der Erde vollzogen hatte.
Millers Kollegen, von denen viele zunächst die Ergebnisse seines einfachen Versuches angezweifelt hatten, begannen nun selbst mit ähnlichen Experimenten. Stets erzielten sie ähnlich positive Ergebnisse. Es war nur wichtig, daß sie alle Elemente verwandten, aus denen die Gase der irdischen Uratmosphäre zusammengesetzt waren. Auch wenn einige Forscher, wie z.B. die bekannten Biochemiker Groth, v. Weyssenhof und Terenin anstatt der von Miller verwandten elektrischen Entladungsenergie die auf der Urerde sicherlich dominierende Energiequelle des ultravioletten Lichtes verwandten, entstanden immer wieder Aminosäuren.
Es schien paradox, daß ausgerechnet die gefährliche ultraviolette Strahlung aus anorganischen, elementaren Ausgangsstoffen Lebensbausteine produzierte. Die Gefährlichkeit der ultravioletten Strahlung beruht darauf, daß sie in der Lage ist, die molekularen Verbindungen der Elemente aufzubrechen und die Moleküle dadurch wieder in ihre Ausgangselemente zu zerlegen. Die elementaren Bausteine des zerlegten Moleküls sind jedoch bestrebt, sich sofort wieder zusammenzufügen. Diese »elementare« Eigenschaft vieler Elemente – ausgenommen der Edelgase –, miteinander zu reagieren, sich zu verbinden, hatte ja vielen leichten Elementen erst das »Überleben« in der Erdmasse ermöglicht, als diese sich aus einer kosmischen Staub- und Gasmasse zusammenfügte. Durch diese Eigenschaft waren die Verbindungen Wasser, Methan, Ammoniak und Kohlendioxyd erst entstanden, die später, von der Erde ausgegast, ihre Uratmosphäre bilden sollten. Als diese anorganischen Moleküle nun während des Versuches durch das ultraviolette Licht zerlegt wurden, lag es in den Naturgesetzen, denen die einzelnen Elemente unter-

worfen sind, begründet, daß sich einige von ihnen nicht wieder zu den Ausgangsmolekülen Wasser, Methan und Ammoniak vereinigten, sondern u.a. zu den größeren Molekülen der Aminosäuren, zu Bausteinen des Lebens.

Kehren wir an diesem Punkt wieder in die Urzeit unserer Erde zurück. Die Zerlegung der anorganischen Moleküle und ihr anschließender Zusammenbau zu Aminosäuren durch das ultraviolette Licht war natürlich ein zweischneidiges Schwert. Damit die gerade eben auf abiotischem Wege entstandenen kleinsten Bausteine des Lebens nicht auf der Stelle wieder von derselben energiereichen Strahlung in ihre Ausgangssubstanzen zerlegt wurden, mußten sie dem Einfluß der ultravioletten Strahlung auf schnellstem Wege entzogen werden. Wie konnte das aber erreicht werden?

Freier Sauerstoff in seiner heutigen atmosphärischen Konzentration, der das ultraviolette Licht hätte abweisen können, war ja nicht vorhanden. Diese Überlegung wäre aus den bereits bekannten Gründen ohnehin völlig paradox. Eine sauerstoffreiche Atmosphäre hätte aufgrund ihrer ultraviolettes Licht abweisenden Wirkung von vornherein die abiotische Entstehung von Bausteinen des Lebens durch die energiereiche Strahlung verhindert und sie außerdem aufgrund ihrer chemischen Aktivität sofort wieder zerstört.

An diesem Punkt der Erdgeschichte, den ich mit meinem Bericht erreicht habe, muß betont werden, daß die Verhältnisse jetzt derart kompliziert und verwickelt werden, daß es nur noch sehr schwer möglich ist, die biochemischen Wechselbeziehungen, die sich innerhalb der homogenen Einheit Erde weiterhin vollzogen, zu beschreiben.

Das Problem liegt darin, daß unzählige Vorgänge in der Natur ständig zur gleichen Zeit ablaufen und daß sie alle in einer unaufhörlichen Wechselbeziehung zueinander stehen. Wer dieses Problem einmal durchdacht hat, muß im Grunde genommen zugeben, daß das, was wir unter Natur verstehen, sich nicht von einem Teil des Ganzen, von uns, beschreiben läßt. Es ist wie mit dem Lebensraum eines belaubten Baumes, dessen Blätter im Sommerwind ständig ihre Stellung zueinander verändern und zwischen dessen Ästen Vögel und Insekten umherfliegen. Es ist unmöglich, den Zustand dieses Lebensraumes und das Verhältnis aller seiner Bestandteile zueinander, die äußeren sichtbaren wie auch die inneren unsichtbaren biochemischen Vorgänge zu einem ganz bestimmten Zeitpunkt, sagen wir um 16 Uhr am 6. Juli 1975, zu beschreiben. Ehe das erste Wort des Berichtes geschrieben wäre, hätten sich bereits unzählige Wandlungen vollzogen.

Man kann zunächst einmal annehmen, daß die ersten Bausteine des Lebens, die Aminosäuren, in Regentropfen eingeschlossen in die sich auf der Erdoberfläche bildenden Tümpel, Seen und Ozeane gelangten. In dieser Phase der Erdentwicklung regneten die Grundbausteine des Lebens also buchstäblich vom Himmel.
Durch das mehrere Meter tief eindringende ultraviolette Licht fand natürlich auch in den obersten Wasserschichten der entstehenden Gewässer eine ständige abiotische Produktion von Aminosäuren statt. Die dafür erforderlichen Grundsubstanzen waren ja, wie bereits früher erwähnt, nicht nur in der Atmosphäre, sondern in gelöster Form auch im Wasser vorhanden. Im Laufe der Zeit sammelten sich immer größere Mengen von Aminosäuren im Wasser an, bis die Gewässer eines Tages so reich an organischen Substanzen geworden waren wie eine Suppe. Aber genau wie in der Atmosphäre, so war es auch im Wasser. Dort wo Aminosäuremoleküle entstanden, wurden sie durch die gleiche Energie, die sie hervorgebracht hatte, auch immer wieder zerlegt. Das Wasser war jedoch durch seine flüssige Natur für ihre immer wieder erfolgende Rekombination ein viel geeigneteres Milieu als die Atmosphäre. Das mag der Grund dafür gewesen sein, daß nun auch die einzelnen Großmoleküle der Aminosäuren anfingen, miteinander zu reagieren. Sie fügten sich dabei u.a. zu noch größeren Kettenmolekülen, zu Biopolymeren zusammen, aus denen die Eiweiße, die eigentliche Grundsubstanz aller Lebewesen, bestehen.
Daß diese Annahme nicht nur bloße Spekulation ist, haben umfangreiche Laboratoriumsversuche gezeigt, die die einfachen Experimente von Stanley Miller weiterführten. Wenn man die organischen Ausgangssubstanzen des Lebens nur lange genug der Energie des ultravioletten Lichtes aussetzte, entstanden immer neue, immer komplexere Lebensbausteine. Nach kurzer Zeit hatten zahlreiche Wissenschaftler bereits einen großen Teil der Lebensbausteine künstlich erzeugt, die ihnen als Bestandteile aller heute existierender Organismen bekannt waren. Unter den kompliziert aufgebauten Kettenmolekülen befand sich z.B. auch das Adenosintriphosphat, von den Chemikern kurz ATP genannt, das in den entscheidenden Lebensprozessen der Zellen Energie zu speichern vermag, und sogar Nukleide, jene elementaren Bausteine der Nukleinsäuren, die als Grundlage der Vererbung dienen. In den Retorten der Biochemiker entstand schließlich ein Molekül, von dem ebenfalls anzunehmen ist, daß es bereits vor mehr als vier Milliarden Jahren in den Urgewässern der Erde entstanden war, das sogenannte Porphyrin. Die Porphyrinmoleküle sollten als Bausteine des späteren grünen Chlo-

rophylls der Pflanzen eine der wichtigsten Grundvoraussetzungen unserer eigenen Existenz schaffen.
Dieser Zusammenschluß zu immer größeren und komplizierteren Bausteinen, den der Biochemiker als Polymerisation bezeichnet, ist im wesentlichen nur noch als quantitativer Effekt aufzufassen; die entscheidende qualitative Zäsur - die Urzeugung - war bereits mit der abiotischen Entstehung der Aminosäuren erfolgt.
Greifen wir an dieser Stelle unsere alte Frage wieder auf. Wie haben sich einige der Biopolymere in der Urzeit der Erde vor der Zerstörung durch die Energie retten können, die sie gerade eben erst hervorgebracht hatte? Die Tatsache, daß einige von ihnen erhalten blieben und dadurch die Chance erhielten, sich zu höheren Lebensformen weiter zu entwickeln, beweist unsere Existenz. Ihre Rettung erfolgte wahrscheinlich dadurch, daß einige von ihnen mit den Strömungen des Wassers aus den oberen gefährdeten Wasserschichten in tiefere Bereiche abgetrieben wurden. In einer Wassertiefe von zehn Metern konnte die ultraviolette Strahlung nicht mehr wirksam werden, da die Wassertiefe etwa den gleichen Filterschutz wie die heutige sauerstoffhaltige Atmosphäre ausübt. Dieser Bereich sollte deshalb für die Biopolymere zu einer »ökologischen Nische«, zu ihrem Lebensraum werden. Hier konnten sie sich nun im Laufe langer Zeiträume ungestört zu den ersten primitiven einzelligen Lebensformen, den sogenannten Eobionten, entwickeln. Kaum waren diese ersten primitiven Einzeller entstanden, da tauchte für sie sofort ein schwieriges Problem auf - das Problem ihrer Ernährung. Sie lösten es wahrscheinlich auf verblüffend einfache Weise. Sie ernährten sich aus der Substanz der Ursuppe, in der sie schwammen und aus der sie selbst entstanden waren, von den Aminosäuren, die ja immer noch in den obersten Wasserschichten auf abiotischem Wege durch das ultraviolette Licht produziert wurden und die mit den Wasserströmungen zu ihnen herunter in den »Keller des Lebens« getrieben wurden. Die primitiven Stoffwechselfunktionen der Eobionten bestanden darin, daß sie die gerade erst entstandenen Aminosäuremoleküle wieder abbauten und deren Bindungsenergie sozusagen als Lebenskraft benutzten.

Die Entstehung unserer heutigen Atmosphäre

Gleichzeitig mit der abiotischen Produktion von Lebensbausteinen durch das ultraviolette Licht setzte in der Uratmosphäre der Erde ein ganz anderer Vorgang ein, der für den weiteren Verlauf der Erdentwicklung entscheidende, ja geradezu dramatische Bedeutung erhalten sollte. Durch die Einwirkungen des ultravioletten Lichts, die sogenannte Photodissoziation, kam es zur anorganischen Produktion des ersten freien atmosphärischen Sauerstoffs. Bei der Aufspaltung der atmosphärischen Gase durch den energiereichen Teil der Sonnenstrahlung entstanden nämlich nur in den wenigsten Fällen auf dem Wege der anschließenden Rekombination der zerlegten Bestandteile Aminosäuren. Der weitaus größte Teil der atmosphärischen Bestandteile, hauptsächlich die Wasserdampfmoleküle, verhielten sich ganz anders. Nach der Aufspaltung der Wasserdampfmoleküle durch das ultraviolette Licht wanderte der freigesetzte leichte Wasserstoff sehr schnell in den Weltraum ab, während der andere Bestandteil der Wassermoleküle, der Sauerstoff, in der Atmosphäre zurückblieb.

Es kann bei diesem Prozeß der anorganischen Sauerstoffproduktion natürlich auch vorkommen, daß sich die Bestandteile der zerlegten Wassermoleküle anschließend wieder zusammenfügen. Aber das leichte Element Wasserstoff hat nun einmal die Eigenschaft, in den Weltraum zu entfliehen, und so mußte sich der »allein gelassene« Sauerstoff mehr und mehr in der Atmosphäre anreichern. Da aber freier atmosphärischer Sauerstoff ein äußerst wirksamer Ultraviolettfilter ist, schirmte er die Energie ab, durch die er selbst produziert worden war, und verhinderte damit die weitere Zerlegung von Wassermolekülen. Dadurch kam natürlich auch die weitere Sauerstoffproduktion zum Erliegen.

Aufgrund seiner großen chemischen Aktivität konnte sich der Sauerstoff allerdings nicht sehr lange seiner ungebundenen Freiheit erfreuen. Wenn er mit der kahlen Oberfläche der Urkontinente in Kontakt kam, ging er sofort mit den Metallen, aus denen ein großer Teil der Erdkruste bestand, eine oxydische Verbindung ein.

Obwohl der überwiegende Teil der Schwermetalle bei der Entstehung und Aufschmelzung der Erde zu ihrem Mittelpunkt abgesunken war, waren doch noch gewaltige Mengen, hauptsächlich Eisen, fein verteilt in den Gesteinen der Erdkruste zurückgeblieben. Wäre das nicht der Fall gewesen, so könnte der Mensch heute keine Eisenerze abbauen. Die gewaltigen Metallmengen, aus denen sich der Erdkern zusammensetzt, werden einer Nutzung sicherlich für immer verschlossen bleiben.

Durch die Oxydation des Sauerstoffes mit dem reichlich in der Erdkruste zurückgebliebenen Eisen, praktisch durch einen Verrostungsprozeß (Rost bildet sich in zwei Phasen: 1. Eisen wird durch Sauerstoff oxydiert, 2. das Eisenoxyd bildet mit Wasser braunes

Eisenhydroxyd: es rostet), wurde der atmosphärische Sauerstoff wieder aufgezehrt. Das ultraviolette Licht konnte wieder ungehindert in die Erdatmosphäre eindringen, und die Sauerstoffproduktion durch Zerlegung der Wassermoleküle begann erneut bis zu dem Zeitpunkt, an dem sie durch den freigesetzten Sauerstoff wieder zum Erliegen kam usw. Durch dieses ewige, als Rückkopplung bezeichnete Auf und Ab der Sauerstoffproduktion kam es zu einer Selbstregulierung des Sauerstoffgehaltes in der Uratmosphäre. Es lag in der Natur dieses Selbstregulierungsprozesses, daß diese Art der Sauerstoffproduktion, da sie sich ja selbst immer wieder ausschaltete, nicht sehr effektiv sein konnte und niemals zur Bildung des heutigen Sauerstoffgehaltes der Atmosphäre geführt haben kann. Genaue Berechnungen haben ergeben, daß sich die anorganische Sauerstoffproduktion bei einem Wert von nur 0,1 Prozent, also $^1/_{1000}$ des heutigen Wertes, einpendelte. Diese verschwindend geringe Menge konnte also - wie erwähnt - nicht ausreichen, um die Gesteine alter Eisenerzlager zu verändern. Es sei noch kurz darauf hingewiesen, daß diese Urform der Sauerstoffproduktion noch heute in den obersten Bereichen der Atmosphäre abläuft.
Mit dem Auftreten des ersten ungebundenen atmosphärischen Sauerstoffes wurde es auf der Erde aber zunächst einmal immer lebensfeindlicher anstatt lebensfreundlicher. Diese Behauptung scheint auf den ersten Blick gleich mehrere große Widersprüche zu enthalten. Zunächst könnte man annehmen, daß die eben beschriebene Abschirmung des ultravioletten Lichtes durch den sich selbst regulierenden Sauerstoffpegel von 0,1 Prozent des heutigen Wertes bereits einen Vorteil für die Weiterentwicklung des Lebens bedeutet hätte.
Die Tatsache, daß dieser geringe Luftsauerstoffgehalt ja immer wieder ausreichte, um die weitere Zerlegung der Wasserdampfmoleküle durch das ultraviolette Licht zu verhindern, und daß dadurch insgesamt gesehen die gesamte Hydrosphäre - also der Wasserdampf in der Atmosphäre und alles Wasser, das sich bereits in flüssiger Form in den Senken der Erdoberfläche gesammelt hatte und das den Lebensraum der Urorganismen darstellte - vor der völligen Zersetzung bewahrt wurde, war natürlich die Grundvoraussetzung jeder weiteren Lebensentwicklung auf unserer Erde. Ein derartiger Filterschutz müßte demnach ausgereicht haben, um die gefährlichen ultravioletten Strahlen von der Erdoberfläche fernzuhalten und darüber hinaus das Eindringen dieser Strahlung in die Urgewässer zu verhindern. Bei einer derart umfassenden Abschirmung wären die neu entstandenen Urorganismen vor den tödlichen Strahlen völlig

geschützt gewesen, wo sie sich auch im Wasser befanden, ob in großen Tiefen oder an der Oberfläche der Gewässer. Daß dies nicht der Fall war, liegt daran, daß das ultraviolette Licht alles andere als eine einheitliche Energiequelle darstellt. Es stellt insgesamt gesehen nur einen Teil des weiten Spektrums an elektromagnetischen Wellen dar, die die Sonne ausstrahlt. Auch die Wellenlängenbereiche, die wir als sichtbares Licht empfinden, sind nur ein Teil davon. Die Wellenlänge der von der Sonne ausgesandten elektromagnetischen Schwingungen reicht von den viele Kilometer langen Radiowellen bis zu den Gammastrahlen, deren Wellen kürzer sind als ein milliardenstel Zentimeter. Um die Maße und die Berechnungen zu vereinfachen, werden die Wellenlängen der Sonnenstrahlung von den Physikern in »Ångström« gemessen. Ein Ångström entspricht dabei einem zehnmillionstel Millimeter. Der Bereich innerhalb des gesamten Strahlungsspektrums, der von unserem Auge als sichtbares Licht empfunden wird oder besser gesagt, der unseren Sinnen offensteht, reicht von 4000 Ångström (von uns als violett empfunden) bis hinauf zu etwa 7000 Ångström, die von uns gerade noch als dunkelrot wahrgenommen werden. Wie schon der Name verrät, schließt sich das kurzwellige ultraviolette Licht an den von uns gerade noch als violett empfundenen Wellenbereich von 4000 Ångström an und ist daher von unserem Auge nicht mehr wahrnehmbar. Sein Frequenzbereich reicht hinab bis zu 100 Ångström. Innerhalb dieses Frequenzbereiches des ultravioletten Lichtes sind spezielle, für die Aufspaltung von Wassermolekülen und damit für die anorganische Sauerstoffproduktion in der Uratmosphäre, die sogenannten dissoziativen Wellenlängen zwischen 1500 und 2100 Ångström verantwortlich.

Während sich der beschriebene Selbstregulierungsprozeß innerhalb dieses Frequenzbereiches abspielte und der Sauerstoff auch nur diesen Frequenzbereich des ultravioletten Lichtes abschirmte, konnten die Wellenlängen oberhalb dieses Bereiches noch ungehindert den dünnen Sauerstoffschirm der Atmosphäre durchdringen. Genaue Berechnungen haben ergeben, daß bei dem damaligen Sauerstoffgehalt der alten Erdatmosphäre von nur 0,1 Prozent des heutigen Wertes die ultravioletten Strahlen oberhalb von etwa 2000 Ångström noch ungehindert bis zur Erdoberfläche vordringen konnten. Das ist aber genau der Frequenzbereich, in dem alle Organismen am strahlungsempfindlichsten sind.

Erst durch einen Anstieg des atmosphärischen Sauerstoffgehaltes und die damit verbundene Herausbildung eines dreiatomigen Sauerstoffes, des Ozons, im weiteren Verlauf der Erdentwicklung,

entstand ein umfassender Schutz vor dem lebensgefährlichen ultravioletten Frequenzbereich.
Für die Urorganismen in diesem frühen Entwicklungsstadium unserer Erde hätte dies noch keinerlei Vorteile gebracht, etwa von der Art, daß sie sich bereits an die Oberfläche der Gewässer oder gar auf die trockenen, wüstenhaften Urkontinente hätten vorwagen können. Sie waren durch die überaus große chemische Aktivität des neu entstandenen, freien atmosphärischen Sauerstoffes hochgradig gefährdet. Daran änderte auch die Tatsache nichts, daß sich die Urorganismen im Schutz des Wassers befanden. Eine dicke Wasserschicht schützte sie zwar vor den ultravioletten Strahlen, sie war aber für den atmosphärischen Sauerstoff kein unüberwindliches Hindernis. Genau wie für die anderen Bestandteile der Uratmosphäre, z.B. Methan und Ammoniak, so bereitete es auch dem neu entstandenen Luftsauerstoff im Prinzip keinerlei Schwierigkeiten, in das Wasser einzudringen. (Wäre Sauerstoff nicht leicht im Wasser löslich, dann könnte heute kein Fisch im Wasser atmen.) Daß die ersten Lebewesen in den Gewässern dennoch nicht durch den Sauerstoff abgetötet wurden, verdanken sie der Tatsache, daß der größte Teil davon von den in der Erdkruste zurückgebliebenen Eisenmengen chemisch gebunden und aufgezehrt wurde.
Aber auch der Sauerstoff, dem es trotzdem gelang, bis in ihren Lebensraum, bis ins Wasser vorzudringen, wurde abgefangen und unschädlich gemacht, und zwar von den wichtigen anorganischen Grundsubstanzen der Urzeugung selbst, von dem im Wasser gelösten Methan und Ammoniak. Diese beiden Verbindungen waren bei der Anwesenheit von freiem Sauerstoff nicht mehr stabil. Indem sich der Sauerstoff sofort mit ihnen verband, verwandelten sie sich in Kohlendioxyd, Stickstoff und Wasser. Durch diese Pufferwirkung, durch das ständige Abfangen des neu entstandenen Sauerstoffes, war gewährleistet, daß die ersten Urorganismen nicht mit ungebundenem Sauerstoff in Berührung kamen.
Die wahrscheinlich nur in ganz geringen Mengen in der Uratmosphäre und in den Urgewässern vorhandenen Grundsubstanzen, aus denen nach der Aufspaltung durch das ultraviolette Licht auf abiotischem Wege Aminosäuren und Biopolymere entstehen konnten, wurden dadurch wahrscheinlich in kurzer Zeit schneller aufgezehrt, als sie aus den Vulkanen nachgeliefert werden konnten. Was für die Urorganismen die Rettung vor dem Sauerstofftod bedeutete, bedeutete für die abiotische Urzeugung das Ende. Von diesem Zeitpunkt an konnte Leben nur noch aus Leben entstehen.
Was ich bisher in Einzelschritten beschrieben habe, die Ausgasung

der Uratmosphäre, die Entstehung der ersten Aminosäuren, der Biopolymere, und der ersten Einzeller sowie die Bildung des ersten Luftsauerstoffes verlief natürlich nicht nacheinander, sondern gleichzeitig während eines für uns unvorstellbar langen Zeitraums von sicherlich hundert Millionen Jahren.
Sobald von den Vulkanen eine ganz bestimmte Menge Uratmosphäre mit allen ihren Bestandteilen einschließlich der sich daraus bildenden Gewässer ausgegast worden war, begann in ihr natürlich nicht nur die Urzeugung infolge der Einwirkungen des ultravioletten Lichts, sondern auch die Sauerstoffproduktion durch die gleiche Energie. Das bedeutete aber, daß es zwischen den Vorgängen der abiotischen Urzeugung und den Vorgängen, die zur gleichen Zeit begannen, dieser Urzeugung den Boden zu entziehen, zu einem Wettlauf um Sein oder Nichtsein gekommen sein muß.
Hätte die Urzeugung diesen Wettlauf in ferner Vergangenheit vor 4,5 Milliarden Jahren nicht mit einem, wenn auch sicherlich nur ganz knappen Vorsprung gewonnen, dann wäre auf unserem Planeten vielleicht niemals Leben entstanden.
Kaum waren die Urorganismen jedoch mit knapper Not dem Sauerstofftod entgangen, wurden sie schon auf eine neue, nicht minder gefährliche Überlebensprobe gestellt. Da der neu entstandene Sauerstoff wichtige Bestandteile der Uratmosphäre aufzehrte und die Produktion von Aminosäuren durch das ultraviolette Licht zum Erliegen kam, nahm der Gehalt an organischen Bestandteilen in der Ursuppe unaufhaltsam ab. Von diesen Aminosäuren hatten sich aber die ersten primitiven Einzeller, die Eobionten, ernährt. Das langsame Versiegen ihrer Nahrungsquelle mußte für die Urorganismen so etwas wie eine Welternährungskrise bedeutet haben. Dieses bedrohliche Ereignis vollzog sich aber nicht wie die heutige weltweite, unabwendbar erscheinende Ernährungskrise einer ständig wachsenden Menschheit in wenigen Jahrzehnten, sondern im Verlauf langer erdgeschichtlicher Zeiträume.
Daß die Urorganismen, die Eobionten, nicht gleich nach ihrer Entstehung dem Hungertod zum Opfer fielen, ist wiederum dadurch erwiesen, daß ich heute in der Lage bin, diesen Bericht zu schreiben. Meine Existenz und die Existenz aller meiner Leser ist der Tatsache zu verdanken, daß für unsere fernsten Vorfahren in den Urgewässern so etwas wie ein Rettungsfloß schwamm, ausgerüstet mit allen Dingen, die zum Überleben nötig waren. Dieses Rettungsfloß im übertragenen Sinne stellten die bereits erwähnten Porphyrinmoleküle dar.
Da wir davon ausgehen können, daß die Porphyrinmoleküle in den

Urgewässern der Erde von Anbeginn genauso häufig waren wie alle anderen, auf abiotischem Wege entstandenen Grundbausteine des Lebens, kann man sicherlich annehmen, daß diese Moleküle auch von einigen der Urzellen als Bausteine verwandt wurden. Während der eine Typ der Urzellen, die Eobionten, sich noch ständig von den auf anorganischem Wege produzierten Aminosäuren ernährte, hatten die porphyrinhaltigen Zellen im Verlauf der Ereignisse gleichzeitig die vielleicht wichtigste Erfindung der gesamten Erdgeschichte gemacht: sie hatten bereits die Vorstufen der pflanzlichen Photosynthese entwickelt. Diesem wichtigen biochemischen Vorgang, über den gleich zu reden sein wird, sollte praktisch im weiteren Verlauf der Erdentwicklung die gesamte irdische Biomasse – direkt oder indirekt – ihre Existenz verdanken.
Die porphyrinhaltigen Zellen waren praktisch die Protozellen der späteren grünen Pflanzenzellen. Sie hatten aufgrund ihrer Struktur zufällig die Fähigkeit, den sichtbaren Teil der von der Sonne stammenden Energiestrahlung, das Sonnenlicht, zu absorbieren und sich somit dessen Energie einzuverleiben. Mit der eingefangenen Sonnenenergie gelang es den Urpflanzenzellen, in ihrem Inneren eine Art chemische Fabrik zu betreiben, in der sie die in ihrer Umwelt immer knapper werdenden organischen Nahrungssubstanzen nun selbst, sozusagen unter eigener Regie und Kontrolle, aufbauen konnten. Mit Hilfe der Sonnenenergie bauten die porphyrinhaltigen Zellen aus den einfachen anorganischen Molekülen, die in ihrem Lebensraum vorhanden waren, komplexere organische Moleküle, Nahrungssubstanzen auf. Um die Nahrung, die aus Stärke, Fetten und Eiweiß bestand, mit Hilfe der Lichtenergie zusammenzufügen, mußten in den anorganischen Ausgangssubstanzen die dafür wichtigsten Elemente Kohlenstoff, chemisch gebundener Sauerstoff und Wasserstoff vorhanden sein.
Wenn wir uns z.B. ein Kohlehydrat, eines der heutigen Nahrungsendprodukte der pflanzlichen Photosynthese, ansehen, so zeigt seine Zusammensetzung $C_6H_{12}O_6$, daß es sich um eine Verbindung von Kohlenstoff C, Wasserstoff H und Sauerstoff O handelt. Kohlenstoff und chemisch gebundener Sauerstoff waren »praktischerweise« in den Kohlendioxydmolekülen CO_2 vorhanden, die als eines der Entgasungsprodukte der Erde von Anbeginn sowohl in der Atmosphäre wie auch in allen Gewässern immer reichlich vorhanden waren. Den für den Aufbau der Nahrungsmoleküle unerläßlichen Wasserstoff holten sich die pflanzlichen Protozellen wahrscheinlich aus den energiereichen anorganischen Verbindungen, aus denen schon mit Hilfe des ultravioletten Lichts die Aminosäuren ent-

standen waren, aus dem Methan, dem Ammoniak und dem noch nicht erwähnten, auf der Urerde vorhandenen Schwefelwasserstoff. Alle diese Verbindungen enthalten außer dem wichtigen Wasserstoff, auf den es die Protopflanzenzellen abgesehen hatten, Kohlenstoff, Stickstoff oder Schwefel, jedoch keinen Sauerstoff. Diese Feststellung ist für das weitere Verständnis der Entwicklung sehr wichtig; wenn die Protopflanzenzellen diesen Verbindungen den Wasserstoff entzogen, konnte kein freier »Sauerstoff« übrigbleiben.
Als im fortschreitenden Verlauf der ersten »Welternährungskrise« die Lebensbedingungen in den Urgewässern immer schlechter wurden, war die Stunde der Urpflanzenzellen gekommen. Da diese Zellen mit ihrer eigenen, durch die Sonnenenergie betriebenen Nahrungsmittelfabrik von der uneffektiven und versiegenden Nahrungsproduktion durch das ultraviolette Licht unabhängig geworden waren, sollten sie von nun an das Rennen machen.
Für das weitere Verständnis der zukünftigen erdgeschichtlichen Ereignisse ist es an dieser Stelle erforderlich, daß wir uns auch das Schicksal des anderen, im Kampf um das Überleben anscheinend nicht so erfolgreichen und daher vom Hungertode bedrohten Urzellentyps näher ansehen.
Ihr Schicksal läßt sich in wenigen Sätzen beschreiben. Sie bemächtigen sich des pflanzlichen Rettungsfloßes, das ihnen zunächst alles zum Überleben Notwendige bot. Das taten sie jedoch in einer Weise, der unser Rettungsfloßbeispiel im übertragenen Sinne nicht mehr gerecht wird. Sie kletterten nicht, Schiffbrüchigen vergleichbar, auf dieses Rettungsfloß, sondern sie fraßen es auf, um sich somit alle seine Vorteile einzuverleiben, während ihre andere Nahrungsquelle langsam versiegte.
Während die Zellen ihre nährstoffreiche Beute unzählige Male immer wieder verdauten, sind die heutigen modernen Pflanzenzellen ein Beweis dafür, daß dies in einigen Fällen – vielleicht sogar nur ein einziges Mal – nicht geschah. Durch irgendeinen Zufall, den wir heute nicht mehr rekonstruieren können, wurde die Beute nicht »kurzsichtig« verdaut, sondern beide Zelltypen vereinigten sich unter dem Zwang der lebensfeindlichen Bedingungen der Urerde zu einer Notgemeinschaft, indem sie eine gemeinsame komplexe Zelle aufbauten. Während der pflanzliche Teil der Zelle dauerhaft Nahrung produzierte, übernahm der andere Teil die Umwandlung dieser Nahrung in Lebensenergie.
Die Lebensgemeinschaft innerhalb einer gemeinsamen großen Zelle schien alle Nahrungs- und Überlebensprobleme gelöst zu haben.

An dieser Stelle müßte sich dem aufmerksamen Leser ein Widerspruch aufdrängen. Erinnern wir uns der Ursachen, die die langsam heraufziehende Welternährungskrise für den einen Typ der Urzellen vor ihrer Vereinigung mit der pflanzlichen Zelle auslöste. Die anorganische Nahrungsmittelproduktion kam wahrscheinlich deshalb langsam zum Erliegen, weil die dafür erforderlichen Grundsubstanzen durch den neu entstandenen Sauerstoff aufgezehrt wurden. Das geschah zwar aufgrund der in der Urzeit der Erde noch sehr geringen und uneffektiven Form der Sauerstoffproduktion, die sich infolge des Selbstregulierungsprozesses immer wieder selbst totlief, sehr langsam und über lange erdgeschichtliche Zeiträume, aber doch unaufhaltsam. Und hier scheint der Widerspruch zu liegen. Die Urpflanzenzellen waren bei ihrer eigenen Nahrungsmittelproduktion ebenfalls durch ihren Wasserstoffbedarf teilweise auf diese wasserstoffhaltigen Grundsubstanzen angewiesen. Daran änderte sich natürlich auch nichts, als sie mit dem anderen Typ der Urzellen eine Lebensgemeinschaft eingingen, die Lebensgemeinschaft beider Organismen blieb weiterhin von der Hungerkatastrophe bedroht. Aber in diesem Widerspruch liegt gleichzeitig auch eine Antwort begründet. Im Gegensatz zu den Eobionten, die vor ihrem Zusammenschluß mit den Protopflanzenzellen auf Gedeih und Verderb auf die vorfabrizierte Nahrung der Ursuppe als Ganzes angewiesen waren, betrieben die Urpflanzenzellen ihre Nahrungsmittelproduktion selbst. Sie waren deshalb bei ihrer Rohstoffbeschaffung nur auf einen Teil der Grundsubstanzen dieser Ursuppe angewiesen, nämlich auf den Wasserstoff. Nachdem diese Grundsubstanzen aufgebraucht waren, konnten sich die Urpflanzenzellen ihren Rohstoff auch auf andere Weise besorgen. Sie gewannen ihn aus ihrer unmittelbaren Umgebung, aus der Substanz, in der sie schwammen, aus dem Wasser. Durch eine weiterentwickelte Funktionsweise ihrer chemischen Fabrik, die eine optimale Ausnutzung der Sonnenenergie ermöglichte, waren die Urpflanzenzellen eines Tages in der Lage, die an sich panzerharte Molekularbindung des Wassers aufzubrechen und dem Wassermolekül, das bekanntlich aus zwei Wasserstoffatomen und einem Sauerstoffatom besteht, den Wasserstoff zu entziehen, um ihn in das Nahrungsmolekül einzubauen.
Die Modernisierung der Nahrungsmittelproduktion, die eigentliche Photosynthese, die von dem pflanzlichen Partner entweder schon mit in die Lebensgemeinschaft eingebracht oder auch erst innerhalb der Lebensgemeinschaft dazuerworben wurde, war der Beginn des eigentlichen Pflanzenlebens auf der Erde, das zur Grundlage jeglicher Lebensentwicklung im weiteren Verlauf der Erdgeschichte

werden sollte. Die so beschaffenen pflanzlichen Gemeinschaftszellen, die ersten blaugrünen Algen konnten bei ihrer Nahrungsproduktion von nun an aus einem jederzeit verfügbaren und praktisch in unbegrenzter Menge vorhandenen Rohstoffreservoir, aus dem Kohlendioxyd und dem Wasser schöpfen. Auch die für die Herstellung der Nahrung unerläßliche Energie wurde von einem zuverlässigen Partner geliefert, von dem während langer kosmischer Zeiträume beständig arbeitenden Sonnenkraftwerk.

Aus der Tatsache, daß Grünkohl mit Kaßler mein Lieblingsgericht ist, läßt sich schließen, daß in den Urgewässern unserer Erde auch noch ein anderer Zelltyp auftrat. Während der überwiegende Teil aller Urzellen, die es versäumt hatten, sich pflanzliche Lebenspartner einzuverleiben, nach dem Ende der abiotischen Nahrungsproduktion ausstarben, retteten sich einige von ihnen dadurch, daß sie buchstäblich in letzter Minute damit begannen, sich von den fertig entwickelten Lebensgemeinschaften, von den Uralgen, zu ernähren. Die ersten tierischen Zellen, Vorfahren aller Menschen, waren entstanden.

Pflanzen aus Vulkanen

An dieser Stelle möchte ich kurz darauf eingehen, ob es möglich ist, den Zeitpunkt des ersten Photosyntheseprozesses festzustellen. Wie die meisten erdgeschichtlichen Vorgänge und Entwicklungen, so hat auch die Photosynthese ihre ganz bestimmten Spuren in dem steinernen Tagebuch, der geschichtlichen Erdkruste, hinterlassen. So finden sich in einigen Gebieten der Erdkruste, die in den Wüsten und Wüstensteppen Südafrikas aufgedeckt und nachweislich 3,2 Milliarden Jahre alt sind, unverkennbare Spuren, die die vielleicht bedeutendste Erfindung des Lebens hinterlassen hat. Diese in dem Gestein eingeschlossenen Spuren, sogenannte Chemofossilien, bestehen aus den molekularen Grundstrukturen der Photosynthese, dem wichtigen Porphyrin selbst, oder aber aus typischen Produkten der pflanzlichen Nahrungsproduktion, aus organischem Kohlenstoff.

Da man sicherlich davon ausgehen kann, daß sich derartige Fossilien erst auffinden lassen, wenn sie sich bereits über lange erdgeschichtliche Zeiträume in sich bildenden Sedimenten angesammelt haben, ist der wirkliche Beginn der Photosynthese wahrscheinlich noch viel früher in der Erdgeschichte anzusetzen, vielleicht vor 3,6 Milliarden Jahren. Hinzu kommt, daß der Prozeß der Photosynthese, der den

Wissenschaftlern noch heute trotz umfangreicher Forschungen viele Rätsel aufgibt, biochemisch so kompliziert ist, daß er bei seinem ersten belegten Auftreten vor 3,2 Milliarden Jahren und seinem vermuteten wirklichen Beginn vor 3,6 Milliarden Jahren bereits eine lange Entwicklungsgeschichte hinter sich gehabt haben muß.

Da die Entwicklung der Photosynthese außerdem, wie beschrieben, wahrscheinlich aus der Not der ersten Welternährungskrise hervorgegangen ist, ist sie vielleicht eine der frühesten Erfindungen der Erdentwicklung gewesen. Vielleicht gab es Vorstufen schon vor der Entstehung der Urozeane.

Diese Annahme wird von den meisten Wissenschaftlern abgelehnt, da alle ersten Lebensprozesse auf den Schutz des Wassers angewiesen waren. Ich bin jedoch der Meinung, daß dieses unerläßliche Wasser in flüssiger Form, ehe es sich durch Niederschläge in den großen Senken der Erdkruste ansammeln konnte, vielleicht bereits an anderen Orten der Erde vorhanden war. Es müssen Orte gewesen sein, an denen die Kondensation des von den Vulkanen ausgegasten Wasserdampfes zu Wasser zum erstenmal erfolgte. An welchem Ort war das aber in der frühesten Phase unserer Erde überhaupt möglich, da damals die Gesteinskruste noch über einhundert Grad Celsius heiß war und alle Regentropfen sofort wieder verdampften, wenn sie auf die Erdoberfläche trafen? Dafür kommen nur Krater in Frage, die auf der Spitze hoher Vulkankegel, mehrere tausend Meter über den noch heißen Niederungen der Erdkruste in hohen und bereits kühleren Bereichen der Uratmosphäre lagen. In inaktiven Zeiten eines Vulkans wäre es durchaus denkbar, daß die hochliegende Kraterregion zeitweilig derart abkühlte, daß der restliche ausströmende Wasserdampf kondensierte und sich als Wasser in Form eines Kratersees in der Öffnung des Vulkans ansammelte. Falls es derartige Kraterseen wirklich gegeben hat, muß ihr Wasser selbst unter den denkbar kühlsten Bedingungen der Urerde immer noch so heiß gewesen sein, daß es fast kochte. War in dieser zwar flüssigen, aber immer noch sehr heißen Umwelt die Entstehung von Leben möglich?

Bevor ich auf diese Frage näher eingehe, sei an dieser Stelle bemerkt, daß es völlig unbekannt ist, welche Höhe die Vulkane in dieser frühesten Periode unserer Erde erreichten. Da sie sich aus locker aufgeschichteter Lava und Aschen aufbauen, werden sie durch die Kräfte der Verwitterung verhältnismäßig schnell abgetragen und bleiben im Regelfall nicht über längere erdgeschichtliche Zeiträume erhalten. Es ist ebenfalls völlig unbekannt, ob die Erdkruste vor 4 bis

4,5 Milliarden Jahren schon dick und stabil genug war, um mehrere tausend Meter hohe Vulkankegel zu tragen.
Welche Überlegungen heben unter diesen Voraussetzungen unsere Frage, ob Leben in einer derartigen Umwelt entstanden sein kann, über das Stadium der bloßen Spekulation hinaus? Einige Wissenschaftler sind der Meinung, daß die verschiedenen Typen der Organismen der hypothetischen heißen Kraterseen über 4 Milliarden Jahre bis heute überlebt haben, und zwar in den heißen Thermalgewässern heutiger vulkanisch aktiver Gebiete. Thermalgewässer treten in fast allen Vulkangebieten der Erde auf, hauptsächlich in Neuseeland, Island, Japan, Java und Kamtschatka. In keinem dieser Gebiete ist ihre Konzentration jedoch so eindrucksvoll wie auf dem Yellowstone-Plateau im Westen der USA. Auf diesem 2000 Meter hohen, oft von Erdbeben erschütterten bewaldeten Plateau ist die Erdoberfläche nur durch eine relativ dünne Gesteinskruste vom glutflüssigen Innern unserer Erde getrennt. Inmitten der dichten Nadelwälder liegen Hunderte von smaragd-, saphir- und türkisfarbenen, glasklaren, kochenden Seen, und über die Spitzen der hohen Tannen schießen die bis zu einhundert Meter hohen, aus heißem Wasser und kochendem Wasserdampf bestehenden Fontänen der Geysire empor (siehe Abbildung 7).
Während es sich bei dem überwiegenden Teil der brodelnden, zischenden Wassermassen in den Seen und in den Geysirfontänen um normales Grundwasser handelt, das zuvor in Spalten und unterirdischen Hohlräumen der Erdkruste über dem glutflüssigen Magma erhitzt wird, bevor es wieder emporquillt oder wie bei den Geysiren explosionsartig, von heißem Dampf getrieben, an die Oberfläche schießt, gelangt wahrscheinlich auch sogenanntes jungfräuliches Wasser zum ersten Mal in den Wasserkreislauf an der Erdoberfläche. Dieses Wasser gast genau wie einst vor 4,5 Milliarden Jahren in Form von Dampf aus dem glutflüssigen Magma des Erdinneren aus. Durch Risse und Spalten in der Erdkruste gelangt dieser Wasserdampf in die tief hinabreichenden Schlote und Hohlräume der Geysire, aus denen es dann zusammen mit dem übrigen heißen Wasserdampf an die Erdoberfläche und in die kochenden Seen gelangt. Darüber hinaus gelangen natürlich auch die anderen Entgasungsprodukte des Magmas wie Kohlendioxyd, Methan, Ammoniak und Schwefelwasserstoff, die einst die Uratmosphäre unserer Erde bildeten, in die dampfenden Seen. Die drei zuletzt genannten gasförmigen Verbindungen bleiben jedoch nicht lange stabil, sondern werden in kürzester Zeit durch den heute überall in großen Mengen vorhandenen ungebundenen Sauerstoff aufgezehrt, indem sie mit

ihm eine oxydische Verbindung eingehen. Das ist einer der Gründe, warum in den heutigen Thermalgewässern - im Gegensatz zu den hypothetischen Thermalgewässern der Urerde - keine Urzeugung mehr stattfinden kann.

Interessant ist aber, daß in den heißen Schloten der Geysire und besonders in den kochenden Seen unzählige urtümliche einzellige Organismen, Bakterien und blaugrüne Algen leben. Die Wissenschaftler, die sich speziell mit diesen primitiven Lebensformen beschäftigen, die Thermalbiologen, konnten in den letzten Jahren sehr viele Anzeichen dafür entdecken, daß es sich bei diesen pflanzlichen Mikroorganismen vielleicht um direkte Nachkommen der Lebensformen handelt, mit denen einst das Leben auf einer noch heißen Urerde begann. Eines dieser Anzeichen ist z.B. die Tatsache, daß die meisten der in den Thermalgewässern lebenden Bakterienarten Wassertemperaturen von 100 Grad Celsius und mehr vertragen, und daß einige Arten noch eine urtümliche Form der Photosynthese betreiben, bei der sie den dafür unerläßlichen Wasserstoff nicht dem Wasser, sondern wahrscheinlich dem Schwefelwasserstoff, also einer der Ursubstanzen, entziehen, noch bevor dieser durch den im Wasser der Thermalquellen gelösten freien Sauerstoff aufgezehrt wird.

Auch die in den Thermalgewässern lebenden Urpflanzen, die blaugrünen Algen, die - wie bereits beschrieben - eine vollentwickelte Photosynthese betreiben, vertragen Wassertemperaturen bis zu 75 Grad Celsius (siehe Abbildung 8).

Sollte die Vermutung einiger Wissenschaftler, daß es sich bei den Stoffwechselfunktionen und der Verträglichkeit hoher Temperaturen der in den Thermalgewässern lebenden Organismen um Eigenschaften handelt, die vielleicht vor mehr als 4 Milliarden Jahren auf einer noch heißen Urerde erworben wurden, durch weitere Forschungen eines Tages bestätigt werden, dann sind alle die beschriebenen Einzelschritte der Lebensentwicklung vielleicht gar nicht in den Urozeanen erfolgt. Dann spielten sie sich vielleicht bereits viel früher ab, und zwar dort, wo alle dafür erforderlichen Grundsubstanzen zum ersten Mal an die Erdoberfläche traten, in den kochenden Kraterseen der ersten hohen Vulkane. Mehrere tausend Meter über dem tiefsten Niveau der Erdkruste war die dichte Wolkenschicht aus heißem Wasserdampf, der den ganzen Erdball umhüllte, in dieser frühen Phase vielleicht auch zeitweilig dünn und aufgelockert, so daß die für die Betreibung der Photosynthese unerläßliche Energie des sichtbaren Sonnenlichtes bereits bis auf die Oberfläche der Kraterseen durchdringen konnte. Aus diesen sind

die ersten pflanzlichen und tierischen Zellen dann vielleicht erst mit Wasserströmen in die Senken der Erdkruste und somit in die sich bildenden Urozeane gespült worden.
Unabhängig davon, ob diese Möglichkeit vielleicht eines Tages bestätigt werden sollte, steht fest, daß die anschließende Weiterentwicklung des Lebens im Schutz und in den Weiten der Urozeane erfolgte.

Die erste Umweltkrise

Ich hatte bereits angedeutet, daß die eigentliche Photosynthese, die zum ersten Mal von den blaugrünen Algen betrieben wurde, außer Vorteilen auch gefährliche Nebenwirkungen zur Folge hatte. Die Modernisierung der Nahrungsmittelproduktion infolge der ersten Welternährungskrise hatte ja darin bestanden, daß die Pflanzenzellen den zum Aufbau der Nahrungssubstanzen unerläßlichen Wasserstoff nicht mehr aus den zur Neige gehenden Ursubstanzen bezogen, sondern aus den jederzeit verfügbaren Wassermolekülen, die sie mit Hilfe der Energie des sichtbaren Sonnenlichtes aufspalteten. Den dabei frei werdenden Sauerstoff konnten sie bei ihrer Nahrungsproduktion nicht verwerten. Sie gasten ihn sozusagen als wertloses Abfallprodukt ihrer chemischen Fabrik wieder aus. Freier Sauerstoff war aber in dieser frühen Phase der Lebensentwicklung aufgrund seiner großen chemischen Aktivität nach wie vor ein alle Organismen bedrohendes tödliches Gift. Es bestand die Gefahr, daß ihre oxydable Körpersubstanz im eigenen Stoffwechselabfallprodukt verbrennen würde. Zunächst bedeutete er noch keine Gefahr, da es im Verhältnis zu der gewaltigen Wassermenge der Urozeane nur wenig blaugrüne Algen gab, die ihn produzierten. Als sich die im Kampf ums Überleben so erfolgreichen blaugrünen Algen jedoch im weiteren Verlauf der Erdentwicklung enorm vermehrten und immer größere Sauerstoffmengen in ihre Umwelt ge-

Abbildung 6:
Sinterterrassen auf dem vulkanisch aktiven Yellowstone-Plateau im Westen des nordamerikanischen Kontinentes. Sieht man von den abgestorbenen Baumresten im Vordergrund des Bildes einmal ab, so könnte die Szenerie aus der Frühzeit der Erde stammen, als die gewaltigen von der Erde ausgeschwitzten Wasserdampfmengen allmählich kondensierten und der erste Regen auf die noch dampfende Oberfläche der Erde fiel.

langten, wäre eine alle Lebewesen, auch die tierischen Zellen bedrohende tödliche Umweltkatastrophe unvermeidlich gewesen. Doch auch hier war Hilfe zur Stelle, da es in den Urozeanen so etwas wie einen gewaltigen Schwamm gab, der das gefährliche Umweltgift aufsog und neutralisierte.

Nachdem der größte Teil der von den Vulkanen ausgegasten Wasserdampfmassen sich nach seiner Abkühlung als Wasser in den großen Senken der Erdkruste gesammelt hatte und die Bildung der Urozeane im großen und ganzen zum Abschluß gekommen war, hatte auf der Erde so etwas wie ein modernes Wettergeschehen eingesetzt. Zum ersten Mal entstand ein gewaltiger Wasserkreislauf, dessen Pumpe die Sonne war. Ihre Wärmestrahlung ließ das Wasser auf der Oberfläche der Urozeane verdunsten und als Dampf in die Atmosphäre aufsteigen. Nach seiner Abkühlung entstanden Regenwolken, die angetrieben von Winden das Wasser aus den Ozeanbecken heraus auf die flachen, wüstenhaften Kontinente transportierten.

Kaum daß sich die dünne Gesteinskruste der Erde gebildet hatte, begannen die Kräfte der Verwitterung ihre Oberfläche zu zerstören und abzutragen, und zwar dort, wo sie in Form flacher Urkontinente den Wasserspiegel der Urozeane überragte. Die Verwitterungsprodukte wurden in Form von Sand und Staub vom Wind und von dem zurückströmenden Regenwasser in die Urozeane transportiert.

Dieses verwitterte Gesteinsmaterial bestand hauptsächlich aus zweiwertigem, an Sauerstoff untersättigtem Eisen, von dem – wie bereits früher beschrieben – auch nachdem der größte Teil zum Erdmittelpunkt abgesunken war, immer noch gewaltige Mengen in der erkalteten Erdkruste zurückgeblieben waren. Sobald das Eisen im Wasser der Urozeane mit dem von den blaugrünen Algen ausgeschiedenen Abfallprodukt Sauerstoff in Kontakt kam, gingen beide Elemente sofort eine oxydische Verbindung ein. Das zweiwertige Eisen wurde durch den Sauerstoff zu dreiwertigem Eisen aufoxydiert.

An dieser Stelle sei kurz daran erinnert, daß die ganz geringen Sauerstoffmengen, die damals in der Atmosphäre durch das ultraviolette Licht auf anorganischem Wege aus dem Wasserdampf freigesetzt wurden, nur ausreichten, um einen verschwindend kleinen Teil des Eisens in den Gesteinen der Kontinente in die dreiwertige Oxydationsstufe zu überführen.

Abbildung 7:
Heiße Quellen und Geysire auf dem Yellowstone-Plateau.

Infolge des noch in riesigen Mengen vorhandenen oxydablen Eisens bildeten die Urozeane also eine Art »Sauerstoffschwamm«, der dafür sorgte, daß das Umweltgift von den Organismen ferngehalten wurde, die es selbst produziert hatten. Das Leben gewann dadurch Zeit, sehr viel Zeit, wie wir heute wissen, um sich an das gefährliche Gas in seiner Umwelt zu gewöhnen.
Schließlich wurde in der Erdentwicklung ein Punkt erreicht, an dem in den Ozeanen durch Myriaden blaugrüner Algen so viel Sauerstoff freigesetzt wurde, daß das Eisen ihn nicht so schnell aufzehren und chemisch binden konnte, wie er produziert wurde. Die Folge davon war, daß der überschüssige Sauerstoff aus den Ozeanen ausgaste und sich in der Atmosphäre anreicherte. Durch die pflanzliche Photosynthese trat von nun an auch für die Atmosphäre eine Sauerstoffquelle in Erscheinung, die langfristig die uneffektive Sauerstoffproduktion durch das ultraviolette Licht in der Uratmosphäre außer Kraft setzen mußte.
Die langsame, aber zum ersten Mal in der Erdgeschichte stetig erfolgende Zunahme des atmosphärischen Sauerstoffgehaltes hatte zur Folge, daß die Oxydation des Eisens von nun an bereits auf den Kontinenten stattfand.
Hätte ein Beobachter die Erde von Anbeginn beobachten können, so hätte er gesehen, wie sich die Oberfläche der noch wüstenhaften Urkontinente durch diesen Vorgang tiefrot färbte. Zum erstenmal in der Erdgeschichte trat damit die typisch rote Färbung der Wüsten in Erscheinung.
Als weitere Folgen der festländischen Oxydationsverwitterung unterblieb eine weitere Zufuhr von oxydablem, sauerstoffaufzehrendem Eisen in die Urozeane. Dadurch konnte nun wiederum der Sauerstoffgehalt des Wassers im weiteren Verlauf der Erdgeschichte weiter ansteigen. Das hätte aber unweigerlich und endgültig den Oxydationstod aller in den Ozeanen lebenden Organismen bedeutet, wenn diese nicht nach mehreren Milliarden Jahren der Gewöhnung und Anpassung in der Lage gewesen wären, ihr Abfallprodukt in einer Art Recycling-Prozeß für die bessere Verwertung ihrer mit Hilfe der Photosynthese produzierten Nahrung und somit für ihre eigene Weiterentwicklung nutzbar zu machen. Pflanzliche wie auch tierische Meeresorganismen begannen damit, das Umweltgift Sauerstoff einzuatmen. Landorganismen gab es zu diesem frühen Zeitpunkt der Erdgeschichte noch nicht.
Bevor ich über die weitreichenden Konsequenzen berichte, die die Indienststellung des Sauerstoffes durch das Leben, die Erfindung der Atmung für die weitere Lebensentwicklung hatte, ist es zum

besseren Verständnis der Zusammenhänge erforderlich, daß wir uns zunächst mit der Frage beschäftigen, wie denn die ersten pflanzlichen und die ersten tierischen Zellen – die sich ja von den ersteren ernährten – aus den mit Hilfe der Photosynthese produzierten Kohlehydraten bei einer noch weitgehenden Abwesenheit von freiem Sauerstoff ihre Lebensenergie bezogen.

Die Wissenschaftler wissen dies heute sehr genau, weil Nachkommen dieser primitiven Lebensformen, die sogenannten Anaerobier, noch heute neben den entwickelten Lebensformen existieren. Diese Anaerobier verschaffen sich ihre Lebensenergie nicht mit Hilfe der Atmung, sondern durch einen archaischen Abbauprozeß der Kohlehydrate, den die Biologen als Gärung bezeichnen. Dieser Prozeß, durch den der Organismus seine Lebensenergie bezieht, beruht darauf, daß die Zelle die komplexen Nahrungsmoleküle, die während des Ablaufs der pflanzlichen Photosynthese mit Hilfe des Sonnenlichtes aus einfachen Substanzen aufgebaut wurden, in ca. zehn Reaktionsschritten wieder in ihre Bestandteile zerlegt. Dabei wird die in dem großen Nahrungsmolekül enthaltene chemische Bindungsenergie, die den Zusammenhalt ihrer einzelnen elementaren Bausteine ermöglicht, in Form von Energie freigesetzt.

Die ohne Sauerstoff lebenden Anaerobier schaffen diesen Lebensenergie freisetzenden Abbau der Kohlehydrate aber nur bis zu einem Zwischenprodukt, der sogenannten Brenztraubensäure, und zweier verwandter Substanzen, der Milchsäure und dem Alkohol. Ohne die Verwendung des chemisch so aktiven Sauerstoffes ist der Abbau der Nahrung und damit die Ausnutzung der in ihr immer noch reichlich enthaltenen chemischen Bindungsenergie an dieser Stelle beendet.

Während die Anaerobier den Abbau der durch die Photosynthese produzierten Nahrungssubstanzen völlig unwirtschaftlich bereits bei noch energiereichen Verbindungen abbrechen mußten, wurden all die anderen Zellen eines Tages durch das in ihrer Umwelt auftretende Stoffwechselabfallprodukt der pflanzlichen Photosynthese – den Sauerstoff – in gewisser Weise geradezu gezwungen, den Abbau der energiereichen Nahrung durch seine chemische Aktivität weiterzuführen. Ihnen blieb zu diesem Zeitpunkt der Erdgeschichte praktisch keine andere Wahl. Wollten sie vermeiden, daß ihre gesamte Körpersubstanz, einschließlich ihrer Nahrungssubstanzen, mit dem Sauerstoff in einer einzigen chemischen Reaktion spontan oxydierte, was nichts anderes als einen Verbrennungsprozeß bedeutet hätte, so konnten sie dieser tödlichen Gefahr nur dadurch entgehen, daß sie mit Hilfe einer von ihnen selbst kontrollierten Reaktionshemmung, der sogenannten Atmungskette, die chemische Aktivität des Sauerstoffes abfingen.

Wie bereits früher in anderem Zusammenhang erwähnt, haben primitive einzellige Lebensformen wie Bakterien, die nicht über eine Atmungskette zur kontrollierten Sauerstoffverbrennung verfügen, nur geringe Möglichkeiten, sich gegen eine Abtötung ihrer Körpersubstanz durch Oxydation zu schützen.

Mit Hilfe der Atmungskette, die aus ca. 30 Reaktionsschritten besteht, gelang es den pflanzlichen und tierischen Zellen, eine gedrosselte Form der Oxydation, der Verbrennung, zu ihrer eigenen Energieversorgung zu entwickeln. Das bedeutete, in der Praxis des Überlebens, aus der Not eine Tugend zu machen.

Die atmende Pflanzen- und Tierzelle macht genau an dem Punkt weiter, an dem die Anaerobier den energiefreisetzenden Abbau der Nahrungsmoleküle abbrechen, bei der Brenztraubensäure.

An dieser Stelle sei auf die wichtige Tatsache hingewiesen, daß bis zum heutigen Tage – abgesehen von den ausschließlich anaerob lebenden Bakterien – auch in jeder atmenden Zelle, unsere eigenen Körperzellen eingeschlossen, die anaerobe Gärung immer noch als archaischer Stoffwechselvorgang enthalten ist. Wenn man die zehn Reaktionsschritte der Gärung mit den Stockwerken eines Gebäudes vergleicht, dann wurde dieses Gebäude durch die zwingenden Verhältnisse der Erdgeschichte, besonders durch die atmosphärische Entwicklung, nur um weitere 30 Etagen – um die 30 weiterführenden Reaktionsschritte der Atmung – aufgestockt.

Mit Hilfe der großen chemischen Aktivität des Sauerstoffes zerlegen (verbrennen) atmende Zellen die Kohlehydratmoleküle von der Brenztraubensäure an weiter bis zu den nicht mehr für sie nutzbaren Ausgangssubstanzen, aus denen das Nahrungsmolekül mit Hilfe der pflanzlichen Photosynthese entstanden war, zu Kohlendioxyd und Wasser.

Atmung bedeutet also die genaue Umkehrung der Photosynthese.

Fassen wir noch einmal kurz zusammen: Aus Kohlendioxyd- und Wassermolekülen hatten die Pflanzenzellen mit Hilfe der Energie des sichtbaren Sonnenlichtes ein großes komplexes Nahrungsmolekül aufgebaut. Da dieses weniger Sauerstoff enthielt als die Ausgangssubstanzen, mußte Sauerstoff als Abfallprodukt übrigbleiben. Durch einen erzwungenen Recycling-Prozeß atmeten pflanzliche wie tierische Zellen einen Teil des Sauerstoffs wieder ein, um das selbstproduzierte bzw. das aufgefressene Nahrungsmolekül mit seiner Hilfe zu verbrennen und dadurch die ihm innewohnende Bindungsenergie zu gewinnen. Der Kreislauf war geschlossen.

Im Vergleich zu den ausschließlich Gärung betreibenden archaischen Zellen steht atmenden Zellen, da sie sich die gesamte innere Bindungsenergie des Nahrungsmoleküls zunutze machen, die vierzehnfache Energiemenge für ihre Lebensfunktionen zur Verfügung, was ihnen natürlich gegenüber ihren gärenden Vorfahren einen entscheidenden Überlebensvorteil einbrachte. Durch den effektiveren Stoffwechsel war gleichzeitig der entscheidende Schritt zur Höherentwicklung des Lebens vollzogen. Mit Hilfe der Atmung wurde zum erstenmal die Energieversorgung größerer Zellverbände möglich. Das hatte der Stoffwechsel durch Gärung nicht leisten können.

Der steigende Sauerstoffgehalt in den Ozeanen stellte also zu einem ganz bestimmten Zeitpunkt der Erdentwicklung den »Auslöser« für die Weiterentwicklung der Lebensformen bis zu ihrer heutigen Organisationshöhe dar, als dessen vorläufiges Endergebnis wir selbst anzusehen sind. Innerhalb der Erdentwicklung wurde die Atmung vor etwa 600 bis 700 Millionen Jahren erfunden, als an der Wende des Erdzeitalters Präkambrium zum Kambrium der Sauerstoffgehalt im Wasser der Ozeane und auch in der Atmosphäre bis auf 1 Prozent des heutigen Wertes, bis auf den sogenannten Atmungspegel gestiegen war. Die Auswirkungen, die die Erfindung der Atmung auf die weitere Differenzierung des Lebens hatte, lassen sich an Gesteinen aus dieser erdgeschichtlichen Periode ablesen, die durch das Sandstrahlgebläse des Wüstenwindes aufgedeckt worden sind. In diesen Gesteinen tritt zum erstenmal innerhalb der Erdgeschichte plötzlich eine große Zahl der verschiedenartigsten fossilen pflanzlichen und tierischen Lebensformen in Erscheinung.

Die Weiterentwicklung und Differenzierung des Lebens, die an dieser Zeitmarke der Erdgeschichte sichtbar wird und die als Werk der Sauerstoffatmung anzusehen ist, tritt so unvermittelt auf, daß die Wissenschaftler dieses Phänomen als kambrische Explosion bezeichnen.

Während die Erfindung der Photosynthese eine Art freiwillige Antwort des Lebens auf die erste Welternährungskrise war, wurde das Leben praktisch durch das dabei auftretende Stoffwechselabfallprodukt Sauerstoff, nach dem Motto: friß oder stirb – in diesem Fall muß es natürlich heißen: atme oder stirb – zur Atmung und damit zu seiner Höherentwicklung gezwungen. Von diesem Zeitpunkt, an dem das Leben durch den Sauerstoff praktisch zu einem höheren Energieverbrauch gezwungen wurde – bedingt durch immer größere Zellverbände –, war das Leben also im wahrsten Sinne des Wortes auf Gedeih und Verderb von seinem Erpresser, dem freien *unge-*

bundenen Sauerstoff abhängig geworden. Durch den labilen, unzuverlässigen »Charakter« des »Erpressers«, der sich darin ausdrückt, daß der weitaus größte Teil des durch die Photosynthese freigesetzten ungebundenen Sauerstoffes bis zum heutigen Tage sofort auch mit den Gesteinen der Erdkruste durch Oxydation eine chemische Verbindung eingeht, sollten alle höher entwickelten atmenden Lebensformen – in erdgeschichtlichen Dimensionen gesehen – in eine riskante, ja lebensgefährliche Abhängigkeit geraten.
Eine immer höhere Entwicklung und Differenzierung der Lebensformen im Verlauf der Erdgeschichte war natürlich auf eine immer größer werdende Energiezufuhr durch die Verbrennung von Photosyntheseprodukten mit Hilfe des Sauerstoffes angewiesen. Da aber aufgrund eines allgegenwärtigen Naturgesetzes im ganzen Universum stets immer derjenige Zustand angestrebt wird, der als der wahrscheinlichere gilt, und da dieser wahrscheinliche Zustand immer ein undifferenzierter, chaotischer ist, der sich spontan ohne Energiezufuhr einstellt, war eine in erdgeschichtlichen Dimensionen langfristige Erhaltung – speziell der höheren Lebensformen – mit dieser anscheinend so erfolgreichen Erfindung der Atmung ein äußerst unwahrscheinlicher Vorgang geworden. Die »Sauerstofferpressung« mußte eines fernen Tages scheitern, wenn der Sauerstoff den immer differenzierter organisierten atmenden Zellverbänden, deren Zahl sich ständig vergrößerte, zunehmend durch andere Prozesse entzogen wurde. Dieser erdgeschichtliche Zeitpunkt scheint sich infolge einer ständigen Wüstenausbreitung, über deren Ursachen noch zu reden sein wird, zu nähern.
Das vorläufige Endergebnis der vor 600 bis 700 Millionen Jahren erfolgten Sauerstofferpressung: Immer mehr Menschen sind durch immer höhere Ansprüche auf immer mehr Energie, also auch auf immer mehr ungebundenen Sauerstoff, direkt oder indirekt angewiesen. Dieser erdgeschichtliche Entwicklungsstand hat sich am deutlichsten in dem Dogma von der Notwendigkeit des industriellen Wachstums niedergeschlagen. Wenn nun aber gleichzeitig mit dem unvermeidlichen industriellen Sauerstoffverbrauch auch noch immer weniger Sauerstoff infolge eines Rückganges der Photosynthese freigesetzt wird, müssen die atmenden Zellen zu kurz kommen. Daß infolge von Wüstenausbreitung bei steigendem industriellem Sauerstoffverbrauch tatsächlich immer weniger Sauerstoff durch Pflanzen freigesetzt wird und daß die Wüsten darüber hinaus aufgrund ihrer Gesteinsverwitterung selbst zu einem Sauerstoffgroßverbraucher geworden sind, darüber werde ich noch berichten.

Wie verhalten sich nun aber Zellen z.B. in unserem Körper, deren hochentwickelter und daher empfindlicher Atemmechanismus infolge ungünstigerer Sauerstoffverhältnisse und zusätzlich noch durch unkontrollierte Zufuhr von Chemikalien - sei es als Bestandteil der eingeatmeten Luft, durch Medikamente oder durch Streßbelastungen - gefährdet ist? Ihr hochgezüchteter, empfindlicher Atemmechanismus erleidet einen schweren irreversiblen Schaden. Die Zellen ziehen sich sozusagen auf den archaischen Teil ihrer Stoffwechselfunktionen, auf die Gärung zurück. Die atmungsgeschädigten Zellen aktivieren anscheinend unter äußerem Zwang erdentwicklungsgeschichtlich längst überholte Stoffwechselfunktionen, die noch aus einer Zeit stammen, als die Umwelt noch keinen ungebundenen Sauerstoff enthielt.
Dieser spontan erfolgende Rückfall atmender Zellen in archaische Stoffwechselgewohnheiten ist zur Krebskrankheit, dem Schrecken unseres Jahrhunderts geworden. Wer einen immer höheren Lebensstandard anstrebt - der sich aber ohne höhere Energieausbeute bei einem anscheinend abnehmenden Gehalt an ungebundenem Sauerstoff in unserer Umwelt und einer immer stärkeren chemischen Veränderung unserer Atemluft nicht erreichen läßt -, muß auch immer mehr Zellen in Kauf nehmen, die die Sauerstofferpressung nicht mehr mitzumachen vermögen und an Gärung, an Krebs erkranken.
Ein bekannter Biochemiker hat einmal darauf hingewiesen, daß Krebs gar keine Krankheit im eigentlichen Sinne ist, sondern das Schicksal von hochdifferenzierten und daher hochempfindlichen atmenden Zellen inmitten einer kosmischen Umwelt, in der ständig der Drang zur Entdifferenzierung und zur Unordnung herrscht.
Fortgeschrittener Zustand dieses kosmischen Strebens zur Unordnung und zur Entdifferenzierung auf der Erde ist nicht nur der Rückfall atmender Zellen in archaische Stoffwechselgewohnheiten - der im Grunde genommen als der »wahrscheinlichere« angenommen werden kann, da es zu seiner Verwirklichung keiner Energiezufuhr bedarf -, sondern auch die Wüste.
Erinnern Sie sich an die Landschaften, die ich Ihnen auf den ersten Seiten des Buches beschrieben habe, an die Serir im Zentrum der Sahara, in der abgesehen von vielleicht einigen Bakterien im Boden keinerlei sichtbares Leben mehr existiert und in der bereits von Horizont zu Horizont ein formloser Zustand verwirklicht ist?
Sie werden im weiteren Verlauf dieses Buches erfahren, daß dieser Zustand der Erdoberfläche - in erdgeschichtlichen Dimensionen betrachtet - keine Ausnahme darstellt, sondern für die ferne Zukunft

unserer Erde als der wahrscheinlichere von allen möglichen Zuständen angesehen werden kann.

Korallenriffe im Wüstensand

Was würden Sie sagen, wenn Ihnen jemand berichten würde, er hätte inmitten der größten Wüste der Erde, in der Sahara, riesige tropische Korallenriffe, umgeben von Fischen und anderem Meeresgetier gesehen? Sie würden seinen Bericht sicherlich als Produkt einer überspannten Phantasie abtun. Und doch entspricht dies der Wirklichkeit.
In der nordwestlichen Sahara erhebt sich tatsächlich ein ausgedehntes atollähnliches tropisches Korallenschiff fast einhundert Meter über der sonnendurchglühten Stein- und Sandwüste. Es ist ein fossiles versteinertes Korallenriff, das vor ungefähr 380 bis 400 Millionen Jahren im Erdzeitalter Devon von seinen Baumeistern - Myriaden winziger, kalkabscheidender Korallenpolypen - unter der Wasserbedeckung eines warmen tropischen Meeres erbaut wurde.
Die Oberfläche der Stein- und Felswüsten, inmitten derer es sich heute erhebt, ist der ebenfalls versteinerte, ehemals schlammige und sandige Boden des alten Ozeans. Aus diesem Grund ist die Steinwüste in diesem Teil der Sahara mit den Überresten Tausender versteinerter Meerestiere geradezu übersät, die einst den Ozean in der Umgebung der Korallenriffe bevölkerten. Durch die Versteinerungen, besonders durch die großen spiralförmig aufgewundenen, verschiedenfarbigen Gehäuse der Goniatiten und der langgestreckten geradlinigen Ortoceren - beides entfernte Vorfahren der heutigen Tintenfische -, die eingeschlossen in den Felsplatten der Steinwüste von dem Sandstrahlgebläse des Wüstenwindes hochglanzpoliert sind, wird dieser Teil der Wüste zu einer der schönsten Regionen der Sahara (siehe Abbildung 10).
Diese für den naturwissenschaftlichen Laien sicherlich erstaunliche Tatsache, daß es sich ausgerechnet bei einer Stein- und Felswüste innerhalb der trockensten Region der Erde um einen im Laufe langer erdgeschichtlicher Zeiträume zu Stein verfestigten Meeresboden handelt, ist keine Ausnahme. Mehr als ein Drittel der riesigen Oberfläche der Sahara besteht aus alten versteinerten Meeresablagerungen der verschiedensten Perioden der Erdgeschichte. Ähnliches gilt auch für alle anderen Wüsten und Festlandsflächen.
Wie Sie im nächsten Kapitel noch ausführlicher erfahren werden, ist die Erdkruste, die wir normalerweise als festen, unverrückbaren

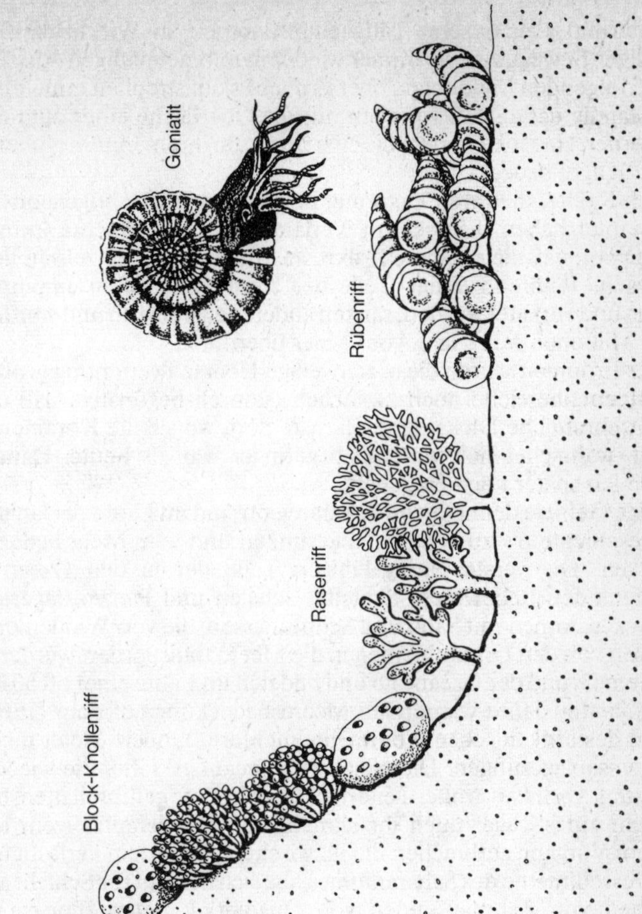

Lebenszone Urmeer und Korallenriff (Die Einzelkorallen sind im Verhältnis zu den anderen Lebensformen übergroß dargestellt.)

Untergrund aller unserer Tätigkeiten ansehen, in Wirklichkeit in ständiger Bewegung. Die immer wieder in unregelmäßigen Abständen erfolgenden Meldungen über Erdbebenkatastrophen ermahnen uns ständig daran, daß wir eben nur die Oberfläche einer dünnen, steinernen Haut bewohnen, die eine riesige, in ihrem Innern glühend heiße Kugel bedeckt.
Durch Kräfte, die ihren Ursprung in dem mächtigen sogenannten Erdmantel haben, kam es im Verlauf der Erdgeschichte immer wieder vor, daß die erkaltete Erdkruste in zahlreiche Einzelschollen zerbrach. Während einige Teile der Kontinente dabei emporgehoben und verfaltet wurden, sanken andere zeitweilig ab und wurden viele Millionen Jahre lang vom Meer überflutet.
In der Erdurzeit wurde diese zeitweilige Überschwemmung großer Kontinentalbereiche noch zusätzlich dadurch begünstigt, daß die durchschnittliche Dicke der Erdkruste dort, wo sie die Kontinente bildet, wahrscheinlich wesentlich geringer war als heute. Darauf werde ich später noch eingehen.
Riesige Gebiete der heutigen Sahararegion sind im Laufe der langen Erdgeschichte bis zu achtmal abgesunken und vom Meer bedeckt gewesen. Die versteinerungsfähigen Teile der in den Ozeanen existierenden Lebewesen, Skelette, Schalen und Panzer, lagerten sich – zusammen mit Sand und Schuttmassen, die von Winden und Flüssen von den Urkontinenten in die Meere transportiert wurden – auf dem Grund der Ozeane ab und bildeten im Laufe einer oft 50 bis 60 Millionen Jahre währenden Meeresbedeckung auf dem Untergrund des afrikanischen Kontinents mehrere hundert Meter dicke Gesteinsablagerungen. Die gleichen Bewegungskräfte, die wiederholt zum Absinken großer Teile der Urkontinente geführt hatten, bewirkten eines Tages auch ihr allmähliches Wiederaufsteigen. Bei diesem Vorgang zerbrachen die inzwischen zu Gestein verfestigten Meeressedimente des Sahararaumes, die sich Schicht für Schicht auf Flächen von Zehntausenden von Quadratkilometern horizontal übereinander abgelagert hatten, in zahlreiche riesige Sedimentblöcke und wurden außerdem verkippt und verschoben. Einmal an der Wüstenoberfläche den Kräften der Verwitterung ausgesetzt, wurden die Meeresablagerungen nun in umgekehrter Richtung, wie sie sich abgelagert hatten, wieder abgetragen, und zwar von oben nach unten.
Während zunächst einmal die jüngsten Meeres- und Landablagerungen aus den letzten 200 bis 300 Millionen Jahren der Erdgeschichte abgetragen wurden, traten schließlich auch die 400 Millionen Jahre alten Meeresablagerungen und Korallenriffe des Devon-

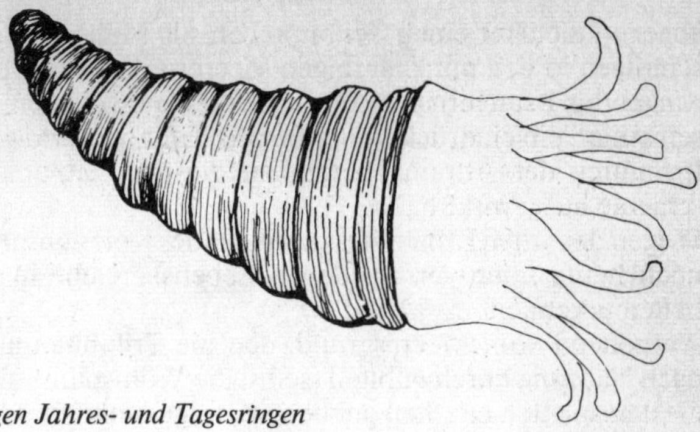

Einzelkoralle
mit wulstförmigen Jahres- und Tagesringen

zeitalters wieder zutage. In deren Nähe sind bereits noch ältere Sedimente freigelegt, die bis zu 500 Millionen Jahre alten Meeresablagerungen aus dem Erdzeitalter Silur und Ordovizium.
Das Korallenriff in der Sahara und seine unmittelbare Umgebung besteht aus einem halben Dutzend einzeln stehender, 80 Meter hoher Riffkegel - sogenannter Bioherme -, die wie riesige Zuckerhüte aussehen und in einer langen Reihe hintereinander stehen.
Bereits seit Millionen Jahren den zerstörenden Kräften der Verwitterung an der Wüstenoberfläche ausgesetzt, blieb die ursprüngliche Form der hohen Riffkegel inmitten der anderen, bereits weitgehend abgetragenen und eingeebneten Meeressedimente erhalten, weil sie aus einem besonders harten, kristallinen Kalk bestehen. Außerdem wurden sie im Vergleich zu den locker aufgebauten Meeressedimenten in ihrer Umgebung, die sich aus Gesteinsschutt, Sand, Schlamm und den Überresten abgestorbener Organismen zusammensetzen, von ihren tierischen Baumeistern schon mit einer höchstmöglichen Festigkeit erbaut.
Die Meeressedimente, die sich gleichzeitig, während das Riff von den Korallenpolypen immer höher erbaut wurde, in seiner Umgebung auf dem Meeresboden ablagerten und es eines Tages, nachdem es abgestorben war, völlig überdeckten, umschließen noch heute in Form mächtiger, dunkelbraun gefärbter, bei ihrer Heraushebung schräg verkippter Gesteinsschollen einige der aus hellem Kalk bestehenden Riffkegel (siehe Abbildung 12).
Hunderte verschiedener mariner Pflanzen- und Tierarten - die wunderschönen Kalkgehäuse der Goniatiten, der Ortoceren, die Panzerplatten vorzeitlicher Fische, die an urtümliche Krebse erinnernden Trilobiten mit ihren bereits hochentwickelten Facetten-

augen –, die über einen Zeitraum von 400 Millionen Jahren, eingeschlossen in den dunkelfarbigen Meeressedimenten, als Versteinerungen bis heute erhalten blieben und die mächtigen Korallenriffe selbst sind ein eindrucksvoller Beweis dafür, wie erfolgreich sich die Erfindung der Atmung bereits zu diesem Zeitpunkt der Erdgeschichte ausgewirkt hatte.
Wegen des guten Erhaltungszustandes des Korallenriffes lassen sich noch heute seine verschiedenen Lebensbereiche in allen Einzelheiten erkennen.
Ausgehend vom Meeresgrund, den die Trilobiten auf der Suche nach Nahrung durchwühlten (selbst die Wühlspuren sind in einigen Gesteinsplatten erhalten geblieben), folgt zunächst das sogenannte Rübenriff – benannt nach den kleinen etwa vier bis fünf Zentimeter langen Einzelkorallen, die hier auf dem ehemaligen Meeresboden lebten. Ein ausgedehntes Rasenriff, das bereits aus ast- und fächerförmige Kolonien bildenden Arten besteht, schließt sich an. Diese heute zerbrochenen Ast- und Fächerkorallen des Rasenriffs bilden große Gesteinsschuttmassen, die das eigentliche Hauptriff, die hohen zuckerhutförmigen Riffkegel, umgeben. Dieses Hauptriff, das sogenannte Block-Knollenriff, baut sich aus mächtigen kompakten Korallenkolonien auf.
Überaus interessant für den Ablauf der Erdentwicklung und für die Geschichte, die in diesem Buch erzählt wird, ist das sogenannte Rübenriff mit seinen kleinen leicht gebogenen, an Füllhörner erinnernden Einzelkorallen. Wo die länglichen Einzelkorallen noch halb eingebettet im Gestein, dem früheren Schlamm und Sand des Meeresbodens in sogenannter Lebensstellung – wie die Paläontologen sagen – liegen, sind sie fast alle in gleicher Weise ausgerichtet, und zwar nach der damaligen Meeresströmung. Anhand dieser Einzelkorallen lassen sich sogar noch heute, 400 Millionen Jahre später, Aussagen über die Strömungsverhältnisse in den alten Ozeanen machen. Noch viel erstaunlicher ist die Tatsache, daß jede dieser kleinen Einzelkorallen einen Kalender darstellt, in dem jeder Tag des damaligen Jahres verzeichnet ist und aus dem sich darüber hinaus die Vergangenheit und Zukunft unserer Erde ablesen läßt.
Diese verblüffende Erkenntnis, die wir dem amerikanischen Geologen J. Wells verdanken, beruht auf der Tatsache, daß man aufgrund von sorgfältigen Studien an heute lebenden Einzelkorallen weiß, daß diese Lebewesen ihr Kalkgerüst, ihren steinharten Panzer – den sie durch Kalkausscheidungen an ihrem »Fußende« erbauen – im Rhythmus der Jahreszeiten ausbilden. So auch die Einzelkorallen von dem Saharariff aus dem Devonzeitalter. Auf ihrer Außenseite

sind mit dem bloßen Auge zahlreiche ringförmige Wülste und Einschnürungen zu erkennen, die den Jahresringen eines durchgesägten Baumstammes entsprechen. Die Anzahl dieser steinernen Jahresringe entspricht dem Lebensalter der Einzelkoralle.
Als Wells sich die klar voneinander abzugrenzenden Jahresringe unter einem Mikroskop genauer betrachtete, entdeckte er, daß jeder dieser dicken Ringe noch in Tagesringe unterteilt war, die dadurch entstanden waren, daß der Korallenpolyp jedesmal bei Anbruch der Nacht seine Kalkausscheidungen eingestellt hatte. Als der Wissenschaftler diese Tagesringe auszählte, erzielte er ein verblüffendes Ergebnis. Jeder Jahresring und damit jedes Jahr enthielt vor 380 bis 400 Millionen Jahren nicht wie heute 365 Tage, sondern 395 Tage.
Da man davon ausgehen kann, daß der Umlauf der Erde um die Sonne sich innerhalb der letzten 400 Millionen Jahre nicht wesentlich verändert haben kann und somit die Dauer eines Jahres auch gleich geblieben ist, müssen die Tage im Devon entsprechend kürzer gewesen sein, damit 395 von ihnen in den Zeitraum eines Jahres hineinpaßten. Die Berechnung dieser Tageslänge ist einfach. Geht man davon aus, daß das Jahr damals wie heute 8760 Stunden hat, dann ergibt die Teilung dieser Zahl durch 395 Tage eine Tageslänge von etwa 22 Stunden. Daraus läßt sich wiederum schließen, daß die Rotation der Erde um ihre Achse vor 380 bis 400 Millionen Jahren schneller gewesen sein muß als heute. Tatsächlich wurde die Erdrotation im Laufe langer erdgeschichtlicher Zeiträume - wie sich heute mit den Methoden der modernen Physik beweisen läßt - immer mehr abgebremst, so daß die Tage immer länger werden. Welche Ursachen dieser Abbremsung der Erdrotation zugrunde liegen und welche dramatischen Konsequenzen sich daraus für die Zukunft unserer Erde, insbesondere für die Wüstenbildung, ergeben, darüber werde ich im letzten Kapitel des Buches berichten.
Kurz bevor sich die Korallenriffe im heutigen Sahararaum bildeten, hatte sich ein ganz anderes bedeutsames Ereignis vollzogen.

Die Eroberung des Landes

Vor etwa 410 Millionen Jahren, im Erdzeitalter des oberen Silur an der Wende zum Devon, begannen die Pflanzen damit, von den Meeresküsten her auf die Kontinente vorzudringen. Dieses in jeder Beziehung einschneidende Ereignis stellte das Ende der Urwüste dar, die seit der Entstehung der Kontinente geherrscht hatte. Vier Milliarden Jahre Urwüste auf den Kontinenten ohne eine Spur von Leben -

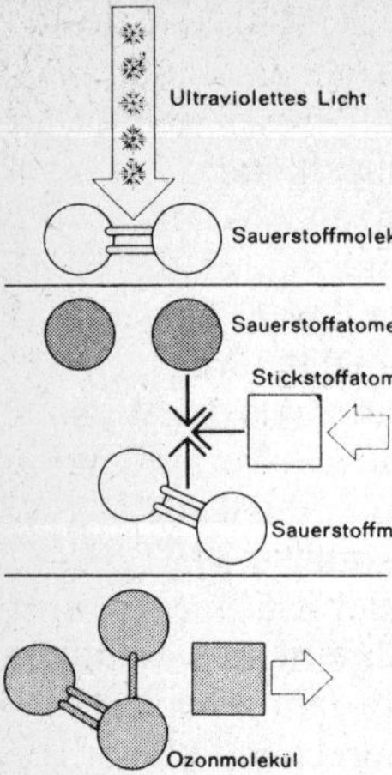

Entstehung und Funktionsweise des Ozons: Der Vorgang beginnt, wenn ultraviolettes Licht auf ein Sauerstoffmolekül trifft und es in seine Atome zerlegt. Der Zusammenstoß erhöht den Impuls der freien Sauerstoffatome, von denen dann eines mit einem anderen Sauerstoffmolekül und einem Stickstoffatom zusammenprallt. Entstanden ist ein Ozonmolekül, das anschließend einen Ultraviolettstrahl absorbiert und wieder in seine Bestandteile zerfällt. Der Vorgang beginnt erneut. Er schützt das Leben auf der Erde vor den tödlichen ultravioletten Strahlen.

außer vielleicht in den Kraterseen von Vulkanen –, ohne den kühlenden Schatten eines grünen Baumes, ohne den gaukelnden Flug eines Schmetterlings über blühenden Wiesen, ohne den Gesang eines Vogels; eine Urwüstenlandschaft nur geprägt von den Kräften der Verwitterung, von Regen, Sand und Staubstürmen, bombardiert von tödlichen ultravioletten Strahlen: diese Zeitspanne entzieht sich jeglicher menschlichen Vorstellungskraft.
Fast die Hälfte der gesamten Entwicklungszeit unserer Erde, die insgesamt etwa 10 Milliarden Jahre beträgt, war bereits vergangen, als die ersten Pflanzen den Schutz der Ozeane verlassen konnten, um die Biophase auf den Kontinenten einzuleiten. Wodurch wurde dieser »Schritt an Land« überhaupt möglich?
Durch die Photosynthese betreibenden Meerespflanzen, hauptsächlich der grünen Algen, die das Sonnenlicht durchflutete Wasser der alten Ozeane bevölkerten, die übrigens viel flacher waren als die heutigen Ozeane, war soviel Sauerstoff freigesetzt worden, daß dieser sich dadurch mehr und mehr in der Atmosphäre anreicherte. Es war nun keinesfalls so, daß der Vorrat an oxydabler, also sauerstoffaufzehrender Substanz, wie z.B. zweiwertiges, an Sauerstoff untersättig-

Abbildung 8:
Meterlange Algenkolonien in dem heißen Wasser einer Quelle auf dem Yellowstone-Plateau.

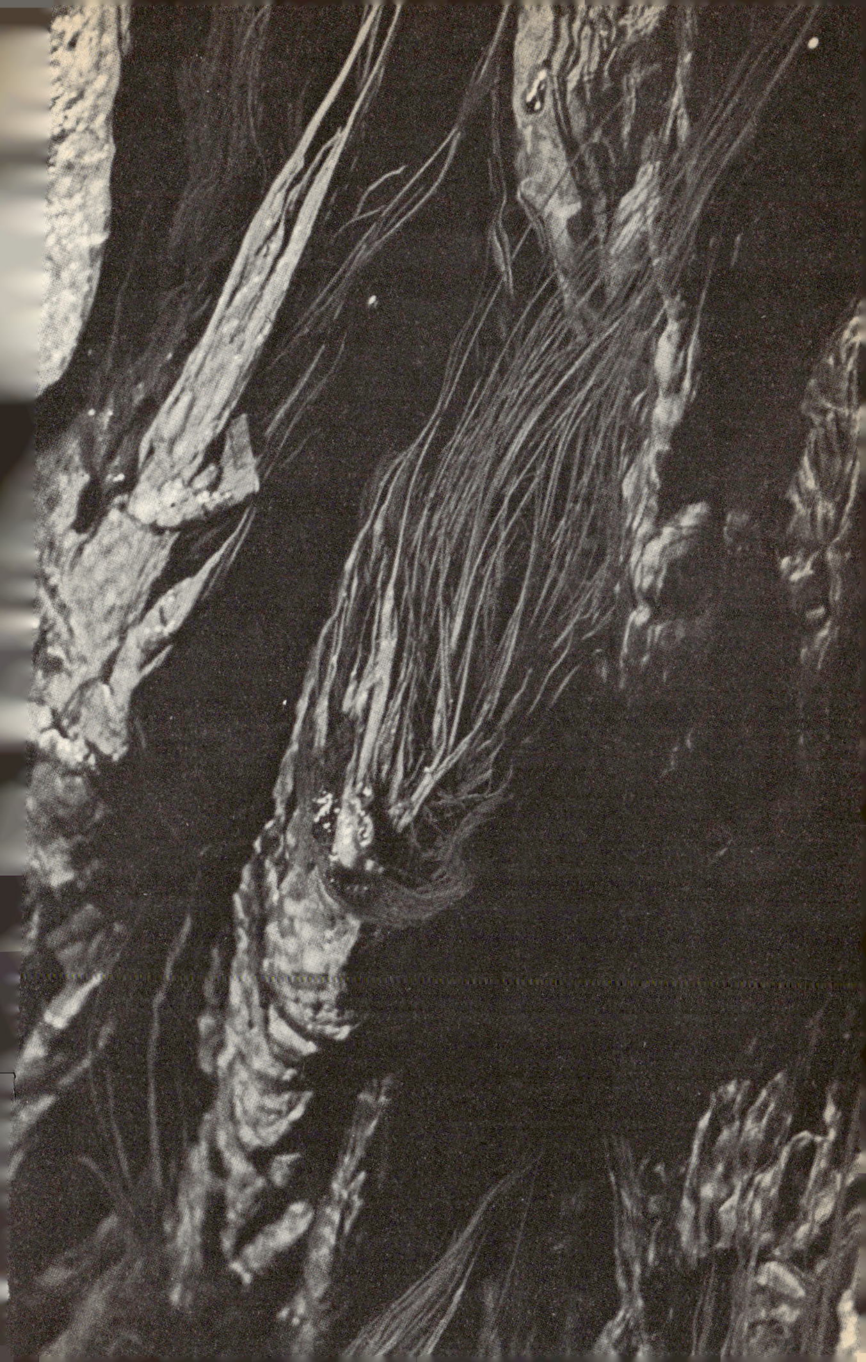

tes Eisen, bereits aufgezehrt war. Die Oxydation dieser in der Erdkruste vorkommenden Substanzen erfolgte – und auch das ist für den weiteren Ablauf der Erdentwicklung von allergrößter Bedeutung – auf dem Festland nur wesentlich langsamer als im Wasser. Das hatte zur Folge, daß die ständig erfolgende Aufzehrung des Sauerstoffes in erdgeschichtlichen Dimensionen gesehen eine Weile in Verzug geriet und sich zunächst ein Gleichgewicht zwischen Sauerstoffproduktion und -verbrauch einstellte. Und genau dieses Gleichgewicht stellte für das Leben die einmalige Chance dar, das Festland für sich zu erobern. Bis zum oberen Silur hatten sich bereits soviel pflanzliche Stoffwechselabfallprodukte in der Atmosphäre angesammelt, daß ihr Sauerstoffgehalt etwa 10 Prozent des heutigen Wertes betrug. Das reichte aus, um den größten Teil der für lebende Zellen gefährlichen ultravioletten Strahlen bereits von der Erdoberfläche fernzuhalten. Dieser Sauerstoffgehalt der Atmosphäre wird als Festlandspegel bezeichnet, weil erst unter seinem Filterschutz die Besiedlung des Festlandes erfolgen konnte.
Zu diesem Zeitpunkt der Erdgeschichte erfolgte wahrscheinlich auch zum erstenmal die Ausbildung einer Ozonschicht in der Atmosphäre, ohne die heute keinerlei höherentwickeltes Leben auf den Kontinenten denkbar wäre.
Ozon (O_3) ist eine aktive Form des Sauerstoffs, der im Gegensatz zu dem normalen molekularen Luftsauerstoff (O_2) aus drei Sauerstoffatomen besteht. Die in etwa 20 Kilometer Höhe liegende hauchdünne Ozonschicht, die unter dem an der Erdoberfläche herrschenden Druck nur etwa einen viertel Millimeter dick wäre, absorbiert heute den größten Teil der tödlichen ultravioletten Strahlen. Die Wirkungsweise des Ozons geht aus der Graphik auf Seite 112 hervor.
Es gibt viele alarmierende und ernst zu nehmende Hinweise, daß diese hauchdünne, lebensschützende Ozonschicht heute auf chemischem Wege zerstört wird, und zwar durch künstliche Gase, die als Treibgas in Spraydosen verwendet werden und die täglich aus Millionen dieser Spraydosen in die Atmosphäre aufsteigen.
Sollte sich diese Vermutung durch weitere Forschungen als richtig erweisen, dann wären diese Spraydosen, die heute fast jeder von uns irgendwann einmal benutzt, als das vorläufig gefährlichste Endprodukt der in vieler Beziehung nur noch als verbrecherisch zu bezeichnenden Wachstumsideologie einer industriellen Gesellschaftsform anzusehen. Millionen winziger Spraydosenventile würden das wieder zerstören, was einst vor Jahrmilliarden zunächst in Form von Grundsubstanzen aus Tausenden vulkanischer Ventile ausströmte und dem wir unsere Existenz verdanken.

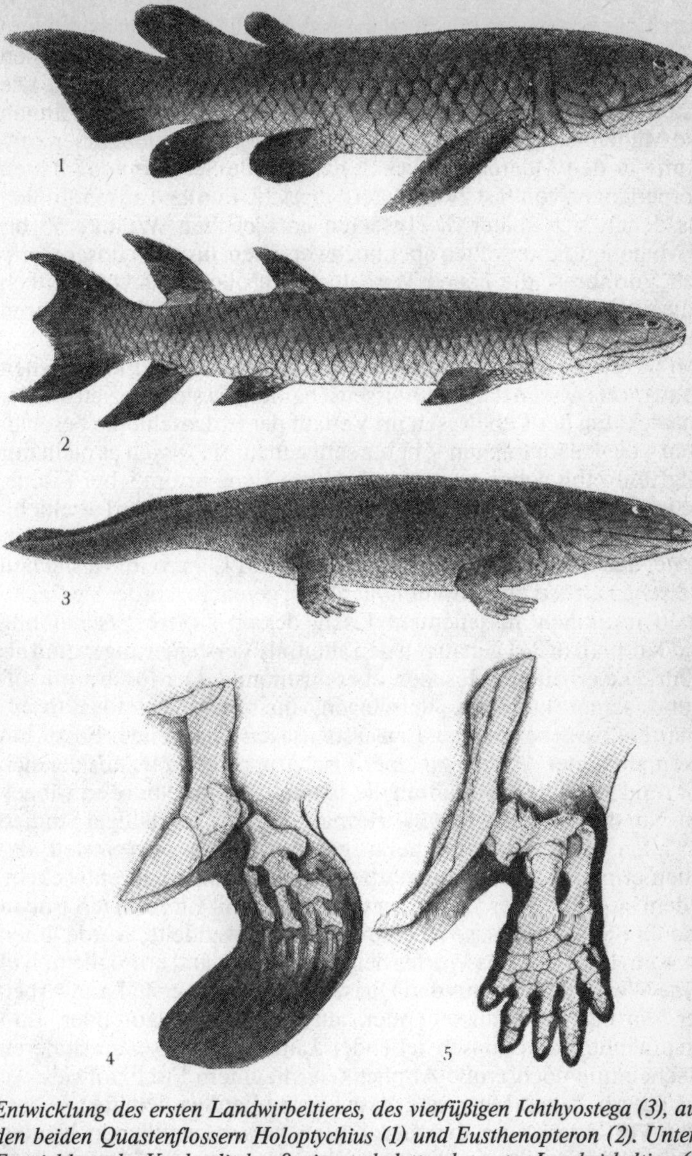

Entwicklung des ersten Landwirbeltieres, des vierfüßigen Ichthyostega (3), aus den beiden Quastenflossern Holoptychius (1) und Eusthenopteron (2). Unten: Entwicklung des Vordergliedmaßeninnenskelettes der ersten Landwirbeltiere (5) (Eryops) aus dem Flossenskelett eines Quastenflossers (Eusthenopteron) (4).

Durch die Eroberung des Festlandes durch die Pflanzen waren nun auch die Voraussetzungen für die Tiere geschaffen, ebenfalls den Schutz der Meere zu verlassen und auf das Land vorzudringen. Die ersten Pioniere waren vor allem Gliedertiere - Skorpione, Spinnen und Milben -, die sich zuvor im Laufe langer erdgeschichtlicher Zeiträume in den Meeren entwickelt hatten. Die Seeskorpione hatten Körperlängen von fast zwei Metern erreicht. Ferner Tausendfüßler, aus denen sich später die Insekten entwickelten. Weitere 50 bis 60 Millionen Jahre sollten aber noch vergehen, bis auch unsere fernsten Vorfahren, die ersten Wirbeltiere im oberen Devon, zeitlich nahe der Wende zum Karbon vor etwa 350 bis 360 Millionen Jahren das Meer verließen, um an Land zu leben.
Wer waren nun überhaupt unsere fernsten Vorfahren und wie sahen sie aus? Das wissen die Naturwissenschaftler, die sich speziell mit der Entwicklung der Lebewesen im Verlauf der Erdgeschichte beschäftigen - die Paläontologen -, heute sehr genau. Sie wissen es nicht nur aufgrund zahlreicher versteinerter Wirbeltiere, urtümlicher Fische, die in den Gesteinsablagerungen der entsprechenden erdgeschichtlichen Periode aufgefunden wurden, sondern auch aufgrund der Tatsache, daß im Jahre 1938 von eingeborenen Fischern im westlichen Indischen Ozean ein sensationeller Fang gemacht wurde. Sie fingen einen urtümlich aussehenden Fisch, dessen äußere Erscheinung und Körperbau fast genau mit den alten, als Versteinerungen und als Abdrücke erhaltenen Fischen übereinstimmte. Der Fisch wird aufgrund seiner kräftigen, fleischigen, quastenartigen Flossen als Quastenflosser bezeichnet. Er war sozusagen ein lebendes Fossil, ein Exemplar einer Art, die zu einer Fischgruppe gehörte, aus der sich vor rund 350 Millionen Jahren die ersten Landwirbeltiere entwickelten. Nur diese Gruppe besaß - wie man aufgrund sorgfältiger Studien der alten Versteinerungen herausgefunden hatte - ein Skelett, das ihnen ermöglichte, sich zu vierbeinigen Landtieren zu entwickeln. Indem sich ihre Flossen zu kurzen Beinen mit fünfzehigen Füßen und ihre Schwimmblase zu einer Lunge umwandelte, wurde ihnen im wahrsten Sinne des Wortes der Schritt aufs Land ermöglicht. Auf diese Weise entstand aus den Quastenflossern das erste Landwirbeltier, ein eigenartig aussehender, auf vier Beinen laufender, Luft einatmender, amphibisch lebender Lurch, der in seiner äußeren Erscheinung noch große Ähnlichkeit mit einem Fisch aufwies.
Die guterhaltenen Überreste dieses ersten Landwirbeltieres - unser aller Vorfahre -, das den berühmten wissenschaftlichen Namen Ichthyostega besitzt, fand man in alten Gesteinen auf Grönland.
Es ist nicht leicht zu verstehen, warum einige Fische eines Tages -

das gleiche gilt auch für die Pflanzen und die wirbellosen Tiere vor ihnen - überhaupt ihren alten angestammten Lebensraum, die gleichbleibende Umwelt des Wassers verließen, um an Land zu kriechen. Während im Wasser für die Fische bei ausgeglichenen Temperaturen immer ein ausreichendes Nahrungsangebot vorhanden und darüber hinaus ihr Körpergewicht weitgehend aufgehoben war, mußten sie an Land nicht nur mit den Problemen der Schwerkraft und mit oft enormen Temperaturschwankungen - die eine große Belastung für ihre Stoffwechselfunktionen darstellten - fertig werden, sondern es bestand darüber hinaus für ihren Körper auch ständig die Gefahr der Austrocknung. Im Vergleich zu Lebewesen, die im Wasser leben, benötigen die sich auf Beinen fortbewegenden Landlebewesen 30 bis 40 Prozent ihrer Energie allein für den Zweck, ihr eigenes Gewicht zu tragen.
Die Besiedlung des Landes durch Pflanzen und Tiere, die das Ende der Urwüste darstellte, war also im Grunde genommen im höchsten Grade unzweckmäßig und darüber hinaus auch unwahrscheinlich. Vor diesem Hintergrund wird es verständlich, daß die Aufgabe des alten zuverlässigen Lebensraumes besonders für die bereits hochentwickelten Wirbeltiere ein mörderisches Unternehmen gewesen sein muß, das auf keinen Fall freiwillig erfolgte. Dieser Landausflug muß deshalb durch eine Kette von Katastrophen über lange erdgeschichtliche Zeiträume erzwungen worden sein. Diese erdgeschichtliche Situation erinnert in auffälliger Weise an die Sauerstofferpressung, die zur Erfindung der Atmung geführt hatte.
Unsere fernsten Vorfahren, die Quastenflosser, waren zunächst wahrscheinlich auf der Suche nach Nahrung bis in flache Küstenlagunen und Flußläufe vorgedrungen. Wie sich an bestimmten Gesteinsmerkmalen erkennen läßt, innerhalb derer die versteinerten Übergangsformen von Meereswirbeltieren zu Landwirbeltieren gefunden wurden, traten im oberen Devon ähnlich wie in gewissen Gebieten der heutigen Tropen immer wieder Trockenzeiten auf, was zu einer periodischen Austrocknung der Flüsse und Küstenlagunen führte. Während dadurch sicherlich Millionen Jahre lang immer wieder unzählige Fische zugrunde gingen, weil ihnen oft der Rückweg ins Meer abgeschnitten wurde, waren eines Tages Fische mit besonderen körperlichen Voraussetzungen - die Quastenflosser - in der Lage, außerhalb des Wassers zu überleben.
Die Ichthyostega und all die anderen ersten amphibischen Landwirbeltiere, die sich im Laufe der Evolution aus diesen fischähnlichen Lurchen entwickelten, blieben jedoch noch viele Millionen Jahre lang teilweise von ihrer alten Umwelt abhängig. Genau wie bei

den heute lebenden Amphibien, Fröschen und Lurchen, konnten sich ihre Eier nur im Wasser entwickeln, und die ausgeschlüpften Jungtiere mußten zunächst ein Kaulquappenstadium durchlaufen, in dem sie den im Wasser gelösten Sauerstoff genau wie die Fische mit Kiemen aufnahmen, bevor sich bei ihnen Lungen und Beine entwickelten, die ihnen das Leben auf dem Land ermöglichten. Jedes Individuum der ersten Landwirbeltiere mußte also jedesmal wieder eine Art kurzer Zusammenfassung des langen Entwicklungsprozesses durchlaufen, der nötig gewesen war, damit aus Fischen Landlebewesen wurden.
Es ist faszinierend, daß jeder von uns heute noch den Weg, den unsere Vorfahren einst vor ca. 350 Millionen Jahren beschritten haben, selbst erleben und betrachten kann, und zwar dort, wo noch heute vergleichbare Amphibien leben; in jedem Tümpel, der von Fröschen und Lurchen bevölkert ist.

Der Höhepunkt der Biophase auf den Kontinenten

Im Erdzeitalter Karbon, so benannt nach seinen gewaltigen Kohlevorkommen, die für die Geschichte, die in diesem Buch erzählt wird, von allergrößter Bedeutung sind, erreichte die Entfaltung der Pflanzenwelt auf den Kontinenten wahrscheinlich bereits ihren quantitativen Höhepunkt innerhalb der gesamten Erdgeschichte.
An dieser Stelle sei die Bemerkung erlaubt, daß es bei einer rein naturwissenschaftlichen Betrachtungsweise nur um quantitative Größenordnungen gehen kann. Das gilt sowohl für den pflanzlichen als auch für den tierischen Bereich. Innerhalb dessen, was wir als Natur bezeichnen, gibt es keine qualitativen Unterschiede. Eine qualitative Unterteilung und Aufgliederung der Natur existiert praktisch nur in der Vorstellung des Menschen. Es ist dabei sehr bezeichnend, daß der Mensch sich selbst an der Spitze einer von ihm selbst erdachten qualitativen Hierarchie sieht, die in Wirklichkeit eine Illusion ist. Aber in der Unendlichkeit eines kosmischen Raumes, der uns alle umgibt und der aufgrund seiner Unendlichkeit gar keinen Mittelpunkt besitzen kann, sei jedem Lebewesen die Freiheit erlaubt - nicht nur dem Menschen, sondern z.B. auch der Ameise oder dem Elefanten -, willkürlich irgendeinen Mittelpunkt in dieser Unendlichkeit festzusetzen und sei es, daß er sich selbst zum Mittelpunkt erhebt.
Wie ich Ihnen bereits an anderer Stelle beschrieben habe, ist die Entstehung von Leben, seine Weiterentwicklung und Differenzie-

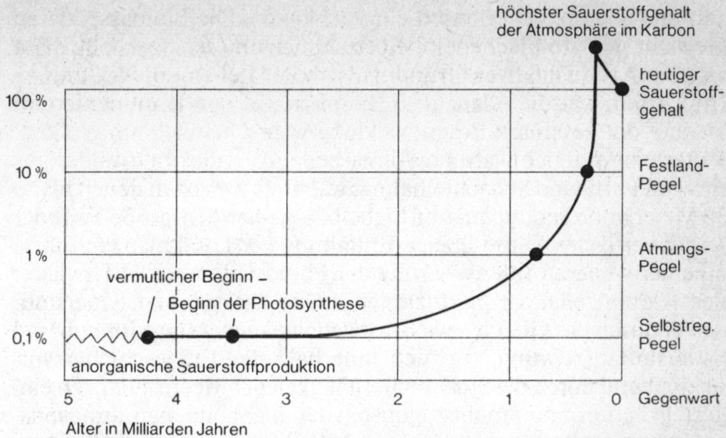

Die Zunahme des Sauerstoffgehaltes der Atmosphäre im Laufe der Erdgeschichte von der Entstehung der Erde bis zur Gegenwart (nach M. Schidlowski abgeändert). Alter der Erde in Milliarden Jahren, atmosphärischer Sauerstoffgehalt in Prozent, wobei der heutige Gehalt gleich 100% gesetzt wird.

rung bis hin zum Menschen nichts anderes als eine chemische Aufwärtsreaktion, die sich über einen chaotischen kosmischen Zustand erhebt, in dem ständig der Drang zur Entdifferenzierung herrscht. Da diese chemische Aufwärtsreaktion auf eine ständige Energiezufuhr angewiesen ist, ist Leben im Grunde genommen der unwahrscheinlichste Zustand aller möglichen Zustände. Während dieses die naturwissenschaftlich biologische Grunddefinition des Lebens ist, die in ihrer Aussage selbst bereits dem Nichts und der absoluten Kälte des Weltraumes entspricht, ist die Kreatur praktisch gezwungen, nach etwas illusionärer Nestwärme zu suchen. Für mich ist die qualitative Illusion der entwickelten Kreatur inmitten des Nichts, die in die Gottessuche einmündet, die philosophische Grunddefinition des Lebens an sich. Sie verweist jeden kosmischen Zustand, der wahrscheinlicher ist als der des Lebens und der des Bewußtseins, auf einen Platz, der eben *nur* interessant ist.
Nachdem ich meinen geisteswissenschaftlichen Standpunkt aufgezeigt habe, fällt es mir leichter, die an sich kalten naturwissenschaftlichen Begriffe Biophase und vor allen Dingen Biomasse zu benutzen. Als Biomasse bezeichnet der Naturwissenschaftler die organische Substanz aller auf der Erde existierender Lebensformen von Pflan-

zen und Tieren, der Mensch eingeschlossen. Die Biomasse, deren Gewicht sich pro Flächeneinheit errechnen und schätzen läßt, dient als eine Art qualitativer Grundmaßstab der Lebensentwicklung.
Im Karbon war die pflanzliche Biomasse auf den Kontinenten im Verlauf der gesamten Erdentwicklung wahrscheinlich am größten. Unter einem feuchtwarmen Klima bedeckten dicke Urwälder aus riesigen Farn- und Schachtelhalmgewächsen, zwischen denen bis zu 30 Meter hohe Schuppen- und Siebelbäume standen, große Teile der Landoberfläche. Diese üppige Entfaltung der Landpflanzen führte zu einer weiteren Intensivierung der Photosynthese. Die Urwälder des Karbonzeitalters produzierten soviel zusätzlichen Sauerstoff, daß dadurch das Gleichgewicht zwischen Sauerstoffproduktion und Sauerstoffaufzehrung, das sich innerhalb der Erdgeschichte vorübergehend durch die Stoffwechseltätigkeit der Meerespflanzen eingestellt hatte, immer mehr zugunsten des ungebundenen, atmosphärischen Sauerstoffes verschoben wurde. Man nimmt deshalb heute an, daß der Sauerstoffgehalt der Atmosphäre vor 320 bis 280 Millionen Jahren nicht nur den heutigen atmosphärischen Pegel erreichte, sondern diesen sogar weit überschritten hatte.
An dieser Stelle wird sich mancher Leser fragen, woher man überhaupt weiß, wie hoch der Sauerstoffgehalt der Atmosphäre vor 320 Millionen Jahren war. Ich will auf diese Frage hier kurz eingehen, weil ich glaube, daß ihre Beantwortung und damit ihre Lösung ein besonders faszinierendes Beispiel für die Forschungsmethoden und das Zusammenwirken der verschiedensten naturwissenschaftlichen Disziplinen darstellt, wenn es darum geht, etwas über die vergangene Erdentwicklung herauszufinden. In der Tat kann man nicht darauf hoffen, jemals unveränderte Luftproben - z.B. eingeschlossen in Gesteinen - aus längst vergangenen Erdepochen aufzufinden. Die Bestandteile der Luft, hauptsächlich der uns interessierende Sauerstoff, sind ja völlig instabil und würden sofort mit den Mineralien des Gesteins eine chemische Verbindung eingehen. Daß wir heute, nach 300 Millionen Jahren, trotzdem wissen, wie die Luft im Erdzeitalter des Karbons zusammengesetzt und vor allen Dingen, wie hoch ihr Sauerstoffgehalt war, verdanken wir der Tatsache, daß sich eingebettet in den Kohleablagerungen dieser Zeit die versteinerten Überreste und Abdrücke riesiger Libellen mit einer Flügelspannweite von 70 Zentimetern finden. Diese Riesenlibellen, die den berühmten wissenschaftlichen Namen Meganeura tragen, waren die größten Insekten aller Zeiten.
Um Ihnen zu zeigen, wie man anhand dieser Rieseninsekten zu der Annahme gelangte, daß die Erdatmosphäre einst weit mehr Sauer-

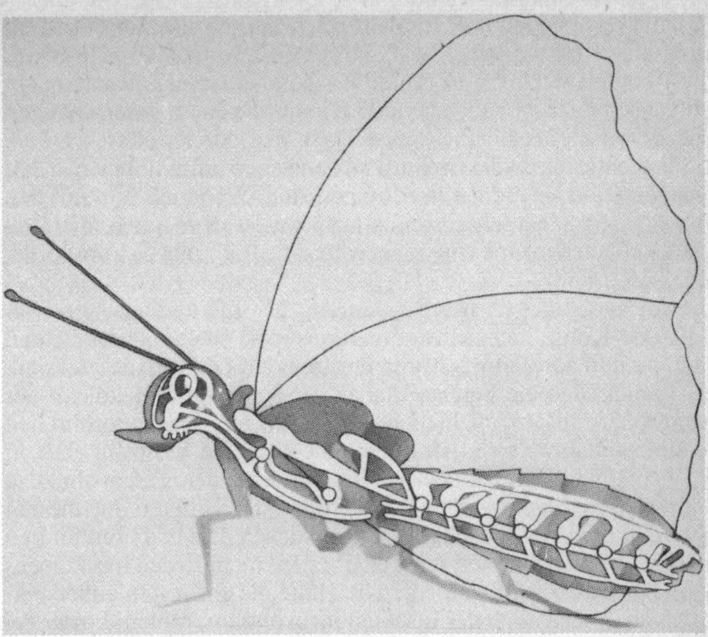

Tracheensystem im Innern des Körpers eines Insekts

stoff enthielt als in der Gegenwart, ist es erforderlich, etwas weiter auszuholen. Ich muß Ihnen zunächst erklären, wie ein Insekt atmet.

Die Insekten unterscheiden sich von anderen Tiergruppen, z.B. von den Vögeln und den Säugetieren, unter anderem dadurch, daß sie den Sauerstoff nicht über Lungen mit Hilfe einer dazugehörenden Muskulatur aktiv einatmen, sondern daß das lebenswichtige Gas im wesentlichen von selbst in ihren Körper eindringt. Das geschieht über winzige weitverzweigte Röhrchen - die Tracheen -, durch die der Sauerstoff an alle Organe und Zellen herangeführt wird. Die Sauerstoffmoleküle dringen aufgrund ihres natürlichen atmosphärischen Drucks durch winzige Öffnungen, die sich in der Chitinhaut der Insekten befinden, in das feine Röhrenwerk ein.

Bei den meisten Insektenarten wird das Eindringen und der Transport der Sauerstoffmoleküle in das Tracheensystem zusätzlich durch die normalen Körperbewegungen oder durch rhythmisches

Zusammenziehen des Hinterleibes - wodurch die Tracheen abwechselnd zusammengedrückt und geweitet werden - erleichtert. Die Wirkungsweise dieser primitiven Zusatzatemtechnik kann man am besten veranschaulichen, indem man sich einen durchsichtigen elastischen Plastikschlauch vorstellt, in den durch äußeren Druck runde Steine, die in diesem Beispiel den Sauerstoffmolekülen in den Tracheen entsprechen, eingedrungen sind. Wenn ich nun mit den Fingern den Schlauch zusammendrücke, ist es möglich, die Steine im Schlauch in eine von mir gewünschte Richtung zu transportieren.

Die im wesentlichen passive Atmung der Insekten hat eine bedeutende Konsequenz: Ihre Funktionsweise ist so uneffektiv, daß dadurch dem Größenwachstum der Insekten Grenzen gesetzt sind. Der Druck, den die heutige Menge der Sauerstoffmoleküle in der Atmosphäre ausübt, reicht nicht aus, um längere Tracheenröhrchen zu überwinden, als sie heute lebende Insekten besitzen. (Die in Science-Fiction-Filmen über die Erde kriechenden, Eisenbahnzüge und Menschen verzehrenden Rieseninsekten müßten aus diesem Grund in der Erdatmosphäre sofort ersticken. Die in diesen Filmen häufig gezeigten Spinnen gehören übrigens nicht zu den Insekten; es würde ihnen aber ähnlich ergehen. Hätte die ansonsten äußerst erfolgreiche Tiergruppe der Insekten ihr Atmungsproblem besser gelöst, indem sie z.B. eine aktive Atemmuskulatur und Lungen entwickelt hätte, dann wäre es keine Frage, daß sie heute die Erde beherrschen würde und nicht wir Menschen - Angehörige der Wirbeltiergruppe.) Anders im Erdzeitalter des Karbons. Nur eine höhere Sauerstoffkonzentration in der Atmosphäre, die natürlich auch einen höheren atmosphärischen Druck zur Folge hatte, konnte die Nachteile langer Tracheensysteme, wie sie die Riesenlibellen besaßen, überwinden. Durch die Kenntnis der Atemtechnik läßt sich also an der Körpergröße fossiler Insekten indirekt der Sauerstoffgehalt der Atmosphäre des Erdzeitalters ablesen, in dessen Ablagerungen die Versteinerungen gefunden wurden.

Die im Karbonzeitalter weltweit verbreiteten Urwälder wuchsen und gediehen innerhalb ausgedehnter Sümpfe. Diese Sümpfe waren in riesigen, flachen Mulden und Senken entstanden, die sich infolge weltweiter Gebirgsauffaltungen in der Erdkruste ausgebildet hatten. Entscheidend für die Lebensentfaltung war die Tatsache, daß die Gebirgszüge im Karbon bei weitem nicht die Höhe der gegenwärtigen Faltengebirge - etwa der Alpen, der Rocky Mountains oder des Himalaja - erreichten. Im Gegensatz zu heute konnten die von den Ozeanen kommenden Regenwolken daher fast noch ungehindert

alle Bereiche der Kontinente erreichen, um die zur Betreibung der pflanzlichen Photosynthese unerläßliche Wasserfracht abzuladen. Üppiges Pflanzenwachstum verbunden mit einer gewaltigen Sauerstoffproduktion war die Folge.
Der freigesetzte, ungebundene Sauerstoff konnte sich natürlich nur in der Atmosphäre anreichern, wenn die auf photosynthetischem Weg gebildete organische, kohlenstoffhaltige Pflanzensubstanz nicht restlos wieder rückoxydiert wurde.
Ein Beispiel soll veranschaulichen, was gemeint ist: Ein Baum, sagen wir ein Apfelbaum, lagert die mit Hilfe der Photosynthese erzeugten Kohlehydrate nicht nur in seinen Früchten ein, sondern er verwendet sie in einer besonderen Form vor allen Dingen auch zum Aufbau und zum Wachstum seiner Blattskelette, seiner Äste und seines Stammes. Abgesehen einmal von seinem eigenen Atmungsstoffwechsel, durch den der Baum aus einem Teil der von ihm selbst produzierten Kohlehydrate seine Lebensenergie bezieht, können auch wir uns seine Kohlehydrate in Form seiner Äpfel einverleiben und sie mit Hilfe des eingeatmeten Sauerstoffes wieder zu ihren Ausgangssubstanzen, aus denen sie mit Hilfe der pflanzlichen Photosynthese aufgebaut wurden, zu Wasser und zu Kohlendioxyd verbrennen. Die Kohlehydrate vieler Pflanzenarten verleiben wir uns allerdings nicht in Form ihrer Früchte, sondern als Blätter wie Salat, Kohl, Spinat usw. ein.
Wenn wir den Apfelbaum fällen und sein Holz in einem Ofen verbrennen, wird in der Flamme des Feuers der gleiche, chemische Bindungsenergie freisetzende, sauerstoffaufzehrende Verbrennungsprozeß - der in unserem Körper langsam und kontrolliert abläuft - sichtbar. Selbst wenn der Baum langsam eines natürlichen Todes sterben würde, würde seine gesamte organische, kohlenstoffhaltige Substanz unter Bindung des einst von ihm selbst freigesetzten Sauerstoffes oxydieren. Am Ende wäre dann sämtlicher, durch die Photosynthese freigesetzter Sauerstoff wieder aufgebraucht und gebunden. Der Kreislauf des Sauerstoffes wäre geschlossen.
Anders im Erdzeitalter Karbon. Abgesehen davon, daß es in dieser erdgeschichtlichen Periode im Verhältnis zu den riesigen Urwäldern noch so gut wie keine Landlebewesen gab, die Pflanzen fraßen und somit Sauerstoff verbraucht hätten, versank die gesamte organische, kohlenstoffhaltige Substanz der damaligen Urwaldbäume und Gewächse nach ihrem Absterben in dem bodenlosen Morast der Sümpfe, wodurch sie dem atmosphärischen Sauerstoff - und somit der Rückoxydation - entzogen wurde. Auf diese Weise verwandelte sich die Pflanzensubstanz durch komplizierte biologische und

chemische Prozesse im Laufe langer Zeiträume zu Steinkohle. Nur weil im Karbonzeitalter eine dem freigesetzten Sauerstoff entsprechende Menge organischer Kohlenstoffe in den Sedimenten der Erdkruste vergraben wurde, konnte ungebundener Sauerstoff übrigbleiben.

Im Verlaufe des Karbons kam es noch zu einem anderen wichtigen Ereignis, das hier kurz erwähnt werden muß. Aus den ersten Landwirbeltieren, den Amphibien, entwickelten sich die ersten Reptilien. Während sich die Amphibien nur im Wasser fortpflanzen konnten und jede Generation von ihnen das Festland sozusagen immer wieder neu erobern mußte, war mit den Reptilien zum erstenmal eine Wirbeltiergruppe entstanden, die von der alten Umwelt, dem Wasser, aus dem ihre Vorfahren gekommen waren, unabhängig geworden war. Diese Unabhängigkeit verdankten sie von ihnen selbst entwickelten kleinen Aquarien. Diese Aquarien, die Eier der Reptilien, konnten auf dem trockenen Land abgelegt werden, da sie durch eine dicke lederartige Haut vor der Austrocknung geschützt waren. Das Innere eines Reptilieneies erinnert an die wäßrige Umgebung, in der allein sich primitivere Eier wie die der Amphibien entwickeln können.

Tatsächlich hat das Reptilienei in seinem Innern seinen eigenen kleinen Teich. Und bevor das junge Reptil schlüpft, macht es in seinem Aquarium eine Art Kaulquappenstadium durch. Aber wenn es dann schlüpft, hat es genau die Form seiner Eltern und ist mit allem ausgerüstet, was es für ein Leben an Land benötigt. Abgesehen von der Tatsache, daß auch die heute lebenden Reptilien, z.B. Eidechsen und Schlangen, noch immer diese Eier legen, die vor ca. 300 Millionen Jahren von ihren Vorfahren entwickelt wurden, stehen ähnliche kleine Aquarien jeden Morgen auch auf unserem Frühstückstisch und liegen in allen Vogelnestern. Die Vögel, die aus den Reptilien hervorgingen, haben auch deren Eier übernommen und weiterentwickelt.

In den erdgeschichtlichen Perioden, die auf das Erdzeitalter Karbon folgten, entwickelten sich die Reptilien zu immer differenzierteren und größeren Formen. Für mehr als 200 Millionen Jahre sollten sie zur herrschenden Tierklasse auf der Erde werden. Vergleichbar der heutigen Vogel- und Säugetierwelt paßten sich hunderte verschiedener Reptilienarten allen nur denkbaren Lebensräumen des Festlandes an. Vor 230 bis 70 Millionen Jahren, im Erdmittelalter, das in die drei Perioden Trias, Jura und Kreide unterteilt wird, erreichte die Entwicklung der Reptilien in Form der riesigen Saurier – der größten Landtiere aller Zeiten – ihren Höhepunkt. Die größten unter ihnen –

die auf vier Beinen laufenden pflanzenfressenden Brachiosaurier - erreichten Körperlängen von 23 Metern und ein Gewicht von - für ein Landtier unvorstellbaren - 80 Tonnen. Um mit der Schwerkraft fertig zu werden, waren diese Kolosse auf die tragende Kraft des Wassers angewiesen. Halb untergetaucht lebten sie - vergleichbar den heutigen Flußpferden - in Flüssen, Seen und Sümpfen, so daß das Wasser die Last ihres eingetauchten gewaltigen Körpers mitzutragen vermochte.
Aufgrund ihrer Körpergröße und ihres langen Halses konnten die Brachiosaurier selbst in mehr als 10 Meter tiefen Gewässern leben. Sie verließen das Wasser wahrscheinlich nur, um ihre riesigen Eier abzulegen.
Die Körperdimensionen der Saurier werden besonders deutlich, wenn man erfährt, daß sich an den ausgegrabenen Skeletten der größten Arten Anzeichen dafür entdecken lassen, daß diese Riesentiere in der Nähe ihres Schwanzansatzes wahrscheinlich noch eine Art zweites Gehirn besaßen. Es handelte sich dabei wahrscheinlich um ein Nervenzentrum, in dem die vom weit entfernten Gehirn im Kopf der Tiere ausgesandten Befehle und Impulse verstärkt wurden, damit sie überhaupt empfangen wurden.
Während der Höhepunkt der pflanzlichen Biomasse auf den Kontinenten vielleicht bereits im Karbon erreicht war, erreichte die Lebensentfaltung insgesamt gesehen, pflanzliche wie tierische Biomasse zusammengenommen, ihren Höhepunkt innerhalb der gesamten Erdgeschichte wahrscheinlich in der Zeit, als große Saurierherden die Kontinente beherrschten. Der quantitative Höhepunkt der Lebensentwicklung liegt also nicht in der Gegenwart, sondern er wurde wahrscheinlich bereits vor 100 bis 200 Millionen Jahren im Erdmittelalter erreicht und überschritten.
Es muß betont werden, daß sich am Beginn des Erdmittelalters auch unser aller direkter Vorfahre, die ersten warmblütigen Säugetiere, die zunächst nicht viel größer als Mäuse waren, aus urtümlichen kleinen Reptilien entwickelte.

Die Wüstenkatastrophe

Inmitten der hochgelegenen Wüsten des Colorado-Plateaus gibt es einen einzigartigen Urwald, wobei Urwald die Sache nicht mehr ganz trifft. Als ich diesen Urwald zum erstenmal besuchte, hatte ich den Eindruck, als hätten Riesen die Bäume bündelweise wie Unkraut herausgerissen und auf den Boden geworfen. Nicht ein

einziger stand mehr aufrecht. Soweit das Auge reichte, bedeckten ihre Stämme, oft kreuz und quer übereinandergestapelt, den Wüstenboden. Nicht nur die dicken Wurzeln und Äste der Bäume waren ohne Ausnahme abgebrochen, sondern auch die meisten der dicken Stämme waren in zahlreiche Stücke von unterschiedlicher Länge zerbrochen. Der Boden zwischen den Stämmen war dicht bedeckt mit Holzsplittern jeder Größe und mit zerbrochener Baumrinde, in der die Freßgänge holzfressender Insekten zu erkennen waren. In einigen der Gänge saßen noch Käfer und Larven.
Obwohl kein Mensch weit und breit zu sehen war, sah der Urwald aus, als sei er gerade erst gefällt worden, und man vermeinte noch immer das Geräusch von Motorsägen und das Schlagen von Äxten zu hören. Es herrschte jedoch völlige Stille, die nur hin und wieder von einem leisen Geräusch unterbrochen wurde, das der Wüstenwind zwischen den mächtigen Baumstubben verursachte. Die ganze Szenerie hatte etwas Unheimliches und Gespenstisches. Über dem gefällten Wald lag eine Stimmung, wie sie unmittelbar nach einer Katastrophe herrscht.
Das Einzigartige an diesen umgebrochenen Urwaldbäumen aber war, daß sie ohne Ausnahme - einschließlich der herumliegenden Holzsplitter und der Borke - gar nicht aus Holz bestanden, sondern aus farbigen Edelsteinen, aus Achat und Amethyst. Besonders an den Bruchstellen der Baumstämme offenbarten sie sich in den schönsten Farben.
Die Edelsteinbäume sind 200 Millionen Jahre alt und stammen aus dem Erdmittelalter, aus der Triasperiode. Bevor sie einst durch einen Sturm oder durch eine Überschwemmung entwurzelt wurden und abstarben, grasten Saurier zwischen ihren Stämmen. Für 200 Millionen Jahre in den Ablagerungen der Erdkruste begraben, sickerte Grundwasser durch die Baumstämme. Die im Wasser gelösten Mineralien lagerten sich in den Zellen der Bäume ab. Dadurch versteinerten sie und blieben bis heute erhalten. Die durch den Versteinerungsprozeß unelastisch gewordenen Bäume zerbrachen durch Bewegungen der Gesteinsablagerungen, in die sie eingebettet waren, in zahlreiche Einzelteile. Auch zahlreiche Skelette der Saurier aus jener Zeit blieben in den angrenzenden Gesteinsablagerungen erhalten.
Daß die versteinerten Überreste der Bäume und der Saurier, die in den Ablagerungen des Colorado-Plateaus aufgefunden wurden, heute inmitten einer wüstenhaften Landschaft liegen, ist keineswegs eine Ausnahme. Es ist für den Verlauf der Erdgeschichte sehr bezeichnend, daß die meisten der Orte, an denen versteinerte Saurier-

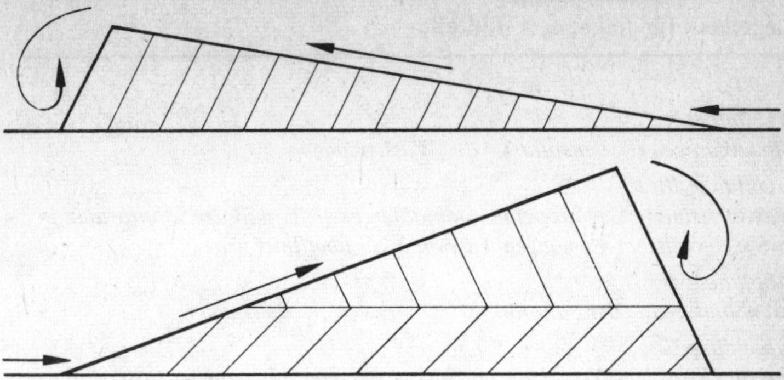

Entstehung von Schräg- und Kreuzschichtung

skelette aufgefunden wurden, heute inmitten von Wüsten und Wüstensteppen, zumindest aber in Trockengebieten liegen. Die vielleicht berühmtesten Fundplätze liegen z.B. in der Trockensteppe Ostafrikas, in der Wüste Gobi, in den Wüsten des US-Staates Utah und inmitten der Sahara.

Am deutlichsten wurden mir die klimatischen Veränderungen, die seit dem Höhepunkt der Lebensentwicklung vor mehreren hundert Millionen Jahren auf den Kontinenten vor sich gegangen sein mußten, als ich zum erstenmal inmitten der trockensten Felswüste buchstäblich in den riesigen Fußstapfen der Saurier schritt: in den Fußstapfen von Tieren, die nur in einem tropisch feuchten Klima leben konnten, das eine reichliche Vegetation hervorbrachte. Sie haben richtig gelesen, in den Fußstapfen der Saurier!

Wie ihre Skelette, so blieben tatsächlich auch in einigen seltenen Fällen ihre Fußabdrücke bis heute erhalten. Die kreuz und quer von Trockenrissen durchzogenen Abdrücke prägten sich einst unter dem Körpergewicht der Tiefe tief in den noch weichen schlammigen Boden ausgetrockneter Gewässer ein. Einige von ihnen sind so gut erhalten, daß noch deutlich die Schlammwülste zu erkennen sind, die unter dem Gewicht des Tierkörpers zwischen den Zehen emporquollen. Eine Erhaltung der Spuren setzte in den meisten Fällen voraus, daß die ausgetrockneten, mit Schlamm gefüllten Senken der Seen und Flußläufe anschließend nicht sofort wieder mit Wasser aufgefüllt wurden, sondern daß sie lange Zeit trocken lagen, so daß der langsam austrocknende - sich dadurch mit tiefen Rissen durchziehende - Schlamm allmählich von der Sonne steinhart gebacken

Legenden für folgenden Bildteil:

Abbildung 9:
Mosaikartiges Gesteinspflaster des Wüstenbodens.

Abbildung 10:
Das versteinerte Gehäuse eines Goniatiten beweißt, daß der Sahararaum in erdgeschichtlicher Vergangenheit vom Meer überflutet war.

Abbildung 11:
Im »Sandozean« der Sahara.

Abbildung 12:
Fossiler Korallenriffkegel und geschichtete Meeresablagerungen in der nordwestlichen Sahara. Im linken unteren Bildteil, etwa dort, wo die dunkelbraunen Meeresablagerungen an das hellfarbene Korallenriff angrenzen, steht eine Person als Größenmaßstab.

Abbildung 13:
Diese schräg- und kreuzgeschichteten Sandsteinablagerungen auf dem Colorado-Plateau sind die versteinerten Überreste riesiger Wüstendünen aus dem Erdmittelalter.

Abbildung 14:
Versteinerte Fußabdrücke eines vor mehr als 100 Millionen Jahren auf vier Beinen dahinstapfenden Riesensauriers am Nordweststrand der Sahara.

Abbildung 15:
Ein junger Wüstenwanderfalke (Falco peregrinus) versucht – auf dem Wüstenboden sitzend, gegen den Horizont blickend – die Silhouette von Wüstenflughühnern ausfindig zu machen.

Abbildung 16:
Mit Hilfe seiner widerstandsfähigen abgestorbenen Blätter beschattet sich ein Fettblattbaum während der jahrelangen Dürreperioden selbst. Am Horizont geht nach Jahren der Trockenheit ein örtlich sehr begrenzter Regenfall nieder.

Abbildung 17 (Doppelseite):
Dramatische Lichtstimmung in der Grand-Canyon-Wüste in Arizona bei einem heraufziehenden Schneesturm.

Abbildung 18:
Weibchen des Senegal-Flughuhnes (Pterocles senegallus) an seinem Gelege mit Deckungsstein beim Wenden der Eier.

Abbildung 19:
Entfaltung einjähriger Wüstenpflanzen nach starken Regenfällen in der Yuma-Wüste (südliche USA-Mexiko). Wie schnell die Entwicklung dieser kurzlebigen, oft nur in Abständen von Jahren und Jahrzehnten existierenden Wüstenpflanzen vonstatten geht, läßt sich aus der Tatsache ermessen, daß auf dem Wüstensand noch die Spuren der Regenfälle zu erkennen sind, die ihr Wachstum auslösten.

△ 9 ▽ 10

◁ 11 △ 12 ▽ 13

△ 14 ▽ 15 16 ▷

◁ 17 △ 18 ▽ 19

wurde. Andernfalls wären die Spuren und Trockenrisse wieder aufgeweicht worden und hätten sich nicht erhalten.

Infolge der langen Trockenzeiten zwischen den einzelnen Regenfällen verdorrte die Vegetation in der Umgebung der ausgetrockneten Seen und Flüsse, so daß auch dort der kahle Boden mehr und mehr hervorgetreten sein muß. Kam es dann eines Tages wieder einmal zu einem der wahrscheinlich immer seltener werdenden Regenfälle, so transportierten die Wasserfluten - von keiner dichten Vegetationsdecke mehr zurückgehalten - große Mengen Gesteinsschutt und Sand in die Senken der Seen und Flüsse. Noch bevor der Schlamm aufweichen konnte, wurden die Hohlformen der Spuren und Trockenrisse mit einer dicken Schicht Sand und Geröll aufgefüllt und zugedeckt. Im weiteren Verlauf der Erdgeschichte lagerten sich dann immer mehr Schichten über den Spuren ab und wurden zu Gestein verfestigt. In der erdgeschichtlichen Gegenwart wurden die Ablagerungen dann durch die Kräfte der Verwitterung Schicht für Schicht wieder abgetragen, so daß auch die ehemalige Schlammschicht, in die sich die Saurierspuren eingeprägt hatten, wieder aufgedeckt wurde.

Zu den faszinierendsten - auf diese Weise erhalten gebliebenen - Saurierspuren gehören die riesigen Fußabdrücke des gewaltigen 80 Tonnen schweren Brachiosauriers in Nordafrika. Sie haben einen Durchmesser von ca. einem Meter (siehe Abbildung 16). Die Tatsache, daß dort einst Urwälder wuchsen und Saurierherden grasten, wo sich heute ödeste, unfruchtbarste Wüste erstreckt, ist ein Beweis dafür, daß sich die Wüste in diesen Regionen der Kontinente seit dem Erdmittelalter bis zur erdgeschichtlichen Gegenwart immer mehr ausgebreitet haben muß.

Daß die Wüste tatsächlich bereits im Erdmittelalter - kaum daß die Pflanzen und Tiere sich auf das Leben außerhalb der Meere eingestellt hatten - wieder damit begann, ihre Herrschaft auf den Kontinenten auszudehnen, wissen wir, weil aus dieser erdgeschichtlichen Periode auch eine Wüstenlandschaft erhalten geblieben ist. Diese fossile Wüste auf dem Colorado-Plateau, die vor ca. 160 bis 180 Millionen Jahren in der Juraperiode entstand, gehört zu den sicherlich eindrucksvollsten Landschaften innerhalb der heute weitgehend ausgetrockneten Westhälfte Nordamerikas. Die Tatsache, daß die bis zu 600 Meter mächtigen Gesteinsablagerungen dieser fossilen Landschaft aus schräg- und kreuzgeschichtetem Sandstein bestehen, erlaubt - zusammen mit anderen Gesteinsmerkmalen - den Schluß, daß es sich um versteinerte riesige Wüstendünen handelt, die der Wind einst anhäufte (siehe Abbildungen 13 und 20).

Im Gegensatz zu horizontal übereinander abgelagerten Sedimentschichten tritt Schrägschichtung dann auf, wenn das Material, z.B. Sand, vorwiegend horizontal transportiert wird. Durch eine gerichtete Windströmung bilden sich auf einem sandigen Boden Rippeln und Dünen. Am flachen Luvhang der Rippeln und Dünen wird durch den Wind ständig Sand abgetragen. An der steilen Leeseite lagert sich der Sand dagegen im Windschatten wieder ab. Die Schichtung kommt dadurch zustande, daß sich während einer Windperiode zuerst die großen schweren Sandkörner im Windschatten absetzen und dann die kleinen leichten. Folgen mehrere Schüttungen aufeinander, so entstehen scharfe Schichtgrenzen an den Stellen, wo sich das gröbere Material auf das feinere der vorangegangenen Schüttung legt. Eine Kreuzschichtung entsteht, wenn bei wechselnden Windrichtungen eine in sich schräggeschichtete Rippel oder Düne aus einer anderen Richtung überformt wird.
Da Schräg- und Kreuzschichtungen auch durch Wasserströmungen in den sandigen Ablagerungen am Grunde eines Meeres oder eines Flusses entstehen können, bedarf es noch anderer Gesteinsmerkmale, um versteinerte Dünen sicher bestimmen zu können. Die Schrägen von Windrippeln besitzen z.B. einen anderen Winkel als die Schrägen von Wasserrippeln. Vom Wind transportierte Sandkörner besitzen darüber hinaus außerdem eine viel abgerundetere Form als Sandkörner, die vom Wasser transportiert werden.
Eingebettet in den versteinerten riesigen Wüstendünen des Colorado-Plateaus liegen ebenfalls Skelette von Sauriern. Es ist anzunehmen, daß die Saurier dieser Region in ihrer mehr und mehr zur Wüste werdenden Umwelt verhungerten und verdursteten.
Diese erneute Wüstenausbreitung im Erdmittelalter, die vor ca. 160 bis 180 Millionen Jahren begann, läßt sich weltweit nachweisen. Unter anderem entstand wahrscheinlich bereits zu dieser Zeit die größte Wüste der Erde, die Sahara. Im Grunde genommen hatte die Wüste ihren Herrschaftsanspruch über die Kontinente zu keinem Zeitpunkt völlig aufgegeben. Sie war nur während der stürmischen Abläufe der Lebensentwicklung auf dem Festland zeitweilig auf kleinere Gebiete zurückgedrängt worden. Selbst im Karbonzeitalter mit seinen ausgedehnten Urwäldern gab es, wie sich an Gesteinsablagerungen aus dieser Zeit nachweisen läßt, kleinere Wüstengebiete.
Als sich diese Wüstengebiete dann im Erdmittelalter allmählich wieder ausdehnten, schien nur eine alte, niemals ganz ausgeheilte Krankheit der Kontinente wieder auszubrechen. Dieser »Rückfall« hatte vor allem eine erdgeschichtliche Konsequenz: Mit zunehmender Wüstenausbreitung bestand die Gefahr, daß das Gleichgewicht

zwischen der Sauerstoffproduktion der Pflanzen und dem Sauerstoffverbrauch durch die Gesteine der Erdkruste, das sich durch die Landpflanzen zugunsten einer sauerstoffreichen Atmosphäre verschoben hatte, jetzt wieder langsam zu ungunsten des atmosphärischen Sauerstoffes verschoben wurde.

Es war nun keinesfalls so, daß die Wüsten sich von diesem fernen Zeitpunkt der Erdgeschichte an kontinuierlich und ohne Unterbrechung bis zur Gegenwart immer weiter über die Kontinente ausbreiteten. Die weitere klimatische Entwicklung unseres Planeten verlief in Wirklichkeit äußerst wechselhaft. Große Teile der Kontinente, zu denen auch die heutige Sahara-Region gehörte, sanken ab und wurden erneut für viele Millionen Jahre vom Meer überflutet. Weltweite tropische Klimaphasen traten auf, und selbst Eiszeiten unterbrachen das während langer erdgeschichtlicher Zeiträume vorwiegend warme Klima unseres Planeten.

Insgesamt gesehen trat jedoch die Wüste immer häufiger und auf immer größeren Flächen in Erscheinung, und in der erdgeschichtlichen Gegenwart besteht bereits wieder mehr als ein Drittel aller Festlandsflächen aus wüstenhaften Landschaften.

Welche Ursachen hat dieser langsame, oft unterbrochene, anscheinend unaufhaltsame Siegeszug der Wüste auf den Kontinenten, die zuvor doch so erfolgreich von Pflanzen und Tieren erobert worden waren?

Bevor ich über die oft faszinierenden Details berichte, die die Naturwissenschaftler über diese so wichtige Frage zusammentragen konnten, möchte ich Ihnen zunächst – als Einleitung dieser Geschichte – ein geradezu unglaubliches, geheimnisvolles Erlebnis schildern, das ich 1965 inmitten der nordamerikanischen Wüste hatte.

3. Austrocknende Kontinente

Das Geheimnis des einsamen Tales

Die Piste, auf der wir fuhren, ähnelte mehr einem ausgetrockneten, mit Steinen und Felsgeröll gefüllten Bachbett, als einem befahrbaren Weg. Wir kamen daher streckenweise nur im Schrittempo voran. Am kritischsten war die Situation bei den oft kilometerlangen, steilen Steigungen. Hier fanden die Räder unserer Fahrzeuge im losen Felsgeröll oft keinen Halt mehr. Ohne das Fahrzeug auch nur noch einen Zentimeter voranzubringen, drehten die zum Platzen erhitzten Reifen durch und schleuderten faustgroße Steine nach allen Seiten. Nach mehrmaligem Steckenbleiben, bei dem es uns jedesmal nur unter äußerster körperlicher Anstrengung gelungen war, unsere zwei mit Wasser, Benzin, Proviant und Ausrüstungsgegenständen, überladenen Fahrzeuge wieder flottzubekommen, hatten wir gelernt, daß wir die Fahrzeuge so steuern mußten, daß die Räder nur über Steine fuhren, die nicht zu klein und nicht zu groß waren. Nur auf diesen schweren Brocken konnten sich die schweren Fahrzeuge buchstäblich den Gebirgszug, den es zu überqueren galt, hinaufstemmen.

Außer größeren Felsbrocken versperrten uns hin und wieder auch Wildesel den Weg. Sie stammten von den Eseln ab, die im letzten Jahrhundert Prospektoren davongelaufen waren, die diesen Teil der nordamerikanischen Mojave-Wüste auf der Suche nach Gold durchzogen hatten. Während wir die Felsbrocken selbst zur Seite räumen mußten, gaben die scheuen Esel durch schnelle Flucht von selbst den Weg frei.

Uns umgab das grandiose, chaotische Panorama einer Gebirgswüste. Das Gestein der Gebirgszüge war im Laufe von Jahrmillionen durch extreme Temperaturschwankungen und das Sandstrahlgebläse des Wüstenwindes zermürbt worden. Die 2000 bis 3000 Meter hochragenden Berge schienen in ihrem eigenen Verwitterungsschutt zu ertrinken. Der durch die Wirkungen der Sonnenstrahlen und durch Verwitterungsvorgänge verbrannt aussehende Gesteinsschutt wanderte, den Gesetzen der Schwerkraft folgend, in Form riesiger Gesteinsgletscher langsam zu Tal. Ein unvergleichliches, einzigartiges Schauspiel boten die leuchtend gelben Blütenkränze

der Fishhook-Kakteen (so benannt nach ihren angelhakenähnlichen Stacheln), die inmitten der schwarzen und roten, von der Sonne aufgeheizten Felstrümmer wuchsen.
Bis zu unserem Ziel, einem abgelegenen, einsamen Hochtal, lagen noch ca. 40 Kilometer Piste vor uns. In diesem Hochtal sollte ein geheimnisvolles, auf der Erde einzigartiges Phänomen auftreten, für das bis zum heutigen Tage noch keine befriedigende Erklärung gefunden werden konnte. Vor dem Antritt unserer Expedition hatten wir versucht, genaue Informationen darüber zu erhalten. Der Ranger, den ich danach gefragt hatte - ich wußte, daß er auf seinen Patrouillefahrten ab und zu durch dieses entlegene Gebiet kam -, hatte es geschickt verstanden, meinen Fragen auszuweichen. Erst auf eine direkte, ganz bestimmte Frage von mir antwortete er mit einem »Ja, ja, sie sind noch da!« Man merkte ihm jedoch an, daß er diese Auskunft recht ungern gegeben hatte, und ich hatte den Eindruck, daß ihm seine Antwort, kaum daß er sie gegeben hatte, leid tat. Er machte uns noch darauf aufmerksam, daß wir uns an der »teakettle junction« - einer Pistengabelung, benannt nach einer alten Wegmarkierung: einem Teekessel, der über einen Holzpfahl gestülpt war - rechts halten und daß wir keinesfalls in dem Tal übernachten sollten.
Erst Jahre später bei einem zweiten Aufenthalt erfuhr ich einen der Gründe, warum die Patrouillebeamten, wenn sie es auch nicht verbieten konnten, möglichst verhindern wollten, daß Fremde dieses Hochtal besuchten. Da die Gegend so abgelegen war, stellte sie einen idealen Umschlagplatz für Rauschgiftschmuggler dar. Die Behörden hatten herausgefunden, daß das Rauschgift gleich tonnenweise mit viermotorigen Flugzeugen in halsbrecherischen Flügen von Mittelamerika eingeflogen wurde. Die Piloten verstanden es dabei, im Tiefflug zwischen den wild zerklüfteten Gebirgszügen der Mojave-Wüste die amerikanische Radarkontrolle zu unterfliegen. Hätten wir auf unserer ersten Expedition schon davon gewußt, dann hätten wir sicherlich den Ratschlag des Rangers befolgt und nicht im Tal übernachtet.
Selten war ich auf einer Wüstenreise so voller Spannung gewesen. Als wir »teakettle junction« am späten Nachmittag passierten, gaben die Höhenzüge zum erstenmal den Blick in das geheimnisvolle Tal frei. Wir stoppten und begann sofort mit den Ferngläsern das Tal abzusuchen, ohne jedoch das, was wir zu entdecken hofften, ausfindig zu machen. Wir waren noch zu weit entfernt, um Details erkennen zu können. Das Tal bot einen ungewöhnlichen Anblick. Es bildete eine große kreisförmige, fast weiß gefärbte Ebene, die

sicherlich einen Durchmesser von mehreren Kilometern hatte. Ein idealer natürlicher Flugplatz. Das Ganze war ringsum von hohen düsteren, schwarzen Bergen umgeben, von deren Fuß aus sich gewaltige kilometerlange Schuttfächer bis an den Rand der weißen Ebene ergossen. Der Talgrund bestand aus mächtigen Salz- und Tonablagerungen, die sich aus den feinsten Verwitterungsprodukten der umliegenden Berge zusammensetzten. Durch seltene, aber sintflutartig auftretende Regenfälle wurden sie aus den Schuttfächern herausgewaschen und zum Mittelpunkt des Tales geschwemmt. Dort verdunstete das Wasser rasch, während sich das feine Verwitterungsmaterial Schicht für Schicht im Laufe von Jahrmillionen übereinander ablagerte. Dieser Sedimentationsprozeß, der als Eindampfung bezeichnet wird, hatte zur Folge, daß die Oberfläche der Salz- und Tonwüste nicht die geringste Neigung aufwies. Diese Feststellung ist für das Verständnis der Geschichte, die ich hier erzählen möchte, von allergrößter Bedeutung.
Wir erreichten den Rand der Salz-Tonwüste erst bei völliger Dunkelheit. In der Nacht wurde ich durch ein eigenartiges Geräusch geweckt, einem fernen Grollen, unterbrochen von einem prasselnden harten Geräusch. Es mußte von einer Steinlawine verursacht worden sein, die sich an den steilen Flanken der Berge gelöst hatte und donnernd zu Tal stürzte.
Am nächsten Morgen - die flimmernde, weiße Sonnenscheibe erhob sich gerade über den Bergkämmen, die den riesigen Talkessel im Osten begrenzten und tauchte die weiße Ebene in ein gleißendes Licht - brachen wir zu Fuß zu einer Exkursion auf. Der steinharte, blendend weiße Grund, über den wir gingen, war mit einem dichten Netz tiefer Trockenrisse durchzogen. Nachdem wir etwa eine halbe Stunde gelaufen waren, bemerkte ich genau vor uns eine langgestreckte dunkle Linie auf der Oberfläche der Salz-Tonwüste. Wir hatten gefunden, was wir hier in dieser einsamen Wüstenregion gehofft hatten zu finden. Bei der im Gegenlicht dunkel erscheinenden Linie handelte es sich um eine eigenartige kilometerlange Spur, die aussah, als sei hier etwas Schweres über den von der Sonne steinhart gebackenen Grund geschleift worden. In der einen Richtung verlor sich die Schleifspur in der gleißenden Helligkeit des Wüstenbodens. In der anderen Richtung aber, in schwer abschätzbarer Entfernung, verlief die Spur zu einem kleinen dunklen Punkt. Was immer das für ein Gegenstand sein mochte, er schien die Schleifspur hinterlassen zu haben. Der Spur folgend eilten wir voll gespannter Erwartung auf den fernen dunklen Punkt zu.
Seltsam, obwohl wir so schnell gingen, wie wir nur konnten,

streckenweise sogar im Laufschritt, der geheimnisvolle Gegenstand kam nicht näher. Die Entfernung zwischen ihm und uns schien gleich zu bleiben. Man hatte das Gefühl, er bewegte sich mit der gleichen Geschwindigkeit fort, mit der wir ihm zu folgen versuchten. Das beruhte sicherlich auf einer optischen Täuschung, denn das Auge fand in dieser vollkommen flachen, völlig vegetationslosen Wüste nicht den geringsten Orientierungspunkt, um die Entfernung abschätzen zu können.
Nachdem wir etwa einen oder auch zwei Kilometer zurückgelegt hatten, schien sich die Entfernung zwischen uns und dem dunklen Gegenstand dann schnell zu verringern. Die kilometerlange Schleifspur endete bei einem großen eckigen Felsbrocken. An der Größe der auf dem Boden aufliegenden Fläche war eindeutig zu erkennen, daß er die Schleifspur hinterlassen hatte. Aber welche Kraft hatte den sicherlich 400 bis 600 Pfund schweren Klotz vorangetrieben? Sosehr wir uns auch zu zweit abmühten, es gelang uns nicht, den schweren Felsbrocken auch nur einen Zentimeter weit voranzuschieben.
An kleineren, nicht so schweren Steinen, die wir später auffanden und die sich umdrehen oder aufheben ließen, war deutlich zu erkennen, daß ihre Unterseite nach jahrelanger, vielleicht jahrtausendelanger Wanderung über den Wüstenboden abgeschliffen war.
Trotz jahrelanger Forschungen konnte für dieses Phänomen – diese, über völlig ebenen Untergrund wandernden Felsbrocken und Steine – bis heute keine befriedigende Erklärung gefunden werden. Die Bewegung dieser »moving rocks«, wie die Amerikaner diese Steine nennen, scheint recht unterschiedlich zu erfolgen. Messungen der Steinpositionen und der Spurenlängen über einen Zeitraum vieler Jahre ergaben, daß die großen Felsbrocken im Jahr nur etwa einen Meter zurücklegen oder sich auch während vieler Jahre überhaupt nicht voranbewegen. Die kleineren, oft nur faustgroßen Steine scheinen dagegen wesentlich schneller zu wandern. Soweit mir bekannt ist, hat jedoch bis heute noch kein Mensch das Glück gehabt, die rätselhafte Bewegung der Steine direkt zu beobachten.

Abbildung 20:
Diese schräg- und kreuzgeschichteten Sandsteinablagerungen auf dem Colorado-Plateau sind die versteinerten Überreste riesiger Wüstendünen aus dem Erdmittelalter.

Die Zwiebel - Vorbild der Wüstenbildung

Wesentlich mehr als über die Ursachen, die winzige, losgelöste Teile der Erdkruste - die moving rocks - über den Wüstenboden wandern lassen, konnten die Geologen und die Geophysiker über die Naturgesetze herausfinden, denen die gesamte Erdkruste unterworfen ist und die zu einer zunehmenden Verwüstung der Kontinente führen.
Im vorangegangenen Kapitel habe ich bereits erwähnt, daß die Erdkruste, die wir normalerweise als festen, unverrückbaren Untergrund aller unserer Aktivitäten ansehen, in Wirklichkeit in ständiger Bewegung ist. Die immer wieder in unregelmäßigen Abständen erfolgenden Meldungen über Erdbebenkatastrophen erinnern uns ständig daran, daß wir eben nur die Oberfläche einer dünnen steinernen Haut bewohnen, die eine riesige glutflüssige unruhige Kugel bedeckt. Daß die von uns als starr und unelastisch empfundenen Gesteine, aus denen sich die Erdkruste aufbaut, durch Kräfte, die ihren Ursprung im Innern der Erde haben, fast beliebig verformbar sind und dadurch zur Wüstenbildung beitragen, dafür gibt es inmitten der ausgetrockneten Westhälfte des nordamerikanischen Kontinents ein auf der Erde einzigartiges Beispiel.
In der abgelegenen Südostecke des US-Staates Utah, auf dem wüstenhaften Colorado-Plateau liegt eine Gesteinsaufwölbung, die einen Durchmesser von 4–5 Kilometern hat. In der Mitte der gewaltigen Gesteinsbeule gähnt ein fast einen Kilometer tiefer kraterförmiger Abgrund, dessen Inneres eine extreme Wüste ist. Die Gesteinsaufwölbung entstand durch den Druck eines gewaltigen Salzstokkes. Vor ca. 300 Millionen Jahren verdunstete in Nordamerika - bedingt durch ein wüstenhaftes Klima - ein großes Binnenmeer. Zurück blieb eine 1000 Meter dicke Salzschicht, über die sich im weiteren Verlauf der Erdgeschichte die verschiedenartigsten Gesteinsschichten ablagerten, die heute das Colorado-Plateau aufbauen. Unter dem gewaltigen Druck der insgesamt 2000 Meter mächtigen Gesteinsschichten nahmen die Salzablagerungen einen plastischen Zustand an. Dort wo die Gesteinsablagerungen durch die abtragenden Kräfte der Verwitterung dünner wurden, gelang es dem unter unvorstellbarem Druck stehenden Salz, die Gesteinsschichten auf-

Abbildung 21:
In den Sequoia-Wäldern in der niederschlagreichen Sierra Nevada, am Westrand des nordamerikanischen Kontinents.

zubeulen und in Form eines Salzstockes emporzudringen. Die Umgebung des Salzstockes, aus der heraus das Salz langsam in die Aufwölbung hineinfloß, sank durch diesen Vorgang ab.
Wie die Gesteinsschichten durch den Druck aus dem Untergrund verformt wurden und wie sich dadurch die Kraterwüste inmitten der Aufwölbung bildete, läßt sich am besten an einer ganz gewöhnlichen Zwiebel demonstrieren. Wenn Sie gerade eine möglichst große kugelförmige Zwiebel und ein Messer zur Hand haben, können Sie sogar selbst das Prinzip dieser Wüstenbildung nachvollziehen.
Zunächst einmal wird die Zwiebel in der aus der Zeichnung ersichtlichen Weise halbiert.

Die obere Hälfte der Zwiebel stellt die Aufwölbung in den Gesteinsablagerungen der Erdkruste dar, die sich durch den aufwärtsgerichteten Druck des Salzstockes gebildet hat. Von dieser Zwiebelhälfte

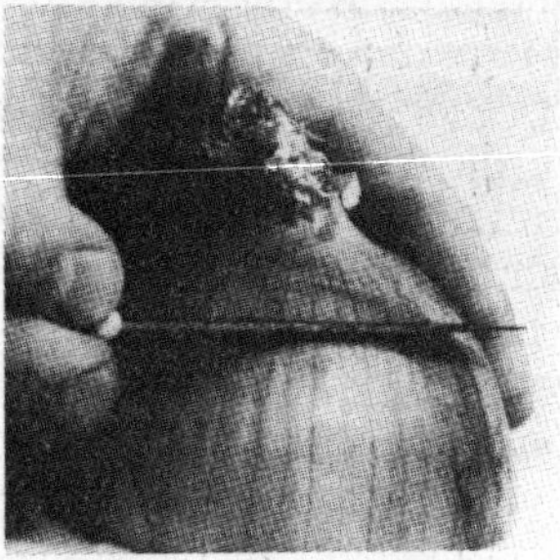

schneiden wir jetzt das obere Drittel ab. Dieser Teil entspricht einer mächtigen Gesteinsschicht, die im Lauf der Zeit von der Aufwölbung durch die Kräfte der Verwitterung abgetragen wurde.

Um zu sehen, wie die einzelnen Gesteinsschichten im Innern der Aufwölbung verformt wurden, wie sie angeordnet sind und um zu demonstrieren, wie die eigentliche Kraterwüste entstanden ist, schneiden wir den übriggebliebenen Teil der Zwiebelhälfte noch einmal senkrecht durch.

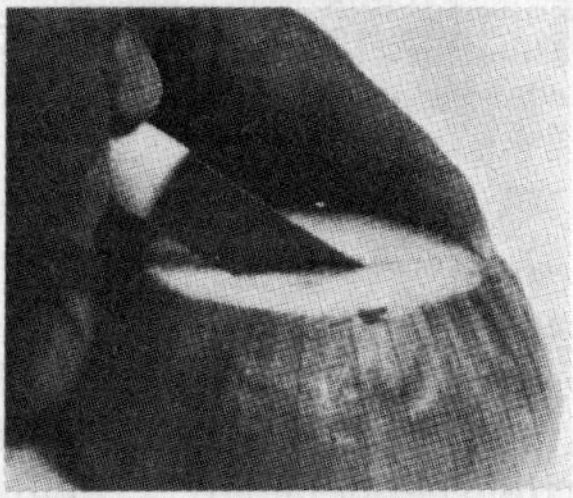

Anschließend klappen wir die zwei entstandenen Teile auseinander. Genau wie die schalenförmigen Schichten der Zwiebel angeordnet sind, so sind auch die einzelnen, ehemals horizontal übereinander abgelagerten Gesteinsschichten durch den Druck des Salzes emporgewölbt und verformt worden.

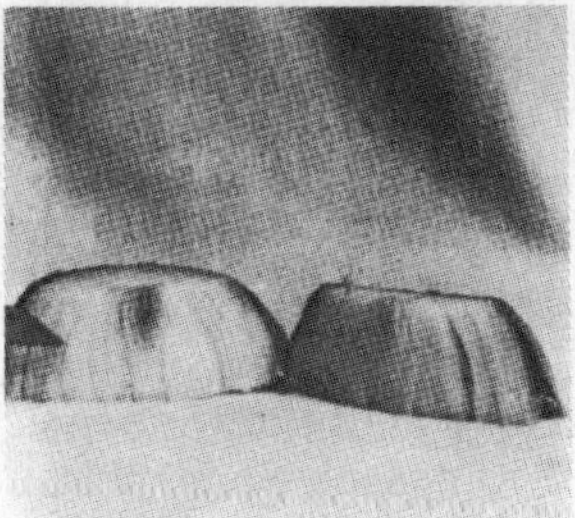

Da die inneren Gesteinsschalen aus weicherem Gestein bestehen als die äußeren, wurden sie durch die Kräfte der Verwitterung von oben und durch Spalten und Risse, die sich in den äußeren Gesteinsschalen während der Verformung gebildet hatten, aus der Aufwölbung herausgearbeitet. Eine Aushöhlung entstand. Auch dieser Vorgang läßt sich an der Zwiebel demonstrieren, indem man die inneren Zwiebelschalen – wie in der Zeichnung dargestellt – aus beiden Teilen der Zwiebelhälfte herausnimmt.

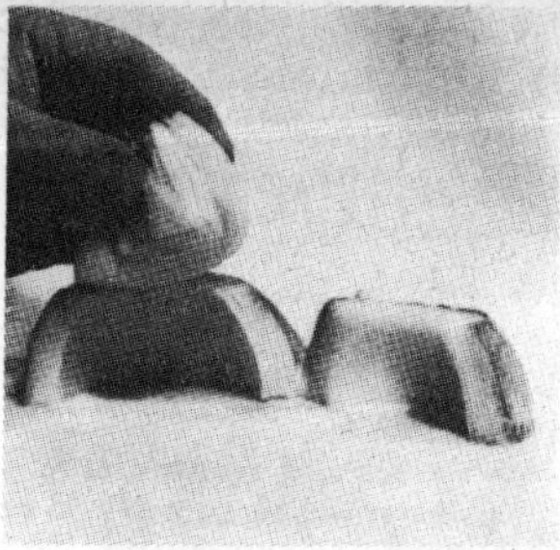

Anschließend fügen wir beide Teile wieder zu unserem jetzt fertiggestellten Aufwölbungs- und Kraterwüstenmodell zusammen. Genau wie die als Ringe zu erkennenden, übriggebliebenen Zwiebelschalen, so bilden die erhalten gebliebenen Gesteinsschalen heute mehrere Ringe um die tiefe Kraterwüste.

Durch die hohen äußeren Gesteinsschalen weitgehend von kühlenden Luftströmungen abgeschirmt, erwärmen sich die Luftmassen im Kraterinnern durch die intensive Sonneneinstrahlung in den Sommermonaten bis auf 50 Grad Celsius. Die Gesteine am Grund der Kraterwüste können sogar bis auf 80 Grad Celsius aufgeheizt werden. Gelingt es hin und wieder einmal Regenwolken, vom weitentfernten Pazifik bis auf das wüstenhafte Colorado-Plateau vorzudringen und die Außenflanken der Gesteinsaufwölbung zu überwinden, so trifft der Regen auf die Hitzeglocke zwischen den Kraterwänden und verdampft sofort wieder.
Die Kraterwüste ist also nicht nur ein einzigartiges Beispiel dafür, wie verformbar die Erdkruste durch Druck ist, sondern auch dafür, daß die Höhenunterschiede – das Relief der Erdoberfläche – bei der Wü-

stenbildung eine große Rolle spielt. Die Kraterwüste, die ihre Entstehung ganz bestimmten, selten gegebenen Bedingungen verdankt, liegt inmitten der wüstenhaften Westhälfte Nordamerikas. Dieser Teil des Kontinents wurde zur Wüste, weil die Erdkruste hier ein sehr ausgeprägtes Relief aufweist. Entweder liegt es sehr hoch wie das Colorado-Plateau oder sehr tief wie die engen Täler der Mojave-Wüste. Beide Landschaftstypen sind von hohen Gebirgen umgeben, die die vom Pazifik kommenden Regenwolken daran hindern, ins Innere vorzudringen. Das gleiche gilt für riesige Gebiete Zentralasiens.
Bei beiden Kontinenten kommt hinzu, daß ihr Inneres oft so weit vom Meer entfernt ist, daß die regenspendenden Wolken die großen Entfernungen nicht mehr zurückzulegen vermögen. Sie trocknen auf ihrem langen Weg sozusagen aus. Dieser für große Kontinente ungünstige klimatische Effekt macht sich besonders ausgeprägt in einem breiten Landstreifen im Zentrum Nordamerikas östlich der Rocky Mountains bemerkbar. Das gilt auch für eine Wendekreiswüste wie die Sahara, deren Ausmaße von kontinentaler Größe sind. Wenn überhaupt einmal Wolken in ihren Bereich gelangen, werden diese den langen Weg bis in ihr Zentrum kaum »überleben«.
Im Unterschied zu Wendekreiswüsten, die sich nur innerhalb bestimmter Breitengrade entwickeln können (vgl. Kapitel I), kann fast jedes Gebiet der Erde zur Reliefwüste werden. Um das vergangene und das zukünftige Schicksal des Wüstenplaneten Erde zu verstehen, müssen wir an dieser Stelle des Buches zunächst eine Antwort auf die Frage suchen, wie dieses wüstenbildende Relief der Erdkruste, die hohen Plateaus und tiefen Becken und vor allen Dingen die Regen abschirmenden Gebirgsbarrieren am Rande der Kontinente überhaupt entstanden sind.
Ich will in stark vereinfachter Form versuchen, einen Einblick in die überaus schwierigen und komplexen geophysikalischen Forschungsergebnisse auf diesem Gebiet zu geben.

Schwimmende Kontinente

Die erkaltete Erdkruste, die im Verhältnis zur Erdmasse so dünn ist, daß man von einer Art Gesteinshaut sprechen kann, umhüllt unseren Planeten nicht so makellos wie die Haut einen Pfirsich. Sie besteht aus mehreren riesigen Einzelschollen (geologisch: Platten), die wiederum – einem Mosaik ähnelnd – von unzähligen Rissen durchzogen sind. Der weitaus größte Teil der Gesteinshaut unserer Erde –

etwa 70 Prozent – ist von Ozeanen bedeckt. Die übrigen 30 Prozent bilden die sichtbaren Krustenteile der Kontinente und die kontinentalen Splitterteile wie z.B. Grönland, Madagaskar und Neuseeland. Die einzelnen riesigen Platten sind meistens nicht in rein ozeanische oder kontinentale Kruste zu trennen, sondern umfassen oft mehr oder minder ausgedehnte Teile beider Krustentypen. Die nord- und südamerikanische Platte setzt sich z.B. aus der ozeanischen Kruste der westlichen Atlantikhälfte und der kontinentalen Kruste des amerikanischen Festlandes zusammen.

Während der Boden der Ozeane vorwiegend aus schwerem Basalt besteht, bestehen die Kontinente vorwiegend aus relativ leichten Gesteinen, z.B. Granit. Vergleichbar Eisbergen, die tief eingetaucht im Meer schwimmen, so schwimmen die »leichten« kontinentalen Plattenteile in dem glühenden zähplastischen Magma, aus dem das Erdinnere besteht. Dabei tauchen sie 30 bis 70 Kilometer tief in den Untergrund ein.

Wie Sie in dem Abschnitt »Korallenriffe im Wüstensand« bereits erfahren haben, stellt die gegenwärtige Verteilung von Land und Meer nur eine Art Momentaufnahme der langen Erdgeschichte dar. Große Bereiche der Kontinente könnten eines Tages infolge von Krustensenkungen oder des Ansteigens des Meeresspiegels zeitweilig überflutet werden und umgekehrt eines Tages durch Sinken des Meeresspiegels oder durch Krustenhebung wieder trocken fallen. Abgesehen von den Zufälligkeiten der Küstenlinien ist die deutliche Aufgliederung des Erdkrustenreliefs in hochliegende kontinentale Kruste und in tiefliegende ozeanische Kruste ein sehr beständiges Phänomen unseres Planeten. Ganz unabhängig davon, wie weit das Meer die Randgebiete der Kontinente zeitweilig überspült – die Kontinente mit einer mittleren Höhe von 875 Metern über dem Meeresspiegel überragen die ozeanischen Krustenbereiche, die in einer mittleren Tiefe von 3790 Metern unter dem Wasserspiegel liegen, um mehr als 4600 Meter.

An dieser Stelle sei bereits vorweg bemerkt, daß diese Aufteilung der Erdkruste in zwei charakteristische Krustenniveaus im Verlauf der Erdgeschichte einem zwingenden Gesetz folgend anscheinend immer ausgeprägter wird.

Der Vergleich der Kontinente mit schwimmenden Eisbergen wird noch zutreffender, wenn man erfährt, daß die im Magma schwimmenden Kontinente nicht an einem Ort der Erdkugel fixiert sind, sondern driften und dabei ständig ihre Position zueinander verändern. Schauen wir uns auf einer Landkarte den Atlantik an, mit Europa und Afrika im Osten und Nord- und Südamerika im Westen, so

Weltkarte der krustalen Platten mit mittelozeanischen Gräben (mittelozeanischen Rücken), kontinentalen Gräben und Gebirgen.

fällt auf, wie gut die Westküste Afrikas und die Ostküste Südamerikas aneinanderpassen. Dieser Eindruck verstärkt sich noch, wenn wir eine Karte benutzen, aus der nicht nur die heutigen Küstenlinien ersichtlich sind, sondern die wahren Begrenzungslinien beider Kontinente - die Kanten der Kontinentalschelfe. Dieses kontinentale Puzzlespiel läßt sich auch auf die anderen Südkontinente der Erde, die Antarktis, Australien und selbst den indischen Subkontinent ausdehnen. Schiebt man diese Kontinente zusammen, so bilden sie mit Afrika und Südamerika einen fast nahtlosen Riesenkontinent.
Ähnlich lassen sich auch die Kontinente der nördlichen Hemisphäre - Nordamerika, Grönland und Eurasien - zusammenfügen. Dieses Ineinanderpassen könnte bei kritischer Betrachtung sicherlich rein zufälliger Natur sein. Aber angeregt durch den Verdacht, alle Südkontinente könnten einst eine Einheit gebildet haben, fanden die Geologen heraus, daß die sich auf beiden Seiten des Atlantiks gegenüberliegenden Gesteine Afrikas und Südamerikas oft bis ins kleinste Detail identisch sind. Die Übereinstimmung geht soweit, daß ganz bestimmte Strukturen ihre Fortsetzung im gegenüberliegenden kontinentalen Ufer finden. Die bedeutendste Entdeckung war jedoch, daß sich auf allen Südkontinenten, einschließlich des Subkontinents Indien, nicht nur gleiche Gesteinsablagerungen und -strukturen - z.B. aus dem Karbonzeitalter - nachweisen lassen, sondern daß in ihnen auch Überreste gleicher Tier- und Pflanzenarten aus dem terrestrischen bzw. aus dem Süßwasserbereich aufgefunden wurden. Aufgrund der für die gesamte Erdgeschichte anwendbaren Evolutionsgesetze bedeutet das, daß diese Tier- und Pflanzenarten auf einem gemeinsamen, zusammenhängenden Kontinent gelebt haben mußten. Andernfalls hätten sie sich nämlich unabhängig voneinander zu unterschiedlichen Arten entwickelt, wie es nach der Aufspaltung des Riesenkontinentes in seine Einzelteile geschah.
Bis heute konnten die Naturwissenschaftler so viele Details über den Bau der Erdkruste zusammentragen, daß das Bild einer weltweit mobilen Erdkruste mit wandernden Kontinenten allgemein anerkannt ist.
Der alte Südkontinent und der alte Nordkontinent sind wahrscheinlich im Erdmittelalter vor etwa 130 Millionen Jahren - also zur Zeit der Saurier - in Einzelteile zerbrochen (Südamerika und Afrika blieben zunächst noch eine Zeitlang miteinander verbunden). Dadurch bildete sich zwischen Afrika und Südamerika und zwischen Europa und Nordamerika ein neuer Ozean - der Atlantik. Heute sind wir Zeuge eines ähnlichen Vorganges. In der erdgeschichtlichen Gegenwart zerbricht die riesige afrikanische Krustenplatte entlang tiefer

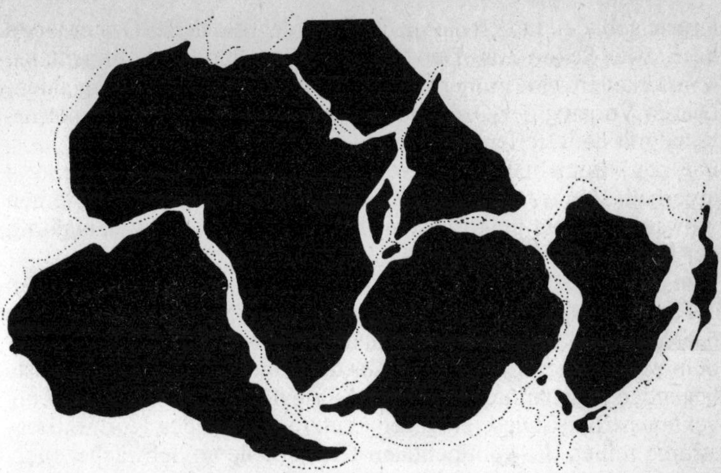

Der einst in erdgeschichtlicher Vergangenheit zusammenhängende Riesenkontinent (Gondwanaland) auf der Südhalbkugel

Bruchspalten - dem sogenannten ostafrikanischen Graben - in zwei auseinanderdriftende Teile. Da sich in dem Grabenbruch zahlreiche große Seen - z.B. der Rudolf-See, der Tanganjika-See und der Nyassa-See - gebildet haben, läßt er sich auf der Landkarte gut verfolgen (siehe Karte auf Seite 153).
Das ostafrikanische Grabensystem setzt sich über das Rote Meer, das Tote Meer und das Jordantal bis in den Libanon mehrere tausend Kilometer nach Norden fort. Im Roten Meer erkennen wir, daß der Bruch und die Auseinanderdrift der Kontinentalkruste, die mit einer Geschwindigkeit von etwa 1,6 Zentimeter pro Jahr erfolgt, bereits zur Trennung von Afrika und Arabien geführt hat. Durch das Eindringen von Meerwasser in die durchschnittlich 250 Kilometer breite und 2000 Meter tiefe Krustenspalte ist bereits ein embryonaler Ozean, das Rote Meer entstanden. So ist aus einem innerkontinentalen Grabenbruch, wie er noch in Ostafrika vorliegt, bereits ein ozeanisches Spaltensystem geworden. Vergleichbare Spaltensysteme durchziehen heute den Grund aller Ozeane. Zusammen mit kontinentalen Grabenbrüchen bilden sie ein weltweites System krustaler Dehnung (siehe Karte Seite 153).
Durch das Aufsteigen juvenilen, magmatischen Materials in den ozeanischen Spaltensystemen wird in Form der beiderseits der Spalte liegenden, mittelozeanischen Rücken ständig neue ozeanische

Kruste gebildet. Durch diesen Vorgang dehnt sich der Ozeanboden nach zwei Seiten aus. Den auseinanderdriftenden kontinentalen Krustenteilen wird immer neuer Ozeanboden seitlich angegliedert. Diesen Vorgang der Ozeanbodenbildung bezeichnet man international mit dem treffenden Ausdruck »sea-floor-spreading«.
Die interkontinentalen Gräben, die sich – erdgeschichtlich gesehen – innerhalb kurzer Zeiträume zu ozeanischen Spaltensystemen umwandeln, sind praktisch die Initialspalten der Kontinentaldrift, der Krustenbildung und der Ozeanbildung.
Den entscheidenden Bewegungsantrieb für das Auseinanderdriften der Schollen stellt aber wahrscheinlich nicht das in die Bruchspalten eindringende, aufsteigende magmatische Material dar, sondern aus dem zähflüssigen Erdinnern – aus dem unter der festen Erdkruste liegenden sogenannten Erdmantel – ringförmig aufsteigende Konvektionsströme. Diese entgegengesetzt verlaufenden Konvektionsströme reißen die kontinentalen Krustenteile an Schwächezonen, wie dies z.B. heute im ostafrikanischen Graben sichtbar wird, auseinander und versetzen die entstandenen Einzelschollen wahrscheinlich über eine Art Reibungskopplung an ihrer Unterseite in Bewegung. Die dabei entstehenden Dehnungsspalten werden durch die aus dem Erdmantel aufsteigenden magmatischen Schmelzen ständig aufgefüllt und verheilt. So entsteht ständig neue ozeanische Kruste, die nun ihrerseits durch einen seitwärts gerichteten Druck dazu beiträgt, daß die Schollen auseinanderdriften.
Die antreibenden Konvektionsströme entstehen durch Temperaturunterschiede im Erdinnern. Es sind Wärmeausgleichsbewegungen, die auf einer Materialwanderung beruhen. Konvektionsströme werden z.B. in einem Glas heißen Tee durch auf- und abschwebende Teeblätter sichtbar.
Aus der Erdbebenforschung ist bekannt, daß auch der unterhalb der erkalteten Erdkruste liegende Erdmantel überwiegend fest ist. Die Mantelgesteine stehen jedoch unter sehr hohem Druck und haben sehr hohe Temperaturen und befinden sich in einem zähplastischen Zustand. Die Wärmeausgleichsbewegungen im Erdmantel laufen wahrscheinlich unter ständiger Umkristallisation der Minerale ab, wodurch eine wenige Zentimeter im Jahr betragende, aufwärtsgerichtete Materialwanderung entsteht.
Einen fortgeschrittenen Zustand der Auseinanderdrift von Kontinenten und der Bildung ozeanischer Kruste haben wir z.B. im Atlantik vor Augen. Der Grund des Atlantiks wird auf seiner gesamten Länge von Nord nach Süd von einer tiefen, grabenförmigen Spalte durchzogen, die beidseitig von den mächtigen Krustenneubildun-

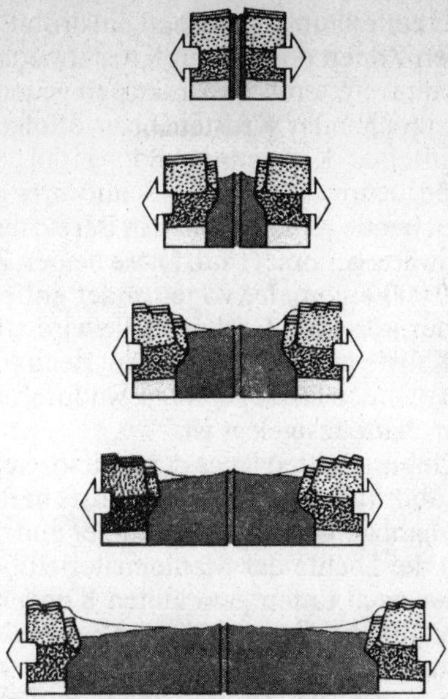

Die Öffnung der Ozeane in mehreren Phasen. Von oben nach unten: Ausbildung eines kontinentalen Grabens (Ostafrika), Rotes Meer, Golf von Aden, frühe Stadien des Atlantiks (nach Heezen 1969).

gen des sogenannten mittelatlantischen Rückens flankiert wird. Diese durch untermeerischen Vulkanismus ständig neu gebildete ozeanische Kruste des mittelatlantischen Rückens überragt an einigen in Form einzelner, vulkanisch sehr aktiver Inseln die Wasseroberfläche. Die bekannteste von ihnen ist Island, die Insel der Gletscher und Vulkane. Weiter südlich folgen die Azoren, Ascension, St. Helena, Tristan da Cunha und Bouvet.

Auffallend ist, daß der Verlauf des Zentralgrabens und somit der des mittelatlantischen Rückens weitgehend mit dem Verlauf der europäischen und afrikanischen Schelfkante einerseits und der grönländischen, nordamerikanischen und südamerikanischen Schelfkante andererseits übereinstimmt. Schieben wir die einzelnen Kontinentalschollen in einem gedachten Puzzlespiel in Richtung auf den mittelatlantischen Graben zusammen, so haben wir die Ausgangsposition ihrer Auseinanderdrift (siehe Karte Seite 153).

Da die Erde sich durch die ständige Krustenneubildung nicht immer mehr aufbläht wie ein Ballon, in den Luft einströmt, muß den weltweiten ozeanischen Zonen der aktiven Krustenneubildung ein vergleichbares weltweites System von Strukturen gegenüberstehen, in welchem ein entsprechender Krustenabbau erfolgt. Während die Zonen der ozeanischen Krustenneubildung dort liegen, wo die materialfördernden Konvektionsströme aufwärts gerichtet sind, erfolgt der entsprechende Krustenabbau in Bereichen, in denen diese Strömungen abwärts gerichtet sind. Diese beiden Zonen sind stellenweise bis zu 10 000 Kilometer voneinander entfernt.

Jede Großplatte der irdischen Gesteinshülle wird also an der einen Seite von einem Kruste produzierenden, auf der anderen Seite von einem Kruste abbauenden Rand begrenzt, wodurch die Hauptbewegungsrichtung der Platte festgelegt ist.

Von den heißen Geburtsstätten längs der mittelozeanischen Spalten wird die seitwärts abdriftende ozeanische Kruste in Richtung auf die Zonen des Krustenabbaues zunehmend kühler und damit schwerer, bis sie schließlich die Dichte der Mantelmaterie überschreitet und zusammen mit der nach unten gerichteten Konvektionsströmung im Mantel versinkt und nach Jahrmillionen langer Wanderung wieder aufgeschmolzen wird.

Vergleichbar einem endlosen Transportband erfolgt damit die krustale Bewegung von den Zonen des Krustenaufbaus zu denen des Krustenabbaus. Die leichten, hochliegenden kontinentalen Teile der jeweiligen Scholle werden dadurch mittransportiert.

Während die Zone der aufwärtsgerichteten Konvektionsströme bzw. des Krustenaufbaus entweder durch einen innerkontinentalen Grabenbruch oder durch einen mittelozeanischen Rücken gekennzeichnet ist, ist die Zone der abwärts gerichteten Konvektionsströme bzw. des Krustenabbaus oft durch einen sogenannten geosynklinalen Senkungstrog in Form einer V-förmigen Tiefseerinne mit einem angrenzenden hohen kontinentalen Faltengebirge gekennzeichnet. Die Entstehung dieser Tiefseerinnen zeigt sich besonders gut an der Westküste der nach Westen driftenden nord- und südamerikanischen Platte.

Dem südamerikanischen Kontinent ist westlich im Pazifik auf ganzer Länge noch ein mittelozeanischer Rücken als Initialspalte aktiver Krustenbildung vorgelagert, während sie westlich des nordamerikanischen Kontinents teilweise fehlt, offenbar überfahren durch den nach Westen treibenden Kontinent.

Die eine der beiden pazifisch-ozeanischen Platten driftet im Gegensatz zu den amerikanischen Platten nach Osten. Am Westrand Amerikas taucht diese Platte – den an dieser Stelle abwärts gerichteten

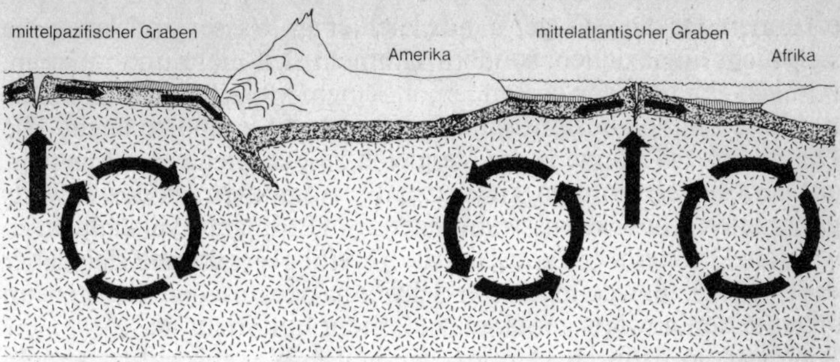

Profil Afrika-Atlantik-Amerika-Pazifik, mit den die Plattendrift antreibenden, im äußeren Erdmantel auf- und absteigenden Konvektionsströmungen.

Konvektionsströmungen folgend - unter die kontinentalen Platten. Dadurch entsteht unmittelbar vor den Küsten Amerikas ein Senkungstrog - eine Tiefseerinne.
Die hohen Gebirge, die der nach Westen driftende nord- und südamerikanische Kontinent auf seiner gesamten Länge von Alaska bis Feuerland wie eine gewaltige Bugwelle vor sich herschiebt, markieren nicht nur die westlichen Grenze der atlantisch-kontinentalen Großplatten, sondern sie markieren auch genau die Stelle, an der zwei gegeneinander gerichtete Konvektionsströme wieder abtauchen und dabei ozeanische Kruste abbauen.
Wie kann es bei diesem Erdkruste verschluckenden Vorgang überhaupt zur Emporhebung kontinentaler Kruste, zur Gebirgsbildung kommen? Stehen diese einander entgegengerichteten Vorgänge nicht miteinander in Widerspruch?
Zunächst einmal ist auffallend, daß die nord- und auch die südamerikanische Platte - um bei diesem Krustenbeispiel zu bleiben - soweit nach Westen gedriftet sind, daß ihr gebirgiger Westrand anscheinend genau über der Zone der abwärts gerichteten Konvektionsströme liegt. Der Vorgang des Krustenabbaus scheint also irgendwie mit der Gebirgsbildung. also mit der Krustenerhöhung, zusammenhängen.
Vielleicht haben viele von Ihnen schon einmal bei einem Fluß oder beim Meer zwei gegeneinander gerichtete Wasserströmungen unterschiedlicher Temperatur beobachtet. Dabei taucht die eine Wasserströmung unter die andere oder wird hinabgezogen. Diese Zonen sind meistens an einer Ansammlung von Treibholz, leeren Flaschen u.ä., das mit den Strömungen herantransportiert wird, zu

erkennen. Da diese Gegenstände leichter als Wasser sind, lassen sie sich nicht hinabziehen, sondern sammeln sich mehr und mehr an. Ähnlich ergeht es den driftenden, aus einem Mosaik zahlreicher kleiner Einzelplatten bestehenden Kontinenten. Sie sind zu leicht. Die Dichte ihrer Gesteine ist im Vergleich zu der Dichte des Magmas, auf dem sie schwimmen, zu gering, um zusammen mit den abwärts gerichteten Konvektionsströmungen vom Erdmantel verschluckt zu werden. Das steinerne kontinentale »Treibholz« sammelt sich daher dort, wo die Bewegungen der schweren ozeanischen Krusten im allgemeinen abwärts gerichtet sind, mehr und mehr an.

Schon allein dadurch kann es, wie einige Wissenschaftler annehmen, zu gebirgsbildenden Zusammenschüben und Übereinanderstapelungen einzelner kontinentaler Krustenteile, also zu einer Krustenverdickung kommen. Diese Vorgänge allein erklären aber noch nicht die Bildung hoher Gebirgsauffaltungen am Rande der kontinentalen Schollen.

Die Vorgänge, die in der erdgeschichtlichen Vergangenheit, in der Gegenwart und in der Zukunft zur Gebirgsbildung geführt haben und führen werden, gehören zu den kompliziertesten geophysikalischen Vorgängen, die ständig auf unserem Planeten ablaufen. Dutzende, ja Hunderte verschiedener Vorgänge wirken bei der Gebirgsbildung zusammen. Die relativ einfachste Form der Gebirgsbildung vollzieht sich, wenn zwei kontinentale Platten aufeinanderprallen. Dieser Vorgang läßt sich in gewisser Weise mit den Folgen eines Zusammenstoßes zweier Autos vergleichen.

Wir sind in der erdgeschichtlichen Gegenwart Zeugen einer Gebirgsbildung als Folge eines solchen krustalen Zusammenstoßes. Ein nach Norden driftendes Bruchstück des alten Südkontinentes – der indische Subkontinent – prallt auf die riesige Platte des asiatischen Kontinentes. Die Knautschzone dieses kontinentalen »Auffahrunfalles« besteht aus den fast 9000 Meter emporgedrückten Krustenplatten, den gewaltigen Gesteinsfalten des Himalaja.

Am Westrand der beiden amerikanischen Platten, insbesondere der südamerikanischen, ist es keinesfalls so, daß das Abtauchen der nach Osten driftenden pazifischen Platte unter die nach Westen driftenden kontinentalen Platten reibungslos vonstatten geht. Auch hier kommt es zu heftigen Zusammenstößen und damit zu Zusammenschüben und zur Übereinanderstapelung beider Krustenbereiche, aufgestautem Packeis vergleichbar.

Der wichtigste gebirgsbildende Prozeß, der sich an der Grenzlinie krustaler Platten unterschiedlicher Dichte und Beschaffenheit vollzieht, wird von den Geologen als Orogonese bezeichnet. Der Zyklus

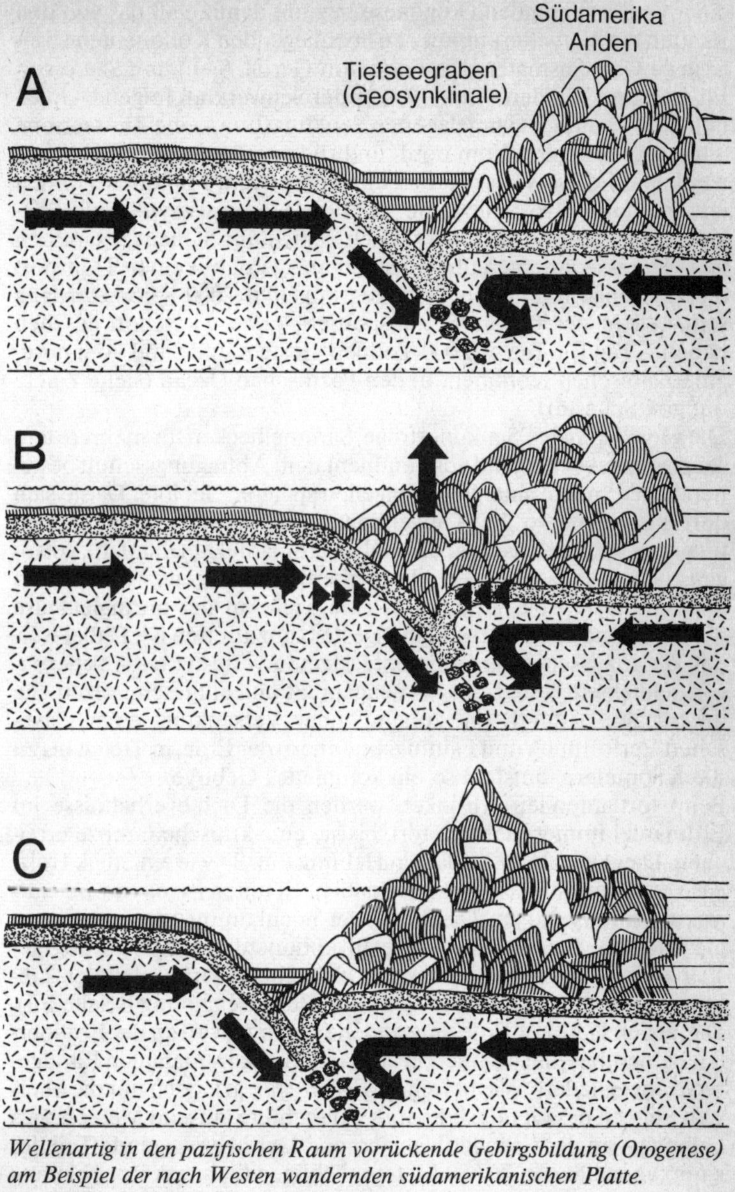

Wellenartig in den pazifischen Raum vorrückende Gebirgsbildung (Orogenese) am Beispiel der nach Westen wandernden südamerikanischen Platte.

einer gebirgsbildenden Orogonese beginnt damit, daß das von den Kräften der Verwitterung auf den hochliegenden Kontinenten abgetragene Gesteinsmaterial in Form von Geröll, Sand und Staub von Flüssen und Winden - dem Gesetz der Schwerkraft folgend - in einen dem Kontinent vorgelagerten Senkungstrog - eine Tiefseerinne - transportiert wird. Vom nord- und südamerikanischen Kontinent werden auf diese Weise täglich mindestens fünf Millionen Tonnen kontinentaler Krustenmaterie in vorgelagerte geosynklinale Senkungströge transportiert, wo sie sich Schicht für Schicht zusammen mit Meeressedimenten übereinander ablagern. Für einen Transport dieser Menge müßte ein Güterzug ungefähr 2000 Kilometer lang sein. Allein der Colorado transportiert - wie wir schon gesehen haben - Tag für Tag 500 000 Tonnen Gestein und Sand vom nordamerikanischen Kontinent in den Pazifischen Ozean (siehe Zeichnung A Seite 161).
Die geosynklinalen Senkungströge, Sammelbecken für mehrere tausend Meter, vorwiegend aus kontinentalem Abtragungsschutt bestehende Sedimente sind die Keimzellen späterer Gebirge. Da sie sich dort ausbilden, wo die Konvektionsströme abwärts gerichtet sind und ozeanische Kruste wieder in den Erdmantel hinabtaucht, gelangen auch - der allgemeinen Abwärtsbewegung folgend - die leichten kontinentalen Ablagerungen in eine Tiefe, in der normalerweise dichteres und schwereres Mantelgestein anzutreffen ist. Dabei werden die inzwischen zu Sedimentgesteinen verfestigten Ablagerungen seitlich eingeengt, zusammengepreßt und aufgeschmolzen. Sie unterliegen dadurch mit zunehmender Versenkung einer plastischen Verformung und Faltung. Im Innern der Erde, in Tiefen bis zu 100 Kilometern, entsteht so ein komplettes Gebirge.
Beim fortlaufenden Absinken werden die Dichteverhältnisse im Erdmantel immer mehr gestört, bis sie eine kritische Grenze erreichen. Die Absenkung schlägt in Hebung um. So wie ein Stück Holz, das von einem starken Wasserstrudel nach unten gezogen wird, aufgrund seiner geringen Dichte wieder hochkommt, so schwimmen die leichten, inzwischen gefalteten kontinentalen Ablagerungsgesteine eines Tages in Form eines weitgehend fertiggefalteten Gebirgskörpers an die Erdoberfläche auf (siehe Zeichnung B Seite 161).
Das in der Tiefe der Erde entstandene Gebirge wird an der Erdoberfläche sichtbar und dem schon vorhandenen kontinentalen Randgebirge angegliedert. Wie bei einem Eisberg ragen jedoch nur die obersten Spitzen des Gebirgskörpers - ein mehrere tausend Meter hohes Gebirge - an der Erdoberfläche empor. Der überwiegende Teil der kaum vorstellbaren 70 000 Meter mächtigen Gebirgskörper bleibt -

eingetaucht in den Erdmantel - dem menschlichen Auge verborgen. Ein Gebirgskörper, wie z.B. die Anden, wird nun keinesfalls auf einmal gefaltet und herausgehoben. Die Phasen der Absenkung, der Faltung und der Heraushebung laufen in Etappen ab. Während ein gefaltetes und herausgehobenes kontinentales Krustenteil schon wieder der Verwitterung ausgesetzt ist, bildet sich davor - wie beschrieben - ein neuer geosynklinaler Senkungstrog aus. Diese neue Geosynklinale wird nun mit dem in großen Mengen anfallenden Abtragungsschutt des bereits herausgehobenen Gebirges aufgefüllt (siehe Zeichnung C Seite 161). Anschließend werden auch diese Ablagerungen gefaltet, gehoben und dem übrigen Gebirgskörper

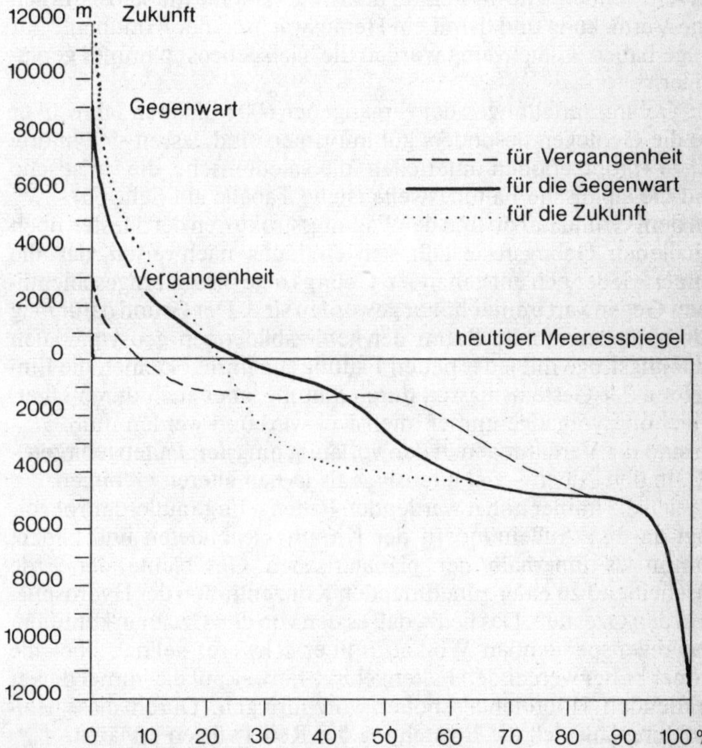

Hypsometrische Kurve der krustalen Entwicklung. Die Kurve zeigt die bimodale Verteilung der Höhen und Tiefen der Erdkruste über und unter dem Meeresspiegel für die Vergangenheit, die Gegenwart und die Zukunft.

angegliedert. Ein weiterer geosynklinaler Senkungstrog kann einfallen, der wieder die gleichen gebirgsbildenden Stadien durchläuft. Entsprechend der Breite der gefalteten Gebirgsmasse verschiebt sich der geosynklinale Senkungstrog und damit die Abtauchzone der ozeanischen Platte also immer weiter nach außen.
Alle diese Vorgänge gehen fließend ineinander über. Die Gebirgsbildung geht in Wellen vor sich und ergreift fortlaufend von immer neuen Teilen der kontinentalen Krustenbereiche Besitz. Die leichten, nicht »verschluckbaren« Kontinente wandern und verfalten sich dabei immer mehr. Was sie dabei an horizontaler Ausdehnung einbüßen, gewinnen sie an vertikaler Ausdehnung.
Diese Zusammenschübe und Verfaltungen der leichten kontinentalen Krustenbereiche im Verlauf der Erdgeschichte mußten natürlich eine Verdickung und damit ein Herauswachsen der Kontinente zur Folge haben. Gleichzeitig wurden die Tiefseebecken immer geräumiger.
Die Gebirgsauffaltungen der vergangenen 600 Millionen Jahre, über die die Geologen besonders gut informiert sind, lassen sich in drei aktive Hauptperioden unterteilen: die kaledonische, die varistische und die alpidische Faltungswelle (siehe Tabelle auf Seite 53).
An dem Grundaufbau und den Faltungsstrukturen der ältesten noch erhaltenen Gebirgsreste läßt sich eindeutig nachweisen, daß die immer wieder neu entstehenden Gebirgszüge bis zur erdgeschichtlichen Gegenwart immer höher geworden sind. Der Grund dafür mag sein, daß der mobile Raum der gebirgsbildenden geosynklinalen Senkungströge mit jeder neuen Faltungsära immer kleiner, die Einengung der Gesteinsmassen durch Faltung, aber auch durch Überschiebungsvorgänge immer intensiver wird und werden muß.
So sind die Verfaltungen in den vorläufig jüngsten Faltengebirgen – z.B. in den Alpen – viel intensiver als in den älteren Gebirgen.
Da sich die immer höher werdenden Faltengebirge außerdem bevorzugt an den Außenrändern der Kontinente bildeten und bilden, kommt es innerhalb der planetarischen Geschichte der Erde anscheinend zu einer zunehmenden Konzentration der Hydrosphäre in den Ozeanen. Das heißt, daß es den von den Ozeanen kommenden regenspendenden Wolken immer schwerer gelingt, über die immer höher werdenden Faltengebirge hinweg auf die immer dicker werdenden Kontinentalschollen vorzudringen. Durch diese Entwicklung läßt sich die Entstehung der Reliefwüsten erklären.
Für den berühmten Geologen Alfred Wegener, der als erster die Idee von einer weltweit mobilen Erdkruste mit wandernden Kontinenten und sich immer neu und immer höher ausbildenden Gebir-

gen konsequent verfolgte, war die sogenannte hypsometrische Kurve der Erdoberfläche geometrischer Ausdruck dieser kontinentalen Krustenverdickung. An ihrer hypothetischen Entwicklung erklärte er als erster formelhaft die Vergangenheit und Zukunft der Erde.
Aufgrund der Tatsache, daß es innerhalb der Erdgeschichte so etwas wie eine gerichtete geschichtliche Entwicklung des kontinentalen Krustenreliefs gibt, sind der Besiedlung der Kontinente durch Pflanzen und Tiere gewisse Grenzen gesetzt. Die späte Eroberung des Festlandes durch Pflanzen und Tiere nach 4 Milliarden Jahren Erdgeschichte war ja dadurch bedingt gewesen, daß die Entwicklung des Lebens und - damit untrennbar verbunden - der Atmosphäre erst nach dieser gewaltigen Zeitspanne den ersten Schritt an Land ermöglichte. Die Eroberung des Landes vor ca. 400 Millionen Jahren verlief zunächst äußerst erfolgreich, da die Kontinente zu diesem erdgeschichtlichen Zeitpunkt noch wesentlich flacher waren als heute und regenspendende Wolken ungehindert auf das Festland vordringen konnten. Als sich im weiteren Verlauf der Erdgeschichte die kontinentale Kruste durch Zusammenschübe und Gebirgsbildungen immer mehr erhöhte, wurden die Lebensbedingungen auf den Kontinenten immer schlechter, und heute ist das Leben bereits wieder aus riesigen Bereichen der Kontinente verdrängt.
Während es auf der Erde infolge ihrer kugelförmigen Gestalt und den damit verbundenen Gesetzmäßigkeiten der Sonneneinstrahlung in den Wendekreisregionen wie in den Polarregionen sozusagen ein feststehendes Grundmuster der Wüstenbildung gibt, in das die wandernden Kontinente hineindriften können, kann praktisch jedes Gebiet der kontinentalen Erdkruste zu einer Reliefwüste werden. Den fortgeschrittensten Zustand dieser wüstenbildenden Reliefs haben wir in der Westhälfte des nordamerikanischen Kontinents und in riesigen Gebieten Asiens vor Augen. Durch das Zusammenwirken der verschiedensten gebirgsbildenden und krustenerhöhenden Prozesse sind diese kontinentalen Krustenbereiche auf einer Breite von mehreren tausend Kilometern zu Reliefwüsten geworden. Daß sie sich dazu erst im Lauf der Zeit entwickelten, beweist die Tatsache, daß inmitten der nordamerikanischen Wüsten die versteinerten Überreste von Sauriern und Urwaldbäumen gefunden wurden. Diese riesigen Lebensformen lebten vor mehr als 100 Millionen Jahren im Erdmittelalter, als der nordamerikanische Kontinent und die Gebirge noch flacher und das Klima daher wesentlich feuchter war als heute. Das heutige wüstenhafte Klima würde die Urwälder verdorren und die Saurier verhungern oder verdursten lassen. Während die Riesensaurier völlig ausstarben, existieren noch heute

lebende Überreste der Urwälder, die einst große Gebiete Nordamerikas bedeckten. Gemeint sind die Sequoias, die Mammutbäume, deren größte Exemplare mit einem Stammdurchmesser von 10 Metern und einer Höhe von 90 Metern die größten heute noch existierenden Lebensformen darstellen. Sie erreichen ein Lebensalter von ungefähr 4500 Jahren (siehe Abbildung 21).
Diese Bäume, Nachfahren der versteinerten Urwaldbäume, die ich Ihnen im vorangegangenen Kapitel beschrieben habe, sind eindrucksvolle Überreste aus der weit zurückliegenden Epoche, als die Biophase auf den Kontinenten ihren Höhepunkt innerhalb der gesamten Erdgeschichte erreichte und überschritt.
Es ist für die in diesem Kapitel beschriebenen erdgeschichtlichen Abläufe sehr bezeichnend, daß die Mammutbäume in der erdgeschichtlichen Gegenwart nur noch am westlichen Außenrand des nordamerikanischen Kontinentes wachsen, und zwar in der hochaufragenden Sierra Nevada in Kalifornien. Nur hier an den Außenflanken der gewaltigen langen Gebirgsbarriere am Westrand des Kontinentes, die die vom Pazifik kommenden Regenwolken daran hindert, in das Landesinnere vorzudringen, regnet es noch soviel, daß den Giganten der Pflanzenwelt eine ausreichende Wassermenge für ihren Stoffwechsel zur Verfügung steht.
Über weitere wüstenbildende Vorgänge, die eines fernen Tages – in Milliarden Jahren – die gesamte Oberfläche der Kontinente wieder zu einer extremen Wüste werden lassen, werde ich im letzten Kapitel berichten.
Zunächst wollen wir uns ausführlich mit der Frage beschäftigen, wie die Lebensformen in der erdgeschichtlichen Gegenwart mit der fortschreitenden Verwüstung ihrer kontinentalen Umwelt fertig werden. Im Kampf um das Überleben haben die Pflanzen- und Tierarten der Wüste phantastische, oft geradezu unglaubliche Anpassungen entwickelt.

4. Überleben unter sengender Sonne

Von allen in der Wüste existierenden Lebewesen ist der Mensch dieser lebensfeindlichsten Landschaft unserer Erde am wenigsten angepaßt. Der Mensch hat im Unterschied zu den zahlreichen Tier- und Pflanzenarten, die die Wüste besiedeln, keine nennenswerten physiologischen Anpassungen, wie z.B. wasserspeichernde Organe oder ähnliches entwickelt, die ihm das Überleben in der Wüste ermöglichen würden. Würde man einen erwachsenen, unbekleideten Menschen am Morgen eines heißen Sommertages in einer schatten- und wasserlosen Wüste ohne Trinkwasser und Nahrung aussetzen, so wäre seine Chance, den Tag zu überleben, gleich Null. Bereits am Vormittag würde er 2 bis 3 Liter salzhaltiges Wasser ausgeschwitzt haben und bis zum späten Nachmittag, wenn die Temperatur bis auf 50 Grad im Schatten angestiegen ist, wären nochmals 4 bis 5 Liter Wasser durch seine Haut verdunstet. Bei Sonnenuntergang hätte er dann insgesamt 7 bis 8 Liter Wasser verloren.
Einem dürstenden Menschen, dasselbe gilt auch für alle Säugetiere, wird nicht nur aus dem Fett und aus dem Gewebe Wasser entzogen, sondern auch zu einem erheblichen Maße aus dem Blut. Das Blut wird dadurch dickflüssiger und fließt langsamer. Die Folge davon ist ein lebensgefährliches Ansteigen der Körpertemperatur. Außerdem würden die Schweißdrüsen, die diese große Wassermenge abgegeben haben, um den Körper zu kühlen, durch die ungewohnte Beanspruchung, in erster Linie aber durch einen heftigen Sonnenbrand, versagen. Der Körper wäre nicht mehr in der Lage, sich zu kühlen. Die Körpertemperatur würde, ehe sich die Luft im weiteren Verlauf des Abends abgekühlt hätte, auf 42 Grad ansteigen. Hohes Fieber, quälende Delirien und das Versagen des Kreislaufes würden schließlich zum Tode führen. Selbst wenn dem Menschen 5 Liter Trinkwasser am Tage zur Verfügung stehen würden, wäre sein Schicksal in etwa fünf Tagen besiegelt. Er würde an den Folgen der Verbrennungen sterben, die die gnadenlos vom Himmel sengenden Sonnenstrahlen seinem Körper zugefügt hätten.
Der entsetzliche Durst- und Hitzetod von Menschen in der Wüste hat sich zehntausendfach ereignet, besonders zur Zeit der großen Transsahara-Karawanen im letzten Jahrhundert. Neger aus Westafrika wurden damals als Sklaven von den Arabern zu Tausenden

durch die Sahara nach Norden getrieben. Manchmal waren die Brunnen, an denen die Menschenkarawanen rasteten, versiegt oder das Wasser reichte nicht für alle. Von den entsetzlichen Tragödien, die sich damals abgespielt haben, zeugen von der Sonne ausgebleichte Skelette, die an vielen entlegenen Brunnen in der Sahara zu finden sind.

Auch noch heute verdursten ständig Menschen in den Wüsten. Besonders unerfahrene Touristen fallen ihnen jedes Jahr zum Opfer. Noch vor wenigen Jahren kamen fünf Touristen in der ägyptischen Wüste ums Leben. Sie hatten trotz der Warnungen und des Verbotes der Behörden versucht, mit drei normalen, für die Wüste völlig untauglichen Autos eine 200 Kilometer entfernte Oase zu erreichen. Ihre Autos blieben nach ca. 150 Kilometern Fahrt eines nach dem anderen im Staub und Sand stecken. Mit ihrem Wasservorrat von nur einem Liter Wasser pro Tag und Person anstatt der erforderlichen Mindestmenge von sechs Litern brachen sie zu Fuß auf, ihren Autospuren folgend, um den 150 Kilometer entfernten Ausgangspunkt ihrer Reise zu erreichen. Sie wagten es nicht, ihr Ziel, die nur 50 Kilometer entfernte Oase, anzusteuern, da sie keinerlei Karten besaßen und daher nicht genau wußten, wo die Oase überhaupt lag. Selbst wenn einer von ihnen auf die Idee gekommen wäre, in der Nacht zu gehen und den Tag im Schatten von Felsnischen zu verbringen, hätten sie bei der großen Entfernung und bei nur einem Liter Trinkwasser pro Person keine Überlebenschance gehabt. Als eine Wüstenpatrouillie nach einigen Tagen die verlassenen Autos entdeckte, war bereits kein Mitglied der kleinen Reisegruppe mehr am Leben. Man folgte den Autospuren, und bereits nach 15 Kilometern fand man die erste, von der Sonne mumifizierte Leiche. Ein Mann hatte es immerhin 50 Kilometer weit geschafft, dann war auch er zusammengebrochen. Die größte Widerstandskraft von allen hatte der schwarze Pudel gezeigt, der an dem tödlichen Ausflug teilgenommen hatte. Seine Mumie wurde achtzig Kilometer von den Autos entfernt aufgefunden. Er war in die richtige Richtung gelaufen.

Im Jahre 1973 ereignete sich ein anderer tragischer Fall in einem Gebiet am Nordrand der Sahara, das ich von meinen eigenen Forschungen her sehr gut kenne. Ein Ehepaar war im heißesten Monat August von einer großen Oase aus zu einem Ausflug aufgebrochen. Sie hatten sich an diesem Tage vorgenommen, eine nur 30 Kilometer entfernte kleine Oase zu besuchen, die sie auch wohlbehalten erreichten. Als sie am Nachmittag die Rückfahrt antraten, machten sie einen schwerwiegenden Fehler. Da die Piste ihrem Auto keiner-

lei Schwierigkeiten bot und so eine schnelle Rückfahrt gewährleistet schien, verzichteten sie darauf, ihre Trinkwasserflaschen neu zu füllen. Es wäre wahrscheinlich in diesem Falle auch alles gut gegangen, wenn das Benzin gereicht hätte. Das Auto blieb jedoch 15 Kilometer vor dem Ausgangspunkt ihres Ausflugs stehen, da das Benzin ausgegangen war. Während die Frau im Schatten des Autos sitzenblieb, brach der Mann zu Fuß auf, um Hilfe aus der Oase zu holen. Als er nach fünf Stunden mit einem Auto und einem Kanister Benzin zurückkehrte, saß seine Frau noch im Auto. Sie war jedoch tot.
Diese Beispiele zeigen, wie wenig der Mensch in der Lage ist, ohne ständige Zufuhr von Trinkwasser der Wüste zu widerstehen. Er ist zwar fähig, durch Schweißabsonderungen seinen Körper wenigstens eine gewisse Zeit zu kühlen und auch den damit verbundenen lebensgefährlichen Salzverlust durch kurzfristige Anpassung der Nieren und der Schweißdrüsen auf ein Mindestmaß herabzusetzen. Der menschliche Körper ist aber ganz und gar nicht in der Lage, den tödlichen Wasserverlust zu vermindern oder gar Wasser für Durstzeiten in seinem Körper zu speichern.
Wie kommt es, daß ausgerechnet der hochentwickelte Mensch im Gegensatz zu anderen Lebewesen so wenig angeborene, von der Natur vorgesehene physiologische Anpassungen an das Leben in der Wüste besitzt? Die Antwort scheint nicht sehr schwierig zu sein. Damit sich physiologische Anpassungen an einen derart extremen Lebensraum, wie die Wüste ihn darstellt, überhaupt herausbilden können, bedarf es sehr langer Entwicklungszeiten. Zufall, Versuch, Irrtum oder Erfolg stellen bei der Entwicklung von Anpassungen den Hauptantrieb dar. Nur die am besten angepaßten Individuen einer Art überleben und pflanzen sich und ihre Fähigkeiten fort. Die schwächeren, für ein Leben in der Wüste weniger gut ausgerüsteten Individuen sterben aus. Sie werden ausgelesen. Rückblickend gesehen macht aber jedes Individuum durchschnittlich nur einen ganz winzigen Entwicklungsschritt. Für bedeutende Anpassungen, z.B. die Entwicklung ganz neuer organischer Funktionen, bedarf es daher vieler Generationen und einer Zeitspanne von meistens mehreren Millionen Jahren.
Einige Tiergruppen leben bereits seit mehreren hundert Millionen Jahren auf unserer Erde. Während dieser langen Periode mußte sich die Tiergruppe immer wieder mit der Wüste auseinandersetzen und neue Anpassungen entwickeln.
Der Mensch ist im Gegensatz zu Gruppen anderer Lebewesen jedoch eine recht neue Entwicklung innerhalb der langen Erdgeschichte. Menschen gibt es erst seit dem Beginn des Erdzeitalters

Quartär, seit etwa 2,5 Millionen Jahren. Übergangsformen, die von den Menschenaffen zum eigentlichen Menschen, dem Homo sapiens, überleiteten, die Spuren der Vormenschen lassen sich etwa 12 Millionen Jahre bis ins Zeitalter Tertiär zurückverfolgen. Die Entstehung des Menschen fällt außerdem in eine kühlere, feuchtere Phase, die für eine in erdgeschichtlichen Dimensionen gesehen relativ kurze Zeitspanne die Entwicklung und Ausbreitung der Wüsten unterbrach. An der Wende vom Tertiär zum Quartär entstand nicht nur der Mensch, sondern es kam auch in den folgenden zwei Millionen Jahren der Erdentwicklung immer wieder zu Eiszeiten. Die neu entstandene Art Mensch mußte sich also bisher während der längsten Zeit ihrer Entwicklung vorwiegend einem eiszeitlichen, nicht einem Wüstenklima anpassen. Erst als vor zehntausend Jahren die letzte Eiszeit allmählich zu Ende ging, wurde es auf der Erde wieder wärmer, und die Wüsten breiteten sich nach einer kurzfristigen Unterbrechung abermals aus. Erst in der Nacheiszeit wurde der inzwischen hochentwickelte Mensch zum erstenmal mit der Lebensfeindlichkeit der Wüste konfrontiert. Zehntausend Jahre sind aber eine viel zu kurze Zeitspanne, um wichtige physiologische Anpassungen für ein Leben in der Wüste zu entwickeln. Trotzdem leben Menschen seit Tausenden von Jahren in der Wüste. Gruppen von jeder Menschenrasse sind unter den Wüstenbewohnern zu finden. Alle diese Gruppen haben Methoden entwickelt, um in der Wüste zu überleben. Diese Methoden sind jedoch nicht wie bei den Pflanzen und Tieren durch Jahrmillionen lange Entwicklungen von der Natur vorgegeben, sondern es sind kulturelle Leistungen des Menschen.

Die Wüstenbewohner setzen ihre Intelligenz ein, um der Wüste zu widerstehen. Da aber auch die Intelligenz des Menschen nur das Endergebnis einer langen Entwicklung, im Grunde genommen der gesamten Erdentwicklung darstellt, wäre es erdgeschichtlich gesehen an sich gleichgültig, womit man in der Wüste überlebt. Ob mit den physiologischen Anpassungen, wie die Tiere sie entwickelt haben, oder mit der Intelligenz des Menschen. Hauptsache ist, daß man überlebt. Die Intelligenz scheint zunächst eine ungeheuer praktische Einrichtung zu sein. Es hat nämlich den Anschein, daß der Mensch aufgrund seiner Intelligenz in der Lage ist, nicht nur Lebensräume für sich zu nutzen, die ihm seiner physiologischen Eigenschaften wegen zustehen, sondern daß es ihm darüber hinaus auch gelingt, die langen Zeiträume, die zur Entwicklung der verschiedenartigsten Anpassungen der Tiere und Pflanzen nötig waren, einfach zu überspringen. Er scheint sich mit Hilfe seiner Intelligenz von den langwierigen Entwicklungsprozessen loszulösen, gleichsam von ihnen unabhängig zu machen.

Indem der Mensch die Anpassungen der Pflanzen und Tiere an das Wüstenleben studiert und erkennt, ist es ihm möglich, die Mechanismen, die sich bei Tieren und Pflanzen in Hunderten von Millionen Jahren gebildet haben, nutzbar zu machen. Er kann diese Erfindung mit Hilfe der von ihm entwickelten Technologie nachahmen. Die in der Wüste errichteten Wasserreservoirs, Brunnen und Klimaanlagen sind nur wenige Beispiele für die technischen Errungenschaften, die dem Menschen das Überleben in einer Landschaft gewährleisten, für die er physiologisch nicht ausgerüstet ist. Es kennzeichnet die Technokraten des 20. Jahrhunderts, daß sie aufgrund dieser Erfolge der Meinung sind, von der Natur - nachdem sie dem Menschen die Intelligenz gegeben hat - weitgehend unabhängig zu sein. Viele sind sogar der Ansicht, der Mensch habe sich zu einem selbständig handelnden Wesen entwickelt und könne seine weitere Entwicklung von nun an selbst, sozusagen in eigener Regie, weiterführen.

Für die meisten Menschen ist es nur noch eine Frage der Zeit, bis der Mensch alle Wüsten unserer Erde bewässert und sie in einen Gemüsegarten verwandelt. Derartige Ansichten sind jedoch ganz und gar falsch. Sie entspringen einem einseitigen homozentrischen Weltbild. Keinem Lebewesen dieses Universums, dazu gehört auch der Mensch, wird es jemals möglich sein, sich aus vorgegebenen Entwicklungszwängen seiner Umwelt zu befreien. Es ist vielleicht die eigentliche tiefe Tragik des Menschen, daß seine Ziele und Ideale nicht mit den vorgegebenen Entwicklungszwängen des Kosmos und des Planeten, auf dem er lebt, übereinstimmen.

Als im Erdmittelalter, im Mesozoikum, die Erdkruste wieder einmal in Bewegung geriet, neue Gebirge entstanden und weite Bereiche des Festlandes nach einer - in erdgeschichtlichen Dimensionen gesehen - kurzen üppigen Phase der Lebensentwicklung wieder zur Wüste wurden, war die Erdgeschichte noch 150 Millionen Jahre von der Entstehung des Menschen entfernt. Wir verlassen an dieser Stelle daher erst einmal den Menschen, um zunächst zu sehen, wie die Pflanzen und Tiere mit der bis zum heutigen Tage andauernden Austrocknung der Erde, mit der »Umweltkatastrophe« Wüste fertig werden, und versuchen, sich dieser Landschaft anzupassen.

Der Kampf der Pflanzen

Die Pflanzen unterscheiden sich von anderen Lebensformen unserer Erde im wesentlichen dadurch, daß sie über den Vorgang der Photosynthese Lichtenergie in chemische Energie umwandeln und dadurch aus anorganischen Verbindungen organische Nahrungssubstanzen aufzubauen in der Lage sind. Diese Eigenschaft ist es, die die Pflanzen zur Grundlage allen tierischen und menschlichen Lebens werden läßt. Neben der Nahrung, die die Pflanzen für uns produzieren, erzeugen sie nebenbei noch den freien atmosphärischen Sauerstoff, der für die Atmung, also die Verbrennung der Nahrungssubstanzen, unerläßlich ist, und ohne dessen Vorhandensein in der Atmosphäre kein höher entwickeltes Leben auf der Erde denkbar wäre. Gerade für die menschliche Existenz ist daher die Nahrungs- und Sauerstoffproduktion der Pflanzen lebenswichtig.
Um diese beiden Grundprodukte zu produzieren, benötigt die Pflanze, wie Sie bereits in einem früheren Kapitel erfahren haben, nicht nur Sonnenlicht und Kohlendioxyd, sondern insbesondere auch Wasser. Wasser ist die Voraussetzung für alle chemischen Reaktionen in der Pflanzenzelle und mit seiner Hilfe werden die Substanzen innerhalb des Organismus der Pflanze transportiert. Im Schutz des Wassers entstand vor vier Milliarden Jahren das Leben, und ohne Wasser wäre auch heute kein Leben möglich. Keines der vielen Lebewesen, die Pflanzen und Tiere, die vor hunderten von Millionen Jahren das Meer verließen, um das wüstenhafte Land der Urkontinente zu besiedeln, hat sich bis zum heutigen Tage vom Wasser unabhängig machen können. Die entwicklungsgeschichtlich ältesten Landwirbeltiere, Amphibien, Reptilien und auch die Vögel, sind z.B. immer noch darauf angewiesen, den ersten Teil ihres Entwicklungszyklus entweder wie die Amphibien ganz im Wasser oder wie bei den Reptilien und Vögeln in dem Kleinaquarium des Eies zu absolvieren. Auch die erwachsenen Individuen dieser Tierarten müssen wie alle anderen Landlebewesen – der Mensch eingeschlossen – ihr eigenes »kleines Meer« ständig in ihrem Körpergewebe erhalten. Sie besitzen dieses »Meer« in Form ihres Blutkreislaufes, der nicht nur den ganzen Körper mit Nahrung, sondern auch mit Wasser versorgt. Um den Wasserverlust, der durch Atmung, Schwitzen und Körperausscheidungen entsteht, wieder auszugleichen, muß der überwiegende Teil aller Landtiere ständig Wasser aus Flüssen, Seen und Teichen trinken. Das wäre für all die Pflanzen, die nicht zufällig am Ufer von Seen und Flüssen wachsen, natürlich nicht möglich, da sie ihren Standort nicht verändern können. Von

allen Landlebewesen haben die ortsgebundenen Pflanzen daher die effektivste Form der Wasserbeschaffung entwickelt. Mit ihrem weitverzweigten Wurzelsystem sind sie in der Lage, winzigste Konzentrationen von Wasser aus dem Boden zu saugen. Sie sammeln es daher viel wirksamer als Tiere. Pflanzen können also nur dort am besten gedeihen, wo der Boden durch regelmäßige Niederschläge ständig feucht ist.

Im Gegensatz zu Flüssen und Seen, die selbst bei langanhaltenden Dürreperioden aufgrund ihrer großen Wassermenge nicht so schnell austrocknen, trocknet ein Boden oft in kürzester Zeit aus, wenn der Wassernachschub in Form von Regen ausbleibt.

Die Wüsten, die sich dadurch auszeichnen, daß in ihnen nur sehr wenig Regen und noch dazu in ganz unregelmäßigen Abständen fällt, sind denkbar ungünstige Lebensräume für Pflanzen. Weite Bereiche der Wüste, besonders die Regionen, die nur wenige Male im Jahrhundert Regen erhalten, sind daher völlig pflanzenleer. Der Begriff Wüste ist deshalb geradezu zu einem Symbol für Pflanzenleere geworden. Andere Wüstenregionen, die nicht minder lebensfeindlich erscheinen und nur einmal im Jahr, mindestens aber alle zwei bis drei Jahre Regen erhalten, beherbergen dagegen eine ganze Reihe von Pflanzenarten.

Eine der wichtigsten Voraussetzungen pflanzlicher Existenz, die für die Betreibung der Photosynthese unerläßliche Energie des Sonnenlichtes, ist in so großer Menge vorhanden, daß die Wüstenpflanzen sich dagegen abschirmen müssen. Auch die zweite Voraussetzung für die Photosynthese, das Vorhandensein des annähernd gleichmäßig in der Atmosphäre verteilten Kohlendioxyds, ist gewährleistet. Nur die dritte Bedingung, Wasser, ist ungenügend erfüllt. Die optimalen Bedingungen, unter denen eine Pflanze gedeiht, sind so weit verschoben, daß man etwa sagen kann, daß das, was zuviel an Sonnenlicht vorhanden ist, an Wasser fehlt. Die Wüstenpflanzen, die in Gegenden überlebten, in denen nur unregelmäßig und oft in großen Abständen das lebensnotwendige Wasser vom Himmel fällt und deren Wurzeln den größten Teil des Jahres im völlig ausgetrockneten Boden vergeblich nach Wasser suchen, mußten daher eine ganze Reihe tiefgreifender Anpassungen an das Leben in Trockenheit entwickeln. Während einige Wüstentiere praktisch unabhängig vom Oberflächenwasser der Flüsse und Teiche geworden sind und ihren Wasserbedarf durch wasserhaltige pflanzliche Nahrung decken, kommt diese Art der Wasserbeschaffung für die Wüstenpflanzen nicht in Frage. Abgesehen von ein paar Sonderformen außerhalb der Wüste, den fleischfressenden Pflanzen, fressen die meisten Pflanzen im Sinne der Tiere nichts. Am Anfang der irdischen Nahrungskette stehend, produzieren sie sich praktisch selbst aus Lichtenergie und anorganischen Substanzen. Sozusagen die »Ersten« in der Nahrungskette, müssen sie sich das notwendige Wasser auch als erste beschaffen.

Einige der trockensten Regionen in den nordamerikanischen Wüsten sind, obwohl sie nur einmal im Jahr Regen erhalten, von dichten Wäldern bedeckt. Genau wie in den Wäldern unserer regenreichen Klimazone stehen die einzelnen, bis zu 20 Meter hohen Stämme so dicht beieinander, daß der Abstand zwischen ihnen oft nur wenige Meter beträgt, und genau wie in unseren Wäldern laufen Spechte an den Stämmen empor. In einem Punkt unterscheiden sich die Wüstenwälder jedoch äußerlich von unseren Wäldern. Die Bäume besitzen jeweils nur zwei bis drei Äste und überhaupt keine Blätter. Außerdem sind die Baumstämme nicht braun, sondern leuchtend grün gefärbt. Diese Wüstenwälder bestehen aus den vielleicht bekanntesten Wüstenpflanzen, den Kakteen, und zwar der größten Art, den Saguaro-Kakteen. Neben dieser bis zu 20 Meter hoch werdenden Riesenform gibt es noch hunderte anderer Arten, von denen die kleinsten nur so groß werden wie ein Fingerhut. Kakteen sind relativ neue und junge Pflanzenformen, die erst in der Erdneuzeit entstanden sind.

Als weite Bereiche des nordamerikanischen Kontinents durch die im Verlauf der Erdgeschichte immer höher werdenden Gebirgszüge allmählich zur Wüste wurden, vertrocknete die Vegetation, die Wälder verdorrten und viele Pflanzenarten starben aus. In den Wäldern, die durch das immer häufigere Ausbleiben von Regen über lange Zeiträume hinweg nach und nach abstarben, gab es aber wahrscheinlich einige Baumarten, die in der Lage waren, sich der neuen Situation erfolgreich anzupassen. Diese Bäume verwandelten sich im Verlaufe unzähliger Generationen allmählich zu Kakteen. Die Bäume konnten im Laufe der Zeit auf ihre großen Blattflächen verzichten, da mit der Abnahme der Wolkenbedeckung eine Zunahme des Sonnenlichtes verbunden war. Sie mußten sogar darauf verzichten, denn viele große Blätter förderten nur ihre Austrocknung. Sie bildeten ihre hitzeempfindlichen Blattflächen daher mehr und mehr zurück und verlegten das für die Photosynthese unerläßliche Chlorophyll in ihren Stamm. Die wichtigste Neuerung, die die Kakteen einführten, bestand jedoch darin, daß sich die Zellstruktur der Baumstämme derart veränderte, daß große Mengen Wasser als Vorrat für lange Dürreperioden gespeichert werden konnten. Die heutigen Kakteen sind in der Lage, während der seltenen, aber oft wolkenbruchartigen

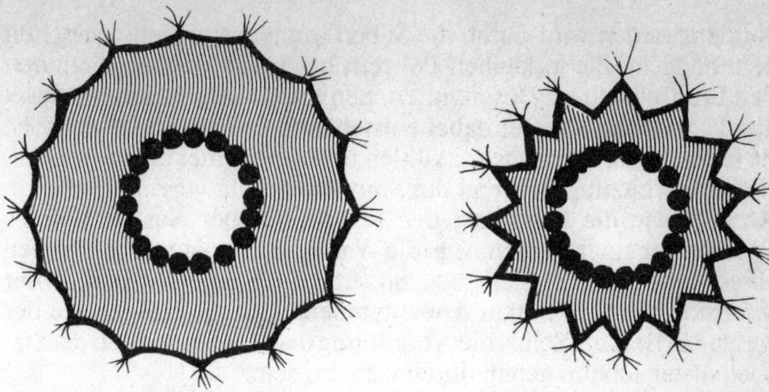

Querschnitt durch den Stamm einer Riesenkaktee

Wüstenregen mit einem ausgedehnten, oberflächennahen Wurzelnetz in kürzester Zeit große Mengen Wasser aufzusaugen. Ein ausgewachsener Saguaro-Riesenkaktus kann in seinem Stamm 6 bis 8 Tonnen Wasser speichern. Mit diesem Vorrat kann er eine Dürrezeit bis zu zwei Jahren überleben. Ermöglicht wird diese enorme Speicherfähigkeit durch den dehnbaren Stamm der Kakteen. Die Oberfläche der Kakteen ist wie eine Ziehharmonika gefaltet, und der Stamm ist dadurch in der Lage, sein Volumen und seinen Umfang wesentlich zu vergrößern, wenn er Wasser aufnimmt.
Eines der auffallendsten Kennzeichen vieler wasserspeichernder Pflanzen, der Sukkulenten, zu denen auch die Kakteen gehören, sind die Stacheln, die bei vielen Arten so dicht beeinander stehen, daß die Pflanze an einen eingerollten Igel erinnert. Während die Pflanzenfresser unter den Tieren in fruchtbaren regenreichen Klimazonen ihren Wasserbedarf an Tränken stillen, dienen die Pflanzen den Wüstentieren nicht nur als Nahrung, sondern vor allen Dingen als Wasserlieferant. Die Stacheln der Kakteen sprechen jedoch eine deutliche Sprache. Sie verwandeln die Pflanze in eine lebende, nur schwer einnehmbare Festung.
Neben dieser Abwehrfunktion haben die Stacheln auch noch andere wichtige Aufgaben. Einige Kakteen sind von einem derart dichten Stachelnetz bedeckt, daß man die grüne Außenhaut darunter kaum mehr erkennt. Ist dieses dichte Stachelnetz wie bei einigen Arten silberfarben, dann wird dadurch nicht nur die empfindliche Außenhaut der Pflanze beschattet, sondern ein großer Teil der tödlichen

Sonnenstrahlen wird durch die Silberfärbung reflektiert. Zwischen den Stacheln, die in kleinen Polstern beieinanderstehen, befinden sich unzählige feine Düsen, mit denen die Kaktee Wasser versprühen kann. Mit Hilfe der dabei entstehenden Verdunstungskälte ist sie in der Lage, sich selbst zu kühlen und damit einer lebensgefährlichen Überhitzung während der Sommermonate vorzubeugen.
Ähnlich wie die Erhöhung der Temperatur bei Ausbruch eines Feuers über einem Thermostat die Wassersprühanlage an der Decke eines Raumes in Betrieb setzt, so setzt auch eine Art natürlicher Thermostat bei zu hohen Außentemperaturen die Kühlanlage der Kaktee in Betrieb. Selbst die Anordnung der Düsen inmitten der Stachelpolster scheint genau durchdacht zu sein.
Zwischen den Stacheln bildet der Wüstenwind kleine Wirbel. Dadurch wird der kühlende Wasserdampf nicht sofort abtransportiert und die Verdunstungskälte kann sich maximal entfalten.
Das schwierigste Problem, das die sich neu entwickelnden Kakteen lösen mußten, war der Ablauf der Photosynthese unter den extremen Klimabedingungen der Wüste. Um so wenig Wasser wie möglich durch Verdunstung zu verlieren, entwickelten die Kakteen eine dichte, undurchlässige, lederartige Haut. Eine derartig weitgehend gasdichte Haut läßt aber nicht nur keinen Wasserdampf hinaus, sondern auch andere Gase, die die Pflanze für die Photosynthese benötigt, nicht hinein. Die Kakteen können natürlich nur während des Tages die Photosynthese betreiben, wenn Sonnenlicht vorhanden ist. Das dazu nötige Wasser nehmen die Pflanzen aus ihrem Vorrat. Um aber auch das unentbehrliche Kohlendioxyd aus der Atmosphäre zu bekommen, müßten sie, wie auch andere Pflanzen, Poren in ihrer Außenhaut öffnen. Aber genau das ist in der Wüste gefährlich, da durch die geöffneten Poren gleichzeitig große Wassermengen verdunsten würden. Um dieses Problem zu lösen, haben die Kakteen und auch andere Sukkulenten einen einzigartigen Trick erfunden. Wenn die Kaktee nachts die Photosynthese praktisch umkehrt und Atmung betreibt, wird bei der Verbrennung des Zuckers durch den nachts ohne die Gefahr der Wasserverdunstung eingeatmeten Sauerstoff wieder Kohlendioxyd freigesetzt. Dieses Kohlendioxyd atmet die Kaktee jedoch nicht aus, sondern speichert es, indem sie es an organische Säuren chemisch bindet. Tagsüber führt sie das Kohlendioxyd dann wieder der Photosynthese zu. Wenn das Gas einmal aus der Atmosphäre aufgenommen ist, setzen die Kakteen eine Art inneren Kohlendioxydkreislauf in Gang. Die Photosynthese läuft dann tagsüber ab, ohne daß dafür Gas von außen aufgenommen werden muß.

Viele Kakteenarten, besonders die riesigen Säulenkakteen, sind auf die »Geburtshilfe« einer anderen Pflanzenart angewiesen. Da die jungen Säulenkakteen gegen direkte Sonnenbestrahlung sehr empfindlich sind, können sie in den ersten Lebensjahren nur im Schatten anderer Wüstenpflanzen gedeihen. Als Schattenspender dient hauptsächlich der Mesquitobaum, der in den Wüsten Nord- und Mittelamerikas weit verbreitet ist. Die Samen der alten Säulenkakteen werden von Vögeln gefressen, die im Kakteenwald leben. Da die Samen unverdaulich sind, gelangen sie, wenn die Vögel nachts in den Mesquitobäumen schlafen, zusammen mit dem Vogelkot unter die Bäume. Die sich daraus entwickelnden jungen Säulenkakteen erhalten somit den Schatten, den sie in der ersten Phase ihres Lebens benötigen.
Am Mesquitobaum läßt sich übrigens sehr gut erkennen, wie sich die Kakteen allmählich aus den Bäumen entwickelt haben könnten. Er stellt eine Art Zwischenform zwischen Bäumen und Kakteen dar. Seine Blattflächen sind soweit zurückgebildet, daß er nur noch winzige Blätter mit einem Durchmesser von zwei Millimetern besitzt und, genau wie die Kakteen, hat er den größten Teil seines Chlorophylls in die Rinde seiner zahlreichen Äste und seines Stammes verlegt, die dadurch leuchtend blattgrün gefärbt sind. Der Mesquitobaum hat jedoch im Unterschied zu den Kakteen seinen Stamm nicht so verändert, daß er in ihm große Mengen Wasser speichern könnte. Er hat seine Wasserprobleme auf andere Art und Weise gelöst. So ist es überhaupt nur möglich, daß Säulenkakteen und Mesquitobäume nah beieinander wachsen können, ohne sich gegenseitig das Wasser abzusaugen. Während die Kakteen ein ausgedehntes, oberflächennahes Wurzelnetz besitzen, um das meist nur wenige Zentimeter tief in den Boden eindringende Regenwasser aufzusaugen, treibt der Mesquitobaum seine Wurzeln senkrecht bis zu dreißig Meter tief in den Boden hinein. Er versucht auf diese Weise grundwasserführende Gesteinsschichten zu erreichen, die durch ferne regenreiche Gebirge gespeist werden. Durch diese einzigartige Anpassung ist der Baum in der Lage, sich von der Unregelmäßigkeit der örtlichen Regenfälle unabhängig zu machen. Der Mesquitobaum besitzt so praktisch eine natürliche Fernwasserleitung, die ihn nicht selten über Entfernungen von mehreren hundert Kilometern mit Wasser versorgt. Selbst in Jahren großer Dürre, wenn andere Wüstenpflanzen verdorrt sind und die Kakteen den größten Teil ihres Wasservorrates aufgebraucht haben und zusammengeschrumpft aussehen, sieht der Mesquitobaum grün und saftig aus und ist in der Lage, täglich mehrere hundert Liter Wasser zu verdunsten, um sich zu kühlen.

Der Mesquitobaum besitzt praktisch zwei verschiedene Lebensphasen. In den ersten Lebensjahren ist die junge Pflanze vom örtlichen Niederschlag abhängig. Während dieser Zeit scheint sich die kleine Pflanze kaum zu entwickeln; der junge Baum wird nicht größer. Der Schein trügt jedoch. Der Mesquitobaum wächst zuerst nach unten und versucht mit seinen Wurzeln eine tiefliegende Wasserader zu erreichen. Erst wenn dies erreicht ist und er auf die seltenen Regenfälle seines Standortes nicht mehr angewiesen ist, entwickelt er sich zu einem stattlichen großen Baum.
Alle Lebewesen der Wüste sind aufgrund der dort herrschenden schlechten Lebensbedingungen darauf angewiesen, ein eigenes Revier zu besitzen, in dem Nahrungs- und Trinkkonkurrenten nicht geduldet werden. Die Tiere sind aufgrund ihrer Bewegungsfreiheit in der Lage, die Grenzen ihres Reviers aktiv gegen Eindringlinge zu verteidigen. Bei den unbeweglichen ortsgebundenen Pflanzen aber erscheint es unmöglich, aktiv ein Revier zu verteidigen und zu verhindern, daß sich andere Exemplare der gleichen Art, die die gleiche Wasserbeschaffungsmethode besitzen, in ihrer Nähe ansiedeln. Wie die Wüstenpflanzen es trotzdem schaffen, daß sich Trinkkonkurrenten gar nicht erst in ihrem Umkreis ansiedeln, auch dafür ist der Mesquitobaum ein gutes Beispiel.
Wie unsere Bohnen und Erbsen, gehört der Mesquitobaum zur Familie der Hülsenfrüchtler. Seine Samen sind steinhart. Steckt man die frischen Samen in die Erde und sorgt für gute Bewässerung, stellt sich in den seltensten Fällen ein Erfolg ein. Trotz anscheinend optimaler Wachstumsbedingungen keimen nur wenige. Erstaunlicherweise keimen jedoch alle Samen in kürzester Zeit, wenn sie zuvor die Verdauungsorgane von Rindern oder Wildtieren passiert haben. Der Grund dafür ist, daß die Schutzhülle der Mesquitosamen nur von den Verdauungssäften wiederkäuender Tiere aufgelöst werden kann, wobei der eigentliche Samen unversehrt bleibt.
Zu diesen Tieren gehört der zierliche Maultierhirsch, der sich den Lebensbedingungen in den nordamerikanischen Wüsten erfolgreich angepaßt hat. Da er über weite Strecken wandert, verteilt er die Samen über weite Gebiete. Auf diese Weise ist nicht nur die Verbreitung des Baumes, sondern auch der lebenswichtige Abstand zwischen den einzelnen Exemplaren gewährleistet. Wenn die inzwischen keimfähig gewordenen Samen vom Tier wieder ausgeschieden werden, schafft der wasser- und nährstoffreiche Kot gleichzeitig optimale Bedingungen für das Wachstum.
Andere Wüstenpflanzen besitzen Samen, deren Schutzhülle erst durch mechanische Einwirkungen beseitigt werden muß, bevor sie

keimen können. Dies besorgt der Wüstenwind. Wenn er die Samen von der Elternpflanze eine weite Strecke über den steinigen Untergrund geweht hat, ist die Schutzhülle soweit abgeschliffen, daß sie bei etwaiger vorhandener Feuchtigkeit keimen können.
Fliegt man mit dem Flugzeug über die nordamerikanischen Wüsten, ist etwas besonders auffallend. Verschiedene dauerhafte Wüstensträucher, die ihren Wasservorrat in dickfleischigen Blättern speichern, bedecken riesige Flächen. Das eigentlich Erstaunliche aber ist, daß die einzelnen Pflanzen in einem ganz regelmäßigen Abstand zueinander stehen. Im Kampf um das seltene Regenwasser haben diese Büsche ein ausgedehntes oberflächennahes Wurzelsystem entwickelt. Das Wurzelnetz einer einzelnen Pflanze kann dabei eine Gesamtlänge von mehr als 600 Kilometer erreichen. Mit ihren Hunderten von Millionen Wurzelhaaren kann jede Pflanze auf einer Fläche von 1000 Quadratmetern Wasser aufsaugen. Zum Überleben wird also eine ganz bestimmte Fläche benötigt, die die einzelnen Pflanzen einen ganz bestimmten Abstand zueinander einhalten läßt. Eine junge Pflanze hat von vornherein gar keine Chance, sich auf der Fläche zwischen alten Pflanzen zu behaupten, die mit ihrem entwickelten Wurzelsystem sofort und ständig alle verfügbare Feuchtigkeit aufsaugen. Erst wenn eine alte Pflanze abstirbt, kann eine junge Pflanze den freigewordenen Platz übernehmen. Die Abstände zwischen den Pflanzen, die innerhalb einer Population immer gleich sind, können jedoch von einem Wüstental zum anderen variieren, je nachdem wie die durchschnittliche Niederschlagsmenge variiert. Der erfahrene Wüstenforscher kann daher aus den Abständen einen statistischen Wert über die Niederschlagsmenge der einzelnen Wüstenabschnitte errechnen. Bei einigen Wüstenpflanzen ist das Abstandsverhalten so weit entwickelt, daß sie aus ihren Wurzeln zusätzlich Gifte ausscheiden, um die Besiedlung der freien Zwischenräume durch Exemplare der eigenen Art oder fremder Arten zu verhindern.
In der Wüste wird ganz besonders deutlich, daß ein bestimmter Lebensraum nur eine ganz bestimmte Anzahl von Lebewesen beherbergen kann. Die zuletzt genannten Beispiele sollten unter anderem zeigen, daß viele Wüstenpflanzen auf ihre Art eine sehr wirksame »Geburtenkontrolle« betreiben, um das Überleben der eigenen Art zu sichern.
Ich habe im ersten Kapitel bereits über das Phänomen der Geisterregen in der Wüste berichtet. Ein großer Teil des ohnehin schon spärlichen Regens, der über der Wüste fällt, trifft, bevor er den Boden erreicht, auf die heiße Luftschicht, die am Tage über der Wüsten-

oberfläche liegt, und verdampft sofort wieder. Besonders in extrem heißen Wüstengebieten geht dadurch der größte Teil des seltenen wertvollen Regenwassers für die pflanzliche Nutzung verloren. Einer Pflanzenart, der sogenannten Haarnetzpflanze, ist es jedoch gelungen, ihren Wasserbedarf durch den beim Geisterregen entstehenden Wasserdampf zu decken. Wie ist so etwas aber überhaupt möglich, da der Regen meistens bereits in einer Höhe von mehr als hundert Metern über der Wüstenoberfläche, oft sogar in Höhen von über 1000 Metern verdampft? Wüstenpflanzen, die diesen Wasserdampf »trinken« wollten, müßten also mindestens einhundert Meter hoch werden und außerdem praktisch auf dem Kopf stehen, mit den Blättern nach unten und den wasseraufsaugenden Wurzeln nach oben. Darüber hinaus müßten sie in der Lage sein, etwas für Pflanzen völlig Unmögliches zu vollbringen. Sie müßten etwa mit der Geschwindigkeit eines Flugzeuges ständig ihren Standpunkt verändern, da die Geisterregen natürlich ganz unregelmäßig und an den verschiedensten Orten auftreten.
Die Haarnetzpflanze, die den beim Geisterregen auftretenden Wasserdampf für sich nutzbar macht, ist aber wie alle anderen Wüstenpflanzen fest im Boden verwurzelt und erhebt sich nur etwa 30 Zentimeter über dem Boden. Also konnte sie sich nur dort entwickeln, wo der Wasserdampf regelmäßig auftritt. Ein solcher Ort mußte nicht nur in seiner geographischen Länge und Breite genau fixiert sein, sondern darüber hinaus auch in seiner Höhe. Diese Voraussetzungen sind nur an einem einzigen Ort, in der extremsten Reliefwüste der Erde, im Tal des Todes in Kalifornien gegeben. Dieses schmale, über zweihundert Kilometer lange Tal ist von über dreitausend Meter emporragenden steilen verwüsteten Bergflanken umsäumt. Da es nur selten einer Regenwolke gelingt, über die Gebirge hinweg in das enge Tal zu gelangen und sich die Luft zwischen den Bergflanken durch die starke Sonneneinstrahlung sehr stark erhitzt, gehört das Tal mit zu den lebensfeindlichsten Wüstenregionen auf unserer Erde. Auf wenigen terrassenartigen Vorsprüngen an der Innenseite der steilen felsigen Bergflanken, ca. eintausendfünfhundert Meter über dem wüstenhaften Grund des Tales wachsen die Pflanzen, die ihr Wasser direkt der sie umgebenden Atmosphäre entziehen. Ihr Vorkommen bezeichnet genau den Ort und die Höhe, in der die seltenen Regenfälle auf der Oberschicht der heißen Luftschicht wieder verdampfen. Es ist ein statisch festgelegter Ort, der sich aus der Tatsache ergibt, daß aufgrund regelmäßig auftretender Großwetterlagen die Wahrscheinlichkeit besteht, daß zu einer ganz bestimmten Jahreszeit eine Regenwolke über das Wüstental gelangt. Dazu kommt,

daß zu diesem festgelegten möglichen Zeitpunkt des Regens eine ebenfalls jahreszeitlich genau festgelegte Obergrenze der heißen Luftschicht besteht.
Die Pflanzen selbst stehen tatsächlich auf dem Kopf. Sie besitzen zwar eine kräftige Wurzel, mit der sie sich im Gestein der verwüsteten Bergflanken festkrallen und mit der sie dem Boden den mineralischen Teil ihrer Nahrung entziehen, aber das eigentliche wasseraufsaugende Wurzelsystem ragt über die Blätter, die sich unmittelbar über dem Boden befinden, in die Luft empor. Die Pflanze hat von ihrer Form her große Ähnlichkeit mit einer afrikanischen Schirmakazie, nur ist sie mit ihren 30 Zentimetern Höhe viel kleiner. Die Luftwurzeln der Pflanze bilden von der Seite betrachtet mehrere schmale schirmähnliche Stockwerke. Betrachtet man den Wurzelschirm von oben, so fällt besonders auf, daß die Luftwurzeln aus einem äußerst dichten, haarnetzartigen Geflecht bestehen. Sie erinnern an das dichte Drahtgeflecht eines Autoluftfilters oder an einen Topfschwamm. Die Pflanze kann mit ihrem Luftwurzelgeflecht den beim Geisterregen auftretenden Wasserdampf aus der Atmosphäre herausfiltern und sich so das für sie lebensnotwendige Wasser beschaffen. Darüber hinaus beschattet der Luftwurzelschirm die empfindlichen Blätter, mit denen die Pflanze ihre Nahrung produziert, vor den sengenden Strahlen der Wüstensonne.
Unter den ca. 250000 Blütenpflanzenarten auf unserer Erde gibt es nur zwei bis drei Arten, die von Wasser in flüssiger Form unabhängig sind. Die Haarnetzpflanze, die auf der ganzen Erde nur im Tal des Todes vorkommt, ist eine von ihnen.

Von lebenden Rädern und Sandfischen

Unerklärlicherweise ist ausgerechnet eine Tierart zum Symbol für die gesamte Fauna der Wüste geworden, die niemals in einer echten Wüste vorkommt: der Löwe. Ein brüllender Löwe in der Wüste gehört zu jenen völlig unsinnigen Vorstellungen, die sich hartnäckig in den Köpfen vieler Menschen festgesetzt haben. Aber selbst viele zoologisch interessierte Menschen haben hinsichtlich der Tierwelt der Wüste nur sehr ungenaue und vage Vorstellungen. Allenfalls stellen sie sich allerlei giftiges Getier, vorwiegend Schlangen und Skorpione, vor, die, unter Steinen versteckt, dem Wüstenwanderer auflauern. Diese sehr einseitige und in vieler Hinsicht falsche Vorstellung ist gar nicht so verwunderlich, wenn man bedenkt, daß die Erforschung der Tierwelt in der Wüste im Gegensatz zu anderen Klimazonen erst verhältnismäßig spät begann. Der Grund dafür war zum einen die schwere Zugänglichkeit vieler Wüstengebiete und zum anderen sicher die Meinung vieler Forscher, in einer derartigen Landschaft könne gar nichts mehr existieren, was eine Erforschung lohnt. Heute gibt es wohl kaum noch eine neue Wirbeltierart in der Wüste zu entdecken und doch ist die Biologie vieler Wüstentiere, besonders in den afrikanischen und asiatischen Wüstenregionen, so gut wie unerforscht.

Die ältesten Landwirbeltiere, die in ihrem Fortpflanzungszyklus vom Oberflächenwasser unabhängig waren und somit die ersten echten höherentwickelten Landbewohner darstellten, waren die Reptilien. Nachdem sie sich vor mehr als 300 Millionen Jahren aus den Amphibien entwickelt hatten, erreichten sie im Erdmittelalter, im Mesozoikum, mit den bis zu achtzig Tonnen schweren Kolossen der Saurier den Höhepunkt ihrer Entwicklung. Sie trugen nicht nur durch ihre gewaltige Körperfülle, sondern auch durch ihr massenhaftes Auftreten dazu bei, daß damals vor 150 Millionen Jahren der Höhepunkt der Lebensentwicklung innerhalb der Erdgeschichte erreicht wurde. Während die Saurier mit zunehmender Austrocknung der Kontinente wieder ausstarben, haben andere kleine Reptilien es bis zum heutigen Tage vermocht, sich der zunehmenden Verwüstung des Festlandes erfolgreich anzupassen. Von den fünf Hauptgruppen der heute lebenden Reptilien - Schildkröten, Eidechsen, Schlangen, Panzerechsen (Krokodile) und Brückenechse - kommen außer der Brückenechse alle in der Wüste vor. Am erstaunlichsten dürfte sein, daß sogar Krokodile in der Wüste leben, und zwar ausgerechnet inmitten der größten und in vieler Beziehung lebensfeindlichsten Wüste unserer Erde, in der Sahara. Über die Saharakrokodile werde ich jedoch erst in einem späteren Kapitel berichten.

Weit verbreitet ist die Meinung, Reptilien seien gegen Hitze völlig unempfindlich und fühlten sich am wohlsten, je wärmer ihre Umgebung ist. Das ist jedoch keineswegs der Fall. Kein Reptil vermag Körpertemperaturen von mehr als 48 Grad Celsius zu überleben, und die meisten Echsen erleiden schon bei 45 Grad Celsius einen Hitzschlag. Reptilien fühlen sich am wohlsten bei einer Körpertemperatur, die etwa der des Menschen entspricht. Als Kaltblüter, deren Körper keine Eigenwärme erzeugen kann, sind sie jedoch weitgehend darauf angewiesen, Wärme aus ihrer Umwelt aufzunehmen. Sie müssen daher ständig einen Ort aufsuchen, der eine für sie ideale Temperatur aufweist. Diese Art der Wärmeregulierung kann man als verhaltensmäßige Temperaturregelung bezeichnen. In den ge-

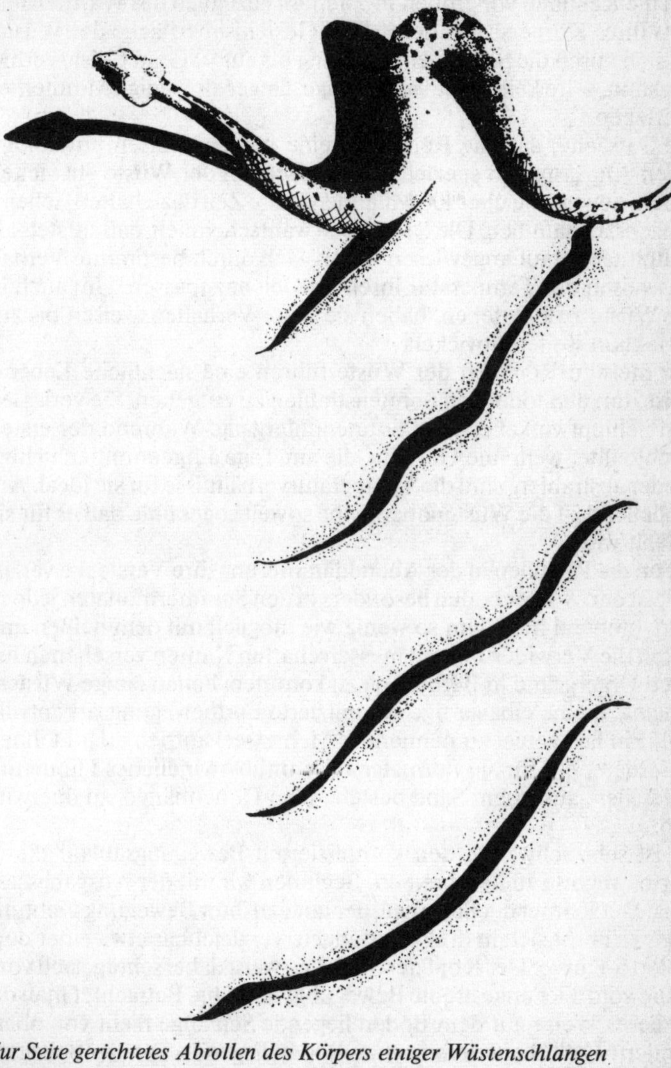

Zur Seite gerichtetes Abrollen des Körpers einiger Wüstenschlangen

mäßigten Klimazonen oder im schattenreichen, ausgeglichenen Klima der Tropenzone ist diese Form der Temperaturregulierung nicht sehr schwierig. In der extrem heißen Wüste dagegen, noch dazu bei den großen Temperaturunterschieden zwischen Tag und Nacht, stehen die Reptilien vor großen Problemen bezüglich des Wärmehaushalts ihres Körpers. Auf der kahlen Gesteinsoberfläche der Wüste, die sich durch die Sonneneinstrahlung bis auf 80 Grad Celsius erhitzen kann, wäre kein Reptil in der Lage, länger als wenige Minuten zu überleben.

Die Tatsache, daß die Reptilien keine nennenswerten physiologischen Anpassungen speziell an das Leben in der Wüste entwickelt haben, obwohl sie über 100 Millionen Jahre Zeit dazu hatten, scheint zunächst erstaunlich. Die Ursache ist wahrscheinlich, daß sie stets als Kaltblüter darauf angewiesen waren, sich durch bestimmte Verhaltensweisen der Temperatur ihrer Umwelt anzupassen. Um auch in der Wüste zu überleben, haben sie diese Verhaltensweisen bis zur Perfektion weiterentwickelt.

Die meisten Reptilien der Wüste führen eine nächtliche Lebensweise, um den tödlichen Sonnenstrahlen zu entgehen. Sie verlassen ihre Schlupfwinkel erst bei Sonnenuntergang. Während der ersten Nachthälfte, wenn die Gesteine die am Tage aufgenommene Hitze wieder abstrahlen, sind die Temperaturverhältnisse für sie ideal. Anschließend ist die Wüstenoberfläche soweit abgekühlt, daß es für sie zu kalt wird.

Wenn die Reptilien in der Abenddämmerung ihre Verstecke verlassen, ist der Wüstenboden besonders in den Sommermonaten jedoch noch glühend heiß. Um so wenig wie möglich mit dem heißen und durch die Verwitterung mit messerscharfen Kanten versehenen felsigen Untergrund in Berührung zu kommen, haben einige Wüstenschlangen eine einzigartige komplizierte Fortbewegungsart entwickelt. Ein fast genial zu nennender Mehrzweckantrieb erlaubt ihnen außerdem, ein für sie normalerweise unüberwindliches Hindernis, die steilen, aus losem Sand bestehenden Dünenhänge, zu überwinden.

Es ist sehr schwierig, den komplizierten Bewegungsablauf dieser Fortbewegung zu beschreiben. Beginnen wir mit der Ausgangsstellung. Der Körper der Schlange, der quer zu ihrer Bewegungsrichtung liegt, krümmt sich in drei Windungen, vergleichbar etwa einer doppelten S-Kurve. Der Kopf der Schlange weist dabei schräg nach vorn in die vom Tier angestrebte Bewegungsrichtung. Betrachtet man die in dieser Weise auf dem Boden liegende Schlange nicht von oben, sondern – selbst auf dem flachen Boden liegend – von der Seite und

blickt dabei in die Bewegungsrichtung, dann sieht man, daß der Schlangenkörper nur an zwei Punkten aufliegt: an der ersten Körperbiegung hinter dem Kopf und an der letzten Körperbiegung vor dem Schwanz. Der Kopf, der Mittelteil des Körpers und der Schwanz sind vom Boden abgehoben. Das Ganze erinnert an einen gebogenen Draht, der ungleichmäßig und nur an zwei Punkten auf dem Boden aufliegt. Nun beginnt die Schlange sich zu bewegen. Zuerst hebt sich die ganze erste Körperbiegung vom Boden ab, und die Schlange reckt den vorderen Teil ihres Körpers mit dem Kopf weit zur Seite nach vorn in die Richtung ihrer Fortbewegung. Der gewundene Mittelteil des Körpers wird dadurch im gleichen Augenblick nachgezogen, und seine zuvor emporgehobene Windung berührt jetzt den Boden. Aber auch diese Körperpartie wird anschließend wieder emporgebogen und die folgende gebogene Körperpartie berührt den Boden. Dadurch entsteht ein fließendes, ineinandergreifendes zur Seite gerichtetes Abrollen des Körpers. Die zwei Punkte, an denen der Körper aufliegt, verschieben sich ständig. Es sieht so aus, als liefen diese Auflagepunkte vom Kopf zum Schwanz unaufhörlich durch den gewundenen Schlangenkörper hindurch. Erst wenn die letzte Körperschlinge während des ersten Bewegungsablaufes ausgelaufen ist, hebt sich auch der Schwanz vom Boden ab, und die Schlange liegt dann nur mit einer Biegung in der Körpermitte auf. Gleichzeitig ist die vordere erhobene Körperbiegung, mit dem Kopf weit ausholend, ein Stück vorangekommen. Wenn die Schlange dann wieder mit ihrer vorderen Körperwindung und dem Kopf auf den Boden aufsetzt, ist ein Bewegungsablauf beendet. Die Schlange liegt dann wieder in der Ausgangsstellung ihrer Bewegung, nur ein ganzes Stück weiter vorn. Der eigentliche Antrieb, die eigentliche Fortbewegung kommt durch die kontinuierliche Schwerpunktverlagerung der erhobenen, seitlich vorwärtsstrebenden vorderen Körperpartie nach vorn zustande, sozusagen durch ein zur Seite gerichtetes Abrollen des in Windungen aufgestellten Schlangenkörpers.
Diese Art der Fortbewegung kann man sich vereinfacht so vorstellen, wie wenn eine auseinandergezogene Drahtspirale über den Wüstenboden gerollt wird.
Die spezielle Fortbewegung der Wüstenschlangen hinterläßt im Sand die wohl eigenartigsten Spuren, da nur die jeweils aufliegenden Körperteile einen Abdruck im Sand hinterlassen. Da diese zwei Punkte am Schlangenkörper sich nicht nur von vorn nach hinten verschieben, sondern gleichzeitig durch die ständige Schwerpunktverlagerung der erhobenen Körperbiegungen nach vorn gezogen werden, prägen sich zwei nicht miteinander verbundene Furchen, die parallel

zueinander und schräg zur Bewegungsrichtung verlaufen, in den Wüstensand ein. Wenn diese Spuren nur als versteinerte Abdrücke einer ausgestorbenen Tierart aus einer alten Erdperiode erhalten geblieben wären, würde man nie darauf kommen, daß sie von einem Lebewesen stammen.

Interessanterweise findet man diese hochgradig spezialisierte Fortbewegungsart bei zwei verschiedenen Schlangenarten, die entwicklungsgeschichtlich nichts miteinander zu tun haben. Hinzu kommt, daß beide Arten auf zwei völlig voneinander getrennten Landmassen leben, die auch zu der Zeit, als sich die Schlangenarten unabhängig voneinander entwickelten, keine Verbindung miteinander hatten. Eine davon ist die Nashornviper, die in der Sahara lebt, die andere, die Seitenwinder-Klapperschlange, lebt in den Wüsten Nordamerikas.

Die konvergente Entwicklung der Fortbewegung dieser beiden Schlangenarten ist ein guter Beweis dafür, daß bei gleichen Geländeschwierigkeiten nur eine optimale Lösung möglich ist. Darüber hinaus ist sie ein Beweis dafür, daß die heute vom Menschen angewandten technischen Lösungen schon lange vorher zur »Intelligenz« der Natur gehörten.

In der Wüste drängte sich mir eines Tages die Frage auf, warum die Natur für die Fortbewegung der Landtiere nicht auch das in vieler Beziehung vorteilhafte und kraftsparende Rad erfunden hatte. Die Antwort scheint einfach zu sein. Die ständige Umdrehung des Rades setzt eine vollständige Trennung des Rades vom Stator, dem zu tragenden und zu bewegenden Körper voraus. Die Trennung liegt beim Rad an der feststehenden Achse, bzw. wenn Rad und Achse eine Einheit bilden, am Ende der Achse, dort wo der Antrieb des Rades über Zahnräder erfolgt. Das widerspricht jedoch dem Prinzip des zusammenhängenden organischen Aufbaus aller Lebewesen. Ein lebendes Rad anstelle von Beinen als Fortbewegungsmittel eines Lebewesens würde die Versorgung mit Blut und die Aufrechterhaltung der Nervenkontakte zum unlösbaren Problem machen. Wie sollte außerdem der Antrieb, die Kraftübertragung vom Körper auf das organische Rad, erfolgen? Auch das ist natürlich nur möglich ohne eine feste Verbindung, über gleitende Teile und ineinandergreifende Zahnräder. Weitere Schwierigkeiten würden bei der Abdichtung gegen Sand und bei der Schmierung der Gleitlager, besonders bei Wüstentieren auftreten. Die Technik schuf dafür gleitende Dichtungen, die aber nicht völlig verhindern können, daß Achsen, Lager und Zahnräder einem ständigen Verschleiß durch eindringende Fremdkörper unterworfen sind. Genau wie der Mensch Reparaturwerkstät-

ten und Ersatzteillager für seine Fahrzeuge benötigt, so hätte auch die Natur ähnliches für ihre Tiere einrichten müssen.
Wie unlösbar diese vielfältigen Radprobleme anscheinend sind, kann man sich vergegenwärtigen, wenn man sich die bis zu achtzig Tonnen schweren Saurier des Erdmittelalters auf großen Rädern anstatt auf klobigen Beinen vorstellt. Besonders für ihre schweren Körper hätten Radgliedmaßen große Vorteile gehabt, was den Kraftaufwand der Fortbewegung anbelangt. Die Saurier hätten aber auch in regelmäßigen Abständen einen Wartungs- und Abschmierdienst aufsuchen und hin und wieder ein zerschlissenes Radlager gegen ein Ersatzteil auswechseln müssen.
Anscheinend erst über den Umweg der menschlichen Intelligenz und durch die Benutzung anorganischer lebloser Baustoffe wurde dieses Problem dann von der Natur gelöst. Genau besehen wäre das Rad als Fortbewegungsmittel für den überwiegenden Teil aller Lebewesen gar nicht sinnvoll, da sie in einem völlig unebenen Gelände, im Sumpf, in den Bergen oder im Wald leben. Nur für Lebewesen, die in großen Ebenen leben, z.B. in der Wüste, wären die großen Vorteile des Rades wirklich zum Tragen gekommen. Nicht umsonst baut der Mensch für seine künstlichen Transportmittel, die Autos, ebene Straßen. Bezeichnend ist auch, daß mir die Idee des lebenden Rades ausgerechnet in einer riesigen flachen Ebene inmitten der Sahara kam.
In der Wüste aber hat sich die Natur tatsächlich das physikalische Prinzip des Rades lange vor dem Menschen zunutze gemacht. Der über den Boden dahinrollende gewundene Körper der Wüstenschlangen hat die gleichen Vorteile wie ein Rad: geringster Reibungswiderstand am Boden, geringster Kraftaufwand durch Hebelwirkung, bestmögliche Überwindung kleiner Bodenunebenheiten. Darüber hinaus kann die sich in einer radähnlichen Spirale fortbewegende Schlange sehr gut Steigungen in losem Sand überwinden. Dabei treten die für eine lebende Substanz unlösbaren Probleme der Achsen und Lager, um die sich ein technisches Rad, wenn es etwas transportieren soll, drehen muß, gar nicht erst auf. Die Schlange ist darüber hinaus in der Lage, etwas zu tun, was bei einem technischen Rad unmöglich wäre. Sie kann durch Veränderung ihrer Körperwindungen den Durchmesser des Rades verändern und es dadurch allen Geländeunebenheiten optimal anpassen.
In der Wüste, wo besonders viel Schmirgelmaterial in Form von Sand vorhanden ist, ist das lager- und achsenfreie lebende Rad des Schlangenkörpers jedem technischen Rad auf die Dauer weit überlegen, da es wartungsfrei ist. Jedes in der Wüste in kurzer Zeit ver-

schlissene und ausgelaufene Radlager eines Autos ist ein deutlicher Beweis dafür. Es bedurfte also gar nicht erst der menschlichen Intelligenz, um die Vorteile des Rades zu erkennen und praktisch anzuwenden. Viele Millionen Jahre vor der Entstehung des Menschen hatte die schöpferische Intelligenz der Natur schon dieses vorteilhafte Prinzip erkannt und angewandt.

Die Fortbewegung der Wüstenschlangen ist somit ein gutes Beispiel dafür, daß der Mensch keinesfalls, wie er sich aufgrund seines homozentrischen Weltbildes einbildet, über eine freie, von der Natur unabhängige Intelligenz verfügt, sondern daß die Natur selbst intelligent ist. Der Mensch selbst ist nichts anderes als das vorläufige Endprodukt der intelligenten Natur, und selbst die größte menschliche Intelligenz kann letztlich nur Naturgewolltes erkennen und nichts darüber hinaus.

Ein anderes Reptil, der in der Sahara lebende Sandskink, hat seine Fortbewegungsprobleme völlig anders, aber auf ebenfalls geniale Art und Weise gelöst. Er bewohnt im Gegensatz zur Nashornviper der Sahara und zur Seitenwinder-Klapperschlange der amerikanischen Wüste, die beide in Gegenden vorkommen, in denen Sand sowie Gesteinsflächen nebeneinander vorkommen, ausschließlich die großen Sandregionen. Ein großer Teil dieses Sandes ist, angetrieben durch den Wind, in ständiger Bewegung. Der Sand verhält sich physikalisch dabei ähnlich wie Wasser. Genau wie die unzähligen Wassermoleküle befinden sich auch die Millionen Sandkörner in einer Art flüssigem Zustand.

Die Oberfläche der Sandwüste ist so der vom Wind aufgewühlten Oberfläche der Meere und Ozeane vergleichbar. Nicht nur die riesigen Wogen finden sich hier gleichsam erstarrt, sondern auch eine feine Kräuselung, wie sie ein leichter Wind auf der Wasseroberfläche entstehen läßt, bedeckt die Oberfläche des Wüstensandes.

In dieser »flüssigen« Umwelt der Sandwüste stellen sich den hier lebenden Tieren große Probleme. Auf der sich ständig in Bewegung befindlichen, nachgiebigen Sandoberfläche ist ein Fortkommen sehr schwierig. Auch die Anlage unterirdischer Bauten, in denen sich die Tiere tagsüber vor den tödlichen Sonnenstrahlen verkriechen können, ist in den riesigen Bereichen der Sandwüste nicht mehr möglich, da meist kein Wurzelwerk von Gräsern vorhanden ist.

Die Lebewesen des Meeres haben ihre Fortbewegungsprobleme in dem flüssigen, unstabilen Zustand ihrer Umwelt dadurch gelöst, daß sie schwimmen. Der größte Teil von ihnen lebt dabei unter der Oberfläche. Die bekanntesten Schwimmer sind die Fische. Wie schwimmt aber überhaupt ein Fisch? Es wird manchen Leser sicherlich in Erstaunen versetzen, wenn er an dieser Stelle erfährt, daß das Schwimmen der Fische bis heute nur sehr ungenügend erforscht ist. Was man bisher herausgefunden hat, ist so kompliziert, daß ich es hier nur ganz kurz und stark vereinfacht erklären möchte, soweit es zum Verständnis der Fortbewegungsprobleme der Wüstentiere notwendig ist.

Damit sich ein Fisch im Wasser überhaupt fortbewegen kann, muß er das Wasser erst einmal zur Seite drängen. Das macht der überwiegende Teil der Fische durch schlängelnde, seitwärts gerichtete Bewegungen des Körpers und der Schwanzflossen. Das Wasser versucht ständig an seinen Platz zurückzukehren und fließt dabei, bedingt durch den sich zum Schwanzende hin verjüngenden Fischkörper an diesem entlang nach hinten, um sich dann hinter dem Fisch wieder zu schließen. Der Fisch wird so ständig nach vorn gedrückt.

Von der Fortbewegungsweise her könnten die Fische im Sandmeer der Wüste sehr erfolgreiche Lebewesen sein. Und tatsächlich lebt unter der Oberfläche der riesigen Sanddünen der Sahara ein »poisson de sable«, ein Sandfisch. Im zoologischen Sinne hat er jedoch nichts mit den echten Fischen zu tun. Er gehört zur Gruppe der Glattechsen, ist also ein Reptil. Es ist der anfangs erwähnte Sandskink. In der »flüssigen« Umwelt der Sandwüste bewegt er sich aber wie ein Fisch fort. Auch sein Aussehen erinnert eher an einen Fisch als an ein Reptil. Er besitzt eine spitze keilförmige Schnauze, und sein ganzer Körper ist mit glatten Schuppen bedeckt, die den Reibungswiderstand so niedrig wie möglich halten, wenn er sich mit schlängelnden Bewegungen einige Zentimeter unter der Oberfläche fortbewegt. Darüber hinaus ist so das »Abfließen« des Sandes zum Schwanzende gewährleistet. Aufgrund dieser extrem glatten Schuppen fühlt sich der Sandfisch wie lackiert an und läßt sich schwer festhalten. Seine Gliedmaßen haben sich derart verbreitert und abgeflacht, daß sie mehr an Flossen als an Beine erinnern. Der Sandskink ernährt sich von Insekten, die ebenfalls im Sand leben, und der Sand ist luftdurchlässig genug, daß er atmen kann. Das »Schwimmen« im Sand stellt nicht nur eine sehr effektive und kraftsparende Fortbewegungsmethode in der Sandwüste dar, sondern schützt den Sandfisch außerdem noch vor Greifvögeln und den Sonnenstrahlen.

Genau wie die Reptilien sind auch alle warmblütigen Tiere, dazu gehören die Vögel, die Säugetiere und natürlich der Mensch, ebenfalls darauf angewiesen, ihre Körpertemperatur innerhalb gewisser Grenzen zu halten. Diese Grenzen sind viel enger bemessen als bei Reptilien. Zu große Schwankungen der Körpertemperatur nach unten oder nach oben – Unterkühlung oder Fieber – würde tödliche Folgen

haben. Auch warmblütige Tiere müssen daher ständig einen Temperaturausgleich mit ihrer Umgebung herstellen. Säugetiere und Vögel, die von den Reptilien abstammen, sind diesen jedoch dadurch überlegen, daß sie ihre Körpertemperatur selbst kontrollieren können. Sie erreichten als erste innerhalb der langen Entwicklungsgeschichte der Erde eine Unabhängigkeit von der Außentemperatur, da sie aufgrund eigener Wärmeproduktion und entsprechender Ausstrahlung ihre Körpertemperatur konstant halten können. Eine Art eingebauter Thermostat erlaubt ihnen, genau die richtige Körpertemperatur einzuhalten, unabhängig davon, ob ihre Umgebung kalt oder warm ist, ob sie sich anstrengen oder ruhen. Säugetiere und Vögel haben darüber hinaus noch andere Merkmale für diesen Zweck entwickelt. Säugetiere isolieren sich durch ihr Haarkleid gegen zu große Wärme oder gegen zu große Kälte. Das gleiche erreichen Vögel durch ihr Gefieder. Der Mensch, der den größten Teil seiner Körperhaare verloren hat, ist auf Kleidung angewiesen, um sich gegenüber den schwankenden Temperaturen seiner Umwelt zu isolieren.
Die Fähigkeit, die eigene Körpertemperatur konstant zu halten, ist für Vögel und Säugetiere von großem Vorteil. Sie können dadurch fast sämtliche Lebensräume von der Arktis bis in die Tropen für sich nutzbar machen. In der extrem heißen Umwelt der Wüste tauchen jedoch auch für sie große Probleme hinsichtlich des Wärmehaushalts ihres Körpers auf. Auf welche geradezu unglaubliche Art und Weise sie dem Hitzetod in der Wüste zu entgehen vermögen, wird im folgenden beschrieben.

Vögel, die Klimaanlagen bauen

Unter den höherentwickelten Wirbeltieren stellen die Vögel, was den Artenreichtum und die Anzahl betrifft, wohl die erfolgreichste Tiergruppe innerhalb der Wüste dar. Auf den ersten Blick sieht es so aus, als ob ihr Flugvermögen die Ursache dieses Erfolges ist. Vögel können wegziehen, sobald in der Wüste keine Nahrung und kein Wasser mehr vorhanden ist. Sie brauchen nur dann in der Wüste zu siedeln, wenn nach Jahren reichlicher Niederschläge die Lebensbedingungen besonders günstig sind. Das trifft jedoch für den überwiegenden Teil aller Wüstenvögel keineswegs zu. Um in der Wüste auch nur kurze Zeit überleben zu können, muß eine Vogelart derart viele extreme und spezielle Anpassungen entwickelt haben, daß sie dadurch in anderen Lebensräumen, die ganz andere Bedingungen

aufweisen, gar nicht existieren könnte. Einmal der Wüste angepaßt, sind die meisten Wüstenvögel darauf angewieen, zeitlebens dort zu leben, auch im Sommer und in Jahren ohne Niederschläge.
Da es sich jedoch bei den Wüsten um riesige, ausgedehnte Naturräume handelt, die innerhalb ihres Territoriums sehr wechselhafte Lebensbedingungen aufweisen, sind die Vögel aufgrund ihres Flugvermögens in der Lage, sich immer die besten Plätze auszusuchen. So kommt es, daß sich in einem Abschnitt der Wüste, in dem es zu Regenfällen gekommen ist, oft eine große Anzahl von Vogelarten und Individuen versammelt. Die sich nach dem Regen in kurzer Zeit üppig entwickelnde Vegetation lockt zunächst körnerfressende Vögel und Insekten an. Die Insekten locken dann wiederum die Insektenfresser unter den Vögeln an. Sucht man im darauffolgenden Jahr das gleiche Gebiet wieder auf, so wird man höchstwahrscheinlich eine ausgedörrte Landschaft ohne eine Spur von Leben erblicken. Eine besonders starke Populationsschwankung innerhalb einer Vogelart konnte ich bei einem Vergleich der Jahre 1968 und 1969 feststellen, und zwar bei der Wüstengrasmücke, Sylvia nana, die mit zu den kleinsten Vogelarten der Sahara gehört.
In dem ungewöhnlich regenreichen Frühjahr 1968 hatten auf einer Fläche von 600 Quadratkilometern 300 bis 400 Paare gebrütet. Im Frühjahr des darauffolgenden Jahres, in dem kein Regen gefallen war, hatte sich der Bestand des untersuchten Gebietes auf vier Paare verringert. Das ist eine Abnahme von 99 Prozent.
Typisch für viele in der Wüste lebenden Vogelarten ist, daß sie ihr Flugvermögen fast nur dazu benutzen, um einen günstigen Lebensraum ausfindig zu machen. Haben sie diesen gefunden, beginnen sie mit dem Brutgeschäft und der Jungenaufzucht. Während dieser Periode, die zwei bis drei Monate dauert, sieht man einige Arten, abgesehen von ganz wenigen Ausnahmen, niemals fliegen.
Ein besonders gutes Beispiel ist der Rennvogel, Cursorius cursor. Dieser wunderschöne Vogel ist der Langstreckenläufer unter den Saharavögeln. Auf insgesamt neun langen Sahareisen bin ich diesem Vogel unzählige Male begegnet. Ich habe ihn jedoch nur fünfmal fliegend beobachten können. Jedesmal waren es kleine Trupps, die auf der Suche nach Vegetationsflecken umherstreiften. Der Rennvogel ist ein so schneller und eleganter Läufer, daß man ihn als Gazelle unter den Vögeln bezeichnet hat.
Die hochentwickelte Lauffähigkeit einiger Wüstenvogelarten stellt eine sehr interessante Anpassung an das Wüstenleben dar. Beim Laufen werden viel weniger Muskeln bewegt als beim Fliegen. Es ist daher viel weniger anstrengend und kräfteschonender. Da der Renn-

vogel sich von Kerbtieren ernährt, die verborgen unter Steinen und Sand leben, könnte er seine Nahrung auch gar nicht aus der Luft entdecken. Ihn bei der Nahrungssuche zu beobachten, bei der ihm sein äußerst feines Gehör hilft, ist ein eigenartiges Erlebnis. Der Vogel legt mit seinen langen Beinen sehr schnell eine Entfernung von 10 bis 20 Metern zurück. Plötzlich und unerwartet bleibt er ruckartig stehen, wendet seine Gehöröffnung dem Boden zu und horcht sehr sorgfältig die Umgebung ab. Hat er etwas gehört, so wirft er blitzschnell mit seinem sichelförmigen Schnabel den Boden auf.

Der vielleicht bekannteste unter den Wüstenvögeln ist nicht etwa der Strauß – er ist ein typischer Vogel der Steppe und Savanne –, sondern der Rennkuckuck der amerikanischen Wüsten. Dieser Vogel, der fast sein ganzes Leben laufend verbringt, erreicht Geschwindigkeiten von 40 Kilometern in der Stunde. Würde man diese Laufgeschwindigkeit in Relation zur Größe des Vogels setzen – er ist etwa so groß wie ein Fasan –, dann wäre er der schnellste Laufvogel der Welt.

Im Gegensatz zu den Säugetieren sind die Vögel, genau wie ihre entwicklungsgeschichtlichen Vorfahren, die Reptilien, nicht in der Lage, ihre Körperoberfläche durch Schwitzen zu kühlen. Sie kühlen ihren Körper durch die viel ineffektivere Wasserverdunstung über die Mundschleimhäute und die Atmungsorgane ab. Bei großer Hitze hecheln Vögel daher mit weit aufgesperrtem Schnabel. Daß Vögel nicht schwitzen und so den lebensgefährlichen Wasserverlust weitgehend ausschalten, hat ihnen einerseits das Überleben in der Wüste erleichtert, andererseits ist aber dadurch gleichzeitig das Problem der Körperkühlung in der heißen Wüste ungenügend gelöst. Die Wüstenvögel mußten daher noch andere Kühlmöglichkeiten entdecken und für sich nutzbar machen.

Gute Segelflieger, wie der Wüstenwanderfalke, der Lannerfalke oder der Braunnackenrabe entgehen der größten Tageshitze, indem sie sich von aufsteigenden warmen Luftmassen bis in große Höhen tragen lassen. Besonders während der heißen Sommermonate verbringen diese Vögel viele Stunden des Tages damit, mehr als eintau-

Abbildung 22:
Der Autor bei der geologischen Arbeit in der Sahara. Bei den kugelförmigen Gebilden handelt es sich um Loboliten, versteinerte Meeresorganismen aus dem Erdaltertum.

Abbildung 23:
Ein in der Mojave-Wüste Nordamerikas über völlig ebenen Wüstenboden wandernder Felsbrocken.

send Meter über der Wüstenoberfläche in kühleren Luftschichten zu segeln. Andere Vogelarten entziehen sich der tödlichen Hitze auf andere Weise. Ein kleiner Vogel der Sahara mit dem eigenartigen Namen Rotbürzelsteinschmätzer brütet z.B. in verlassenen kühlen Bauten von kleinen Nagetieren, einen Meter unter der heißen Erdoberfläche.
In den Wüstensteppen Nordamerikas bezieht die Kanincheneule ebenfalls die nicht benutzten, unterirdischen Bauten anderer Wüstenbewohner. Ihr kommt dabei die Tatsache zugute, daß einige Tiere der Wüste wie z.B. der Wüstenfuchs bis zu acht verschiedene Schlupfwinkel anlegen, sogenannte Reservebauten. Die Kanincheneulen, besonders die jungen Vögel, sind in der kühlen unterirdischen Behausung jedoch ständig der Gefahr ausgesetzt, bei einem Besuch des eigentlichen »Hauswirts« von diesem nicht nur vertrieben, sondern auch gefressen zu werden. Um dieser Gefahr zu entgehen, haben sie ein hochinteressantes Verteidigungsverhalten entwikkelt, das dem der gefürchteten, giftigen Klapperschlange entspricht, die ebenfalls in unbewohnten, unterirdischen Bauten haust.
Im Laufe ihrer langen Entwicklungsgeschichte haben sich zahlreiche Giftschlangen sehr auffällige Färbungen und Körperhaltungen zugelegt. Die tropischen Korallenschlangen besitzen z.B. eine sehr kontrastreiche Hautfärbung, die aus einer Abfolge von roten, gelben und blauen Farbringen besteht. Die Kobra richtet sich senkrecht auf und klappt dabei zwei Hautfalten, auf der sich eine auffallende Zeichnung befindet, seitlich ab. Diese Schlangen benutzen quasi eine Zeichensprache. Sie warnen ihren Gegner und zeigen ihm an, daß sie über ein tödliches Gift verfügen. Die richtige Deutung dieser Zeichensprache lernen die anderen Tiere durch das Sammeln von Erfahrungen im Verlauf vieler Generationen.

Abbildung 24:
Eine vom Weißbürzelsteinschmätzer aus mehreren hundert Steinen erbaute – schlecht wärmeleitende, gut durchlüftete – kühle Nistpyramide unter einem schattenspendenden Felsbrocken. Das eigentliche, aus Pflanzenmaterial erbaute Nest befindet sich in einer Ausmuldung auf der Spitze der Pyramide.

Abbildung 25:
Der Autor in einem selbstgegrabenen Beobachtungsversteck an einer Flughuhntränke in der nordwestlichen Sahara. Vor der großen Hitze, die in dem Beobachtungsloch bis auf 60 Grad Celsius im Schatten ansteigen kann, schützen nasse um Kopf und Hals gebundene Handtücher.

Hier stellt sich die Frage, wie ein Angreifer, der von einer Korallenschlange gebissen wird, sich an die gefährliche Bedeutung der auffallenden Farbsignale der Schlange erinnern und darüber hinaus seine schlechte Erfahrung, sei es durch Vererbung oder durch Erziehung, an seine Nachkommen übertragen soll. Der Biß dieser Schlange ist nämlich absolut tödlich. Dazu muß man folgendes wissen: Korallenschlangen lassen sich etwa in drei verschiedene Gruppen einteilen. Die eine Gruppe bilden die sogenannten »echten« Korallenschlangen, die sehr giftig sind und deren Biß absolut tödlich ist. Es ist interessant, daß diese Arten glücklicherweise sehr beißfaul sind. Die zwei anderen Gruppen werden als sogenannte »falsche« Korallenschlangen bezeichnet. Eine Gruppe davon ist völlig harmlos, die andere ist nur schwach giftig und ihr Biß hat keine tödliche Wirkung. Die Arten aller drei Gruppen, die nicht miteinander verwandt sind – sie stellen jeweils unabhängige Entwicklungen dar –, besitzen alle das gleiche Farbschema: rot, gelb und blau.

Bis vor kurzem nahm man an, daß die zwei Gruppen der »falschen« Korallenschlangen, die sehr erfolgreiche Warnfärbung von den »echten« giftigen Korallenschlangen übernommen haben. Sie hätten sich als Giftschlangen kostümiert, um ihre Feinde abzuwehren. Das kann aber nicht sein, denn – wie bereits erwähnt – können die Opfer der »echten« Korallenschlangen aufgrund der tödlichen Wirkung des Bisses ihre schlechten Erfahrungen nicht weiter vermitteln. Den harmlosen Korallenschlangen würde daher ihre Signalfärbung nichts nützen. Die Lösung dieses Problems ergab sich, als man das Beißverhalten und die Wirkung des Bisses aller drei Schlangengruppen genauer untersuchte. Dabei stellte sich heraus, daß die eine Gruppe der »falschen« Korallenschlangen, die schwach giftigen, äußerst bissig ist. Versuchstiere hatten vor den nicht tödlichen, aber äußerst schmerzhaften Bissen dieser Art große Angst. Einmal gebissene Tiere gerieten beim bloßen Anblick des nur auf einen Stock gemalten Farbmusters dieser Schlangen sofort in Panik. Aufgrund der Ergebnisse dieser Untersuchungen nimmt man heute an, daß sowohl die sehr giftigen wie die völlig ungiftigen Korallenschlangen die für das Überleben sehr vorteilhafte Färbung der schwachgiftigen Gruppe übernommen haben. Die von dieser Schlangengruppe gebissenen Tiere sterben nicht und sind daher in der Lage, die typische Signalfärbung immer wieder mit dem stechenden Schmerz, den sie einmal verspürt haben, in Verbindung zu bringen. Sie können außerdem ihre Erfahrungen auf ihre Nachkommen übertragen.

Schlangen, die in heißen, schattenlosen Landschaften wie Steppen und Wüsten leben, sind darauf angewiesen, eine vorwiegend nächtliche Lebensweise zu führen, um der für sie tödlichen Tageshitze zu entgehen. Da auch ihre Hauptfeinde – Füchse und Coyoten – eine nächtliche Lebensweise führen, würden ihnen in der Dunkelheit der Nacht optische Signale, die den Gegner vorwarnen sollen, nichts nützen. Da die nächtlich lebenden Säugetiere der Wüste außerdem ein ausgezeichnetes Gehör besitzen, entwickelten die dort lebenden Klapperschlangen ein akustisches Warnsystem, eine Schwanzrassel. Die Rassel sitzt am Ende des Schwanzes und besteht aus mehreren Hornringen, die so miteinander verhakt sind, daß zwischen ihnen genügend Spielraum bleibt, um bei Bewegungen des Schwanzes ein geräuschvolles Klappern zu erzeugen. Die Hornringe sind Überreste vorangegangener Häutungen, da bei den Klapperschlangen im Gegensatz zu allen anderen Echsen und Schlangen die Schwanzhaut von der Häutung ausgenommen wird. Die übrigbleibenden Schuppen verhornen allmählich zu dicken Ringen, und bei jeder neuen Häutung kommt ein neuer Ring dazu. Wird eine Klapperschlange im offenen Gelände bedroht, oder versucht ein Feind in ihre unterirdische Behausung einzudringen, so stellt sie ihr Schwanzende hoch und erzeugt durch Bewegung der Hornringe ein rasselndes Geräusch. Für den Eindringling ist es das Signal, daß ihn die Giftzähne der Schlange erwarten. Erschrocken weicht er zurück. Da der Biß der meisten Klapperschlangenarten heutzutage für andere Tiere absolut tödlich ist, scheint es auch bei dieser Schlangengruppe zunächst rätselhaft zu sein, wie ihre Feinde die schlechten Erfahrungen überhaupt von einer Generation zur anderen weitergeben können. Die Entwicklung ist vielleicht ähnlich wie bei den Korallenschlangen verlaufen. Eine mögliche Erklärung wäre, daß die Klapperschlangen am Beginn ihrer Entwicklung nur sehr schwach wirkende Gifte besaßen, die nur eine sehr schmerzhafte Bißwunde verursachten. Die Feinde der Klapperschlangen blieben also früher nach einem Biß weiterhin am Leben und konnten ihre schlechten Erfahrungen auf ihre Nachkommen übertragen.

Doch jetzt zurück zu den Kanincheneulen. Werden die jungen Eulen in ihrer unterirdischen Behausung durch einen Feind bedroht, so stoßen sie Geräusche aus, die dem warnenden Rasseln der Klapperschlangen täuschend ähnlich sind. Dieses »Rasseln« wirkt auf die Eindringlinge so abschreckend, daß sie sich sofort aus dem dunklen Eingang der Höhle zurückziehen, ohne die wirklichen Bewohner näher in Augenschein zu nehmen. Die jungen Kanincheneulen erzeugen das Abwehrgeräusch durch ein schnelles Klappern mit ihrem Schnabel und durch ein vibrierendes Zittern ihrer abgestellten Flügel. Dieses erfolgreiche Verhalten haben sie nicht bei den Klapper-

schlangen abgeguckt, sondern es hat sich völlig selbständig und unabhängig herausgebildet. Wahrscheinlich entspringt es einfach einer starken Angstreaktion, ähnlich wie einem Menschen vor Angst die Zähne klappern oder die Beine zittern bzw. die Hosen schlottern. Dieses Verhalten der jungen Kanincheneulen entstand irgendwann im Laufe der langen Entwicklungsgeschichte. Da sie die Feinde damit vertreiben konnten, blieben die jungen Vögel am Leben und konnten dieses erfolgreiche Verhalten weitervererben.
Wie entgehen aber all die Vogelarten der Wüstenhitze, die keine Segelflieger sind oder sich nicht vor den Sonnenstrahlen in unterirdische Behausungen zurückziehen? Sie werden im Verlauf dieses Kapitels erfahren, welche raffinierten, oft unglaublichen Kühlungsmöglichkeiten diese Vogelarten für sich nutzbar gemacht haben.
Eines der typischen Merkmale der meisten Wüstenvogelarten ist die farbliche Übereinstimmung ihres Gefieders mit dem Wüstenboden. Die einzelnen Vogelarten sind dem jeweiligen Wüstenton, in dem sie leben, farblich so gut angepaßt, daß nur das geübte Auge sie zu erkennen vermag. In manchen Wüstengebieten, in denen ein Laie nicht einen einzigen Vogel bemerkt, registriert ein geübter Vogelkundler zehn bis fünfzehn verschiedene Arten. Die »Wüstenfärbung« der Vögel ist eine Tarnfarbe. In dem völlig deckungslosen, offenen Gelände der Wüste können sich die Vögel bei einer Annäherung von Feinden nicht verstecken. Sie drücken sich daher flach und bewegungslos auf den Wüstenboden und vertrauen auf ihre farbliche Übereinstimmung mit ihrer steinigen oder sandigen Umgebung. Ich habe es in der Wüste unzählige Male beobachtet, daß am Boden laufende Vögel, die ich mit dem Fernglas beobachtete, in dem Moment wie vom Erdboden verschluckt schienen, sobald sie sich nicht mehr bewegten. Auch ein in der Luft jagender Falke ist nach meinen Beobachtungen anscheinend nicht in der Lage, regungslos am Boden sitzende Vögel zu erkennen. Die »Tarnfarben« sind im großen und ganzen sicherlich durch einen Selektionsprozeß entstanden. Das heißt, die Feinde der vorwiegend am Boden lebenden Wüstenvögel, die Greifvögel, wie z.B. Wüstenfalken erbeuten immer die Individuen innerhalb einer Vogelart, deren angeborene Färbung von der Umgebung am stärksten abweicht, also die auffallendsten. Die Vögel, deren Färbung mit der Wüstenoberfläche in Einklang steht, werden nicht entdeckt. Sie bleiben am Leben und pflanzen sich und die in ihrem Erbgut festgelegte erfolgreiche Färbung fort. Die Tarnfarben entstanden also im Laufe langer Entwicklungszeiten, die mehrere hunderttausend Jahre umfassen, durch natürliche Auslese und durch das Überleben des am besten Angepaßten.

Der Prozeß der Selektion reicht aber in vielen Fällen anscheinend nicht aus, um die Entstehung der Wüstenfärbung zu erklären. So besitzen z.B. fast alle Säugetierarten der Wüste, obwohl sie eine rein nächtliche Lebensweise führen und sich tagsüber in ihren unterirdischen Bauten verbergen, ebenfalls eine sehr genaue farbliche Übereinstimmung mit ihrer Umgebung. Ihnen kann die Tarnfarbe kaum etwas nützen, da sich in der Nacht Farben angeblich nicht unterscheiden lassen. In der Fachliteratur wird immer wieder auf diesen Widerspruch hingewiesen. Als einzige Erklärung für dieses Phänomen wurde bislang angeführt, daß Hitze und Trockenheit sich auf die Pigmente auswirken und eine blasse, neutrale, wüstenhafte Färbung hervorrufen. Diese Erklärung ist jedoch ungenügend und in vieler Beziehung biologisch falsch. Sie liefert nämlich keine Anhaltspunkte dafür, warum z.B. bei einer nächtlich lebenden Säugetierart verschiedene Färbungstypen auftreten.
Ein besonders gutes Beispiel dafür ist die nur nachts lebende Wüstenspringmaus, die in der Sahara vorwiegend in den goldgelben Sanddünengebieten lebt. Ihr Fell ist goldgelb gefärbt. Einige Populationen dieser Art leben jedoch in den graufarbenen und schwärzlichen Steinwüsten, die die Sanddünengebiete umgeben. Dort besitzen die Mäuse ein Fell mit einer gräulichen Färbung und sind damit ihrem Untergrund wieder farblich genau angepaßt. Die Wüstenspringmaus besitzt also nicht nur eine allgemeine neutrale Wüstenfarbe. Diese unterschiedlichen farblichen Anpassungen scheinen ebenfalls durch Selektionsprozesse entstanden zu sein, die nur durch die optische Auslese ihrer Feinde, der Wüstenfüchse und Eulen, ausgelöst wurden. Wie ist das aber nachts möglich? Eine Erklärung liefert der Mond. Wer einmal das Glück gehabt hat, eine Vollmondnacht inmitten der Wüste zu erleben, wird bestätigen, daß das Mondlicht die Wüstenlandschaft mit einer Lichtfülle überflutet, die man vorher nie für möglich gehalten hätte. Ohne Schwierigkeiten kann man Zeitung lesen und Landmarken, wie z.B. Zeugenberge, lassen sich noch auf eine Entfernung von 20 bis 30 Kilometern ganz deutlich erkennen. Besonders in der Sandwüste ist es in Vollmondnächten so hell, daß man selbst mit aufgesetzter Sonnenbrille noch mühelos seinen Weg finden könnte. Die Helligkeit zur Zeit des Halbmondes entspricht ungefähr den hellsten Vollmondnächten, wie wir sie in gemäßigten Klimazonen kennen. Der Grund dafür ist, daß das Mondlicht in der Wüste durch keine Wolkenschicht behindert und durch keine Luftfeuchtigkeit gefiltert die Erdoberfläche erreicht. Hinzu kommt, daß der Wüstensand oft aus winzigen Quarzkristallen besteht, die das Mondlicht milliardenfach reflektieren.

Die hellen Vollmondnächte bieten daher die Möglichkeit, die scheuen, in ihrer Biologie und in ihrem Verhalten nur wenig bekannten Säugetiere der Wüste zu beobachten. Um etwas über die Entstehung der Tarnfarben bei nachtaktiven Säugetieren herauszufinden, habe ich in mehreren Vollmondnächten Experimente mit den Wüstenspringmäusen durchgeführt. Ich fing einige goldgelbe Exemplare in der Sandwüste und einige mittelgraue Mäuse in der angrenzenden Steinwüste. Die sandfarbenen Tiere ließ ich am Rande der Steinwüste wieder frei. Ihr helles Fell hob sich deutlich von dem viel dunkleren steinigen Untergrund ab. Interessant war, daß die Tiere sofort zurücksprangen, wo ich sie gefunden hatte, in die Sanddünen. Bei den grauen steinfarbenen Mäusen brachte der Versuch ein entsprechendes Ergebnis. Auch sie flohen sofort in Richtung ihres angestammten Lebensraumes, in die Steinwüste zurück.
Aufgrund der Ergebnisse dieses Versuches und der Tatsache, daß die nachtaktiven Säugetiere, Jäger wie Gejagte, ein sehr ausgeprägtes nächtliches Sehvermögen besitzen, scheint es wahrscheinlich, daß die Tarnfarben dieser Wüstentiere ebenfalls durch natürliche Auslese entstanden sind.
Während einige der tagaktiven Vogelarten der Wüste aufgrund ihrer speziellen Färbungen nur innerhalb ganz bestimmter Areale vorkommen – eine der kleinsten Vogelarten der Sahara, die sandgelb gefärbte Wüstengrasmücke, brütet z.B. nur in der Sandwüste –, bringen andere Vogelarten, ähnlich wie die Wüstenspringmäuse, zahlreiche unterschiedliche Färbungstypen hervor. Die Steinlerche, Ammomanes deserti, ist über weite Bereiche der Sahara verbreitet und ist vielleicht der häufigste Vogel der Wüste. Von dieser Art sind über 20 verschiedene Färbungstypen beschrieben worden. Man kann fast sagen, daß innerhalb dieser Vogelart so viele verschiedene Färbungen auftreten, wie es unterschiedlich gefärbte Gesteinsformationen in der Sahara gibt. Ich habe dieses einzigartige Phänomen auf einer ausgewählten Probefläche mit einer Größe von 10 mal 60 Kilometern eingehend untersucht. Innerhalb dieses Areals waren die unterschiedlichsten Steinwüstentypen vertreten. Die größte Fläche bestand aus feinem graubraunem Gestein. Innerhalb dieser Fläche lagen, wie Inseln, Gebiete, die aus grobem, schwarzem, manganisiertem Gestein oder aus rotbraunem Sandstein bestanden. Dann gab es noch Flächen, oft nur wenige Quadratkilometer groß, deren Gestein mit einer dünnen Schicht gelben Flugsandes bedeckt war. Auf jeder dieser nah beieinanderliegenden Flächen lebten unterschiedlich gefärbte Kleinpopulationen der Steinlerche. Es gab gelbliche, graubraune, schwärzliche und rötliche Lerchenpaare. Jedes Vogelpaar

stimmte in seiner Gefiederfarbe genau mit der Färbung des Wüstenbodens überein. Hier mußte also eine äußerst wirksame Feinselektion am Werke sein. Voraussetzung war das Vorhandensein vieler Feinde. Aber gerade dies war nicht der Fall. Auf der gesamten Probefläche jagte nur ein einziges Paar Wüstenwanderfalken, und das kümmerte sich nach meinen Beobachtungen nicht einmal um die kleinen Steinlerchen. Sie jagten hauptsächlich größere Vogelarten und übten kaum einen Selektionsdruck auf die Steinlerchen aus. Des Rätsels Lösung entdeckte ich im Verhalten der Lerchen. Sie waren auffallend häufig darauf bedacht, ausgiebige Staubbäder zu nehmen. Dadurch färbte sich das Gefieder der Vögel mit dem jeweiligen Bodenkolorit. Die Steinlerchen hatten sich also anscheinend nicht in erster Linie direkt durch den Selektionsdruck, den Feinde ausübten, den verschiedenartigen Wüstenfärbungen angepaßt, sondern indirekt durch ihre Verhaltensweisen. Im Laufe der Zeit war dann wahrscheinlich auch eine Feindauslese hinzugekommen, da immer die Vögel überlebt hatten, die am häufigsten Sand- oder Staubbäder nahmen. Sie waren stets am besten getarnt.
Ein besonders interessantes Problem der farblich so gut getarnten Wüstenvögel stellt die Tatsache dar, daß die einzelnen Individuen praktisch auch gegenüber ihren Artgenossen getarnt sind. Da die Siedlungsdichte der Vögel aufgrund der extrem schlechten Lebensbedingungen in der Wüste sehr gering ist, wird dieser Effekt noch verstärkt. Auf meinen vogelkundlichen Untersuchungsflächen am Nordrand der Sahara brütete im Schnitt nur ein Paar einer bestimmten Vogelart auf einer Fläche von ca. 36 Quadratkilometern. Das ist sehr wenig, wenn man bedenkt, daß die Lebensbedingungen auf meinen Untersuchungsflächen für eine Wüste in vieler Beziehung noch optimal waren. Es gibt in der Sahara durchaus Gebiete, in denen auf einer Fläche von etwa 300 mal 300 Kilometern nicht ein einziger Vogel, noch irgendein anderes höherentwickeltes Lebewesen anzutreffen ist. Die großen Distanzen zusammen mit der Tarnfärbung erschweren also den Kontakt, besonders die Paarbildung innerhalb einer Wüstenvogelart ganz erheblich.
Um die trennenden Entfernungen zu überwinden, haben die Vögel der Wüste eine ganze Reihe interessanter Anpassungen entwickelt. Es handelt sich dabei um optische und akustische Signale. Die optischen Signale sind normalerweise fast das ganze Jahr über sorgfältig im Gefieder verborgen. Da es lebensgefährlich ist, aufzufallen, werden die Signale nur während der kurzen Periode der Partnersuche hervorgekehrt.
Der Hahn der etwa truthahngroßen Kragentrappe liefert dafür ein

besonders gutes Beispiel. Dieser mit seiner Färbung der Steinwüste vollendet angepaßte Vogel stellt sich während der Paarungszeit, der Balz, auf einer markanten Geländeerhebung zur Schau. Um aufzufallen, krempelt er praktisch fast sein gesamtes Gefieder um. Er stellt die Schwanzfedern auf und verdreht seine Flügel so, daß die weiße Unterseite der Federn hervorgekehrt wird. Auch die Federn des langen Halses werden so aufgeplustert, daß ihre weiße Unterseite in Verbindung mit zwei schwarzen Federstreifen an den Halsseiten, die normalerweise mit zum Tarnkleid gehören, ein starkes Farbsignal ergeben. Der in seinem Aussehen nun völlig veränderte Vogel ist im offenen Gelände der Wüste noch aus einer Entfernung von zwei bis drei Kilometern zu erkennen. Die weitreichende Wirkung dieses Signals wird aber erst richtig deutlich, wenn man sich die gesamte Fläche vorstellt, auf der das Paarungssignal sichtbar wird. Nehmen wir einmal als Beispiel eine Entfernung von zwei Kilometern an, auf der die Balzsignale der Kragentrappe noch zu erkennen sind, dann ergibt sich daraus ein Signalkreis mit einem Durchmesser von vier Kilometern. Die gesamte Fläche, auf der der paarungswillige Kragentrappenhahn den Weibchen signalisiert: »Hier bin ich«, beträgt also mehr als zwölf Quadratkilometer.
Kleine Vogelarten haben in den grenzenlosen Weiten der Wüste noch viel größere »Heiratsprobleme«. Aufgrund ihrer geringen Größe sind sie am Boden nicht in der Lage, ihre Paarungsbereitschaft weit genug kundzutun. Die etwa drosselgroße Wüstenläuferlerche, die – wie ihr Name verrät – ein typischer Laufvogel ist, der nur sehr selten fliegend beobachtet werden kann, hat das Problem folgendermaßen gelöst: der Vogel besitzt ein sehr wirksames optisches Signal in Form einer auffallenden schwarzweißen Zeichnung der Oberflügel. Diese Zeichnung ist nur zu sehen, wenn die Flügel ausgebreitet sind. Bei angelegten Flügeln wird die Zeichnung durch die zusammengelegten Federn derart verändert, daß sie eine vollkommene Tarnfärbung des Vogels ergibt. Um ihr Farbsignal wirkungsvoll einzusetzen, hat das Wüstenläuferlerchenmännchen einen eigentümlichen Balzflug entwickelt. Es steigt mit flatternden Flügelschlägen sehr schnell etwa zehn Meter empor und läßt sich dann mit ausgebreiteten Flügeln kopfüber senkrecht hinabfallen. Die Flügelzeichnung wird dadurch weithin sichtbar. Während dieses Balzfluges ist das Wüstenläuferlerchenmännchen sehr gefährdet, denn es lockt nicht nur Weibchen, sondern auch hungrige Falken an. Die auffallend gefärbte Flügelzeichnung mag neben dem Nahrungserwerb ein weiterer Grund dafür sein, daß sich der Vogel außerhalb der Balzperiode kaum in die Lüfte erhebt.

Um die Wirkung der optischen Signale noch zu verstärken, haben viele Wüstenvögel zusätzlich interessante akustische Signale entwikkelt. Wenn man im Frühjahr durch die Wüste wandert, kann man an vielen Orten ein eigenartiges, nur sehr schwer zu beschreibendes akustisches Phänomen erleben. Die Luft ist angefüllt mit dünnen, ungewöhnlich hellen Tönen, wie man sie bisher in der Natur nie zuvor vernommen hat und die sich nicht in den normalen akustischen Erfahrungsschatz einordnen lassen. Die Tonlage ist so hoch, daß die oberste Grenze der menschlichen Wahrnehmung erreicht ist. Die Töne erinnern unweigerlich an einen Meßton, wie man ihn z.B. ab und zu im Rundfunk vernimmt, oder an den hellen Ton, der aus einem Lautsprecher klingt, wenn das Mikrofon übersteuert ist.
Dies ist der Hochzeitsgesang des Wüstenläuferlerchenmännchens. Sein Gesang hat keinerlei Ähnlichkeit mehr mit dem Gesang anderer Vögel. Komplizierte Strophen, wie sie die Vögel artenreicher Gebiete hervorbringen und die zur Unterscheidung der vielen Vogelarten dienen, sind in der Wüste nicht notwendig. Hier leben so wenig Arten, daß es kaum zu Identitätsschwierigkeiten kommen kann. Der »Gesang« der Wüstenläuferlerche hat in erster Linie die Aufgabe, große Entfernungen zu überbrücken und an das Ohr eines Partners zu dringen. Er ist fast immer mit dem optischen Signal des Balzfluges gekoppelt. Wenn das Männchen in die Luft steigt, beginnt der Gesang mit einem sich schnell steigenden dji, djii, djiii, djiiii, bis beim Hinuntergleiten dann die höchste Tonstufe erreicht wird und nur noch ein einziges langgedehntes »I« zu hören ist. Der Ton ist mehrere Kilometer weit zu hören und übertrifft mit seiner Reichweite die des optischen Signales mehrfach. Darüber hinaus ist er aufgrund seiner ungewöhnlich hohen Tonlage besonders gut geeignet, durch heiße Luftschichten zu dringen.
Wir Menschen machen etwas Ähnliches. Wenn es uns nicht gelingt, einen anderen Menschen durch Winken auf uns aufmerksam zu machen, stoßen manche einen schrillen Pfiff aus.
Eine der häufigsten und zugleich ungewöhnlichsten Vogelarten der Sahara ist der Weißbürzelsteinschmätzer. Er scheint alle Erkenntnisse, die bis zu dieser Stelle des Buches über die Tarnfärbung der Wüstentiere vermittelt wurden, zu widerlegen. Der Weißbürzelsteinschmätzer, der die fast vegetationslose Fels- und Gebirgswüste bewohnt, ist das wohl auffallendste Lebewesen der Wüste. Er ist etwa so groß wie ein Buchfink und besitzt ein tiefschwarzes Gefieder. Das Gefieder des Hinterrückens und die Region des Schwanzansatzes, wo die Bürzeldrüse des Vogels sitzt, sowie der größte Teil der Schwanzfedern sind jedoch leuchtend weiß gefärbt. Die Kopfober-

seite ist ebenfalls weiß, wahrscheinlich um das Gehirn vor zu starker Erwärmung zu schützen.
Als ich diesem Vogel vor vielen Jahren zum erstenmal in der Sahara begegnete, konnte ich mir seine, wie ich damals meinte, geradezu lebensgefährliche Auffälligkeit nicht erklären. Ich fand jedoch sehr

Weißbürzelsteinschmätzer (Oenanthe Leucophyga)

schnell heraus, daß die in der Fachliteratur aufgestellte Behauptung, der Weißbürzelsteinschmätzer sei häufiger als andere Wüstenvogelarten, nicht zutraf. Diese Art war genau betrachtet nicht häufiger und nicht seltener als z.B. die Lerchenarten der Sahara zu finden. Seine »Häufigkeit« verdankte dieser Vogel nur der Tatsache, daß er im Gegensatz zu den perfekt getarnten Vogelarten wegen seiner Auffälligkeit von fast keinem Wüstenreisenden übersehen wurde. Da diese Vogelart in ihrem entlegenen, oft sehr schwer zugänglichen Verbreitungsgebiet den Menschen nie als Feind kennengelernt hat, zeigen die meisten Weißbürzelsteinschmätzer dem Menschen gegenüber keinerlei Furcht. Man kann sich ihnen oft bis auf einen Meter nähern, ohne daß sie davonfliegen.
Sehr wenige Wüstenreisende hatten jedoch Gelegenheit, das Verhalten des Vogels bei Annäherung seines wirklichen Feindes, eines Falken, zu beobachten. Sie hätten gesehen, wie sich der äußerst wachsame Vogel durch einen optischen Trick in Sicherheit gebracht hätte. Nähert sich ein Falke, so flüchtet sich der kleine Vogel sofort in eines von Millionen Verstecken, das er auf kürzestem Wege erreicht. Als Verstecke dienen ihm die unzähligen schwarzen Schlagschatten, die es zwischen den wildzerklüfteten Felsbrocken gibt. Da das Auge in

der Wüste auf grelle Helligkeit eingestellt ist, empfindet man die Schatten unter Felsüberhängen als kohlenschwarz. Sobald der Weißbürzelsteinschmätzer im Schatten sitzt, scheint es für den Beobachter, als wenn der Vogel hinter einem schwarzen Vorhang verschwunden ist. Ähnlich geht es sicherlich auch dem Falken. Der runde weiße Punkt des Kopfes und der schmale weiße Streifen des Schwanzes sehen aus wie die kleinen hellen Zeichnungen, die durch das Sonnenlicht, das durch kleine Verwitterungslöcher und Risse dringt, auf der Oberfläche des Felsens gebildet werden. Die auffallende Färbung des Vogels stellt sich also in einem speziellen Lebensraum in Wirklichkeit als äußerst raffinierte Tarnfärbung heraus. Für die Vögel der ebenen schattenlosen Wüstenlandschaften würde diese Färbung natürlich nicht sinnvoll sein.
Auf der Spitze eines Felsbrockens oder an der Kante einer Felswand sitzend, hat der Weißbürzelsteinschmätzer außerdem keine Schwierigkeiten, sich einem Partner gegenüber bemerkbar zu machen. Seine »Licht-Schatten«-Tarnzeichnung wird im Sonnenlicht zu einem weithin sichtbaren Signal.
Ein Problem, das sich allen Wüstenvögeln stellt, ist die Tatsache, daß sie aufgrund der extrem schlechten Lebensbedingungen sehr genau darauf achten müssen, daß kein anderer Vogel der eigenen Art – ausgenommen natürlich des Ehepartners – während der Brutzeit und der Zeit der Jungenaufzucht ihr Revier betritt. Fremde Arten werden dagegen im Revier geduldet, denn jede Wüstenvogelart hat sich auf einen ganz besonderen Nahrungserwerb spezialisiert. Die Mitglieder verschiedener Arten stehen daher oft in keinem Konkurrenzverhältnis zueinander. Der Weißbürzelsteinschmätzer markiert sein Revier gegenüber seinem Nachbarn dadurch, daß er einmal am Tage die Grenzlinien seines Grundstückes abfliegt. Er macht das sehr gemächlich und setzt sich dabei immer wieder für eine Weile auf markante Felsvorsprünge und hält Ausschau nach Nachbarn, die eventuell Gebietsansprüche anmelden wollen. Durch seine auffallende Färbung fällt es dem Weißbürzelsteinschmätzer nicht schwer, die Grenzen seines »Grundstückes« optisch zu markieren. Er wirkt wie eine Art fliegender Zaun.
Die für einen Vogel wohl ungewöhnlichste »Eigenschaft« lernte ich am 24. Februar 1968, einem kühlen Wüstentag, kennen. Ich beobachtete einen Weißbürzelsteinschmätzer, der sich abmühte, einen im Vergleich zu seiner Körpergröße großen Stein zu transportieren. Der eckige Stein hatte ungefähr eine Größe von zwei mal zwei Zentimetern und war etwa einen halben Zentimeter dick. Der Vogel hatte den Stein, der ungefähr so schwer sein mußte wie er selbst, mit dem

Schnabel gepackt und verschwand mit ihm halb fliegend, halb am Boden hüpfend hinter einem Felsvorsprung. Nach einer Weile kehrte er zurück und suchte einen ganz bestimmten Platz auf. Durch das Fernglas erkannte ich, daß an einer Stelle tausende kleiner Steine lagen, die wahrscheinlich ein Regenguß dort angeschwemmt hatte. Der Vogel wählte sehr sorgfältig einen weiteren Stein aus und transportierte ihn unter großen Schwierigkeiten ab. Noch ein drittes Mal suchte er den winzigen Steinbruch auf. Diesmal folgte ich dem sich abmühenden Vogel bei seinem Transport, begierig, etwas über die Bedeutung dieser Steintransporte zu erfahren.

Nachdem der Vogel für einen kurzen Moment meinen Blicken entschwunden war, entdeckte ich ihn auf einem kleinen Felsvorsprung im Schatten eines Felsüberhanges wieder. Er war gerade damit beschäftigt, den Stein zu anderen Steinen zu legen, die bereits auf dem Felsvorsprung lagen und eine Fläche von etwa 20 Zentimeter Durchmesser bedeckten. Ich konnte mir die Bedeutung dieser von dem Vogel geschaffenen Steinsammlung nicht erklären und beobachtete die Stelle daher wochenlang weiter. Oft kam der Vogel tagelang nicht zu seiner Baustelle. An anderen Tagen wieder war er oft viele Stunden am Tage damit beschäftigt, Stein auf Stein heranzuschleppen. Er schichtete die einzelnen Steine sehr sorgfältig übereinander, so daß im Laufe von Wochen allmählich eine 15 Zentimeter hohe, sich nach oben verjüngende Steinpyramide entstand. Die Steinpyramide lehnte mit einer Seite am massiven Felsgestein und war so angelegt, daß oben eine schüsselförmige Vertiefung mit einem Durchmesser von ca. 12 Zentimetern entstand. Diese Mulde wurde mit dicken kurzen Holzstöckchen ausgelegt. Jetzt konnte kein Zweifel mehr bestehen, der Weißbürzelsteinschmätzer hatte sich ein Nest gebaut. Der Unterbau dieses Nestes bestand nach meiner Zählung aus ca. 360 einzelnen Steinen. Eine unglaubliche Arbeitsleistung für den kleinen Vogel, wenn man bedenkt, daß jeder der Steine mindestens halb so schwer war wie der Vogel selbst (siehe Abbildung 24).

Die Vorteile dieses einzigartigen Nestbaus fand ich mit Hilfe eines Thermometers heraus, als der Vogel im Frühjahr mit der Brut begann.

Aufgrund seiner speziellen Tarnfärbung kann der Vogel nicht in den kümmerlichen Büschen brüten, da er zu sehr auffallen würde. Außerdem würden sie nicht genügend Schutz vor den Sonnenstrahlen bieten. Er baut daher das Nest im Dauerschatten eines Felsüberhanges.

Massiver Fels ist jedoch ein guter Wärmeleiter. Bereits im Frühjahr erwärmt er sich durch die hohe Sonneneinstrahlung, die auf seine

Oberfläche trifft, so stark, daß auch die Temperatur der schattigen Felspartien soweit ansteigt, daß sie den empfindlichen Eiern nicht mehr zuträglich wäre.
Die vom Vogel erbaute Steinpyramide ist jedoch ein schlechter Wärmeleiter, da sich zwischen den einzelnen Steinen sehr viel Luft befindet. Außerdem sorgt der in der Wüste fast ständig wehende Wind für eine kühlende Durchlüftung des Nestunterbaues. Die bedeutendste Kühlwirkung hängt jedoch mit der Beschaffenheit der Steine selbst zusammen, aus der die Nestpyramide besteht. Sie sind hauptsächlich aus porösem Sandstein.
Es wird manchen Leser sicherlich in Erstaunen versetzen, wenn er erfährt, daß in der Wüste noch Tau vorhanden ist. Die Luftfeuchtigkeit ist in den Wüsten gering, aber da sich die Wüstenoberfläche nachts viel stärker und schneller abkühlt als in anderen Klimazonen, schlagen sich auch die letzten Reste von Luftfeuchtigkeit als dünner Taufilm auf dem Gestein nieder. Der poröse Sandstein der Neststeine saugt diesen Tau wie ein Schwamm auf. Während der kaum sichtbare Taufilm ansonsten schon vor Sonnenaufgang durch die schnell ansteigende Lufttemperatur wieder verdampft, gibt der Sandstein der Neststeine im Laufe des Tages die gespeicherte Feuchtigkeit nur sehr langsam wieder ab. Die dadurch entstehende Verdunstungskälte kühlt die Nestpyramide.
Der Vogel ist natürlich nicht in der Lage, wie ein Geologe Gesteine zu unterscheiden und das richtige Baumaterial bewußt auszuwählen. Er sucht sich die leichtesten Steine aus, da diese sich am besten transportieren lassen und diese sind die porösesten.
Die Steinpyramide baut sich der Weißbürzelsteinschmätzer jedes Jahr neu. Er verrichtet diese anstrengende Arbeit stets während der kühlen Wintermonate, bezieht das Nest aber erst zur Brutzeit im April. Durch diesen speziellen Nestbau hat sich der Weißbürzelsteinschmätzer in der Wüste eine eigene Klimaanlage, ein Mikroklima, innerhalb seiner heißen Umwelt geschaffen und hat so zusätzlich zu seiner eigenartigen Tarnfärbung eine gute Überlebenschance.

Das Geheimnis der Felsentauben

Wie schon der Name »Felsentauben« verrät, bewohnt diese Taubenart felsige, gebirgige Regionen. Die Felsentaube errichtet ihr Nest meistens in steilen, unzugänglichen Felswänden, auf kleinen Vorsprüngen oder in kleinen Aushöhlungen.

Mir war diese schöne Vogelart, die ein mattglänzendes, blaugraues Gefieder besitzt, aus den Gebirgen, die die Sahara am Nordrand begrenzen, gut bekannt. Mit dem Fernglas hatte ich oft ihre Nester in schwindelerregender Höhe ausgemacht. Die Felsentaube ist wahrscheinlich der Stammvater der heutigen Haustauben. Seit mehreren Jahren hatte ich Felsentauben auch regelmäßig weit außerhalb ihrer Gebirgsheimat, in den tiefliegenden heißen Ebenen der Sahara, in der eigentlichen Wüste beobachtet. Während der kühleren Wintermonate hatten sich die Vögel zu großen Trupps zusammengeschlossen, die oft aus mehreren hundert Individuen bestanden.
Es war ein ästhetischer Genuß, die eleganten Flugmanöver der Taubenschwärme zu beobachten, wenn sie wie eine leuchtende, taubenblaue Wolke über der von der Sonne ausgebrannten braunen oder schwarzen Wüstenoberfläche dahinzogen. Ihre auffallende Farbe, die sie in dieser Landschaft für ihre Todfeinde, den Wüstenwanderfalken und den Lannerfalken, weithin sichtbar machte, zeigte, daß sie dieser Landschaft nicht angepaßt und in der Wüste nicht heimisch waren. Ich erklärte mir ihr Vorkommen zunächst damit, daß sie nur während der Wintermonate, wenn es in den Hochgebirgen sehr kalt ist, in die tiefliegende Wüste ziehen, um in den Wadis die Samen der Wüstenpflanzen zu fressen.
Im Laufe der Zeit bemerkte ich auch während der heißen Frühjahrsmonate und im Frühsommer Felsentauben in der Wüste. Zu dieser Jahreszeit hatten sie sich nicht mehr zu Trupps zusammengeschlossen, sondern waren nur noch einzeln oder zu zweit zu beobachten. Ihr heimliches, vorsichtiges Verhalten ließ darauf schließen, daß die Vögel brüteten. Die Frage war jedoch: wo? Als Brutplatz kamen nur der Boden der sich endlos dahinziehenden Steinwüste oder die Felsen einiger verstreut liegender Zeugenberge in Betracht.
Die Oberfläche der Steinwüste schied als Brutplatz sofort aus. Bereits in den Frühjahrsmonaten kann die Oberflächentemperatur des Gesteins oft bis auf 50 Grad Celsius ansteigen. Außerdem wären die graublauen Tauben, deren Färbung in keiner Weise mit dem Wüstenboden übereinstimmte, von einem jagenden Falken aus einem Kilometer Entfernung leicht auszumachen gewesen und eine leichte Beute für ihn geworden. Auch die Felspfeiler der Zeugenberge, die ich sehr sorgfältig untersuchte, kamen als Brutplatz nicht in Frage. Die Sonnenseite war schattenlos und daher zu heiß und auf der Schattenseite waren die wenigen Felsvorsprünge des sonst glatten Felsens schon als Brutplatz besetzt, noch dazu von ihren Feinden, den Falken. Es schien völlig unmöglich zu sein, daß hier inmitten der heißen schattenlosen Wüste ein kühler sicherer Brutplatz für die Fel-

Schema der Foggarra-Bewässerung

sentauben vorhanden war, wenn man noch dazu bedenkt, daß die Tauben als Körnerfresser darauf angewiesen sind, mehrmals am Tag zu trinken. Oder könnten Sie sich z.B. vorstellen, daß es in der Wüste kühle unterirdische Flüsse gibt, die tief unter der Wüstenoberfläche fließen und daß am Ufer dieser Flüsse die Tauben brüten? Oder daß die Tauben in großer Höhe, auf von thermischen Aufwinden getragenen Luftschichten, frei schwebende, von Regen benetzte Nester anlegen?

Beides scheint völlig absurd zu sein. Trotzdem, und das wird die meisten Leser sicherlich in Erstaunen versetzen, ist einer der beiden beschriebenen phantastischen Brutplätze wirklich vorhanden. Ich entdeckte ihn durch Zufall. Als ich mit einem langen Seil, an dem ein Eimer befestigt war, an den Rand eines über zwanzig Meter tiefen Foggarraschachtes trat, um Wasser zu schöpfen, glaubte ich für einen kurzen Moment eine Felsentaube erkannt zu haben, die aus dem schwarzen Abgrund aufgetaucht war, aber sofort wieder von der Finsternis des Schachtes verschluckt wurde. So kurz diese Erscheinung auch gewesen war, so war ich doch sicher, daß ich mich nicht geirrt hatte. Die Felsentaube wollte anscheinend gerade den tiefen Schacht verlassen. Als sie aber den Ausgang durch meine Gestalt versperrt sah, ließ sie sich sofort wieder in den Schacht herabfallen.

Sollten die Felsentauben wirklich in dem unterirdischen Foggarrasystem brüten?

An dieser Stelle muß zunächst erklärt werden, was überhaupt ein Foggarra ist. So werden unterirdische, von Menschenhand angelegte Bewässerungskanäle bezeichnet, die sicher zu den interessantesten Bauwerken gehören, die die Wüstenbewohner im Kampf um das lebensnotwendige Wasser erbaut haben. Foggarras wurden bereits vor Jahrtausenden in den Wüsten Persiens erbaut. Später gelangte diese Bewässerungsmethode auch in den Sahararaum.

Die Methode beruht auf der Beobachtung, daß die Gesteinsschichten, die an einer, durch die Bewegung der Erdkruste schräg aufgeworfenen Gesteinsscholle für das menschliche Auge sichtbar werden, unter der Wüstenoberfläche weiter verlaufen und dabei oft in immer tiefere Bereiche abtauchen. Ferner auf der Erfahrung, daß einige dieser Gesteinsschichten, wenn sie z.B. aus porösem Sandstein bestehen, große Mengen Wasser speichern. Daß viele Gesteine in der Lage sind, Wasser zu speichern, können Sie sich am besten vorstellen, wenn Sie einen Ziegelstein eine Zeitlang ins Wasser legen. An den feinen aufsteigenden Luftbläschen und an seiner Gewichtszunahme werden Sie sehr schnell feststellen, daß er sich wie ein Schwamm mit Wasser vollsaugt.

Bei den zwar selten auftretenden, aber wolkenbruchartigen Regenfällen versickern oft große Mengen des Regenwassers an den Stellen, wo poröse Gesteinsschichten in Form einer verkippten Scholle an der Erdoberfläche ausstreichen. Dem Gesetz der Schwerkraft folgend dringt das Wasser immer tiefer in die schräg abtauchende Gesteinsschicht ein. Tief unter der Erdoberfläche, gespeichert in unzähligen winzigen Hohlräumen des Gesteins, ist das Wasser dann vor der Verdunstung geschützt. Die Wüstenbewohner, die diese Zusammenhänge durch langes Beobachten und Überlegen erkannt haben, versuchen, wasserführende Gesteinsschichten, die oft 10 bis 30 Meter unter der Wüstenoberfläche liegen, anzuzapfen, indem sie lange unterirdische Kanäle bauen. Über diese Kanäle, die ein leichtes Gefälle besitzen und bis zu fünfzig Kilometer lang sind, wird das Wasser bis in weit entfernte Oasen geleitet und dort zur Bewässerung der Felder benutzt.

Um überhaupt eine wasserführende Schicht zu entdecken, graben die Oasenbewohner zunächst einmal zahlreiche tiefe Suchschächte. Stößt einer dieser Schächte auf eine wasserführende Schicht, so werden zwischen diesem Schacht und der Oase auf der Linie der kürzesten Entfernung Dutzende, bei großer Entfernung zur Oase Hunderte von Schächten in einem Abstand von ca. 30 Metern gegraben. Anschließend werden sie am Grund der einzelnen Schächte durch den eigentlichen Bewässerungskanal verbunden. Das anfallende losgeschlagene Gestein wird mit Körben nach oben befördert. Oft werden Dutzende von Foggarras erbaut, die aus allen Himmelsrichtungen Wasser zur Oase leiten. Das Foggarrasystem einer Oase kann eine Länge von mehreren hundert Kilometern erreichen. Alle Foggarras wurden mit der Hand, ohne jegliche technische Hilfsmittel erbaut – eine für die Menschen der Industriegesellschaft kaum mehr vorstellbare Leistung.

Doch jetzt zurück zu den Felsentauben. Um einen Beweis für meine Vermutung zu finden, daß die Felsentauben tief unter der Erdoberfläche in den Foggarras brüten, mußte es mir gelingen, ein Nest zu entdecken. Am einfachsten wäre es sicherlich gewesen, mit Hilfe eines Seiles oder einer Strickleiter durch einen der zwanzig Meter tiefen Schächte zum Bewässerungskanal hinabzusteigen. Da die Wände der Schächte jedoch einen brüchigen Eindruck machten, wäre das ein lebensgefährliches Unternehmen gewesen. Da ich ganz und gar keine Lust hatte, verschüttet zu werden, mußte ich mir also etwas anderes ausdenken. Ich kam auf die Idee, eine fernauslösbare Kamera in den Schacht hinabzulassen, in dem ich die Taube gesehen hatte. Das war natürlich leichter gedacht als getan. Wie wollte ich z.B. verhindern, daß die Kamera am Schachtboden nicht in das Wasser eintauchte, sondern daß sie in richtiger Höhe und in der richtigen Position hing. Ich mußte also erst einmal die genaue Distanz zwischen der Erdoberfläche und dem Wasserspiegel ermitteln. Zu diesem Zweck markierte ich ein langes Seil in einem Meter Abstand mit Ölfarbe. Am Ende des Seils befestigte ich einen großen, leeren Wasserkanister. Von einer Holzstange aus, die ich über den Schachtausgang legte und die als fester Meßpunkt diente, ließ ich den Kanister hinab. Sowohl am Schlaffwerden des Seiles als auch akustisch war sehr genau festzustellen, nach wieviel Metern der Kanister die Wasseroberfläche berührte. Eine Markierung an dem Seil hielt diesen Punkt genau fest. Als ich den Kanister heruntergelassen hatte, passierte etwas Eigenartiges. Aus den Foggaraschächten links und rechts von mir flogen Felsentauben heraus. Der Kanister hatte sie tief unten in ihrem Versteck aufgescheucht. Was ich bisher nur vermutet hatte, schien durch diese Beobachtung bereits bestätigt. Aber als endgültiger Beweis zählte nur ein Foto, auf dem eindeutig ein brütender Vogel oder ein Nest mit Eiern zu erkennen war. Ich montierte eine elektrisch betriebene Kamera zusammen mit einem Blitzlichtgerät auf ein Brett, an dessen zwei Enden je ein Seil befestigt war. Zwei Seile waren notwendig, um die Stellung des Brettes kontrollieren zu können. Da ich annahm, daß der röhrenförmige Bewässerungskanal etwa einen Durchmesser von eineinhalb Metern besaß, ließ ich meine Erfindung so weit hinab, daß sie etwa einen Meter über der Wasseroberfläche hing. Mit Hilfe der zwei Seile brachte ich das Brett mit der aufmontierten Kamera genau in die richtige Position, so daß Objektiv und Blitzlicht in Richtung des Kanalverlaufes wiesen. Dieser Verlauf war mir ja durch die lange Kette der sichtbaren Brunnenschächte bekannt. Über ein elektrisches Kabel löste ich Kamera und Blitzlicht aus. Anschließend drehte ich mit Hilfe der beiden Seile das Brett und machte auch noch eine Aufnahme in die andere Richtung. Noch am gleichen Tag entwickelte ich den Film. Als ich die Negative schließlich in der Hand hielt, war ich enttäuscht. Deutlich waren einige Meter des vom Blitzlicht ausgeleuchteten felsigen Tunnels zu erkennen, an dessen Grunde Wasser floß. Im Wasser lagen zahlreiche, herabgestürzte Felsbrocken, aber auf beiden Negativen war weder ein Vogel zu erkennen, noch gab es irgendeinen Hinweis auf ein Nest.

In den folgenden Tagen ließ ich die Kamera in die anderen Schächte hinab und machte zahlreiche Fotos. Das sechsunddreißigste Foto lieferte dann endlich den Beweis. Deutlich war auf einem herabgestürzten Felsbrocken ein großes Nest zu erkennen, in dem zwei schwarze Eier lagen. Die Eier erschienen natürlich nur auf dem Negativ schwarz, in Wirklichkeit waren sie leuchtend weiß.

Die Felsentauben waren tief unter der Erdoberfläche innerhalb des kühlen Foggarrasystems nicht nur vor den tödlichen Sonnenstrahlen geschützt und hatten genügend Trinkwasser zur Verfügung, sondern sie waren auch während der Zeit des Brütens und der Jungenaufzucht weitgehend vor ihren Feinden, den Falken, sicher. Die Altvögel verlassen ihre düstere Heimstatt während der Brutzeit nur, um Nahrung zu suchen. Die jungen Felsentauben müssen, nachdem sie flügge geworden sind, wahrscheinlich erst einmal tagelang in den unterirdischen Bewässerungskanälen ihre Flugmuskulatur trainieren, bevor sie in der Lage sind, mit einem schwierigen Steigflug durch die engen Schächte endgültig das Licht der Welt zu erblicken.

Dieser neuentdeckte Brutplatz einer Vogelart war ein weiterer Beweis dafür, zu welchen extremen Anpassungen Lebewesen fähig sind, wenn es darum geht, innerhalb einer lebensfeindlichen Landschaft zu überleben.

Flughühner – Meister des Überlebens

Die sicherlich faszinierendsten und raffiniertesten Anpassungen und Verhaltensweisen für ein Leben in der Wüste haben jedoch einige Vogelarten entwickelt, die zur Familie der Flughühner gehören. Der Name Flughühner ist etwas unglücklich gewählt, denn die einzelnen Arten dieser Vogelfamilie haben weder in ihrem Aussehen noch in ihrer Entwicklungsgeschichte sehr viel mit Hühnern gemeinsam, außer daß sie wie diese zur Tiergruppe der Vögel zählen. Ihre systematische Einordnung stößt auf sehr viele Schwierigkeiten. Auf den ersten Blick erinnern die Flughühner an Tauben, denen sie

nicht nur in ihrer äußerlichen Erscheinung sehr ähnlich sehen, sondern sie haben auch einige Verhaltensweisen mit diesen gemeinsam. Flughühner trinken z.B. genau wie Tauben. Sie stecken den Schnabel ins Wasser und schlürfen die Flüssigkeit, ohne dabei wie andere Vogelarten den Kopf zu heben. Einige Ornithologen vertreten aufgrund dieser Merkmale die Ansicht, daß die Flughühner nahe mit den Tauben verwandt sind.
Aufgrund vieler anderer Kennzeichen bin ich jedoch nach jahrelangen Beobachtungen zu dem Schluß gekommen, daß die Flughühner mit einer ganz anderen Vogelgruppe, mit den Strandläufern und den Schnepfen, verwandt sind. Aber damit genug von diesen systematischen Fachfragen. Uns soll in erster Linie die Biologie dieser Vögel interessieren, und die ist in vieler Beziehung einzigartig in der Vogelwelt.
Die Flughühner besiedelten mit vielen Arten die Trockengebiete Eurasiens und Afrikas. Da sie in den entlegensten und unzugänglichsten Gebieten unserer Erde brüten und noch dazu eine äußerst scheue und heimliche Lebensweise führen, war über ihrer Biologie nur sehr wenig bekannt. Mitte der sechziger Jahre hatten Wissenschaftler der Republik Südafrika - die Ornithologen Cade und Maclean - damit begonnen, die Lebensgewohnheiten von Flughuhnarten, die ihre Heimat in der Wüste Südafrikas haben, genauer zu untersuchen. Ihre Forschungsergebnisse über die Anpassungen dieser Vögel an das Leben in Trockenzonen waren so interessant, daß ich mich entschloß, einen alten Plan in die Tat umzusetzen. Seit 1964, damals war ich auf einer Saharareise den Vögeln zum erstenmal begegnet, trug ich den Plan mit mir herum, das Leben dieser Wüstenvögel zu erforschen. Wenn schon die Arten, die in den Wüsten Südafrikas vorkamen, eine so interessante Biologie aufwiesen, wie mochte es dann wohl erst bei den Flughuhnarten sein, die in einer in vieler Beziehung lebensfeindlicheren Wüste, in der Sahara, lebten?
Über das Leben der Saharaarten war nur sehr wenig bekannt, und man konnte ohne Übertreibung sagen, daß zumindest zwei der Arten bisher überhaupt nur wenige Male von Menschen gesehen worden waren, sieht man einmal von den eingeborenen Nomaden ab.
Als ich zu Beginn des Jahres 1968, nachdem ich das Unternehmen mehrere Wochen lang sorgfältig vorbereitet hatte, zusammen mit meiner Frau losfuhr, konnten wir noch nicht ahnen, was für Anstrengungen uns bevorstanden. Hätte uns ein Außenstehender einige der Forschungsergebnisse vorher erzählt, hätten wir sie als Phantastereien abgetan. Und hätte er uns auf die Schwierigkeiten des Projektes

hingewiesen, wären wir wahrscheinlich nicht aufgebrochen. Aus dem geplanten einen Jahr sollten drei Jahre werden, in denen wir uns jeweils fast fünf Monate in der Sahara aufhielten.
Das ganze Unternehmen war von vornherein eine Art Lotteriespiel, denn es gab so gut wie keine Erfahrungswerte über die Flughühner der Sahara, auf denen wir hätten aufbauen können. Da wir zu Beginn unserer Arbeit keinerlei Ahnung hatten, welche ganz speziellen Ansprüche die einzelnen Flughuhnarten an ihren Lebensraum stellen, hätten wir uns theoretisch irgendeine Untersuchungsfläche innerhalb der Riesenwüste auf einer Fläche von 5000 mal 2000 Kilometern auswählen können.
Da uns jedoch von vornherein klar war, daß unsere Untersuchungen mehrere Monate in Anspruch nehmen würden, waren wir auf einen festen Stützpunkt in einer Oase angewiesen, in der Nahrung und Wasser vorhanden waren. Wir erkoren ein winziges Militärfort in der Nordwestsahara zu unserem Stützpunkt. Neben den lebenswichtigen Brunnen und dem Schutz vor den Unbilden der Witterung, die uns das Fort bot, war für unsere Wahl die Tatsache ausschlaggebend, daß ich auf einer früheren Saharareise in seiner Nähe bereits einmal Flughühner beobachtet hatte.
Das Fort ist eine abenteuerlich anmutende Wüstenfestung, die von den Franzosen Ende letzten Jahrhunderts errichtet worden war. Als Nordafrika in die Unabhängigkeit entlassen wurde, zogen die Franzosen aus und arabische Soldaten zogen in die Festung ein. Nichteingeweihte würden das Fort sicherlich erst erkennen, wenn sie kurz davor stehen würden. Die drei Meter hohe Lehmmauer, die das Fort umgibt, ist an ihrer Außenseite fast überall von gelben Sanddünen zugeweht. Wegen dieser Anflugdünen, die es jedem Angreifer möglich gemacht hätten, die Mauern des Forts zu erklimmen, und der modernen Waffentechnik war die militärische Bedeutung des Lehmforts gleich Null. Die Hauptaufgabe der vierzig Soldaten, die zusammen mit ihren Familien in der Wüstenfestung lebten, bestand hauptsächlich darin, die Flagge, die an einem kleinen Mast wehte, allmorgendlich mit militärischem Zeremoniell zu hissen und abends wieder einzuholen. Außer dieser Tätigkeit blieb ihnen dann noch die wichtige Aufgabe, die Sanddüne, die sich ständig vor der einzigen Zufahrt des Forts neu bildete, schubkarrenweise in die Wüste zu-

Abbildung 26:
Das aus drei Eiern bestehende Gelege des Senegal-Flughuhnes neben zwei großen Deckungssteinen inmitten der Steinwüste.

Zufahrt des Forts neu bildete, schubkarrenweise in die Wüste zurückzubringen. Da der Wind den Sand aber oft schneller wieder vor die Einfahrt zurücktransportierte, hatten die Soldaten bei dieser Tätigkeit niemals ein Erfolgserlebnis. Um so erstaunlicher war es, daß sie diese Aufgabe in den drei Jahren, in denen wir das Fort bewohnten, niemals vernachlässigten.
Das Fort war gleichzeitig Wohnsitz des Caïds, dessen Aufgaben man etwa mit der Tätigkeit eines deutschen Landrates vergleichen kann. Ihm unterstand die zivile Verwaltung einer Wüstenregion von ca. 20000 Quadratkilometern, in der allerdings nicht mehr als tausend Menschen lebten. Die Hilfsbereitschaft und Gastfreundlichkeit des Caïds sollte wesentlich dazu beitragen, daß unser Unternehmen überhaupt durchführbar wurde.
Außer den Gewehren der Soldaten, den Schubkarren und einem Funkgerät, das den Kontakt mit der Außenwelt aufrechterhielt, ist als Errungenschaft der Zivilisation noch ein Dieselmotor zu nennen, der vier Glühbirnen im Fort mit Strom versorgte. Eine Glühbirne hing an der Einfahrt, die zweite im Wohnzimmer des Caïds, die dritte in dem Zimmer, das uns freundlicherweise zur Verfügung gestellt wurde, und die vierte hing an einem Draht im Zentrum der Wüstenfestung, in der Nähe des Flaggenmastes. Sie brannte jedoch nicht mehr, da ihr Inneres halb mit Sand gefüllt war. Der Dieselmotor wurde bei Sonnenuntergang angeworfen und zu unserer großen Erleichterung um 22.00 Uhr wieder abgestellt, denn er besaß keinerlei Schalldämpfer. Der unvorstellbare Lärm, den er verursachte, war andererseits sehr praktisch. Wenn wir auf unseren Exkursionen in der Wüste von der schnell hereinbrechenden Dunkelheit überrascht wurden, war der Lärm des Motors noch bis in eine Entfernung von zehn Kilometern zu hören und diente uns als Orientierungshilfe für den Rückweg.
Ich werde nie den ersten Tag unseres Aufenthaltes vergessen, als um 22.00 Uhr der Motor austuckerte und das Licht der Glühbirne langsam erlosch. Die herrliche Stille der Wüstennacht wurde in unserem Zimmer schon nach wenigen Minuten durch ein eigenartiges Geräusch abgelöst, das mir zuvor völlig unbekannt gewesen war. Es begann zuerst ganz leise in einer Ecke des Zimmers zu knistern und zu kratzen. In kurzer Zeit wurde dieses Geräusch um ein tausendfaches stärker und füllte schließlich den ganzen Raum aus. Als ich die Ben-

Abbildung 27:
Ein ausnahmsweise ohne den Schutz von Deckungssteinen brütendes Weibchen des Senegal-Flughuhnes.

zinlampe anzündete, bot sich uns ein ekelerregendes Bild. Die Fliesen, aus denen der Fußboden bestand, waren kaum noch zu erkennen. Tausende von riesigen schwarzen Schaben bedeckten ihn. Die Insekten quollen aus sämtlichen Mauer- und Fußbodenritzen hervor. Sie ernährten sich wahrscheinlich von dem Getreide, das in einigen Zimmern unserer »Wohnung« in großen Mengen lagerte. Gegen diese Massen waren wir zunächst machtlos. Den Schaben gelang es aber glücklicherweise nicht, die glatten Metallbeine unserer Betten zu erklettern. Beim ersten Lichtschimmer am nächsten Morgen war der Spuk vorbei. Bereits in der folgenden Nacht versuchten wir, der Lage Herr zu werden. Zunächst wandten wir eine biologische Schädlingsbekämpfung an, indem wir einen Wüstenfuchs, einen Fennek, und zwei Wüstenigel in unserem Zimmer hielten. Ihr Appetit war so groß, daß sie Schneisen in die anrückenden Schabenheere fraßen. Das dabei entstehende Geräusch können Sie sich am besten vorstellen, wenn Sie eine Tüte Kartoffelchips in kürzester Zeit aufessen.

Als unsere Aktion keinerlei Erfolg erkennen ließ – die Insekten schienen trotz des ständigen Einsatzes unserer Haustiere eher zu- als abzunehmen –, entschlossen wir uns, ein chemisches Insektenvernichtungsmittel einzusetzen. Am Morgen danach konnten wir neunzig Prozent der Schabenpopulation in eine Schubkarre schaufeln und hinaus in die Wüste befördern. Da die Mitgliederzahl der unerwünschten »Lebensgemeinschaft« nach unserer Aktion in einem richtigen Verhältnis zu unseren Haustieren stand, waren letztere von nun an in der Lage, den Rest der lästigen Insekten unter Kontrolle zu halten.

Unser schneller Entschluß, in die Sahara zu fahren, war anscheinend richtig gewesen, denn in diesem Jahr war der Himmel ungewöhnlich stark bewölkt, und die Möglichkeit, daß es zu Niederschlägen kommen könnte, war groß. Die Wolken drangen stets in Form einer Kaltluftfront von Norden, aus der Region der Atlasgebirge, in die Wüste vor. Den Auftakt jedes Wolkenvorstoßes bildete jeweils ein schwerer Staub- und Sandsturm, der uns immer tagelang als Gefangene im Fort hielt. Sie wehten Tag und Nacht, und die Sonne war völlig verdeckt. Oft war es in unserem Raum, den wir überhaupt nicht verlassen konnten, um die Mittagszeit so dunkel, daß wir unsere Benzinlampen anzünden mußten. Die Luft in unserem Zimmer war angefüllt mit feinem Staub, der so dicht war, daß die Strahlen der Lampe, die durch das unterschiedlich geschliffene Lampenglas fielen, ein geometrisches Muster in die Luft zeichneten. Sand und Staub drangen durch die Ritzen der Fenster und Türen in das Zimmer. Die klei-

nen Sandhaufen, die sich auf den Fensterbrettern bildeten, wurden allmählich so groß, daß der Sand auf den Fußboden rieselte und auch dort schnell anwachsende Sandhaufen bildete.
An den sandsturmfreien Tagen verbrachten wir viele Stunden damit, in den Himmel zu blicken und den Regen zu beobachten, der in breiten dunklen Schleiern aus den Wolken herabfiel. Jedesmal hofften wir, daß es dem Regen gelingen möge, die ausgetrocknete Wüstenoberfläche zu erreichen, und jedesmal wurden wir enttäuscht. Der Regen verdampfte einige Meter über dem Boden, sobald er auf die heiße Luftschicht traf. Die Wolkendecke war einfach nicht dicht genug, und daher baute sich durch die hohe Sonneneinstrahlung immer wieder eine Hitzeschicht am Boden auf.
Aber eines Tages war es dann soweit. Bis zum frühen Nachmittag waren mehrere »Geisterregen« gefallen. Die durch das Verdampfen des Regens entstandene Verdunstungskälte hatte allmählich zur Auflösung der warmen Luftschichten geführt, und zum erstenmal seit Beginn unseres inzwischen zweiwöchigen Aufenthaltes erreichte ein starker Regenguß den Boden. Der Bann schien gebrochen. Es regnete die ganze folgende Nacht hindurch bis zum Nachmittag des folgenden Tages. Der Himmel war innerhalb einer Stunde wieder wolkenleer und blieb es auch weiterhin, wahrscheinlich bis zum Ende des Jahres. Nach den Aussagen der Einheimischen war es der erste Regenfall seit fünf Jahren gewesen.
Uns bot sich nun die einzigartige Möglichkeit, den gesamten Lebenszyklus, der sich auf der Grundlage des Regenwassers aufbauen mußte, von Anfang an zu untersuchen. Der Boden war in den Senken der Trockenflußbetten bis in eine Tiefe von 50 Zentimetern durchfeuchtet. Das mußte ausreichen, um den Pflanzenwuchs auszulösen.
Wir machten uns sofort an die Arbeit und wählten eine Untersuchungsfläche von 10 Kilometern Breite und 60 Kilometern Länge aus, die sich von Nord nach Süd erstreckte. Über dieser 600 Quadratkilometer großen Fläche, innerhalb welcher die verschiedenartigsten Wüstentypen lagen, waren die Regenfälle niedergegangen. Bereits nach drei Tagen war in den Wadis ein grüner Schimmer zu erkennen. Nach zehn Tagen waren viele der Pflanzen bereits 20 Zentimeter hoch und standen in voller Blüte. Viele der Pflanzen waren Wolfsmilchgewächse, Euphorbia guyonina. Die Vegetationsbänder in den Wadis durchzogen nun die Wüste wie ein grünes Adersystem, und eines Tages waren dann auch die Flughühner in der Luft. Sie kamen zu Hunderten, ihr durchdringender Flugruf »quito – quito« schien die ganze Luft zu erfüllen. Es waren Senegal-Flughühner, Pterocles senegallus. Zuerst überflogen sie das Vegetationsgebiet in

großer Höhe und mit sehr hoher Geschwindigkeit. Sehr schön konnte man mit dem Fernglas das typische Flugbild der Vögel erkennen. Sie besitzen lange spitze Flügel und einen langen Schwanzspieß, der aus stark verlängerten, schmalen Schwanzfedern gebildet wird. Dieser Schwanzspieß dient dem schnellfliegenden Vogel als Steuer. Die Mitte des hellen Bauches ist von einem schwarzen Streifen gekennzeichnet, der das wichtigste Merkmal dieser Art darstellt. Nach unseren Messungen flogen die Vögel mit einer Geschwindigkeit von mehr als 100 Stundenkilometern. Schon diese hohe Fluggeschwindigkeit stellt eine Anpassung an die Wüste dar, denn die Vögel müssen gewaltige Entfernungen zurücklegen können, um in der Wüste einen Vegetationsflecken ausfindig zu machen.
Die Vögel überflogen die von der Vegetation grüngefärbten Wadis mehrfach. Dabei kamen sie immer tiefer herunter und fielen schließlich unter lautem Rufen inmitten einer riesigen Steinfläche ein. In dem Moment, als die Vögel am Boden saßen, waren sie für das menschliche Auge kaum mehr sichtbar. Das Gefieder der Flughühner ist den Bodenfärbungen der Steinwüste vollendet angepaßt. Erst als die Vögel begannen, auf den nächsten Wadi zuzulaufen, waren sie an der Bewegung zu erkennen. Die Flughühner, die mit ihren kurzen Beinen langsam über die Steinwüste zogen, gleichen »wandelnden Steinen«. Fast den ganzen Tag hielten sich die Vögel in den Wadis auf und ernährten sich dabei ausschließlich von den frischen Samen der Wolfsmilchgewächse, die diese Pflanzen bereits nach kurzer Zeit ausgebildet hatten. Die Samen dieser Pflanze stellten eindeutig ihre Lieblingsnahrung dar.
Obwohl auf unserer Untersuchungsfläche gleichmäßig viel Regen niedergegangen war, wuchsen die Wolfsmilchgewächse nur im Südteil unseres Arbeitsgebietes in nennenswerter Anzahl. Immer neue Flughuhnschwärme entdeckten diese Vegetationsinsel, und nach kurzer Zeit bevölkerten mehrere Trupps, insgesamt etwa 400 Vögel, die Wadis inmitten der Steinwüste. Auch der Hauptfeind der Flughühner ließ nun nicht mehr lange auf sich warten. Ein Lannerfalkenpaar machte ständig Jagd auf die Flughühner. Um von den überaus scheuen und mißtrauischen Flughühnern, die während der Nahrungssuche ständig den Luftraum über sich beobachteten, nicht entdeckt zu werden, wandten die Falken eine raffinierte Jagdmethode an. Sie flogen mit sehr flachen Flügelschlägen so dicht über den Boden, daß sie ihn fast berührten. Die Flughühner waren daher in den tiefliegenden, schmalen Wadis nicht in der Lage, den angreifenden Falken rechtzeitig genug zu bemerken. Hinzu kommt, daß die niedrigfliegenden Falken aufgrund der braungrauen Färbung ihrer

Oberseite mit der Wüstenoberfläche farblich übereinstimmen. Um der tödlichen Gefahr, bei der Nahrungssuche von einem Falken überrascht zu werden, zu entgehen, haben die Flughühner ein hochdifferenziertes Sozialverhalten entwickelt. Eines der Flughühner kreist sozusagen als Wächter ständig in sehr großer Höhe und beobachtet die Falken.

Das Bemerkenswerte an diesem »Beobachtungsflug« ist die für ein Flughuhn sehr geringe Geschwindigkeit, die der Vogel mit Hilfe eines schnellen, flachen Flügelschlages erreicht. Der Flug erinnert stark an den Singflug der bei uns heimischen Feldlerche, nur führt er geradeaus. Die am Boden mit der Nahrungssuche beschäftigten Vögel stehen mit diesem Wächtervogel in ständigem Rufkontakt. Entdeckt der Wächtervogel einen flach über den Boden dahinfliegenden Falken, so meldet er diese Beobachtung durch einen ganz bestimmten Ruf sofort an die am Boden befindlichen Artgenossen. Die Flughühner drücken sich dann in die Steine und verharren bewegungslos. Sie vertrauen auf ihre farbliche Übereinstimmung mit dem Gestein. Ich konnte mehrfach beobachten, wie ein Falke die bewegungslos am Boden sitzenden Flughühner überflog, ohne sie zu bemerken. Bei Entwarnung, die wieder durch einen speziellen Ruf des Wächtervogels erfolgte, setzen die Flughühner ihre Nahrungssuche fort. Ich nehme an, daß die Vögel abwechselnd diesen Wachdienst versehen. Da natürlich auch der Wächtervogel jederzeit von dem Falken angegriffen werden kann, stellt dieser »Sozialdienst« eine lebensgefährliche Aufgabe dar. Wahrscheinlich schützt sich der jeweils »diensttuende« Wächtervogel gegen Angriffe von unten, indem er die Falken ständig im Auge behält und durch eine Flughöhe von 200 Metern gegen Angriffe von oben. Es kommt für den Vogel nur darauf an, einen Angreifer rechtzeitig zu entdecken. Gelingt ihm das, kann er dem Lannerfalken entgehen, da dieser – nach meinen Beobachtungen – zumindest im Geradeausflug die hohe Fluggeschwindigkeit der Flughühner nicht erreicht.

Um das interessante Sozialverhalten der Flughühner zu beobachten und es vor allen Dingen zu entschlüsseln, bedurfte es vieler Wochen. Da die Nahrung in der Wüste sehr dünn gesät ist, besitzen die Vögel untereinander ein ausgeprägtes Konkurrenzverhalten. Während der gemeinsamen Nahrungssuche halten die Vögel einen ganz bestimmten Abstand zueinander ein. Jeder Vogel beansprucht seine eigene Pickfläche, deren Durchmesser etwa einen Meter beträgt. Wagt sich ein anderer Vogel in den Pickbereich seines Nachbarn, macht dieser den Eindringling auf die Grenzverletzung aufmerksam, indem er seine Schwanzfedern zu einem Fächer aufstellt. In den meisten Fällen

genügt dieser Hinweis, um den richtigen Abstand zwischen den Vögeln herzustellen. Wird der Hinweis jedoch mißachtet, so greift der Revierinhaber den Eindringling mit weitvorgestrecktem Kopf und einem schnarrenden Laut an.
Kurz vor Sonnenuntergang laufen die Flughühner aus den Wadis heraus und fliegen mehrere Kilometer weit in die Steinwüste hinein. Die einzelnen Trupps schließen sich dabei zu einem großen Schwarm zusammen und gehen gemeinsam auf Schlafplatzsuche. Sie wählen einen besonders lebensfeindlichen, völlig vegetationslosen Flecken inmitten einer ausgedehnten Steinfläche aus. Hier mulden sie etwa sechs Zentimeter tiefe Schlafkuhlen aus, indem sie sich wie beim Sandbaden auf dem Boden sitzend seitlich hin und her drehen.
Da sich Kleinsäugetiere wie z.B. Wüstenspringmäuse inmitten völlig vegetationsloser Steinflächen wegen Nahrungsmangels nicht aufhalten, streifen hier bei Nacht auch keine Schakale und Füchse umher. Die schlafenden Vögel sind - in ihren Kuhlen sitzend - also sicher. Während mehrerer Wochen flogen die Flughühner allabendlich zum gleichen Platz, wo sie sich jedoch jeden Abend eine neue Schlafkuhle ausmuldeten.
Während die fleischfressenden Falken und die zahlreichen kleinen Vogelarten der Wüste, die sich von Insekten ernähren, ihren Wasserbedarf aus ihrer tierischen Nahrung decken, sind die körnerfressenden Vögel, zu denen auch die Flughühner gehören, darauf angewiesen, täglich zu trinken. Damit die Flughühner überhaupt in der Wüste existieren können, sind also nicht nur Pflanzensamen nötig, sondern es muß auch ein ständig gefülltes Wasserloch in nicht zu großer Entfernung von den Nahrungsplätzen vorhanden sein. Diese Kombination ist natürlich in einer Wüste äußerst selten.
In der Sahara lassen sich drei Haupttypen von Wasserlöchern unterscheiden, die den Flughühnern als Tränke dienen. Bei dem ersten Typ handelt es sich um Felsaushöhlungen, die sich nach Regenfällen zeitweilig mit Wasser auffüllen. Theoretisch kann jedes der unzähligen, durch Erosion entstandenen Felslöcher in der Sahara zu einer Tränke werden. Da es aber in den meisten Gebieten der Wüste nur alle paar Jahre einmal zu Niederschlägen kommt und die Verdunstung sehr hoch ist, ist dieser Typ des Wasserloches sehr selten und kurzlebig. Nur in wenigen sehr tiefen Felsaushöhlungen, die im Schatten überhängender Felswände liegen, vermag das Regenwasser sich über einen längeren Zeitraum zu halten.
Der zweite Typ der Wasserlöcher inmitten der Wüste wird durch Regenwasser gespeist, das in von der Wüste weit entfernten Gebieten

gefallen ist. Zahlreiche ausgetrocknete Flußbetten verlaufen von den regenreichen Atlasgebirgen, die die Sahara im Norden begrenzen, mehrere hundert Kilometer nach Süden in die Wüste hinein. Die ausgetrockneten, oft mit Sand gefüllten Flußbetten sind Relikte aus einer früheren Erdepoche, als das Klima noch feuchter war. Heute versiegen die Flüsse bereits wenige Kilometer südlich der Gebirge, in denen sie entspringen. Unsichtbar fließen sie jedoch im Untergrund des Flußbettes viele hundert Kilometer weiter. Mitten in der Wüste, an den tiefsten Stellen des ausgetrockneten Flußlaufes, tritt dieses Grundwasser dann in Form von Wasserlöchern oder kleinen Teichen wieder zutage. Mit diesem »Flußwasser« decken viele Tiere der Sahara ihren Wasserbedarf.

Und schließlich gibt es noch Wasserlöcher, aus denen die Flughühner Regenwasser trinken, das oft vor vielen Millionen Jahren vom Himmel fiel, als es auf den Kontinenten noch feuchter war. Dieses fossile Regenwasser blieb – in tiefliegenden porösen Gesteinsschichten gespeichert – bis heute erhalten. An einigen Stellen, an denen diese Gesteinsschichten durch die Kräfte der Verwitterung freigelegt sind, tritt das fossile Regenwasser in Form kleiner Quellteiche zutage. Unsere Flughühner tranken an einem Wasserloch des zweiten Typs. Die 60 Kilometer lange westliche Begrenzung unserer Untersuchungsfläche bildete ein breites Trockenflußtal, in dem wir in der Nähe des Forts einige Wasserlöcher entdeckt hatten. Das Wasser stammte aus den Atlasgebirgen, die weit entfernt im Norden liegen. Mit einer Regelmäßigkeit, daß wir unsere Uhr hätten danach stellen können, flogen die Flughühner jeden Morgen um sieben Uhr zu einem großen Wasserloch, das etwa vier Kilometer von ihren Freßplätzen entfernt in einem Wadi lag. Die Vögel stimulierten sich durch ununterbrochenes Rufen zum Trinkflug. Es begann damit, daß ein Vogel aufflog. Laut rufend kreiste er über der Wüste. Die Vögel, die sich noch am Boden befanden, antworteten mit einer immer schneller werdenden Ruffolge, bis sich schließlich ein Vogel nach dem anderen, ein Trupp nach dem anderen in die Luft erhob und schließlich in einem großen Schwarm unter ständigem Rufen zum Wasserloch flog.

Auch beim Aufsuchen der Wasserlöcher besitzen die Flughühner ein wirksames Wachsystem. Wasserlöcher sind in der Wüste praktisch Knotenpunkte des Lebens. Schakale lauern den Tieren auf, die ihren Durst stillen wollen, und oft kommen Nomaden, um ihre großen Tierherden zu tränken. In den seltensten Fällen gelang es daher den Flughühnern, direkt an die Tränke zu fliegen. Hatten die Vögel die Störung erkannt, so drehten sie sofort ab und fielen ca. einen

Kilometer vom Wasserloch entfernt in der Wüste ein. Da die am Boden wartenden Vögel meistens nicht in der Lage sind, das Wasserloch zu sehen, weil dieses stets in den tiefsten Einschnitten des Flußbettes liegt, steigt ein Wächtervogel auf und übernimmt in großer Höhe fliegend die Kontrolle des Wasserlochs. Ist keine Gefahr mehr vorhanden, so kehrt er zu dem wartenden Schwarm zurück, um anschließend mit ihm die Tränke aufzusuchen. Das Trinken selbst geht in größter Eile vor sich und dauert oft nicht länger als 15 Sekunden. Nachdem die Vögel getrunken haben, kehren sie auf dem schnellsten Wege zu ihren Nahrungsplätzen zurück. Im Gegensatz zu anderen Tieren sind die Flughühner anscheinend in der Lage, auch sehr salzhaltiges Wasser zu trinken. Während der heißen Spätsommermonate, wenn viele Wasserlöcher austrocknen, oder in Zeiten langandauernder Sandstürme, die zahlreiche Wasserlöcher verschütten, hat man sogar Flughühner beobachtet, die an der Atlantikküste Meerwasser zu trinken versuchten.

Für unsere Untersuchung war es besonders wichtig, etwas über die Trinkgewohnheiten der Flughühner zu erfahren. Da die Vögel am Wasserloch jedoch äußerst scheu und mißtrauisch waren und besonders dem »Wächtervogel« nicht die geringste Veränderung in der Umgebung der Tränke entging, mußten wir uns so gut wie irgend möglich tarnen. Höhere Vegetation, in der man sich hätte verstecken können, war nicht vorhanden. Ein Tarnzelt kam wegen seiner Auffälligkeit und Anziehungskraft, die es auf die Nomaden ausübte, nicht in Frage.

Ich kam auf die Idee, in die steile Uferböschung, die das Wasserloch an der einen Seite begrenzte, senkrecht ein Loch hineinzugraben, das so tief war, daß ich mich hineinsetzen konnte. Dieses Vorhaben bedeutete mehrere Tage lang anstrengende Arbeit mit Picke und Schaufel. Der Lehmboden war so zäh, daß man das Gefühl hatte, mit der Picke in Hartgummi zu schlagen. Immer nur kleine Brocken lösten sich. Da ich nur in den kühlen Morgen- und Abendstunden graben konnte, war das 1,50 Meter tiefe Loch erst am dritten Tag fertiggestellt. Für den Bau meines Versteckes hatte ich einen Vorsprung in der Uferböschung ausgewählt. In die 20 Zentimeter dicke Außenwand bohrte ich die Beobachtungslöcher hinein. Durch diese Gucklöcher konnte ich nicht nur das vor mir liegende Wasserloch übersehen, sondern ich konnte auch die nach links und rechts verlaufende Uferböschung und den Grund des Trockenflußtales kontrollieren. Abgestorbene Pflanzenteile, mit viel Mühe im Flußtal zusammengesucht, dienten zur Tarnung des Eingangs (siehe Abbildung 25).

Am Morgen nach der Fertigstellung des Verstecks saß ich bereits lange vor Sonnenaufgang voll angespannter Erwartung in meinem Loch. Ich hatte noch schnell ein zweites Beobachtungsloch für das Teleobjektiv der Kamera gebohrt. In meinem engen Versteck waren mir bereits die Beine eingeschlafen, als ich kurz nach sieben Uhr die vertrauten Rufe der Flughühner hörte. Kurz darauf fiel der Schwarm mit lautem Fluggeräusch und unter ständigem Rufen in der Nähe des Wasserloches ein. Ich konnte die Vögel zwar nicht sehen, aber die Landung hatte sich akustisch eindeutig verfolgen lassen. Die Hand am Auslöser der Kamera, wartete ich jeden Moment darauf, daß die Vögel von links kommend am Rande des Wasserloches auftauchen würden. Sie kamen nicht. Statt dessen flogen sie mit einem Alarmstart davon. Was war geschehen? Hatten sie die Linse des Kameraobjektivs gesehen? Die »Störung« trat jedoch von rechts in Gestalt eines Esels an das Wasserloch heran. Der Esel trank und schlief zu meinem Entsetzen ein. Was sollte ich tun? Das einfachste wäre gewesen, das Versteck zu verlassen und den Esel zu verscheuchen. Das war jedoch unmöglich, da der Wächtervogel bereits mit seinem auffallenden Warnruf über dem Wasserloch und dem schlafenden Esel kreiste. Würde er mich aus dem Versteck herauskriechen sehen, hätte ich meinen Unterschlupf für immer den mißtrauischen Vögeln verraten. Ich versuchte es daher mit einer anderen Methode. Aus einem langen breiten Gummiband, das an sich der Halterung der Objektive in meinem Fotokoffer diente, baute ich ein Katapult, mit dem ich durch das Beobachtungsloch den Esel mit kleinen Steinen beschoß, um ihn aufzuwecken. Keine Angst, der Esel trug keinerlei Schaden davon. Nach zwanzig Treffern war er noch nicht einmal aufgewacht. Als ich nach viereinhalb Stunden um 10.30 Uhr mein Versteck verließ, da der Wächtervogel seit über einer Stunde nicht mehr gekommen war, woraus ich schloß, daß die Vögel ein anderes Wasserloch aufgesucht hatten, schlief der Esel immer noch an derselben Stelle. Ich mußte mich schwer zusammennehmen, um ihn nicht mit der unsanften Methode der Nomaden aus seinen Träumen aufzuwecken.

Am nächsten Morgen saß ich mit neuer Hoffnung wieder in meinem Versteck. Die Sonne war bereits aufgegangen, und die Flughühner mußten jeden Augenblick auftauchen, als ich durch mein linkes Guckloch eine niederschmetternde Entdeckung machte. Ein Hirtenlied singend lief eine Nomadenfrau am Rande der Uferböschung entlang. Ihre Blicke suchten das Flußbett nach trockenen abgestorbenen Pflanzen ab, die sie zum Kochen und Brotbacken für ihren kleinen Lehmofen benötigte. Unbeirrbar kam sie dabei meinem Versteck immer näher. Ich hörte die Flughühner und wie sie wieder abdrehten. Noch hoffte ich, die Nomadenfrau würde das Versteck nicht bemerken und daran vorbeigehen. Ich hatte mich jedoch getäuscht. Während ich noch überlegte, was am besten zu tun sei, hatte sie bereits die einmalige Konzentration von Brennholz entdeckt, die den Eingang meines Verstecks tarnte. Durch die dünnen Reiser nach oben blickend, sah ich das freudige Gesicht der Frau und ihre vorgestreckten Hände. Ich kam ihr zuvor, indem ich das Dach aus Reisern und Wurzeln mit den Händen teilte und meinen Kopf hinausstreckte. Der freudige Gesichtsausdruck wich nacktem Entsetzen. Die Frau stieß einen grellen Schrei aus und rannte davon. Dann beging ich einen Fehler. Ich sprang aus meinem Versteck heraus und rannte hinter der Unglücklichen her, die vielleicht noch nie einen Europäer gesehen hatte, um sie zu beruhigen. Als die Frau bemerkte, daß sie auch noch verfolgt wurde, vergrößerte sich der Abstand zwischen ihr und mir beträchtlich. Ich sah sie in einem Kilometer Entfernung hinter einer Hügelkette verschwinden. Mein rotblondes Haar und mein Vollbart, sowie der Sonnenbrand, den ich mir damals zugezogen hatte, dürften zu ihrem Entsetzen beigetragen haben (siehe Foto auf der hinteren Klappe).

Als ich aus meinem Versteck herausgesprungen war, hatte ich noch nebenbei bemerkt, daß der Wächtervogel den ganzen Vorgang beobachtet hatte und mindestens ebenso erschrocken wie die Frau reagiert hatte. Von diesem Tag an war das Wasserloch für Nomaden und Flughühner ein höllischer Ort geworden, den es zu meiden galt.

Es dauerte zwei Tage, bis wir die Ausweichtränke der Flughühner entdeckt hatten, und drei Tage, bis wir ein neues Versteck gebaut hatten. Vierzehn Tage nachdem ich mit dem Bau des ersten Verstekkes begonnen hatte, beobachtete ich dann endlich zum erstenmal die Senegal-Flughühner bei der Wasseraufnahme und mir gelangen die ersten Dokumentaraufnahmen.

Die Flughühner waren Anfang März nach den Regenfällen auf unsere Probefläche gekommen. Es war inzwischen Mitte April geworden, und die Temperaturen stiegen an einigen Tagen bereits auf über 35 Grad im Schatten an. Tag für Tag, Woche für Woche waren wir bis zu zehn Stunden täglich im Gelände unterwegs, um ein Nest der Flughühner zu entdecken. Stundenlang saßen wir auf Anhöhen und suchten Meter für Meter die Steinflächen, die sich bis zum Horizont erstreckten, mit starken Ferngläsern nach einzelnen Vögeln ab, die sich vielleicht von den Trupps abgesondert hatten, um zu brüten. Wir entdeckten nichts. Unsere Stimmung war auf den Nullpunkt gesunken. Die Schwärme hielten nach wie vor zusammen, und es war kaum eine Verringerung der Individuen festzustellen. Wie war so etwas möglich? Warum nutzten die Flughühner die Frühjahrsperiode mit dem großen Nahrungsangebot nicht wie andere Vogelarten der Wüste zur Brut? Viele Vogelarten hatten ihre Brutperiode schon beendet und waren bereits damit beschäftigt, ihre Jungen aufzuziehen.

Die Vegetation begann bereits zu vertrocknen, und von Tag zu Tag wurden die einst grünen Vegetationsbänder in den Wadis gelber. Die Wolfsmilchgewächse begannen, nachdem sie ihre letzten Samen abgeworfen hatten, in der schnell zunehmenden Hitze ihre Zweige auf die Mitte hin zusammenzuziehen. Die ausladende, buschähnliche Pflanze nahm dadurch allmählich die Form einer Flasche an. Die sich zusammenziehenden, äußeren trockenen Äste schirmen die grünen Zweige im Mittelpunkt der Pflanze gegen Sonnenstrahlen und Austrocknung ab. Dadurch ist die Pflanze in der Lage, ihre Lebensdauer noch um einige Wochen zu verlängern. Da der Wind den größten Teil der trockenen Pflanzensamen davonträgt, wurde die Nahrung für die Vögel immer knapper, und das Konkurrenzverhalten innerhalb der nahrungssuchenden Flughuhntrupps nahm ständig zu. Immer größer wurde der Pickbereich, den jeder Vogel für sich in Anspruch nahm, und immer häufiger kam es zu Hackereien unter den Vögeln. Die Männchen zeigten jedoch um diese Jahreszeit den Weibchen gegenüber eine auffallende Hackhemmung. Wahrscheinlich trug dieses Verhalten allmählich zur Paarbildung bei. Innerhalb von wenigen Tagen lösten sich die Vogeltrupps schließlich auf, und man sah immer mehr einzelne Vogelpaare auf der Suche nach den letzten vorhandenen Samenkörnern durch die Wadis ziehen. Am Verhalten der Vögel waren noch weitere deutliche Veränderungen zu beobachten. Sie verhielten sich heimlich und drückten sich bei der geringsten Störung sofort in die Steine. Durch dieses Verhalten wurden die Vögel noch unscheinbarer, als sie ohnehin schon durch ihre Tarnfärbung waren. Kurz gesagt, ihr Verhalten war typisch für Vögel, die ihren Brutplatz nicht verraten wollten.

Unsere Freude und gleichzeitig unsere Verwunderung über diese Beobachtung war groß. Erst jetzt, da so gut wie keine Nahrung mehr vorhanden war und der glutheiße Saharasommer vor der Tür stand, begann also für die Flughühner die Paarungszeit. Aber kaum wähnten wir uns unserem ersehnten Ziel nahe, nach fünfwöchiger Suche endlich einen Nistplatz der Flughühner gefunden zu haben, da machten wir innerhalb weniger Tage eine niederschmetternde Beobachtung. An den Wasserlöchern konnte wir feststellen, daß die Vogelpopulation von Tag zu Tag rapide abnahm. Mehrere Paare

kehrten nach ihrem morgendlichen Trinkflug nicht wieder zu ihren Nahrungsplätzen zurück. Die Vögel flogen statt dessen in sehr großer Höhe in nördlicher Richtung davon. Ein Vogelpaar nach dem anderen verschwand in den endlosen Einöden der Sahara.
Dieses Wegziehen der Vögel war von einem Witterungsumschwung begleitet. Der frühe Sommeranfang in der Sahara kündigte sich durch einen Wechsel der Windrichtung an. Jetzt, Mitte April, wurden die nördlichen Winde allmählich von südlichen Winden abgelöst. Noch waren die starken Winde, die aus dem Inneren der Sahara wehten, nur warm, aber sie gaben uns bereits einen Vorgeschmack auf den glutheißen Atem der großen Wüste, der uns bereits sechs Wochen später entgegenschlagen sollte.
Als dann eines Tages überhaupt kein Vogel mehr zur Tränke kam und die Steinwüste wieder einen verlassenen öden Eindruck machte, verließen auch wir den Südteil unseres Untersuchungsgebietes.
Da die Flughühner ein derart mysteriöses, von allen anderen Wüstenvogelarten abweichendes Verhalten aufwiesen, reizte uns die Aufgabe, das Geheimnis ihrer Brutplätze zu lösen, mehr denn je. Aber wie sollten wir es überhaupt anstellen, einzelne perfekt getarnte Vögel, die noch dazu eine heimliche Lebensweise führten, in den unvorstellbaren Weiten der Wüste wiederzufinden?
Unsere Chance war äußerst gering. Die einzigen Anhaltspunkte, die wir überhaupt besaßen, war die Beobachtung, daß die Vögel in nördlicher Richtung davongeflogen waren, und die Tatsache, daß die Vogelpaare nach wie vor auf ein Wasserloch angewiesen waren.
Etwa 50 Kilometer vom Fort entfernt, in der nördlichen Region unserer Untersuchungsfläche, errichteten wir inmitten der Wüste ein neues Forschungscamp. Da es völlig sinnlos war, Hunderte und Tausende von Quadratkilometern nach einzelnen Vogelpaaren abzusuchen, entschlossen wir uns zunächst, etwaige Wasserlöcher ausfindig zu machen. Waren diese vorhanden und wurden sie von

Abbildung 28:
Inmitten großer Deckungssteine ein brütendes Weibchen der Senegal-Flughühner aus der Perspektive eines am Boden sitzenden Wüstenwanderfalken. Nur durch die Momentaufnahme 1/500 sec. erscheinen Vogel und Deckungssteine scharf. Aufgrund der erhitzten wallenden Luft verschwimmen die Konturen des brütenden Flughuhnes jedoch für den beobachtenden Falken mit den Deckungssteinen.

Abbildung 29:
Probe des porösen und daher kühleren Gesteins, auf dem die Wüstenflughühner brüten.

Flughühnern besucht, so wollten wir von dort aus versuchen, die Brutplätze der Vögel ausfindig zu machen. Aber jetzt in der zweiten Aprilhälfte waren die meisten Wasserlöcher bereits ausgetrocknet. Wenn die Flughühner aber überhaupt noch brüteten, so waren sie auf eine Tränke angewiesen, die mindestens noch zwei Monate, also bis in den Saharasommer hinein, Wasser enthalten mußte. Soviel Zeit würden Brut und Jungenaufzucht in Anspruch nehmen.
Nach dreitägiger Suche entdeckten wir tatsächlich ein tiefes, großes Wasserloch, das diesen Anforderungen entsprach. Es lag in demselben Trockenflußbett, in dem sich 50 Kilometer weiter südlich auch das alte Wasserloch befand. Wir verbrachten vor Aufregung eine schlaflose Nacht und lagen am nächsten Morgen schon eine halbe Stunde vor Sonnenaufgang, eingegraben in einer kleinen Sanddüne, dreihundert Meter vom Wasserloch entfernt auf der Lauer. Als die Sonne im Osten über einem fernen Gebirgszug aufging, steigerte sich unsere Spannung bis zur nervösen Gereiztheit. Würden Vögel zum Trinken kommen und würde es uns gelingen, wieder einen Kontakt mit der verschollenen Flughuhnpopulation herzustellen?
Um acht Uhr fielen drei Paare nacheinander am Wasserloch ein. Damit hatte die zweite Phase, der spannendste Teil unserer Arbeit, begonnen, die Erforschung der Brutbiologie der Flughühner. Kurz nachdem die Vögel von der Tränke wieder aufgeflogen waren, wühlten wir uns so schnell wie möglich aus dem Sand hervor und rannten auf die steile Uferböschung, um den Rückflug der Vogelpaare zu beobachten. Bedingt durch die hohe Fluggeschwindigkeit der Vögel hatten wir aber nur einen kurzen Moment beobachten können, daß die Vögel in die Richtung zurückflogen, aus der sie gekommen waren, nach Osten. In kürzester Zeit wurden sie von der grellweißen glänzenden Helligkeit des Morgenlichtes verschluckt.
Am nächsten Morgen, als vier Paare vom Trinken zurückflogen, war es das gleiche. Es war völlig unmöglich, die davonfliegenden Vögel mit dem Fernglas zu verfolgen. Außerdem war das Gelände extrem unübersichtlich. Aufgefaltete, einhundert Meter hohe Felsschollen, die durch die Kräfte der Verwitterung an vielen Stellen zu großen Trümmerhaufen zerfallen waren und aufgrund ihrer schwarzen Fär-

Abbildung 30:
Alte Felsgravur, ein Nashorn darstellend, aus der nordwestlichen Sahara.

Abbildung 31:
Männchen des Senegal-Flughuhnes mit seinen drei Jungen auf Nahrungssuche in der Steinwüste.

bung an riesige Kohlenhalden erinnerten, verliefen kreuz und quer und versperrten die Sicht. Hinzu kam, daß zu dieser Jahreszeit die Luft bereits in den Morgenstunden über dem schwarzen Gestein derart erwärmt war, daß sie in heftige Wallungen geriet. Fliegende Vögel verschwanden in den erhitzten wabbernden Luftschichten durch das Phänomen der Lichtbrechung wie durch einen optischen Spiegeltrick. Es sah aus, als tauchten die Vögel ins Wasser.
Um den Aufenthaltsort und den eventuellen Brutplatz der Vögel trotzdem ausfindig zu machen, entwickelten wir eine zeitraubende und mühsame Methode. Wir fuhren zunächst einmal ein Gebiet von 200 Quadratkilometern ab, das östlich des Wasserloches lag und fertigten dabei von dem Gelände eine möglichst genaue Skizze an. Ausgerüstet mit dieser Skizze begannen wir vom Wasserloch aus den Rückflug der Vogelpaare zu beobachten. Mit einem Kompaß ermittelten wir die genaue Flugrichtung und trugen sie als Linie in unsere Skizze ein. Täglich verlegten wir unseren Beobachtungspunkt auf der Fluglinie um rund 500 Meter in Richtung des vermutlichen Brutplatzes. Dadurch war es möglich, die einzelnen beobachtbaren Flugstrecken der Vögel durch flimmernde Luftschichten und über Höhenzüge hinweg miteinander zu verbinden. Nach vier Tagen hatten wir den nicht übersehbaren Teil der Strecke überwunden und vor uns öffnete sich eine flache Steinwüste, die sich bis zum Horizont erstreckte. Der Boden bestand aus erbsen- bis walnußgroßen mittelbraunen Steinen. Auf diesem Untergrund lagen kleine dunkle Steine verstreut, die die ganze endlos erscheinende Steinfläche gesprenkelt aussehen ließ. Da sich die zurückfliegenden Vögel über dieser offenen Steinwüste bis zu einem Kilometer weit verfolgen ließen, konnten wir unseren Beobachtungsposten um eine entsprechende Entfernung weiter vorverlegen. Interessant war, daß die in unserer Geländeskizze immer länger werdende Fluglinie auffallend geradlinig verlief. Diese beständige Flugroute war der Beweis dafür, daß die Vögel zwischen zwei Punkten anscheinend immer die kürzeste Entfernung wählten. Der eine uns bekannte Punkt war das Wasserloch, der unbekannte Punkt mußte der Brutplatz sein.
Unsere Spannung erreichte ihren Höhepunkt, als wir am Morgen des sechsten Tages unserer Aktion bemerkten, wie zwei Flughühner nur ca. hundert Meter von unserem Beobachtungspunkt entfernt inmitten der flachen Steinwüste zu ihrem morgendlichen Trinkflug starteten.
Nach 30 Minuten hörten wir die Rufe des zurückkehrenden Paares. Die Vögel fielen fast genau an dem Ort wieder ein, an dem sie aufgeflogen waren. Sofort nach der Landung begannen die Vögel damit,

wie wir mit dem Fernglas beobachten konnten, auf ein für uns noch unbekanntes Ziel zuzulaufen. Das Weibchen, das wir an seiner speziellen Färbung vom Männchen unterscheiden konnten, setzte sich an einem Platz nieder, der durch eine zufällige Ansammlung mehrerer größerer Steine gekennzeichnet war. Diese Steingruppen waren selten und lagen oft in kilometergroßen Abständen verstreut auf der Wüstenoberfläche. Sie waren die letzten Überreste harter Gesteinsschichten, die den Kräften der Verwitterung bisher widerstanden hatten.

In dem Moment, als sich das Weibchen inmitten der Steine, die etwa so groß waren wie der Vogel selbst, niederhockte, wurde es für uns aufgrund seiner Tarnfärbung fast unsichtbar. Das Männchen lief weiter. Während meine Frau die Steinansammlung im Auge behielt, ging ich langsam darauf zu. Das Erstaunliche war, daß das Weibchen nicht aufflog, obwohl ich die sogenannte Fluchtdistanz dieser normalerweise sehr scheuen Vögel bereits weit unterschritten hatte. Statt dessen flog das Männchen auf, flog auf mich zu und landete keine dreißig Meter von mir entfernt. Es vollführte nun etwas für einen auf Tarnung bedachten Wüstenvogel sehr Eigenartiges. Das Männchen stellte seine Flügel senkrecht auf, so daß deren helle Unterseiten weithin sichtbar wie eine Flagge wirkten. Dazu vollführte das Männchen kleine Sprünge, wobei es heftig mit den Flügeln schlug. Es konnte kein Zweifel bestehen, das Männchen wollte mich durch sein auffälliges Verhalten von dem Weibchen weglocken, dem ich mich mehr und mehr näherte. Ich fiel jedoch auf dieses Ablenkungsmanöver nicht herein. Bis auf zehn Meter konnte ich mich dem Weibchen nähern. Nie zuvor hatte ich einem Flughuhn in solcher Nähe ungetarnt gegenübergestanden. Der Vogel verschmolz farblich völlig mit dem Untergrund. Selbst wenn ich mich kurz nach meiner Frau umdrehte, mußte ich das Weibchen wieder neu ausfindig machen. Seine Gefiederfärbung, mittelbraun mit dunklen Punkten, entsprach genau dem Gestein. Das Weibchen saß völlig unbeweglich und mit eingezogenem Kopf auf dem Wüstenboden. Sich seiner Tarnfärbung gewiß, vertraute es darauf, von mir nicht entdeckt zu werden. Es konnte kein Zweifel mehr bestehen, daß der Vogel brütete. Um den Vogel nicht aufzuschrecken, näherte ich mich ihm nicht weiter und ging in zehn Meter Abstand an dem Weibchen vorbei. Ich tat so, als hätte ich nichts gesehen und vermied es sehr sorgfältig, den Vogel direkt anzuschauen. Aus Erfahrung wußte ich, daß viele am Boden brütende Wüstenvögel sich bei der Herstellung eines Blickkontaktes entdeckt fühlen und fliehen.

Als das Flughuhnpaar am nächsten Morgen wieder gemeinsam zum

Trinken flog, nutzten wir die Zeit und gingen schnell zu der Steinansammlung. An einem der letzten Apriltage, nach insgesamt 46 Tagen intensiver Suche, standen wir endlich, sechs Kilometer vom Wasserloch entfernt, vor unserem ersehnten Ziel; wir erblickten das Nest des Senegal-Flughuhns. Statt Nest muß es hier besser Gelege heißen, denn die drei Eier lagen ohne jegliches Nistmaterial in einer flachen Steinmulde. Selbst die Eier waren durch ihre Form und Farbe perfekt getarnt. Sie besaßen nicht mehr die typische, leicht erkennbare Form eines Eies mit einem dicken stumpfen und einem schlanken spitzen Ende. Die Eier der Flughühner waren an beiden Enden fast gleich dick und abgerundet. Sie hatten etwa die Form einer walzenförmigen kurzen Wurst. Zusammen mit ihrer Färbung, die genau wie die der Steinwüste war – mittelbraun und dunkel punktiert –, erinnerten die Eier eher an Steine (siehe Abbildung 26).
Wir hatten also jetzt endgültig den Beweis dafür, daß die Flughühner doch nicht unbemerkt in dem Gebiet gebrütet hatten, in dem das größte Nahrungsangebot vorhanden gewesen war. Der pflanzenreiche Südteil unserer Untersuchungsfläche war nur ein Vorbrutbiotop gewesen, in dem die Vögel sich gesammelt und anschließend verpaart hatten.
Das fünfzig Kilometer nördlich davon gelegene Brutgebiet war insgesamt viel trockener und lebensfeindlicher. Hinzu kam, daß es nicht etwa kühler war als der Vorbrutbiotop. Im Gegenteil, es war inmitten dieser Steinwüste eher noch heißer als zur gleichen Zeit im Süden der Untersuchungsfläche. Daß sie in dieses Gebiet umgezogen waren, konnten wir uns zunächst nicht erklären.
Wir hatten keinerlei Möglichkeit, an dem Gelege festzustellen, wie lange die Vögel schon brüteten. Da die meisten Flughühner paarweise den Vorbrutbiotop Mitte April verlassen hatten, konnte das aufgefundene Gelege höchstens vierzehn Tage alt sein.
Am 1. Mai begann der lange, von uns so gefürchtete Saharasommer. Die Temperaturen stiegen von Tag zu Tag, und die Arbeit im Gelände wurde immer schwieriger. Während der ersten beiden Maiwochen gab es noch nicht den geringsten Hinweis, daß die Brutperiode ihrem Ende entgegenging. Wir hatten in dieser Zeit, in der wir voller Spannung auf das nächste große Ereignis, auf das Schlüpfen der Jungen warteten, viel Zeit, die Brutgewohnheiten der Vögel zu studieren.
Bereits einige Tage, nachdem wir das erste Gelege entdeckt hatten, fanden wir ein zweites mit zwei Eiern. Am nächsten Tag war ein drittes Ei dazugekommen. Wir waren durch diese Beobachtung des Brutanfanges in der Lage, später die genaue Brutdauer zu errechnen.

Im Laufe der Zeit entdeckten wir auf der riesigen Fläche der Steinwüste insgesamt zwanzig Gelege. Die einzelnen Paare brüteten oft in einem Abstand von mehreren Kilometern. Der geringste von uns festgestellte Abstand zwischen einem Gelege und dem Wasserloch betrug drei Kilometer, der größte acht Kilometer.
Uns interessierte insbesondere die Frage, warum die Vögel inmitten einer zufälligen Ansammlung größerer Steine brüteten. Wir erklärten uns diese Tatsache damit, daß die Vögel die auffallenden Steine als Markierung benutzten, um ihr Gelege inmitten der riesigen einförmigen Steinfläche wiederzufinden. Diese Erklärung genügte uns bis zu dem Tage, an dem wir zwei Gelege fanden, die nicht von einem Ring größerer Steine umgeben waren. Die Nistmulden mit den Eiern lagen inmitten einer völlig ebenen kleinsteinigen Region. Selbst von der Höhe des Autodaches war nicht das geringste Anzeichen einer Orientierungsmöglichkeit für die Vögel zu erkennen. Trotzdem fanden die Vögel jeden Morgen, wenn sie vom Trinken zurückkamen, ihre Gelege zielsicher wieder. Diese Beobachtung machte es wahrscheinlich, daß die großen Steine eine ganz andere Bedeutung besaßen.
Das Rätsel dieser Steine konnten wir erst nach zwei Wochen intensiver Beobachtung lösen. Wir hatten die Jagdmethoden der Lannerfalken, die inzwischen ebenfalls im Brutgebiet eingetroffen waren, genau studiert. Auch ein zweiter Feind, ein Wüstenrabenpaar, hielt sich ständig im Brutgebiet auf. Die Raben hatten es auf die Eier bzw. später auf die Jungen der Flughühner abgesehen.
Falken wie Raben hatten bereits im März und April gebrütet und ihre Jungen aufgezogen, als das größte Nahrungsangebot vorhanden war. Die Falken hatten ihre Jungen hauptsächlich mit Zugvögeln ernährt, die im Frühjahr auf ihrem Rückweg von Zentralafrika nach Europa in großer Zahl die Sahara überquerten. Viele Zugvögel sind durch die Anstrengung einer Saharaüberquerung so entkräftet, daß sie eine leichte Beute für die Falken sind.
Wenn im Sommer das Nahrungsangebot geringer geworden ist, bleiben für die Falken und die Raben und ihre inzwischen schon selbständigen Jungvögel nur noch Reptilien und andere Vogelarten, besonders die Flughühner und ihre Eier übrig, da die meisten Säugetiere eine rein nächtliche Lebensweise führen. Der Selektionsdruck, den besonders die Falken auf die Flughühner ausüben, ist daher sehr groß.
Nach unseren Beobachtungen verzichteten die Falken weitgehend darauf, die Flughühner während ihres morgendlichen Trinkfluges anzugreifen. Das erstaunte uns zunächst, denn obwohl die Falken,

wie bereits berichtet, nicht in der Lage sind, ihre Beute im Geradeausflug einzuholen und zu überwältigen, hatten wir doch mehrfach im Vorbrutgebiet beobachten können, daß sie aus großer Höhe im Sturzflug auf die Flughuhnschwärme herabstießen. Da sie dabei Fluggeschwindigkeiten von 160 Stundenkilometern erreichen können, hatten sie große Chancen, ein Flughuhn zu erbeuten. Diese Jagdmethode schien jedoch nur bei großen Schwärmen Erfolg zu haben und ließ sich wahrscheinlich bei einzelnen, zum Wasserloch fliegenden Paaren nicht mehr anwenden. Im Brutgebiet hatten die Falken eine neue, sehr spezielle Jagdmethode entwickelt, die darauf abzielte, die Flughühner am Boden zu überraschen und zu überwältigen.
In den Monaten Mai und Juni sieht man Falken wie auch Raben morgens auf dem Wüstenboden inmitten der Brutgebiete sitzen. Sie beobachten die zur Tränke fliegenden Vogelpaare, ohne ihnen jedoch zu folgen (siehe Abbildung 15). Erst wenn die Flughuhnpaare vom Trinken zurückkehren und in der Nähe ihrer Gelege landen, um zu ihren Eiern zu laufen, fliegt der Falke auf und greift an. Er fliegt dabei ganz flach über den Boden, um von den Flughühnern nicht entdeckt zu werden – die gleiche Jagdmethode, die wir auch schon in den Vorbrutgebieten beobachtet hatten.
Während die Flughühner einen hoch fliegenden Falken sofort bemerken würden und der Falke die sich daraufhin sofort unbeweglich verhaltenen Flughühner von oben nicht mehr entdecken würde, hat ein flach über dem Boden fliegender Falke eine große Chance, ein Flughuhn zu überrumpeln. Die Flughühner besitzen nämlich in ihren Brutgebieten nicht mehr das sehr wirkungsvolle Luftüberwachungssystem der Wächtervögel.
Den größten Vorteil dieser Jagdmethode erkannte ich jedoch erst, als ich mich flach auf den Boden legte und mich dadurch in etwa gleicher Augenhöhe wie die am Boden sitzenden oder fliegenden Falken befand. Aus etwa 20 bis 30 Zentimeter Höhe heben sich die Flughühner in ihrem völlig ebenen Brutgebiet deutlich als Silhouette ab. Sie stellen oft die einzige Erhebung inmitten der feinkörnigen Steinwüste dar, die vom Falken bemerkt werden kann, selbst wenn die Flughühner ihn noch rechtzeitig entdecken sollten und sich sofort auf den Boden drücken und bewegungslos verharren würden.
Einige aufmerksame Leser stellen sich an dieser Stelle vielleicht die Frage, wie die Falken überhaupt in der Lage sind, in einer schon während der Morgenstunden erhitzten wabbernden Luftschicht, die dicht über dem Boden liegt, etwas erkennen zu können. Die heiße wallende Luft müßte doch alle Konturen verwischen und aufheben.

Das trifft jedoch nicht zu. Da die Silhouette der Flughühner oft die einzige Erhebung auf einer sonst völlig ebenen Horizontlinie darstellt, kann sie nicht mit anderen Erhebungen verschwimmen. Im Gegenteil, die heiße Luftschicht wirkt für den Falken wie eine Art Vergrößerungsglas, da durch die Verzerrung Gegenstände viel größer erscheinen, als sie wirklich sind.
Da alle Lebensformen unserer Erde jedoch in einer unaufhörlichen Wechselbeziehung zueinander stehen, und jede Verhaltensweise eines Jägers eine entsprechende Verhaltensweise des Gejagten zur Folge hat, haben auch die Flughühner eine Methode entwickelt, um sich gegen die sehr spezielle Jagdweise der Falken zu schützen. Die Flughühner benutzen die zufälligen Ansammlungen größerer Steine, in deren Mitte sie brüten, als eine Art Sichtschutz gegen die flach jagenden Falken und Wüstenraben. Inmitten der »Deckungssteine« hebt sich der brütende Vogel nicht mehr als Silhouette gegen den Horizont ab. Wenn er den Kopf einzieht, ist er von den abgerundeten Steinen, von denen noch dazu viele so groß sind wie er selbst, nicht mehr zu unterscheiden (siehe Abbildung 28). Hinzu kommt, daß die Körperumrisse des Vogels inmitten der Deckungssteine durch die wallende heiße Luft mit den Steinen zu verschmelzen scheinen. Die Tatsache, daß einige Flughühner ohne »Sichtschutz« brüteten, war vielleicht ein Hinweis dafür, daß die »Deckungssteine« eine Neuentwicklung darstellten und gleichzeitig lieferte diese Beobachtung eine Erklärung, wie das neue Brutverhalten entstanden sein könnte.
Der brütende Vogel ist sich wahrscheinlich der für ihn so vorteilhaften optischen Effekte nicht bewußt. Das Verhalten, innerhalb größerer Steinansammlungen zu brüten, ist sicher ähnlich wie das bereits beschriebene Abwehrverhalten der Kanincheneulen – durch natürliche Auslese, durch Selektion entstanden. Aufgrund dieses Verhaltens haben sie gegenüber ihren Artgenossen, die in völlig offenem Gelände ohne jeden Sichtschutz brüten, einen Überlebensvorteil. Die Chance, daß sie sich fortpflanzen und ihre Verhaltensweisen, die sich als vorteilhaft erwiesen haben, weitergeben, ist gestiegen. Der Tag ist abzusehen, an dem Falken und Raben den »Trick« aufgrund eines Lerneffektes durchschauen. Dann müssen sich unsere Flughühner etwa anderes einfallen lassen.
Wenn die Vögel am Morgen von ihrem Trinkflug zurückkehrten, begab sich das Weibchen stets so schnell wie möglich und auf kürzestem Wege zu den Eiern, um sie vor der schnell zunehmenden Lufttemperatur und vor den Sonnenstrahlen zu schützen. Mit Brüten im eigentlichen Sinne hat die Aufgabe des Weibchens nicht mehr allzu-

viel zu tun. In unseren kühlen Klimazonen erwärmen die brütenden Vögel mit ihrer Körpertemperatur die Eier auf eine Bruttemperatur, die gewöhnlich immer höher liegt als die Temperatur der Umgebung. Mitte Mai erwärmte sich die Luft im Brutgebiet der Flughühner dicht über dem Boden jedoch schon auf 40 Grad Celsius, und die Gesteine selbst konnten bis zu 55 Grad heiß werden. Die Eier vertragen aber nur eine Temperatur von etwas über 40 Grad. Das Weibchen mußte also in der Lage sein, das Gelege gegen eine 15 Grad heißere Umwelt abzuschirmen. Es mußte kühlen anstatt brüten.
Aber wie ist ein warmblütiges Tier überhaupt in der Lage, sein Gelege ständig »kühl« zu halten? Von dem Tag an, an dem wir uns diese Frage zum erstenmal stellten, sollte noch mehr als ein Jahr vergehen, bis wir das Geheimnis der »Flughuhnkühlung« lösen konnten. Ich werde später noch darauf eingehen. Am frühen Abend findet ein Brutwechsel statt. Während das Weibchen das Gelege verläßt, um noch etwa eine Stunde lang bei Tageslicht auf Nahrungssuche zu gehen, setzt sich das Männchen auf das Gelege. Erst in den frühen Morgenstunden, bevor das Paar gemeinsam zum Trinken fliegt, gibt es das Gelege an das Weibchen wieder ab. Das Männchen scheint allein fähig, die Eier in den kühlen Wüstennächten zu wärmen bzw. zu bebrüten; eine hochinteressante Arbeitsteilung als Folge der extremen Temperaturunterschiede zwischen Tag und Nacht.
In der dritten Maiwoche hörte ich bei meiner morgendlichen Gelegekontrolle, die ich immer ausführte, wenn das Paar zum Trinken geflogen war, aus einem der drei Eier ein leises Piepen. Zwei Tage danach ließ sich aus dem Verhalten des Flughuhnpaares schließen, daß das erste Junge aus dem Ei geschlüpft war. Das Männchen flog allein zum Trinken, während das Weibchen auf dem Gelege sitzen blieb, wahrscheinlich um das erste Junge zu schützen und zu hudern. Als das Männchen zurückkehrte, lief es sofort zu dem Gelege und löste das Weibchen ab, das daraufhin nun ebenfalls allein zur Tränke flog.
Wenn unsere Vermutung richtig war, daß man aus dieser Verhaltensänderung schließen konnte, daß der erste Jungvogel das Licht der Welt erblickt hatte, mußte in dem Abstand, in dem die Eier gelegt wurden, auch jeweils das nächste Junge schlüpfen. Dieser Legeabstand betrug wahrscheinlich einen Tag. Unsere Vermutung wurde am Abend des dritten Tages bestätigt. Um 19.00 Uhr, eine halbe Stunde vor Sonnenuntergang, verließ das Weibchen seinen Brutplatz. Mit dem Fernglas konnten wir beobachten, daß ihm drei winzige Küken im Gänsemarsch folgten. Sofort war auch das Männchen zur Stelle, und die Familie war komplett. Nie zuvor waren wir so aufgeregt gewesen wie an diesem Abend. Uns beschäftigte schon seit

Wochen immer wieder die eine Frage: Wie würden die Jungvögel zum Trinken ans Wasserloch gelangen? Die Lösung des Trinkproblems durch Transport von Trinkwasser im Kropf der Altvögel kam nicht in Frage. Die Flughühner besitzen zwar einen ungewöhnlich voluminösen Kropf, in dem sie einen großen Wasservorrat speichern können. Dieser reicht aber gerade aus, um den in der heißen Umwelt der Wüste besonders hohen täglichen Wasserbedarf der Altvögel zu decken. Der größte Teil des Kropfwassers wird wahrscheinlich für die Körperkühlung durch Hecheln verbraucht. Es wäre durchaus denkbar, daß die Altvögel mehrmals zur Tränke fliegen. Einmal, um Wasser für ihre Jungen zu holen, und ein zweitesmal, um ihren eigenen Wasserbedarf zu decken. Der Kropf ist jedoch so konstruiert, daß die Altvögel nicht in der Lage sind, das Wasser wieder herauszuwürgen und ihre Jungen damit zu tränken. Außerdem müssen die Flugstrecken in der heißen Umwelt der Wüste wegen der damit verbundenen Anstrengung so niedrig wie möglich gehalten werden.
Abgesehen von der Tränke schien das Trockenflußbett den Vögeln noch weitere wichtige Vorteile zu bieten. Auf seinem Grund wuchsen die meisten Pflanzen, und es war daher viel Nahrung in Form von Samenkörnern für die Flughuhnfamilie vorhanden. Außerdem boten die zahlreichen Büsche Schatten während der heißen Tageszeit.
Der Brutplatz des Paares, das als erstes Nachwuchs bekommen hatte, lag sechs Kilometer vom Wasserloch entfernt. Wir konnten uns einfach nicht vorstellen, wie die winzigen Küken, die mit ihren kurzen Beinen noch schlechtere Läufer waren als ihre Eltern, diese Entfernung durch die schattenlose Steinwüste zurücklegen sollten.
Ganz abgesehen davon, daß die wandernde Flughuhnfamilie in dem deckungslosen Gelände ständig die Angriffe ihrer Feinde herausfordern würde. Jetzt, Ende Mai, betrugen die Temperaturen bereits über 40 Grad Celsius im Schatten. Schatten gab es aber auf den offenen Flächen der Steinwüste keinen. Unbarmherzig brannten die Sonnenstrahlen, durch keine Wolke gemildert, vierzehn Stunden vom Himmel herab und heizten das Gestein der Wüstenoberfläche bis auf 60 Grad Celsius auf. Selbst wenn die Familie den größten Teil der Strecke irgendwie zu Fuß zurücklegen sollte, was nach unseren Beobachtungen mindestens 10 bis 12 Tage dauern würde, wie konnten die Jungen während dieser langen Wanderung ihren Durst stillen und wie sollte es der Familie schließlich gelingen, die schwarzen, glühend heißen, wild zerklüfteten Höhenzüge, die vor dem Trockenflußtal mit dem Wasserloch lagen, zu überqueren? Auch das Wasserloch selbst war durch die steilen Uferwände des Trockenflußbettes für »Fußgänger« nur schwer zu erreichen.

Die Beobachtung, daß das Flughuhnpaar zusammen mit seinen Jungen ausgerechnet am Abend seinen Brutplatz zum erstenmal verließ, regte unsere Phantasie noch mehr an. Wir stellten sofort alle möglichen Spekulationen an. Wollte die Flughuhnfamilie vielleicht versuchen, in »Nachtmärschen« das Wasserloch zu erreichen, um so der Tageshitze, den Falken und Raben zu entgehen? Die Idee war vielleicht gar nicht so abwegig.
War es für die Jungvögel dann vielleicht auf irgendeine Weise möglich, während der langen Nachtwanderung zum Wasserloch ihren Durst mit dem auch in der Wüste vorhandenen nächtlichen Tau zu stillen?
Wir bemerkten sehr schnell, daß sich die alten Flughühner bei der Jungenführung wieder äußerst scheu und mißtrauisch verhielten, wir konnten uns ihnen daher nicht weniger als sechzig Meter nähern. Wenn sich die Flughühner wirklich auf einen »Nachtmarsch« begaben, würde es uns trotz des Mondlichtes wegen der perfekten Tarnfärbung der Flughühner fast unmöglich sein, sie dabei zu beobachten. Würden wir die Familie aber erst einmal in den riesigen Steinflächen aus den Augen verlieren, so war die Chance nicht sehr groß, die scheuen und vorsichtigen Vögel am nächsten Morgen wiederzufinden. Hinzu kam, daß nach dreimonatigem Aufenthalt in dem heißen trockenen Klima der Wüste unsere Leistungskraft allmählich nachließ. Von morgens 5 Uhr bis abends 20 Uhr waren wir oft nur von kurzen Pausen unterbrochen im Gelände unterwegs.
Die Sonne war bereits untergegangen und die Dämmerung breitete sich allmählich über der Wüste aus. Der gewaltige dunkle Bogen des Erdschattens stieg am Osthimmel unaufhaltsam höher. Es war, als schöbe sich eine riesenhafte Schale, die schwarze Innenseite einer hohlen Halbkugel allmählich über den Erdball. Seitdem die Flughuhnfamilie vor einer Stunde aufgebrochen war, hatte sie jedoch nur ca. fünfzig Meter zurückgelegt. Wir konnten die Vögel gerade noch durch unsere lichtstarken Hochleistungsgläser erkennen, als die Familie anscheinend eine Rast einlegte. Und nun passierte etwas, was wir trotz unserer Spekulationen nicht für möglich gehalten hätten. Das Weibchen begann damit, eine Schlafkuhle auszumulden. Nachdem die Jungen in der Schlafkuhle verschwunden waren, setzte sie sich darauf, um sie während der kühlen Nacht zu wärmen. Das Männchen hatte seine eigene Schlafkuhle in der Nähe bezogen. Als uns die Idee mit der Nachtwanderung der Vogelfamilie gekommen war und wir wenigstens den Versuch unternehmen wollten, den Vögeln dabei zu folgen, hatte einer von uns aus dem nicht allzu weit entfernten Camp vorsorglich die Schlafsäcke herbeigeschafft und

die Wasserflaschen wieder aufgefüllt. Obwohl die Nachtwanderung offensichtlich nicht stattfand, erwies sich diese Vorsorge als richtig. Um die schlafende Flughuhnfamilie jetzt, wo es um die spannendste Frage ihrer Biologie, die Versorgung der Jungen mit Wasser ging, nicht aus den Augen zu verlieren und um sie am nächsten Morgen wieder aufzufinden, beschlossen wir, genau dort, von wo aus wir die Familie in der hereinbrechenden Dunkelheit zuletzt beobachtet hatten, zu übernachten.

Bereits kurz nach 20 Uhr war es stockfinster. Bis zum Aufgang des Mondes mußten noch mehrere Stunden verstreichen. Wir lagen in unseren Schlafsäcken und blickten in einen tiefschwarzen Himmel, der übersät war mit den helleuchtenden Punkten von unzähligen Sternen. Da die lichtbrechende Luftfeuchtigkeit in der Wüste nur sehr gering war, flimmerten die Sterne nicht. Bewegungslos und klar strahlten sie ein kaltes Licht aus. Diese von keinem milden Mondlicht erhellten Stunden einer Wüstennacht hatten für mich stets etwas unvorstellbar Einsames, etwas Kaltes, Grauenhaftes. Die Unbeweglichkeit der Sterne eines Wüstenhimmels vermittelt ein Gefühl für die Tiefe des Weltalls. Mir kam es in dieser Nacht so vor, als ob ich nicht in das Weltall hinaufblickte, sondern es schien durch die Sichtbarwerdung seiner Dimension unter mir zu liegen. Ich hatte das schwindelerregende Gefühl, in einen endlosen Raum hineinzustürzen. Das grauenhafte Empfinden der Weltraumkälte, das Nichts außerhalb der lebendigen Existenz, wurde durch die absolute Stille der Wüstennacht ins Unmenschliche, ja Unerträgliche gesteigert.

Ich glaube, ich hätte geschrien, wäre mir nicht im gleichen Moment die Flughuhnfamilie eingefallen, die in meiner Nähe schlief. Das Schicksal dieser Vögel nahm für mich eine ungeheure Bedeutung an. Es war mehr als nur das wissenschaftliche Interesse und die Spannung, wie und woher die Vögel ihr Wasser bekommen würden, was mich plötzlich mit ihnen verband. Es war eine Art tiefer innerer Verbundenheit, eine Art Solidarität, die mich plötzlich an diese ganz andere Lebensform zu fesseln schien. Eine Verbindung des Lebendigen angesichts der als grauenhaft empfundenen Kälte des Weltalls und der Leere der Wüste, die mich umgab.

Es war ein Nachvollziehen der Urangst, die vielleicht einmal vor vielen Millionen Jahren in das Bewußtsein eines Lebewesens eingedrungen war, vielleicht sogar inmitten einer Wüste. Das bewußte Empfinden des Nichts hatte vielleicht in ferner Erdvergangenheit dazu beigetragen, daß sich soziale Kontakte entwickelten, aus denen später, viel später die Idee des Humanismus entstehen sollte.

Nie hatte ich die Einheit, die Identität allen Lebens, aller Lebensfor-

men so stark empfunden wie in dieser Wüstennacht. Innerhalb der arteigenen begrenzten Denkweise des Menschen wurde das Lebendige stets sorgfältig sortiert nach gut oder böse, nützlich oder schädlich usw. In der Wüstennacht wurde mir klar, daß nur eine einzige Idee des Lebens vorhanden war und daß alle Lebensformen nur unterschiedliche Erscheinungen dieser einen Idee darstellten, gleichsam unterschiedliche Interpretationen eines Themas. Ein von der menschlichen, artspezifischen Denkfessel befreiter außerirdischer Beobachter müßte bei der Betrachtung unseres belebten Planeten das Empfinden eines einzigen zusammenhängenden, die ganze Erde umfassenden Organismus haben.
Als der erste Lichtschimmer des neuen Tages am Osthimmel erschien, wachte ich auf. Es war die eigentümliche Zeit des Zwielichtes, der Übergang vom Traum zur Wirklichkeit. Diese frühen Morgenstunden in der Wüste waren stets von einer blauen gläsernen Kühle. Mit der schnellen Zunahme des Lichtes schälten sich auch allmählich die vertrauten Konturen der Flughühner aus dem einförmigen Nichts der endlosen Steinwüste heraus.
Nachdem die Sonne bereits fast eine Stunde lang am Himmel stand, wurde das Weibchen, das die ganze Nacht auf den Jungen gesessen hatte, vom Männchen abgelöst. Nach der Übernahme der Jungen durch das Männchen flog das Weibchen allein in Richtung des Wasserloches davon. Als es nach etwa 30 Minuten zurückkehrte, warteten wir voller Spannung auf irgendein Ereignis. Die Jungen mußten bei diesem Klima, bei dieser Hitze und Trockenheit, endlich etwas trinken oder auf welche Weise auch immer mit Wasser versorgt werden. Das zuerst geschlüpfte Junge war bereits drei Tage ohne Wasser ausgekommen. Außer daß das Weibchen das Männchen beim Hudern der Jungen ablöste, geschah jedoch überhaupt nichts. Das Männchen flog anschließend ebenfalls allein zum Trinken. Es war etwa eine halbe Stunde fort, als sich etwas Seltsames ereignete. Das Weibchen begann plötzlich, in regelmäßigen kurzen Abständen, einen eigenartigen hellen, scharfen Ton auszustoßen. Die Tonfolge läßt sich am besten wiedergeben mit quit – quit – quit ... Die Pausen zwischen den einzelnen Rufen betragen dabei etwa 3 Sekunden. Dieser für uns neue Ruf des Weibchens hatte Ähnlichkeit mit einem feinen elektronischen Peilton, der von einem für die Schiff- und Flugnavigation aufgestellten Funkfeuer ausgestrahlt wird und den man bei richtiger Anpeilung aus dem Lautsprecher eines Funkpeilgerätes vernimmt. Nach etwa 2 Minuten hörten wir die gleichen hohen, kurzen Töne auch aus der Luft, kaum hörbar und anscheinend weit entfernt. Während das Weibchen ununterbrochen weiter-

rief, wurde auch der zweite gleiche Ton in der Luft schnell lauter, woraus wir schließen konnten, daß der Erzeuger dieses Tones immer näher kam, ohne daß wir diesen jedoch trotz genauen Absuchens des Himmels ausmachen konnten. Das Rufen des Weibchens wurde immer schneller und aufgeregter. Und dann entdeckten wir plötzlich das vom Trinken zurückkommende Männchen, das ebenfalls laut rufend 30 Meter vom Weibchen entfernt landete.
In der nun folgenden Viertelstunde wurden wir Zeugen einer der interessantesten Anpassungen, die Lebewesen im Kampf um das Überleben in der Steinwüste entwickelt haben und die gleichzeitig eine einzigartige Verhaltensweise innerhalb der gesamten Vogelwelt darstellte.
Das Männchen lief mit einem für die Flughühner ungewöhnlichen Tempo auf das Weibchen zu. Beide Vögel hielten dabei ununterbrochen ihren ganz speziellen Rufkontakt aufrecht. Wir erkannten das uns vertraute Männchen kaum wieder. Brust- und Bauchgefieder waren soweit vorgewölbt, daß es völlig verformt aussah. Das Männchen wirkte stark vorderlastig und fiel auch beim Laufen mehrere Male fast vornüber (siehe Abbildung 35). Etwa fünf Meter vor dem Weibchen blieb es stehen. Ständig weiterrufend richtete es sich aus seiner normalen, gedrückten waagerechten Haltung hochauf und spreizte dabei die äußeren hellen Deckfedern der Brust- und Bauchregion senkrecht vom Körper ab. Dadurch wurde eine darunterliegende große dunkle Gefiederfläche sichtbar, die den Bauch und die untere Hälfte der Brust umfaßte. Durch unsere starken, auf ein Stativ montierten Ferngläser sahen wir, daß diese dunkle Gefiederfläche im Morgenlicht glitzerte. Das Männchen hatte in seinem Bauchgefieder Wasser für seine Jungen herbeigeschafft, und das Glitzern wurde von Abertausenden winziger Wassertropfen hervorgerufen.
Das durch die aufrechte Haltung und das Abspreizen des Deckgefieders sichtbar gewordene, nasse dunkle Brust- und Bauchgefieder lockte sofort die drei Jungen unter dem Weibchen hervor. Sie liefen so schnell sie konnten auf die »Tränke« zu, die ihnen ihr Vater darbot. Dabei stießen sie, zwar ganz leise, aber doch schon deutlich vernehmbar, die gleichen speziellen Rufe wie das ebenfalls ständig rufende Männchen aus. Erst in dem Moment, als die drei Jungen ihren Vater erreicht hatten, hörte dieser zu rufen auf. Die Jungen liefen unter seinen Bauch, reckten ihre Köpfe nach oben und steckten ihre Schnäbel tief in eine lange, deutlich zu erkennende spaltenförmige Rinne, die das mit Wasser vollgesogene Gefieder von vorn nach hinten, in der Mitte des Bauches, durchzog. Um unter dem Andrang seiner drei durstigen Jungen nicht umzufallen, stützte sich das Männ-

chen mit seinen Schwanzfedern auf dem Boden auf. Offenbar saugten die Jungen das Wasser aus dem nassen Bauchgefieder des Männchens heraus. Durch die aufrechte Haltung des Männchens, die wir als »Tränkehaltung« bezeichneten, floß das Wasser wahrscheinlich in die spezielle Gefiederrinne wie in eine Regenrinne hinein. Darüber hinaus ließ die verkrampfte Haltung des Männchens erkennen, daß es offensichtlich seine Brust- und Bauchmuskulatur zusammenzog, um dadurch das Wasser in die Trinkrinne zu drücken (siehe Abbildung 36).

Jetzt wurde uns die Bedeutung des speziellen intensiven Rufkontaktes klar, den zuerst das Weibchen und dann später auch die Jungen mit dem vom Wasserloch zurückkehrenden Männchen ausgetauscht hatten. Es waren Kontaktrufe, Peilrufe. Als das Weibchen mit diesen Rufen begann, hatte es wahrscheinlich schon die Rufe des mit seiner Wasserfracht zurückkehrenden Männchens aus einer Entfernung von mehreren Kilometern gehört, als diese für unser Ohr noch unhörbar waren. Dieser Rufaustausch zwischen Männchen, Weibchen und Jungvögeln könnte man in etwa mit einem Funkleitstrahl vergleichen, der zwischen einem Flugplatz und einem in der Luft befindlichen Flugzeug einen Kontakt herstellt, so daß das Flugzeug selbst bei schlechter Sicht sicher landen kann.

Die »Peiltöne« der Flughühner, die aufgrund ihrer Lautstärke und ihrer hohen Tonlage in der Lage sind, große Entfernungen zu überbrücken, sind von großer Wichtigkeit. Sie ermöglichen es dem Männchen, seine Jungen in kürzester Zeit und auf kürzestem Wege, ohne langes Suchen oder Umwege wiederzufinden. Das ist nötig, damit seine wertvolle Trinkwasserfracht nicht vorzeitig in der heißen und extrem trockenen Wüstenluft wieder verdunstet.

Die Umwandlung von Federn, die ja normalerweise wasserabweisend sind, in ein wasserspeicherndes Gefieder bedeutet eine erstaunliche Anpassung. Wie das Wassertransportgefieder überhaupt konstruiert ist und wie die Wüstenflughühner das Wasser aufnehmen, speichern und transportieren, konnten wir feststellen, als wir ein paar Tage später ein Männchen für kurze Zeit einfingen, um sein Gefieder zu untersuchen. Außerdem beobachteten wir das Verhalten der Flughuhnmännchen während der Zeit der Jungenaufzucht an dem Wasserloch.

Eines der typischen Merkmale der Flughühner ist ein ungewöhnlich dickes Gefieder. Speziell unter den äußeren Deckfedern der Brust- und Bauchregion befindet sich eine besonders dicke Federschicht, die sich durch eine Besonderheit auszeichnet. Jeweils zwei der winzigen Federhärchen, die sehr dicht beieinander stehen, sind spiralför-

mig umeinander gewunden. Dadurch erhält das Gefieder der Brust- und Bauchregion nicht nur sehr viele winzige Lufträume, die eine gute Hitzeisolation darstellen, sondern es besitzt durch diese Konstruktion darüber hinaus auch eine hohe Festigkeit.
Außerdem besitzen einige Wüstenflughuhnarten eine besonders dicke Bauchhaut. Sie ist jedoch nicht wie bei anderen Vogelarten direkt mit den Muskeln verbunden, sondern durch Luftkammern von ihnen getrennt. Die dicke Federschicht, die dicke Haut und die Luftkammer – diese Merkmale sind schon bei den frisch ausgeschlüpften Flughuhnküken vorhanden – bilden zusammen eine sehr wirksame, hitzeabweisende Isolierschicht, die es den Flughühnern noch erlaubt, auf der Suche nach Nahrung über die steinige Wüstenoberfläche zu laufen, wenn diese sich im Sommer bis auf über 70 Grad Celsius erhitzt.
Für das Gelege ist dieser unterseitige Hitzeschutz kaum von Bedeutung, da er natürlich nicht verhindern kann, daß sich die hohe Temperatur des Bodens in der Umgebung des Brutplatzes auch auf den winzigen Fleck überträgt, auf dem das Gelege liegt. Ich deutete früher bereits an, daß die Flughühner das Problem der Hitzeabschirmung ihrer Eier durch eine phantastische Erfindung gelöst haben, die wir jedoch erst viel später im weiteren Verlauf unserer Forschung entdecken sollten.
Um das Männchen bei der Wasserspeicherung zu beobachten, bauten wir ein neues unterirdisches Versteck in den steilen Wänden, die das Wasserloch an einer Seite begrenzen. Während der schon glühend heißen Junitage konnte diese Arbeit nur in der kühlen Nacht verrichtet werden. Aus dem Versteck heraus konnte ich einmal sehr gut beobachten, wie das Männchen das Trinkwasser für seine Jungen aufnimmt. Es läuft an eine seichte Stelle am Rande des Wasserloches und stillt zunächst seinen Durst. Anschließend spreizt es das äußere Deckgefieder der Brust- und Bauchregion ab, so daß dadurch das Untergefieder, die dicke Schicht der Daunen freigelegt wird. Dann läuft es ein Stück in das Wasser hinein, als ob es ein Bad nehmen möchte. Durch das Befeuchten entwinden sich die spiralförmig umeinandergedrehten Federhärchen und ergeben eine dicke filzige Haarmasse. Dieses Transportgefieder saugt sich mit Wasser voll. 20 bis 30 Kubikzentimeter Wasser können von den Federn aufgesogen und gespeichert werden.
Vergleicht man ein bestimmtes Volumen des Speichergefieders z.B. mit dem Volumen eines Gummischwammes, so sind die Flughuhndaunen in der Lage, die doppelte Menge Wasser aufzusaugen.
Das Männchen fördert das Eindringen des Wassers ins Gefieder,

indem es sich wie bei einem Sandbad seitlich hin und her bewegt. Anschließend startete das Männchen zum Rückflug, indem es senkrecht aus dem Wasser aufflog. Dabei triefte überschüssiges Wasser aus dem Bauchgefieder heraus. Sofort nach dem Start legte das Männchen wieder sein trockenes dichtes Deckgefieder an. Diese äußeren Deckfedern überdecken einen großen Teil des Wassertransportgefieders und setzen dadurch die Verdunstung des Wassers während des Rückfluges herab. Die Entfernung, die das Männchen mit seiner Wasserfracht überwinden mußte, betrug auf unserer Probefläche immerhin bis zu 8 Kilometer. Das Anlegen des Deckgefieders erinnerte mich an ein Flugzeug, das kurz nach dem Start die aufgestellten Fahrwerkklappen schließt, nachdem die Räder eingezogen sind. Wie ich bereits vermutet hatte, begann das Männchen sofort nach dem Start damit, seine eigenartigen Peilrufe auszustoßen.
Doch zurück zu unserer Flughuhnfamilie, an der wir das Tränken der Jungen beobachteten. Die Tränkung dauerte zehn Minuten. Nachdem die Jungen ihren Durst gestillt hatten und wieder unter dem Bauch ihres Vaters hervorgekrochen waren, nahm dieser ein ausgiebiges Sandbad; wahrscheinlich um sein Gefieder wieder zu trocknen. Anschließend lief die Familie zu einem der zahlreichen flachen Wadis, die die Steinwüste durchzogen. Die Jungen versuchten den schräg einfallenden aber schon heißen Strahlen der Morgensonne dadurch zu entgehen, daß sie im Schatten ihrer Eltern liefen.
Im Juni ist die spärliche Vegetation in den Wadis größtenteils völlig vertrocknet und abgestorben, und man kann sich kaum vorstellen, wovon die Flughühner sich in den Sommermonaten überhaupt ernähren. Sie picken hauptsächlich die trockenen Samen einjähriger Wüstenpflanzen auf. Das Interessante an diesen Pflanzen ist, daß sie im Gegensatz zu den überdauernden Wüstenpflanzen nicht mehr in der Lage sind, die extremen Lebensbedingungen der Wüste über einen längeren Zeitraum zu ertragen. Lange Dürreperioden überleben sie nicht. In feuchten Jahren entwickeln sie sich in kurzer Zeit aus Samen. Sobald die Pflanzen neue Samen ausgebildet haben, sterben sie vollkommen ab. Nur ihre Samen, die sie in ungewöhnlich großer Menge produzieren, bleiben Jahrzehnte hindurch keimfähig und erhalten dadurch die Art. Diese dauerhaften Samen stellen nicht nur die Nahrung der Flughühner in den Sommermonaten dar, sondern der gewaltige Samenvorrat ermöglicht es den Flughühnern auch, mehrere Dürrejahre, in denen für sie keine neue Nahrung produziert wird, zu überbrücken.
In den Wadis animierten die Altvögel ihre Jungen durch ständiges Vorpicken zum Fressen. Außerdem warfen die Eltern mit ihren

Schnäbeln den Boden auf, um alte Samen, die seit vielen Jahren eingebettet im Boden auf den nächsten Regen warteten, hervorzukehren. Die Wolfsmilchgewächse, deren Samen die Lieblingsnahrung der Flughühner darstellt, wuchsen in diesem Teil unserer Untersuchungsfläche fast überhaupt nicht. Es war jedoch wahrscheinlich, daß riesige Mengen Samen dieser Pflanzen aus dem Südteil unserer Untersuchungsfläche, wo vor einigen Wochen große Bestände vorhanden gewesen waren, durch den um diese Jahreszeit vorherrschenden scharfen, heißen Südwind in den Nordteil, in das Brutgebiet der Vögel transportiert worden waren. Diese Nahrungsverfrachtung hatte offensichtlich wesentlich dazu beigetragen, daß die Vögel vom Südteil in den Nordteil unseres Untersuchungsgebietes gezogen waren. Sie lieferte jedoch keine Erklärung dafür, weshalb die Flughühner im Gegensatz zu allen anderen Wüstenvögeln so spät im Jahr, zu Beginn des Saharasommers, brüteten.
Ich habe für diese erstaunliche Tatsache trotz dreijähriger Forschung bis heute keine befriedigende Erklärung finden können. Ich vermute jedoch, daß sich in den frischen Sämereien des Frühjahrs Gifte und unverdauliche Stoffe befinden, die von den Jungen nicht vertragen werden. Gifte, bittere Substanzen und schlechte Gerüche sind von vielen Wüstenpflanzen entwickelt worden und dienen der Abwehr von Freßfeinden. Wenn ähnliche unverdauliche Substanzen auch in den Samen vorhanden waren, wurden diese vielleicht bis zum Sommer durch die hohe Sonnenbestrahlung abgebaut und konnten dann von den Jungvögeln aufgenommen werden.
Da die Samen in den Wadis in großen Mengen vorhanden waren, brauchte die Flughuhnfamilie auf der Suche nach Nahrung keine großen Strecken zurückzulegen, und in der heißesten Zeit des Tages von 11 Uhr bis 17 Uhr rastete die ganze Familie unter dem Schatten kleiner Büsche. Bis zum Abend, wenn die Vögel das in der Nacht sehr unsichere Wadi wieder verließen, um einen sicheren Schlafplatz inmitten der Steinwüste aufzusuchen, hatte die Familie insgesamt nur etwa 200 Meter zurückgelegt.
Bei der Jungenführung waren die Eltern äußerst wachsam. Während ein Altvogel die Jungen betreute, war der andere meistens damit beschäftigt, die Umgebung sehr sorgfältig nach Feinden abzusuchen.
Einmal beobachteten wir aus unserem flachen, aus vertrockneten Wüstenpflanzen erbauten Beobachtungsversteck, wie plötzlich und unerwartet aus einer Senke heraus ein Schakal auftauchte. Die Altvögel bemerkten ihren Feind sofort und auf einen Warnruf des Männchens hin versteckten sich die drei Jungen unter einer kleinen Pflanze. Die Altvögel drückten sich dort, wo sie gerade standen, in

die Steine und vertrauten auf ihre Tarnfärbung. In nur zwanzig Metern Abstand lief der Schakal an ihnen vorbei, ohne sie zu bemerken. Nachdem er sich etwa zweihundert Meter von der Familie entfernt hatte und hinter einer flachen Kuppe den Blicken der Flughühner entschwunden war, passierte etwas sehr Interessantes. Bevor das Männchen mit einem Entwarnungsruf die Jungen wieder aus ihrem Versteck hervorlockte, flogen die beiden Altvögel auf. Mit einem auffallend langsamen Flug in nur sechs Meter Höhe, den ich als Beobachtungsflug bezeichnen möchte, folgten sie dem Schakal eine Weile, um sich zu vergewissern, daß dieses listige, intelligente Tier nicht doch noch auf Schleichwegen zurückkehrte. Erst als sie sich davon überzeugt hatten, daß er seine Richtung beibehielt, kehrten sie auf Umwegen zu ihren Jungen zurück und lockten sie aus ihrem Versteck hervor.

Läuft ein Feind direkt auf die im Versteck liegenden Jungen zu, sei es durch Zufall oder dadurch, daß er die Küken entdeckt hat, so benutzen die alten Flughühner eine andere sehr wirkungsvolle Taktik, um ihren Nachwuchs zu retten. Wir erlebten diese Taktik zum erstenmal, als wir direkt auf die Familie zugingen, um uns die Jungen einmal aus der Nähe anzusehen. Zunächst geschah das gleiche wie bei der Begegnung mit dem Schakal. Nach einem Warnruf des Männchens versteckten sich die Jungen unter einem kleinen Busch, und die Eltern drückten sich in ihrer Nähe auf den Boden. Wir merkten uns das Versteck der Jungen genau und gingen unbeirrbar weiter darauf zu. Als wir dicht vor der Familie standen und dabei die alten Vögel direkt anblickten, fühlten diese sich entdeckt. Das Männchen flog sehr auffällig davon, landete aber schon nach zwanzig Metern wieder am Rande des Wadis, wo es sofort damit begann, kräftig und geräuschvoll mit den Flügeln zu schlagen und kleine Luftsprünge auszuführen. Es konnte kein Zweifel bestehen, daß es uns durch sein auffälliges Verhalten von den Jungen weglocken wollte. Als wir dann einen Meter vor den Jungen niederknieten, um sie zu betrachten – die Jungen hatten sich unter dem Busch eine weiche Stelle ausgesucht, an der sie sich, um noch besser getarnt zu sein, halb eingegraben hatten –, lief das Weibchen bis auf 5 Meter an uns heran. Es stieß dabei klagende Laute aus und, was noch viel erstaunlicher war, es täuschte uns einen gebrochenen Flügel vor, indem es einen Flügel vom Körper so abspreizte, daß er einen Knick aufwies und lahm auf dem Boden schleifte. Jeder Feind würde beim Anblick dieser großen, anscheinend sicheren Beute sofort von den Jungen ablassen. Wir gingen zum Schein auf dieses raffinierte Täuschungsmanöver ein und taten so, als ob wir das Weibchen fangen wollten. Das wäre jedoch gar nicht möglich gewesen. Es gelang uns nicht, den Abstand zwischen uns und dem »verletzten« Weibchen auch nur um einen halben Meter zu verringern. Immer wenn wir auf das Weibchen zuliefen, um es zu packen, flatterte es torkelnd und unbeholfen auf dem Boden einige Meter weiter, um dann wieder eine Weile zappelnd und klagend schwere Verletzungen vorzutäuschen. Fünfzig Meter weit fielen wir bewußt darauf herein. Als uns das Weibchen dann weit genug von den Jungen weggelockt hatte, flog es plötzlich mit einem eleganten Start auf und davon. Nur mit Hilfe der Ferngläser konnten wir erkennen, daß es in einem großen Bogen zu seinen Jungen zurückflog.

Die Entwicklung eines solchen einzigartigen Täuschungsverhaltens, das zahlreiche Vogelarten anwenden, um ihre Jungen zu retten, läßt sich nur sehr schwer erklären. Es ist kaum vorstellbar, wie sich die Erfahrungen eines Vogels, der wirklich eine derart schwere Verletzung erlitten hat, daß er dadurch flugunfähig ist, auf seine Nachkommen übertragen können. Eine wirkliche Verletzung dieser Art würde er mit Sicherheit nicht überleben, denn er wird gefressen. Vielleicht denken Sie selbst einmal über dieses interessante Problem nach.

Die Tränkung der Jungen, bei der die Altvögel getrennt zum Wasserloch fliegen und in Rufkontakt zueinander stehen, wurde drei Tage lang durchgeführt. Danach waren die Stimmen der Jungen soweit entwickelt, daß sie allein in einem Versteck blieben und von dort aus selbst den wichtigen Rufkontakt mit dem Trinkwasser herbeischaffenden Männchen übernehmen konnten. Von nun an flog das Paar gemeinsam zum Trinken und Wasserholen. Der Wassertransport blieb jedoch ausschließlich die Aufgabe des Männchens.

Inzwischen hatten noch mehrere andere Paare ihre Jungen ausgebrütet. Eines dieser Paare befand sich mit seinen Jungen acht Kilometer vom Wasserloch entfernt. Dieses Paar flog gewöhnlich etwas früher zum Trinken und Wasserholen als das Paar, an dem wir den größten Teil unserer Beobachtungen durchführten und dessen Standort etwa sechs Kilometer von der Tränke entfernt war. Wenn unser Paar gerade zum Trinken und Wasserholen abgeflogen war, kam das andere Paar – das Männchen mit seiner Wasserfracht beladen – bereits von der Tränke zurück. Dabei überflog es stets das Gebiet, in dem die Jungen unseres Paares in ihrem Versteck lagen. Interessant war, daß »unsere« Jungen nicht auf die Peilrufe des fremden Männchens reagierten und antworteten, obwohl sich seine Rufe für unser menschliches Ohr absolut genauso anhörten wie die Rufe aller wassertransportierenden Flughuhnmännchen. Die Jungen antworteten jeweils nur ihrem Vater. Jede Flughuhnfamilie mußte

also ihre ganz eigenen, individuellen Töne besitzen, deren feinste Unterschiede wir jedoch nicht wahrnehmen konnten.
Nach 5 bis 6 Wochen, im Hochsommer, wenn die Jungen flügge geworden sind, fliegen sie zusammen mit ihren Eltern zum Wasserloch.

Im folgenden Jahr 1969 war unser gesamtes Untersuchungsgebiet eine trostlose, von der Sonne ausgedörrte Einöde. In den Wadis, die die Steinwüste durchzogen, war nicht die Spur einer grünen Pflanze zu sehen. Stellenweise waren noch die abgestorbenen Überreste der Vegetation des Vorjahres vorhanden. Die Äste der Büsche und Gräser waren ausgetrocknet und wiegten sich nicht mehr im Wüstenwind. Erstarrt und von der Sonne ausgeblichen, erlitten sie das gleiche Schicksal wie das braune und schwarze zerborstene Gestein, das sie umgab. Der sandbeladene Wind zerschmirgelte die letzten Zeugnisse des regenreichen Vorjahres allmählich und unaufhaltsam. Die Wüste hatte sich demaskiert. Sie zeigte uns in diesem Jahr ein ganz anderes Gesicht. Die von der Sonne ausgeglühte Landschaft, durch die wir auf der Suche nach »Überlebendem« schritten, vermittelte ein Gefühl von endloser Verlassenheit.
Die feinen hohen Töne der Hochzeitsgesänge von Vogelmännchen, die im Vorjahre ständig den Raum über den Stein- und Sandflächen angefüllt hatten, waren verklungen. Das einzige Geräusch, das noch zu hören war, wurde von den starren Ästen der abgestorbenen Pflanzen hervorgerufen, die im Wind der Wüste gegeneinanderschlugen. Es war ein klirrendes, kaltes Geräusch, ein Geräusch des nicht mehr Lebendigseins.
Die Population der Flughühner hatte sich von den vierhundert Exemplaren des Vorjahres auf achtzig verringert. Der überwiegende Teil von ihnen war auf der Suche nach lebensfreundlicheren Flekken inmitten der Riesenwüste Sahara weggezogen. Nachdem wir nach dreimonatiger Suche nicht das geringste Anzeichen dafür finden konnten, daß in diesem Jahr überhaupt Flughühner in unserem Untersuchungsgebiet zur Brut schreiten würden, unternahmen wir immer weiterführende Vorstöße, um ein Brutgebiet zu finden.
Ende Mai – 104 Tage waren seit dem Beginn unserer neuen Expedi-

Abbildung 32:
Männchen des Kronenflughuhns (Pterocles coronatus) mit seinen Jungen in der Steinwüste.

tion vergangen – entdeckten wir dann tief in der Sahara, 700 Autokilometer von unserem Hauptcamp entfernt, ein kleines Brutgebiet, in dem wir insgesamt vier Flughuhngelege fanden. Erstaunlich war, daß in diesem Jahr, das sich nicht nur durch große Trockenheit, sondern auch durch höhere Temperaturen vom Vorjahr unterschied, der Brutbeginn der Flughühner nach unseren Berechnungen durchschnittlich zwei Wochen später lag als im Vorjahr. Entsprechend verschob sich dadurch natürlich auch die Jungenaufzucht auf den Hochsommer.

Weit von jeder Schatten und Kühle spendenden Oase entfernt, sollte dieser Beobachtungssommer für uns zu einem lebensgefährlichen Aufenthalt werden. Wir lernten am eigenen Leibe die Vorhölle des Saharasommers kennen. Wir lernten kennen, was wir früher als Abenteuerberichte abgetan hatten: daß der Wüstenwind in den Sommermonaten so heiß ist, daß er ungeschützte Hautpartien verbrennt. Um selbst zu überleben, mußten wir täglich sechs bis sieben Liter Wasser trinken.

Nie zuvor hatten wir derartige Sonnenaufgänge erlebt. Schon beim ersten Strahl der über einem fernen Gebirge aufgehenden Sonne hatte man das Gefühl, als ob sich zwischen ihr und uns ein riesenhaftes Brennglas befände. Unser Aufenthalt war in etwa einem wochenlangen Zwangsaufenthalt in einer Trockensauna gleichzusetzen. Zusammen verloren ich und meine Frau fünfzig Pfund Gewicht. Am schlimmsten waren die Nachmittage, wenn die Temperatur bis auf 48 Grad Celsius im Schatten anstieg. Das Gefühl der Ausweglosigkeit aus dieser Hitze führte uns oft bis an den Rand der Verzweiflung. Die erhitzte Luft geriet so stark in Bewegung, daß man sich von einem farblosen Flammenring umgeben glaubte. Die Quelle dieser Glut, die Sonne, war kaum noch auszumachen. Der ganze Himmel war von Horizont zu Horizont von einer grellweißen, blendenden Helligkeit erfüllt. Ein kurzer Aufenthalt in unseren Beobachtungsverstecken war nur möglich, wenn wir vorher unsere Kleidung mit Wasser durchtränkten.

Die Frage, die sich in unserem Gehirn festgesetzt hatte, lautete: Wie hielten die brütenden Flughühner diese Hitze aus? Wir hatten gemessen, daß sich das Gesteinspflaster der Wüstenoberfläche am Nachmittag bis auf 68 Grad Celsius erhitzte. Wie verhinderten die Vögel, daß ihre Eier gebraten wurden? Durch bloßes Nachdenken lösten wir dieses interessante Problem nicht. Ich gelangte erst auf die richtige Spur, als ich ein Flughuhnpaar beobachtete, das eine eigenartige Verhaltensweise zeigte. Die Vögel liefen in ungewöhnlicher Eile über die Steinflächen. Während das Männchen mit hocherho-

benem Kopf aufmerksam die Umgebung beobachtete, hielt das Weibchen ganz offensichtlich Ausschau nach Ansammlungen größerer Steine. Hatte es eine solche entdeckt, so lief es schnell hin und muldete mit seitlichen Bewegungen des Körpers inmitten der Steinansammlung eine flache Kuhle aus.
Nachdem es eine Weile ruhig in der Mulde gesessen hatte, lief es ruhelos weiter. Innerhalb einer Stunde wiederholte es dieses in fünf verschiedenen Steinansammlungen. Es konnte gar kein Zweifel bestehen, das Weibchen war auf der Suche nach einem geeigneten Brutplatz.
Warum aber sagten ihm anscheinend alle Plätze nicht zu? Aufgrund meiner bisherigen Erfahrungen und Beobachtungen entsprachen alle Plätze genau den Anforderungen, die die Vögel an ihren Brutplatz stellten. Die Farbe des Gesteins stimmte völlig mit der Färbung der Vögel überein und auch »Deckungssteine« waren in genügender Anzahl und Größe vorhanden, doch das ständig weitersuchende Paar zeigte mir, daß noch andere, anscheinend sehr wichtige Faktoren bei der Wahl eines Brutplatzes ausschlaggebend sein mußten.
Die Erkenntnis kam plötzlich. Es war, als ob sich zwischen einer Gehirnregion, in der meine biologischen Beobachtungen gesammelt waren, und zwischen einer anderen Region, in der meine geologischen Erfahrungswerte gespeichert waren, eine Schaltung vollzog. Das Weibchen schien jedesmal, wenn es eine Weile in der von ihm ausgemuldeten Kuhle verharrte, festzustellen, welche Temperatur der Untergrund hatte. Es war darauf bedacht, einen »kühlen« Flekken inmitten seiner heißen Umwelt ausfindig zu machen. Warum aber sollte es kühle Flecken inmitten der einförmigen Steinwüste geben und wodurch sollten sie entstehen?
Aus der Geologie wußte ich, daß sich unterschiedliche Gesteinsarten, bedingt durch die Unterschiede ihrer Dichte, verschieden stark erwärmen. Die Steinwüste, in der die Flughühner brüteten, wies jedoch auf Tausenden von Quadratkilometern keine nennenswerten Unterschiede in der Beschaffenheit ihrer Oberfläche auf. Trotzdem behielt ich mit meiner Vermutung recht. Als alle Jungen ausgeschlüpft waren, untersuchte ich die Untergrundbeschaffenheit aller Plätze, an denen die Vögel gebrütet hatten, sehr genau; auch die Plätze des Vorjahres, die ich wieder auffand, da ich sie markiert hatte. Ich fand zunächst heraus, daß der Untergrund der Steinwüste schon zwei bis drei Zentimeter unter der einförmig aussehenden Verwitterungsoberfläche sehr verschiedenartig beschaffen war. Es gab z.B. Gebiete, die aus festem Ton oder verfestigtem Sand bestanden. Daneben gab es Flächen, die sich aus massivem Fels zusammensetzten.

Die eigentlich interessante Entdeckung war jedoch, daß inmitten der Steinwüste Inseln aus sehr porösem Gestein vorhanden waren. 40 bis 60 Prozent dieses Gesteins bestanden aus blasigen, luftgefüllten Hohlräumen (siehe Abbildung 29). Diese Gesteinsinseln waren unterschiedlich groß. Ihre Flächen reichten von wenigen Quadratmetern bis zu einem Quadratkilometer. Die Brutplätze der Flughühner befanden sich stets auf diesen porösen Gesteinsinseln. Dieses Gestein war aufgrund seiner vielen luftgefüllten Hohlräume ein schlechter Wärmeleiter. Es erhitzt sich nur bis auf 45 Grad Celsius, während der dichte Boden und Fels in der Sahara eine Temperatur bis 70 Grad Celsius, im Extremfall sogar bis über 80 Grad Celsius erreichen kann.
Selbst wenn die porösen Gesteinsinseln nur sehr klein sind, vermag sich die hohe Temperatur einer dichten, massiven, aus Felsgestein bestehenden Umgebung nicht auf die »kühle« Insel zu übertragen. Das poröse Gestein wirkt etwa wie künstlich hergestelltes Isoliermaterial.
Nachdem ich wußte, was die Flughuhnweibchen suchten, fand ich die kühlen Flecken durch bloßes Abtasten der Wüstenoberfläche mit der temperaturempfindlichen Hand. Genauso machte es das Flughuhnweibchen, wenn es seine Probenistmulden anlegte. Diese Nistplatzsuche war für die Vögel alles andere als einfach. Es genügte nicht, nach oft langer Suche einen kühlen porösen Flecken gefunden zu haben. Es mußten auch noch Deckungssteine vorhanden sein. Für Vögel, die derart spezielle Anforderungen an ihren Brutplatz stellten, waren natürlich nur sehr wenige geeignete Brutplätze vorhanden.
Auch die Deckungssteine bezog ich noch einmal in meine Untersuchungen ein. Dabei stellte sich heraus, daß sie neben dem Sichtschutz, den sie den brütenden Vögeln boten, noch eine ganz andere Funktion ausübten. Sie waren, wie bereits beschrieben, letzte Überreste von Gesteinsschichten, die aufgrund ihrer Härte und Dichte der Verwitterung und Abtragung am längsten widerstanden hatten. Durch ihre massive Beschaffenheit kühlten sie in der Nacht wesentlich schneller und stärker ab als das poröse Gestein, auf dem sie liegen.
Die geringen Feuchtigkeitsmengen der Wüstenluft schlagen sich daher in der Nacht bevorzugt an den Außenseiten dieser Steine als Tau nieder. Sie wirken in der Wüste also als eine Art Tauakkumulator. Das gleiche Phänomen läßt sich besonders gut in unserer feuchten Klimazone beobachten. Legt man ein Material von hoher Dichte, z.B. Eisen, während der Nacht inmitten eines Materials von geringer

Dichte, z.B. Holz, so hat sich bis zum Morgen an dem Eisen so viel Tau niedergeschlagen, daß es triefnaß ist.
Es erscheint mir durchaus denkbar, daß die von den Deckungssteinen »angezogene« Feuchtigkeit von dem porösen Gestein in unmittelbarer Umgebung des Brutplatzes wie von einem Schwamm aufgesogen wird. Diese im Boden gespeicherte Feuchtigkeit verdunstet im Laufe des Tages wieder und die dabei entstehende Verdunstungskälte schützt den Brutplatz und somit die Eier zusätzlich vor einer Überhitzung. Die Deckungssteine haben natürlich tagsüber den Nachteil, daß sie sich sehr stark erhitzen. Dieser Nachteil wiegt aber anscheinend bei weitem nicht ihre zahlreichen Vorteile auf. Die hohe Temperatur überträgt sich nicht auf das poröse Gestein, auf dem die Eier liegen. Auch das brütende Weibchen sitzt immer noch weit genug von den Deckungssteinen entfernt, um sich nicht zu verbrennen. Außerdem muß es ja auch außerhalb seines Brutplatzes, später im Hochsommer, ständig in einer noch heißeren Umwelt überleben. Es kommt während der Brutzeit in erster Linie darauf an, das empfindliche Gelege vor einer Überhitzung zu schützen.
Die hitzeisolierende Wirkung des porösen Gesteins und die vermutete kühlende Wirkung des verdunstenden Taus reichten nach meinen Beobachtungen und Messungen in den meisten Fällen gerade aus, um das »Überleben« der Eier zu gewährleisten. Mit zunehmender Jahreszeit sinkt die Luftfeuchtigkeit jedoch auf extreme Werte von nur fünf Prozent herab. Besonders für die Vögel, die noch den ganzen Monat Juli hindurch brüteten, bedeutete das, daß auch die nächtliche Taumenge bis auf den Nullwert absinken mußte. Da die Brutplatztemperatur selbst dann noch konstant blieb, wenn die Kühlung durch verdunstenden Tau ganz aufhörte, mußten noch andere Kühlfaktoren vorhanden sein. Ich habe bereits erwähnt, daß in bestimmten, unter der Wüstenoberfläche liegenden Gesteinsschichten oft große Regenwassermengen gespeichert sind, die vor Jahrtausenden, wenn nicht sogar vor vielen Millionen Jahren vom Himmel fielen, als es auf den Kontinenten noch feuchter war als heute. Die genaue Erforschung dieses im Gestein gespeicherten Regenwassers aus längst vergangenen Erdepochen steht erst am Anfang.
Ich vermute, daß diese Grundwasservorkommen vielleicht auch bei der Kühlung der Flughuhnbrutplätze eine große Rolle spielen. Das Grundwasser konnte natürlich nur dadurch über lange Zeiträume erhalten bleiben, weil über dem größten Teil der wasserspeichernden Gesteinsschicht eine dichte, undurchlässige Gesteinsschicht liegt, die das Verdunsten des fossilen Wassers verhindert.
Es ist aber auch durchaus denkbar, daß die porösen Gesteinsinseln,

auf denen die Brutplätze der Flughühner liegen, an einigen Stellen bis hinab zu einer wasserführenden Gesteinsschicht reichen. Die in der Wüste außergewöhnlich hohe Verdunstung – in der Sahara verdunstet eine Wassersäule von sechs Metern pro Jahr – könnte dazu führen, daß das Grundwasser unter den porösen Gesteinsinseln als Wasserdampf an die Erdoberfläche kommt. Die dabei entstehende Verdunstungskälte kühlt das Gelege. Je mehr die Lufttemperatur zum Hochsommer hin ansteigt, desto stärker wird dadurch auch der kühlende Verdunstungssog. Dadurch würde wiederum die ansteigende Bodentemperatur, was die Fläche der porösen Gesteinsinseln betrifft, neutralisiert. Ich hoffe, daß diese letzte, zusätzlich von mir vermutete Kühlmöglichkeit bei einem späteren von mir geplanten Forschungsprojekt ihre Bestätigung finden wird.
Die hitzeisolierende Wirkung der porösen Gesteinsinseln, die taubindende Wirkung der Deckungssteine, das vermutete Einfließen des Taus in das poröse Gestein mit anschließender Verdunstung sowie die ebenfalls vermutete Verdunstung fossilen Grundwassers ließen inmitten einer glühend heißen Umwelt einzigartige kühle Mikroklimata entstehen. Da die Flughühner in der Lage waren, diese oft winzigen Klimaoasen ausfindig zu machen, haben sie in einer der lebensfeindlichsten Landschaften unserer Erde überlebt.

Wir beschlossen, im nächsten Jahr, 1970, abermals fünf Monate in der Sahara zu verbringen, um unsere Flughuhnbeobachtungen vorläufig zum Abschluß zu bringen und vor allen Dingen, um die wichtigsten und spektakulärsten Teile der Flughuhnbiologie in einem Dokumentarfilm festzuhalten.
Wie die Vorjahre, so bot uns auch dieses vorerst letzte Beobachtungsjahr zahllose neue Erkenntnisse. Es hatte geradezu den Anschein, als ob sich bei den Flughühnern immer neue phantastische Anpassungen an das Leben in der Wüste entdecken ließen.
Im Jahr 1970 hatten sich die Lebensbedingungen in der Wüste im Vergleich zum an sich schon lebensfeindlichen Vorjahr noch verschlechtert, so daß selbst der überwiegende Teil der hochgradig angepaßten Senegal-Flughühner nicht mehr damit fertig zu werden schien. Nach unseren Beobachtungen ließen immer mehr erwachsene Vögel einfach eine ganze Brutperiode ausfallen, da die Bedingungen zu schlecht waren. Nur ganz wenige Paare brüteten noch, und auf dem Höhepunkt der Brutperiode sahen wir oft große Trupps von Nichtbrütern. Sie hatten anscheinend auch in anderen Regionen der Sahara keine günstigeren Lebensbedingungen angetroffen und warteten auf bessere Zeiten.

Es war fast unglaublich, aber je mehr die Senegal-Flughühner von der totalen Wüste zurückgedrängt wurden, desto häufiger erschien jetzt auf unseren leeren ausgeglühten Untersuchungsflächen eine andere neue Flughuhnart, das sogenannte Kronenflughuhn (Pterocles coronatus). Diese Flughuhnart, deren Überlebensfähigkeit alles in den Schatten stellen sollte, was uns bisher bekannt geworden war, tauchte zusammen mit glühend heißen Sandstürmen aus dem Innern der Sahara kommend zum erstenmal auf unserer Probefläche auf, um zu brüten.
Die Europäer, die diese Vogelart überhaupt schon einmal gesehen haben, lassen sich sicherlich an zehn Fingern abzählen. Außer ein paar Bälgen in wissenschaftlichen Museumssammlungen war über das Kronenflughuhn bisher so gut wie nichts bekannt geworden. Die Art ist ganz anders gefärbt als das Senegal-Flughuhn, das eine mittelbraune, leicht sandfarbene Grundfärbung besitzt. Die Kronenflughühner besitzen dagegen ein viel dunkleres, rotbraunes Federkleid mit einem deutlichen Anflug von Purpur darin. Das Männchen hat außerdem einen auffallend blauen Schnabel und zwei breite, ebenfalls leuchtend blaue Streifen an den Kopfseiten, die sich am Hinterkopf zu einem großen blauen Punkt vereinigen.
Aufgrund unserer jahrelangen Erfahrung wußten wir, daß die Gesteinsfärbung am Brutplatz der Vögel exakt mit ihrer Gefiederfarbe übereinstimmen mußte. Aus dieser Erkenntnis heraus wandten wir bei der Suche nach dem Brutplatz der Kronenflughühner eine ganz andere Methode an. Wir suchten nicht, wie wir es bei den Senegal-Flughühnern getan hatten, zuerst und ausschließlich nach den Vögeln inmitten riesiger Wüstenflächen, sondern wir versuchten Steinwüstengebiete ausfindig zu machen, die in ihrer farblichen Zusammensetzung genau der sehr speziellen Färbung der Kronenflughühner entsprachen. Genau wie sich das Kronenflughuhn in seiner Färbung von allen anderen Flughuhnarten unterscheidet, so mußte es auch Wüstenflecken geben, deren Färbung sich auffallend von der übrigen Wüste abhob und unterschied.
Wir fanden diese Flächen. Sie waren relativ klein und bestanden aus grobem, verwittertem rotbraunem bis purpurfarbenem Sandstein. Auch die blaue Kopfzeichnung des Männchens war in Form kleiner, leuchtend blaugefärbter Steine, die verstreut zwischen dem Sandstein lagen, vorhanden. Ebenso häufig waren kleine weiße Steine (siehe Abbildung 32). Später stellte sich dann heraus, daß die jungen Kronenflughühner in ihren ersten Lebenstagen auffallend weißliche Köpfe besaßen, die nicht nur in der Färbung, sondern auch in der Größe mit den Steinen übereinstimmten. Die Tränkung der Jungen

durch das Gefieder des Männchens war bei den Kronenflughühnern noch weiter entwickelt als bei den Senegal-Flughühnern. Das Kronenflughuhnmännchen schaffte zweimal am Tage, einmal am Morgen und einmal am Nachmittag, Wasser in seinem Bauchgefieder heran. Auch die Übergabe des Wassers an die Jungen war bis ins letzte Detail den Wüstenbedingungen angepaßt. Während der Trinkhaltung achtete das Männchen stets darauf, daß es der am Morgen und am Nachmittag schräg stehenden Sonne den Rücken zuwendete, so daß die nasse, durch das Abspreizen des Deckgefieders aufgedeckte Bauchfläche im Schatten lag. Auch dieses Verhalten trug dazu bei, daß die Verdunstung der wertvollen Wasserfracht herabgesetzt wurde.
An den jungen Kronenflughühnern konnten wir darüber hinaus sehr gut das Entstehen eines ausgeprägten Konkurrenzverhaltens – aufgrund der extremen Lebensbedingungen – beobachten. Mit zunehmender Größe der Jungen wurde natürlich auch ihr Wasserbedarf immer größer. Unter dem Bauch des Männchens stehend, versuchten die Jungen deshalb durch seitliches Abstellen ihrer Flügel die Geschwister am Trinken zu hindern.
Aus der Vielzahl der Lebensformen in der Wüste habe ich die Flughühner nicht nur deshalb besonders stark herausgestellt, weil ich ihr Leben in der Wüste zusammen mit meiner Frau selbst erforscht habe, sondern weil sich dabei zeigte, daß diese Vogelgruppe mit ihren zahlreichen einzigartigen Anpassungen vielleicht das beste Beispiel dafür ist, wie Lebewesen versuchen, sich dem langsamen Absterben unseres Planeten in eine Wüste zu widersetzen.

Das Kamel – Wundertier der Wüste?

Unter den Säugetieren, die sich der Wüste erfolgreich angepaßt haben, ist wohl an erster Stelle das Kamel zu nennen. Dieses Tier ist für die meisten Menschen geradezu zum Inbegriff des Überlebens in der Wüste geworden, ähnlich wie die Sanddünen zum Symbol für die Wüste geworden sind.
Zunächst möchte ich klären, wann ein Kamel wirklich Kamel heißen darf, wenn es einen oder zwei Höcker besitzt. Nach meinen Erfahrungen scheiden sich in dieser Frage die Geister. Zeigt man z.B. während eines Vortrages über die Sahara ein Bild einer Karawane, die sich aus für jedermann eindeutig zu identifizierenden Tieren zusammensetzt und bezeichnet diese Karawane als Kamelkarawane, so wird man garantiert nach dem Vortrag von einer liebenswürdi-

gen Dame oder einem Herrn höflich aber bestimmt darauf hingewiesen, daß es sich in Wirklichkeit um eine Dromedarkarawane gehandelt hätte. Die auf dem Foto abgebildeten Lebewesen hätten nämlich einen Höcker gehabt, während echte Kamele, so wird belehrend hinzugefügt, zwei Höcker besäßen und außerdem nur in Asien zu finden seien. Diese Aufklärung ist, was die sprachliche Seite des Problems angeht, richtig. Wahrscheinlich weil der Name kürzer ist, wird heute in der Umgangssprache das einhöckrige Dromedar der Sahara allgemein als Kamel bezeichnet, und hin und wieder soll es sogar vorgekommen sein, daß ein ganz anderes zweihöckriges Lebewesen ebenfalls als Kamel bezeichnet wird. Aber man macht, wenn man ein Dromedar als Kamel bezeichnet, keinen größeren Fehler, als wenn man eine Bulldogge als Hund bezeichnet. Beide Tierarten, Kamel wie auch Dromedar, gehören nämlich zu ein und derselben Tierfamilie, zur Familie der Kamelartigen. Ich will die zwei Arten daher zoologisch richtig als einhöckriges und als zweihöckriges Kamel bezeichnen.

Im Gegensatz zu einer oft weitverbreiteten Meinung ist das einhöckrige Kamel der Sahara kein kurzfristig gezähmtes und eingefangenes Wildtier, sondern heute nur noch ein reines Haustier. Nirgendwo auf der Welt kommt es noch wild vor. Seine wilden Vorfahren, die in Mesopotamien vor etwa 5000 Jahren domestiziert wurden, sind lange ausgestorben. Das einhöckrige Kamel gelangte vor etwa 4000 Jahren von Vorderasien nach Ägypten, aber erst verhältnismäßig spät, wahrscheinlich wenige Jahrzehnte vor Christi Geburt, breitete es sich weiter nach Westen, in den eigentlichen Saharaaraum, aus.

Vom zweihöckrigen Kamel, das der Mensch ebenfalls durch Domestikation in seine Dienste gestellt hat, gibt es dagegen noch wildlebende Exemplare. Sie durchstreifen in kleinen Trupps die entlegensten Teile der Wüste Gobi in der Mongolei und in China. Wildkamele sind aber nicht nur in Asien anzutreffen, sondern – und das wird manchen Leser sicherlich zunächst in Erstaunen versetzen – auch auf dem Doppelkontinent Amerika.

Ich machte meine erste Bekanntschaft mit diesen amerikanischen Kamelen auf einer Wanderung durch die besonders heiße und trokkene und daher lebensfeindliche Mojave-Wüste in Kalifornien. In einem von der Sonne ausgeglühten abgelegenen Gebirgstal stieß ich auf die Fußspuren mehrerer Pferde, die hier entlanggelaufen waren, und nur einige Meter weiter entdeckte ich dann dic schr charakteristischen Fußspuren von Kamelen. Der ganze Boden war von ihnen bedeckt. Es waren so viele, daß hier eine große Kamelherde entlanggelaufen sein mußte. Wie auch die Spuren der Pferde, sahen sie ganz

frisch aus. Man konnte deutlich erkennen, daß der helle Tonboden des Tales, kurz bevor die Tiere ihn betreten hatten, von einem Regenguß durchfeuchtet worden war. Die Füße aller Tiere hatten sich dadurch mehrere Zentimeter tief in den aufgeweichten Tonboden eingedrückt. Man konnte erkennen, wie unter dem Gewicht der Tiere der Tonschlamm an den Außenrändern der Füße emporgequetscht worden war und sich kleine Wülste um jeden Fußabdruck gebildet hatten. Zwischen den einzelnen Fußabdrücken waren außerdem unzählige winzige Vertiefungen zu erkennen, die ebenfalls von einem kleinen Wulst umgeben waren. Diese Vertiefungen waren entstanden, als der Tonboden nach dem ersten Regenguß noch nicht wieder völlig getrocknet war. Die schweren Wassertropfen eines nachfolgenden kurzen Regenschauers hatten dann auf der noch weichen Oberfläche des Tonbodens ihre Abdrücke hinterlassen.
Die Fußabdrücke der Kamele waren ungewöhnlich klein. Ihr Durchmesser betrug nur wenige Zentimeter. Sie stammten von Kamelen, die ausgewachsen etwa nur die Größe von Hunden erreichten. Die Spuren dieser Tiere waren bisher erst dreimal aufgefunden worden. So einzigartig es war, auf die äußerst seltene und noch dazu frische Fährte dieser winzigen Kamele zu stoßen, so sinnlos war es, die Fährte weiter zu verfolgen und zu hoffen, eines der Minikamele zu Gesicht zu bekommen. Die Tiere, die die Spuren hinterlassen hatten, waren bereits seit Millionen Jahren ausgestorben. Auch die Pferde, die ebenfalls winzig waren – sie wurden nur so groß wie kleine Ponys –, waren lange ausgestorben. In angrenzenden Schichten entdeckte ich dann noch die Fußabdrücke einer längst ausgestorbenen Elefantenart aus der Gruppe der Mastodonten. Von der Größe und dem Körperbau all dieser Tiere hat man Kenntnis durch Skelette, die man in Gesteinsschichten Nordamerikas auffand.
Die Spuren, die ich gefunden hatte, waren also fossile Spuren. Die Tiere hatten sie auf der Oberfläche toniger Sedimente hinterlassen, die sich über einen sehr langen, viele Millionen Jahre umfassenden Zeitraum in einer Senke abgelagert hatten. Nachdem die Tiere ihre Fußabdrücke in den nassen aufgeweichten Ton eingedrückt hatten, trocknete der Ton. Anschließend wurde die Oberfläche der Tonablagerungen von einer sich neu ablagernden Sedimentschicht zugedeckt. Im Laufe der Zeit lagerten sich Tausende von dünnen Schichten darüber. Eines Tages wurden die inzwischen zu Gestein verfestigten Ablagerungen durch Bewegungen und Hebungen der Erdkruste emporgehoben und auseinandergebrochen. Das übrige vollbrachte dann die Verwitterung im Laufe der letzten Jahrhundert-

tausende. Schicht für Schicht wurde abgetragen, bis eines Tages die Schicht mit den Spuren freigelegt wurde.
Ich hatte großes Glück gehabt, als ich die Schicht mit den Spuren entdeckte. Die außergewöhnlich gut erhaltenen Spuren und die Tatsache, daß sogar noch die winzigen Eindrücke der Regentropfen nach Millionen Jahren zu erkennen waren, ließ darauf schließen, daß diese Schicht erst vor ganz kurzer Zeit von der Verwitterung freigelegt worden war. Bereits in einigen Jahren würde diese Schicht, die aus sehr weichem brüchigem Gestein besteht, wieder zerstört und abgetragen sein. Wäre ich nicht genau zu diesem Zeitpunkt an diesen Ort gekommen, hätte ich niemals Kenntnis von der Wanderung dieser Tiere erhalten.
Die Spuren des urtümlichen Elefanten, der Zwergpferde und der Zwergkamele befanden sich keineswegs alle auf der gleichen Schicht. Durch die Auffaltung der Bergketten, die das Tal umschlossen, waren Sedimente sehr unterschiedlichen Alters emporgehoben worden und dadurch wieder an die Erdoberfläche gelangt. Das ganze Tal war angefüllt mit zerbrochenen, oft kreuz und quer übereinandergestapelten Sedimentblöcken. An den Bruchkanten der Blöcke konnte man sehr gut die einzelnen Schichten erkennen, die oft so dünn waren, daß man ihre Abfolge mit den dünnen Seiten eines zugeklappten Buches vergleichen konnte.
Auf den untersten und damit ältesten Schichten befanden sich räumlich und auch zeitlich die Spuren der Zwergpferde und der Zwergkamele nahe beieinander. Die Spuren der Elefanten dagegen hatten sich in einer hochliegenden, relativ jungen Schicht eingeprägt. Der Elefant war am Ende des Tertiärs, im 2,5 Millionen Jahre zurückliegenden Erdzeitalter Pliozän, über den aufgeweichten Tonboden im Westen Nordamerikas gestampft.
Der aufmerksame Leser wird an dieser Stelle des Buches zunächst einen Widerspruch vermuten. Tierarten sind Klimaindikatoren oder anders ausgedrückt, das Auftreten einer Tierart in einem ganz bestimmten Gebiet läßt Rückschlüsse auf das Klima zu. Man kann auch umgekehrt sagen, daß in einer ganz bestimmten Klimazone nur ganz bestimmte Tierarten zu existieren vermögen.
Heute lebende Elefanten benötigen z.B. ein feuchteres, humideres Klima mit einem üppigeren Pflanzenwuchs als Kamele, die in trokkenen, heißen Wüstenklimaten leben. Mit einigen Einschränkungen kann man diese Erfahrungswerte auch auf ausgestorbene Tierarten übertragen. Wenn man auch nicht sagen kann, daß die vor Millionen Jahren lebenden Minikamele schon echte Wüstentiere wie die heutigen Kamele waren, so kann man doch annehmen, daß sie zusam-

men mit den Zwergpferden in einem trockenen Steppen- oder Savannenklima lebten. Die typischen Anpassungen der heute lebenden Kamele an das Wüstenleben haben sich sicherlich erst im weiteren Verlauf der Entwicklung dieser alten Tiergruppe herausgebildet. Der urtümliche Elefant lebte dagegen vor nur 2,5 Millionen Jahren in einem wieder feuchteren Klima, das einen dichteren Pflanzenwuchs zur Folge hatte. Und genau hier scheint der Widerspruch zu liegen. Die Spuren zeigen in ihrer Abfolge, daß das Klima auf der Erde nicht immer trockener wurde, sondern daß es feuchter wurde. Es handelt sich hier um das gleiche Problem, das am Anfang dieses Kapitels schon erwähnt wurde. In erdgeschichtlich jüngster Zeit kam es wiederholt zu Eiszeiten, durch die die Wüstenentwicklung und die Ausbreitung der Wüsten kurzzeitig unterbrochen wurde.
Als vor 30 bis 35 Millionen Jahren in Nordamerika die Pferde und die Kamele entstanden, entwickelten sich im weit entfernten Afrika die ersten Rüsseltiere, urtümliche Elefanten. Im Laufe der Zeit breitete sich diese Tiergruppe bis ins heutige Europa und bis nach Asien aus. Als dann vor Millionen Jahren das Klima allmählich abkühlte, wurden immer größere Regenmengen in Form von Schnee und Eis gebunden. Große Regenmengen flossen nicht mehr durch die Flüsse ins Meer zurück, sondern lagerten sich als Eis auf dem Festland ab. Dadurch sank der Wasserspiegel der Ozeane um mehrere Dutzend Meter ab. Schmale flache Meeresstraßen, die Landmassen bisher getrennt hatten, wurden durch das Absinken des Meeresspiegels zu Landbrücken. Die beiden Kontinente Amerika und Asien sind heute durch die flache, nur 80 Kilometer breite Beringstraße getrennt. Das war nicht immer so. Während der Eiszeiten waren die beiden Kontinente an dieser Stelle wiederholt durch eine Landbrücke miteinander verbunden. Über diese Landbrücke wanderten vor ca. zweieinhalb Millionen Jahren die Elefanten nach Nordamerika ein. Umgekehrt wanderten die Pferde und die Kamele, die sich im Laufe der Zeit zu immer größeren Formen und vielen Arten entwickelt hatten, über die Beringlandbrücke nach Asien aus. Es ist durchaus möglich, daß sich Elefanten und Kamele auf ihrer Wanderung in Alaska oder in Ostsibirien begegnet sind. Es muß ein recht eigenartiges Bild gewesen sein, wenn man sich vorstellt, daß eine in Alaska nach Osten wandernde Elefantenherde auf eine nach Westen wandernde Kamelherde traf.
Zwei kleine nordamerikanische Kamelarten, das Guanako und das Vikugna wanderten über die mittelamerikanische Landbrücke, die sich durch vulkanische Aktivitäten gebildet hatte, nach Südamerika ein. Beide Arten leben heute noch als Wildformen in den Trocken-

gebieten Südamerikas. Aus dem Guanako züchteten die Menschen später das Lama und aus dem zierlichen Vikugna das Alpaka.

Im Verlauf der Eiszeit starben dann in Nordamerika alle Pferde- und Kamelarten aus, ebenso die nach Nordamerika neu eingewanderten Elefanten.

Erst in geschichtlich ganz junger Zeit, im 16. bis 19. Jahrhundert, brachten die europäischen Einwanderer wieder Pferde und Kamele nach Nordamerika. Beide Tiergruppen hatten erst allein und dann viel später mit Hilfe des Menschen die ganze Erde umrundet, als sie wieder auf dem Kontinent eintrafen, auf dem sie entstanden waren.

Wie unzählige Wildwestfilme dokumentieren, war das Pferd nach seiner Neueinbürgerung in Nordamerika sehr erfolgreich. Es lebte sich in kürzester Zeit in seinem alten Lebensraum wieder ein.

Die Besiedlung Amerikas durch den Menschen ohne Hilfe des Pferdes könnte man sich rückblickend nur sehr schwer vorstellen. Die ersten Siedler waren auf dem Zug nach Westen von der Arbeitskraft und der Ausdauer des Pferdes abhängig. Mensch und Pferd waren so stark aufeinander angewiesen, daß man von einer Art Symbiose, einer Lebensgemeinschaft, sprechen kann. In den neu sich ausweitenden Wüsten konnte das Pferd ohne die Fürsorge des Menschen nicht allein existieren.

Im Gegensatz zu den Pferden konnten sich die Kamele jedoch in ihrer alten Heimat nicht wieder einleben. Außer in Zoologischen Gärten sind sie heute in Nordamerika nirgends zu finden. Aus welchem Grund es den Kamelen nicht gelang, sich in den Wüsten im Westen Nordamerikas wieder einzugewöhnen, weiß man bis heute nicht genau. Wahrscheinlich waren die Kamele, als sie vor 2,5 Millionen Jahren aus Amerika auswanderten, genau wie die Pferde noch echte Steppentiere. Erst in Asien entwickelten die Kamele vielleicht die extremen Anpassungen an das Leben in Trockenzonen. Diese Anpassungen wurden sicherlich auch in Afrika weiterentwickelt, nachdem der Mensch das einhöckrige Kamel in der Sahara eingeführt hatte.

Je extremer eine Landschaft und der Lebensraum einer Tierart ist, desto spezialisierter sind die Anpassungen, die die Tierart herausgebildet hat. Das gilt besonders für Anpassungen an das Wüstenleben. Dazu kommt die Tatsache, daß Wüste nicht gleich Wüste ist. Ein Wüstentier läßt sich daher nicht einfach von der Wüste in eine andere umsiedeln. Wald ist ja auch nicht gleich Wald, und es wäre z.B. unmöglich, einen Vogel aus dem tropischen Urwald in einem europäischen Buchenwald anzusiedeln.

Die Pferde, die mit dem Menschen nach Nordamerika zurückka-

men, konnten sich sehr leicht und in kürzester Zeit auf das Leben in der amerikanischen Steppe, nicht aber in der Wüste einstellen, denn sie waren ja als Steppentiere in diesem Land entstanden. Die vor vielen Millionen Jahren entwickelten Eigenschaften befanden sich noch weitgehend in Übereinstimmung mit großen Teilen der Landschaft, und die Pferde konnten sich sozusagen mit ihrem Erbgut noch an ihre alte Heimat »erinnern«. Die Kamele, die der Mensch nach Nordamerika zurückbrachte, hatten dagegen einen Teil neuer Anpassungen im »Ausland«, in den weiträumigen, sandigen Wüsten Asiens und Afrikas dazu erworben. In Nordamerika trafen sie jetzt zum erstenmal auf einen ganz anderen Wüstentyp, der aus unzähligen, wildzerklüfteten Gebirgszügen bestand, aus felsigen Hochplateaus, die von 2000 Meter tiefen Canyons zerschnitten waren. Die Ebenen waren mit scharfkantigen Steinen bedeckt, auf denen sich die Kamele ihre weichen Füße aufschnitten, da sie mehr an das Leben in der Sandwüste und den Ebenen angepaßt sind. In der Sahara gehen Kamele nur sehr ungerne über felsigen Untergrund oder gar durch ein Wüstengebirge. Sandwüsten sind aber innerhalb der Wüsten Nordamerikas eine große Ausnahme. Es gibt nur wenige Sanddünengebiete, die noch dazu eine relativ kleine Ausdehnung haben, da das riesige Flußsystem des Colorado den größten Teil des durch die Verwitterung entstehenden Sandes in den Pazifischen Ozean transportiert.
Einen weiteren Beweis für die Annahme, daß Kamele am besten in flachen, weiträumigen und sandigen Wüsten gedeihen, ist die Tatsache, daß die Kamele, die die ersten Siedler mit nach Australien brachten, sich dort zu einer der erfolgreichsten Tierarten entwickelten. Die australische Wüste weist nämlich nur sehr geringe Reliefunterschiede auf. Statistisch gesehen besitzt diese Wüste im Vergleich zu anderen Wüsten die geringsten Höhenunterschiede innerhalb ihres Areals.
Das Kamel ist das größte unter den wenigen großen Säugetieren, die es vermocht haben, sich der Wüste anzupassen. Abgesehen von den beiden südamerikanischen Kleinkamelarten sind sich die beiden Großkamelarten in ihrer Lebensweise und ihren Lebensvorgängen so ähnlich, daß Erkenntnisse über die eine Art mit kleinen Vorbehalten auch auf die andere Art übertragen werden können.
Wir haben gesehen, wie die Tiere der Wüste versuchen, sich gegenüber ihrer heißen Umwelt abzuschirmen, wie sie versuchen, sich zu kühlen, um in der Sonnenglut zu überleben. Viele Tierarten hecheln und schwitzen, um durch Verdunstung von Wasser ihre Körpertemperatur herabzusetzen. Andere Arten beschränken ihre Lebens-

funktionen auf ein Mindestmaß, um so die Hitzeentwicklung im Körper zu vermeiden, und führen noch dazu eine nächtliche Lebensweise. Die Flughühner überleben in der Wüste, indem sie für sich die raffiniertesten Kühlungsmöglichkeiten nutzbar gemacht haben. Das Kamel dagegen führt weder eine nächtliche Lebensweise, noch kann es sich aufgrund seiner Größe während der heißesten Zeit des Tages irgendwo verkriechen. Selbst in der heißen Tageszeit, wenn alle anderen Lebewesen, der Mensch eingeschlossen, sich im Schatten kleiner Büsche und Felsvorsprünge vor den Sonnenstrahlen in Sicherheit gebracht haben, sieht man Kamele durch die Wüste dahinziehen.

Das Kamel ist eine geniale Konstruktion der Natur. Jedes Detail dieses Tieres ist auf das Überleben in der Wüste abgestimmt. Sieht man sich ein Kamel aus größerer Entfernung an, so stechen drei Merkmale besonders ins Auge. Erstens die auch für ein Tier dieser Größe ungewöhnlich langen Beine, zweitens der große Körper mit dem Rückenhöcker (bei der asiatischen Art sind es zwei) und drittens der lange Hals, auf dem der hocherhobene Kopf sitzt. Anhand dieser äußeren Merkmale können wir das Kamel in drei Etagen einteilen.

Die untere Etage umfaßt die Beine und endet an der Unterseite des Bauches. Die relative Beinlänge eines Tieres bestimmt seine Laufgeschwindigkeit und seine Laufausdauer. Von diesen beiden Faktoren ist das Leben des Tieres abhängig. Das Tier muß möglichst in der Lage sein, seinen Feinden durch eine schnelle Flucht zu entgehen. Das galt sicher auch für die Kamele in der Erdvergangenheit. Heute gibt es jedoch für die domestizierten Kamele keine natürlichen Feinde mehr. (Inwieweit natürliche Feinde im Leben der letzten Wildkamele in der Wüste Gobi eine Rolle spielen und ob sie noch heute einen nennenswerten Selektionsdruck ausüben, ist kaum bekannt.) Den zweiten Vorteil der langen Beine, große Laufausdauer, benötigen die heutigen Kamele jedoch mehr als je zuvor. Besonders das einhöckrige Kamel der Sahara muß immer größere Strecken zurücklegen, um dic immer spärlicher werdende Nahrung zu finden. Die ungewöhnlich langen Beine bieten ihnen noch einen anderen sehr wichtigen Vorteil. Kurz unter der Bauchunterseite ausgewachsener Kamele liegt nämlich die Obergrenze der heißesten Luftschicht, die sich besonders in den Sommermonaten über dem Boden bildet. Die langen Beine erheben also den Körper, in dem sich alle lebenswichtigen Organe befinden, in eine kühlere Luftschicht.

Zum unteren Stockwerk gehören schließlich auch noch die besonders geformten Füße. Sie sind auffallend groß und rund und können bei ausgewachsenen Tieren die Größe eines Eßtellers erreichen.

Ähnlich wie Schneeschuhe, die durch ihre große Fläche das Einsinken in den Schnee verhindern, kann das Kamel mit seinen Tellerfüßen über weichen Sand laufen, ohne einzusinken.
Interessant ist in diesem Zusammenhang die Tatsache, daß nach meinen eigenen Beobachtungen die Menschen einiger Nomadenstämme der Sahara größere und breitere Füße besitzen als z.B. ein Europäer. Dies könnte ein erstes Anzeichen einer körperlichen Anpassung sein.
Die zweite und mittlere Etage umfaßt den Rumpf des Tieres. In dieser Etage läuft der größte Teil der physiologischen Vorgänge ab, die es dem Tier ermöglichen, in der Wüste zu überleben.
Bei warmblütigen Tieren, die in gemäßigten oder kalten Klimazonen leben, besteht ständig ein Temperaturgefälle zwischen dem warmen Körper und der kühleren Umwelt. Bei dem in der schattenlosen Wüste lebenden Kamel ist es umgekehrt. Hier ist die Temperatur in der Sonne meist höher als die des Körpers. Wenn die hohe Außentemperatur sich auf den Körper übertragen würde, wäre das tödlich. Das Kamel verhindert das teilweise durch die Form seines Körpers, der etwa die Form einer aufrecht stehenden Linse besitzt. Dadurch ist gewährleistet, daß die in den heißen Sommermonaten während der Mittagszeit senkrecht einfallenden Sonnenstrahlen nicht im rechten Winkel auf einen großen Teil der Körperoberfläche auftreffen und eine große Aufheizung des Körpers verursachen. Interessant ist, daß Kamele während der heißen Nachmittagsstunden, wenn die Sonne in einem Winkel von 20 bis 30 Grad über dem Horizont steht, es möglichst vermeiden, ihre Körperbreitseite den Sonnenstrahlen auszusetzen. Durch ihre besondere Körperform und ihr Verhalten erreichen die Tiere, daß der größte Teil der Körperoberfläche während der heißesten Tageszeit im Halbschatten oder Schatten liegt. Dadurch kann noch Körperwärme nach außen abgestrahlt werden. Der Kamelkörper besitzt aber noch andere Vorrichtungen, um der gefährlichen Überhitzung vorzubeugen. Eine Fettschicht an der Hautinnenseite, die den ganzen Körper gleichmäßig umgibt und die Tiere kühlerer Klimazonen hauptsächlich dazu benutzen, um das Abstrahlen von Körperwärme nach außen, also eine Unterkühlung, zu verhindern, besitzt das Kamel nicht. Das Kamel speichert fast seinen gesamten Fettvorrat im Rückenhöcker. Das durch keine Fettschicht isolierte Körpergewebe des Tieres befindet sich unmittelbar unter der Haut, und die Körperwärme kann direkt nach außen abgestrahlt werden.
Auch ein anderes Säugetier der Wüste, die kleine Fettschwanzmaus der Sahara, wendet diese Methode an, Körperwärme abzustrahlen.

Wie schon ihr Name sagt, speichert sie den größten Teil ihres Fettvorrates in ihrem dicken keulenähnlichen Schwanz.
Der Rückenhöcker des Kamels gab bis zum heutigen Tag immer wieder Anlaß zu Spekulationen und abenteuerlichen Geschichten. Die Meinung ist weit verbreitet, daß die Kamele in ihrem Höcker und im Magen wie in einem Tank große Mengen Wasser über lange Zeiträume speichern können. Schon der römische Geograph Plinius berichtet in seiner Historia Naturalis, daß das Kamel in seinem Körper ein wasserspeicherndes Organ besitzt. Obwohl niemand so einen dauerhaften Wasserspeicher im Kamel jemals entdeckte, wurde diese Ansicht noch bis vor wenigen Jahren einfach übernommen und weitergegeben. Es gibt zahlreiche Berichte, die hartnäckig behaupten, Forscher hätten ihr Leben oft nur dadurch gerettet, daß sie ihre treuen Kamele schlachteten und das Wasser aus deren Höcker und Mägen tranken. Ich werde nie eine Darstellung vergessen, die ich vor einigen Jahren in einem Abenteuerbuch über die Wüste entdeckte. Auf einer in glühenden Farben gehaltenen Abbildung war ein malerisch anzusehender Wüstenreisender zu sehen, der in höchster Not und tiefster Verzweiflung seinem geliebten Reitkamel mit einem Messer einfach in den Höcker stach. Heraus sprudelte ein Quell klaren Wassers. Selbst in ernsthaften zoologischen Lehrbüchern gab es noch vor gar nicht langer Zeit Abbildungen, die auf diesen Wasservorrat hinwiesen.
Es ist jedoch eine Tatsache, daß Kamele bis zu zwei Wochen lang ohne zu trinken und zu fressen überleben können. Sie bleiben dabei voll leistungsfähig und sind in der Lage, Hunderte von Kilometern zurückzulegen. Diese Fähigkeit, die die Kamele berühmt gemacht hat, ist gleichzeitig eine der interessantesten Anpassungen, die Tiere für das Überleben in einer extremen Landschaft entwickelt haben. Die Kamele sind dadurch in der Lage, die großen Entfernungen zwischen den weitverstreuten, nahrung- und wasserspendenden Oasen zu überbrücken. Erst diese Fähigkeit der Kamele hat es dem Menschen ermöglicht, die Wüsten Asiens und Afrikas zu durchziehen und zu besiedeln.
Das Kamel ist in der Lage, auf einmal bis zu 120 Liter Wasser zu trinken. Dieses Wasser wird zunächst kurzfristig im Magen gespeichert, der ein Volumen von 250 Litern aufweist. In kürzester Zeit verteilt sich ein Teil davon gleichmäßig im Körpergewebe des Tieres. Der Rest wird von den roten Blutkörperchen aufgenommen, die beim Kamel einzigartig sind. Sie können sich wie Luftballons auf das zweihundertvierzigfache ihres ursprünglichen Volumens ausdehnen und sind imstande, große Wassermengen zu speichern.

Jeder Lebensvorgang ist aber auch auf die ständige Zufuhr von Energie angewiesen. Um diese Energie mit Hilfe des Stoffwechsels zu erzeugen, müssen die Lebewesen in kurzen Abständen außer Sauerstoff und Wasser ständig Nahrung aufnehmen. Wie lösen nun aber die Kamele dieses Nahrungsproblem während ihrer langen Fastenzeit? Das Kamel läßt keine Gelegenheit aus, um große Mengen Nahrung aufzunehmen. Es ernährt sich hauptsächlich vom Kameldornstrauch, dessen stachelige Triebe und Blätter auch sehr viel Wasser enthalten. Ist diese Nahrung ausreichend vorhanden, fressen sich die Kamele in kürzester Zeit einen ansehnlichen Fetthöcker an. Dieser Höcker kann beim einhöckrigen Kamel bis zu 30 Pfund, beim zweihöckrigen Kamel bis zu 50 Pfund schwer werden. Gleichzeitig werden die zusammen mit der Nahrung und einem großen Teil der beim Trinken aufgenommenen Wassermengen in dem sich aufbauenden Fetthöcker chemisch gebunden.
In Zeiten, in denen die Wüste verdorrt ist, oder auf der Wanderung durch weite wasser- und pflanzenlose Wüstengebiete ernähren sich die Kamele von ihrem Fettvorrat im Rückenhöcker. Ihren Wasserbedarf decken sie durch den in den roten Blutkörperchen gespeicherten Vorrat und durch den Abbau des im Fetthöcker und im übrigen Körpergewebe gebundenen Wassers. Beim Abbau des Fettvorrates entstehen während der Stoffwechselvorgänge große Mengen Wasserstoff. Dieser Wasserstoff verbindet sich mit dem eingeatmeten Sauerstoff zu Wasser, denn Wasser ist schließlich nichts anderes als eine Verbindung von Wasserstoff und Sauerstoff. Das Kamel hat also auch die Fähigkeit entwickelt, sich über einen langen Zeitraum selbst zu tränken. Die auf dem chemischen Wege beim Fettabbau freigesetzten Wassermengen sind beträchtlich, denn bei der Verbrennung von einem Pfund Fett entsteht etwa ein halber Liter Wasser. Die Kamele, die längere Zeit weder Wasser noch Nahrung aufgenommen haben, können am Ende der Fastenzeit bis zu 30 Prozent ihres ursprünglichen Körpergewichtes eingebüßt haben. Sie wirken abgemagert und kraftlos; der sonst pralle Rückenhöcker ist schlaff und zusammengeschrumpft. Die Tiere sind aber keineswegs krank. Erreichen sie nach langer entbehrungsreicher Wanderung schließlich wieder einen Vegetationsflecken und ein gefülltes Wasserloch, fressen sie in kürzester Zeit große Mengen, um ihren Fettvorrat wieder aufzubauen. Um den Wasserverlust des Fetthöckers wieder auf-

Abbildung 33:
Felsmalerei aus dem Tassili-Gebirge in der zentralen Sahara.

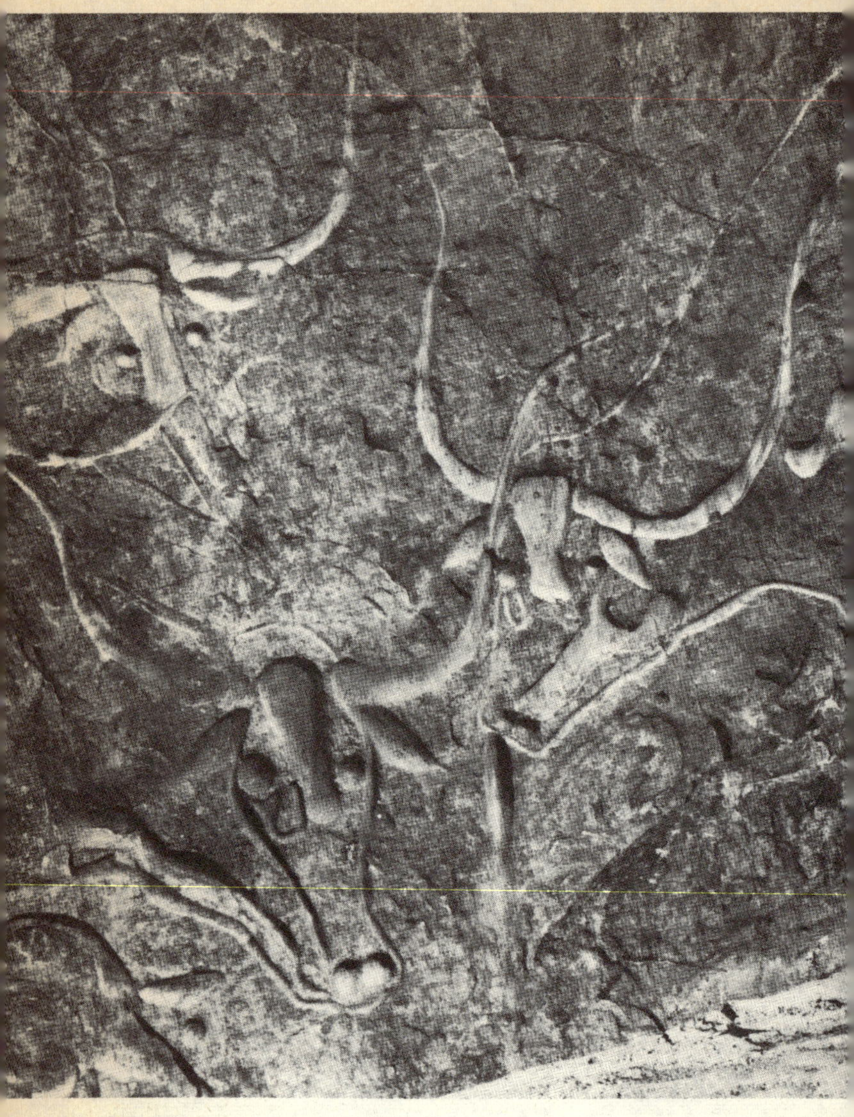

Abbildung 34:
Ca. 8000 Jahre alte Felsgravur, eine trinkende Rinderherde darstellend, in der zentralen Sahara (siehe dazu Kapitel 6).

zufüllen und die Blutkörperchen mit Wasser vollzupumpen, trinken sie außerdem in zehn Minuten über hundert Liter Wasser.
Die Aufnahme dieser riesigen Wassermenge kann man aber nicht als Vorratsbeschaffung ansehen, sondern es wird dadurch lediglich die Normalsituation des Kamelkörpers wiederhergestellt. Das Kamel säuft sich sozusagen nicht für die Zukunft voll, sondern für die Vergangenheit.
Für das Kamel kommt es darauf an, sowenig lebenswichtiges Wasser wie möglich nach außen abzugeben. Die meisten Säugetiere, der Mensch eingeschlossen, benötigen schon eine beträchtliche Wassermenge, um den beim Stoffwechsel entstehenden Harnstoff über die Nieren als Urin auszuscheiden. Während der Harn des Menschen zu ca. 95 Prozent aus Wasser bestehen muß, damit er den Körper verlassen kann, haben einige Säugetiere der Wüste, zu denen auch das Kamel gehört, Methoden entwickelt, den Harnstoff in wesentlich konzentrierterer Form abzugeben.
Das für ein warmblütiges Lebewesen aber Erstaunlichste ist, daß Kamele, um ihren Körper zu kühlen, normalerweise weder hecheln noch schwitzen, um das kostbarste Gut der Wüste, die Körperflüssigkeit, nicht zu verlieren.
Um Körperwärme abzustrahlen muß aber in jedem Fall ein Temperaturgefälle vorhanden sein, das heißt, die Luft muß immer kühler als der Körper sein. Aber gerade das ist in der Wüste während des Hochsommers nicht mehr der Fall. Wenn im Sommer die Temperaturen bis auf über 50 Grad Celsius im Schatten ansteigen, dann kann auch das Kamel selbst über seine im Schatten liegenden Körperflächen keine Körperwärme mehr an die Luft abstrahlen. Die bereits geschilderte Kühlungsmöglichkeit durch die Form des Körpers reicht nun nicht mehr aus, um eine beständige Körpertemperatur zu gewährleisten. Um aber auch große Hitze zu überleben, hat das Kamel eine weitere einzigartige Eigenschaft entwickelt. Soweit man heute weiß, ist das Kamel als einzige Tierart unter den Säugetieren und Vögeln in der Lage, ohne Einschränkung seiner körperlichen Leistungsfähigkeit eine Erhöhung der Körper- und damit auch der Bluttemperatur um 9 Grad Celsius über den Normalwert zu ertragen. Das hieße beispielsweise auf uns Menschen übertragen, daß wir noch bei einer Körpertemperatur von 46 Grad Celsius in der Lage sein müßten, schwere körperliche Arbeit zu verrichten. Wir wären jedoch schon bei einer Erhöhung unserer Körpertemperatur um 4 bis 5 Grad tot.
Erst wenn das Kamel aufgrund extrem hoher Außentemperaturen nicht mehr in der Lage ist, Körperwärme abzustrahlen und die Außentemperatur sich mehr und mehr auf das Tier überträgt und da-

mit die Körpertemperatur selbst für ein Kamel zu stark ansteigt, verliert auch das Kamel Wasser durch Verdunstung bzw. Schwitzen an die Atmosphäre. Das ist jedoch erst dann der Fall, wenn andere Säugetiere, der Mensch eingeschlossen, durch starkes Schwitzen bereits einen großen Teil des Körperwassers und vor allen Dingen des Blutwassers verloren hätten. Sie wären bereits lange tot, bevor ein Kamel überhaupt erst anfängt zu schwitzen. Aber auch das Schwitzen bedeutet für ein Kamel noch keine Lebensgefahr, da auch in dieser Situation der Gehalt des Blutwassers im Gegensatz zu anderen Lebewesen nicht auf einen lebensgefährlichen Wert absinkt.

Die dritte, die oberste Etage des Tieres, stellt die Spitze des Höckers und der Kopf dar. Im ersten Kapitel wurde bereits der Vorteil des auf einem langen Hals sitzenden hocherhobenen Kopfes beschrieben. Der Kopf der Kamele überragt genau die statistisch wahrscheinlichste Obergrenze der meisten Sandstürme. Dadurch ist das Einatmen möglichst sandfreier Luft gewährleistet.

Die Kamele haben jahrtausendelang Erfahrungen in der Wüste gesammelt, die ihren Ausdruck nicht nur in physiologischen Anpassungen gefunden haben, sondern auch in ganz bestimmten Verhaltensweisen. Beides zusammen hat ihnen ein Überleben in der Wüste ermöglicht.

Ein Völkerkundler (G. Gerster, Sahara. Berlin 1959) hat einmal gesagt, der Löwenanteil eines Ehrenbandes für die Eroberung der Sahara müsse dem Kamel gelten: es sei das erste wüstentaugliche »Fahrzeug« gewesen. Seine Kennzeichen: Vierradantrieb, drei Gänge, großer Kraftstoffbehälter mit Zusatztank, Spezialbereifung, besonders kräftiges Vordergestell, Kraftstoffmesser in Form eines Höckers. An dem Ausmaß der Zusammenballung von Fett im Höcker erkenne der erfahrene Kamellenker sofort die noch verfügbare Energie.

Im Verlauf dieses Kapitels habe ich darüber berichtet, wie die verschiedenartigen Lebensformen unserer Erde versuchen, in der lebensfeindlichen Umwelt, der Wüste, zu überleben. Die Fülle der Anpassungen, die Pflanzen und Tiere an das Leben in der Wüste entwickelt haben, würde leicht ausreichen, Dutzende dicker Bücher zu füllen. Es blieb mir daher nur die Möglichkeit, aus dieser Fülle eine kleine Auswahl besonders eindrucksvoller Beispiele herauszugreifen. An ihnen sollte unter anderem deutlich werden, wie die Pflanzen und Tiere der Wüste – und das gleiche gilt für alle Lebensformen unserer Erde – in einer ständigen, unaufhörlichen Wechselbeziehung mit ihrer Umwelt stehen. Diese Umwelt besteht jedoch nicht nur aus anderen Lebensformen, aus deren eigenen Lebensansprüchen und Verhaltensweisen, sondern auch und hauptsächlich aus dem an sich unbelebten Teil des Kosmos, dessen Natur besonders deutlich in der Wüste hervortritt. Dieser Hauptteil unserer Umwelt besteht aus dem Zusammenspiel der Elemente, aus der Energie des Sonnenlichtes, den Gasen der Atmosphäre, aus den Gesteinen der Erdkruste und aus den von Anfang an vorgegebenen Abläufen, denen alle Materie zwingend unterworfen ist, und deren beobachtbares Geschehen wir als Zeit bezeichnen. In der Wüste werden zwei dieser Kräfte unverhüllt sichtbar, das außerirdisch gleißende Licht der Sonne und der irdische Kreislauf der Gesteine – Verwitterung, Abtragung und Umlagerung, Verfrachtung, Verfaltung und schließlich das Entstehen immer höherer Gebirge.

Die Gesetzmäßigkeiten dieses unbelebten Teils unserer Umwelt bestimmen vor allen anderen Dingen den Ablauf der Erdgeschichte. Die Wüste stellt sozusagen nur die Bühne und den Hintergrund dar, auf der und vor dem das Lebendige eine kurzen Auftritt hat. Kann man vor dem Hintergrund dieser Tatsachen überhaupt noch davon sprechen, daß sich Lebewesen an ihre extreme Umwelt anpassen? Ist es nicht vielmehr so, daß ihre Anpassungen, ja sie selbst, nur Produkte des unbelebten Teils der Natur sind? Jedes Lebewesen ist nur Subjekt und als dieses den zwingenden Abläufen des Kosmos untergeordnet. Kein Lebewesen, keine Art, wird daher jemals in der Lage sein, durch Anpassungen seine unbelebte Umwelt dauerhaft zu überwinden.

Am Anfang dieses Kapitels habe ich bereits herausgestellt, daß dieses auch für den Menschen gilt. Der Anpassungsfähigkeit der Lebewesen sind Grenzen gesetzt. Pflanzen und Tiere können sich zwar an das Leben in der Wüste anpassen, doch das Klima auf den Kontinenten wird immer trockener, und die Lebensbedingungen werden dadurch immer schlechter. Irgendwann erreichen sie ein Ausmaß, wo den Pflanzen und den Tieren selbst die raffiniertesten Anpassungen nichts mehr nützen. Was dann geschieht, können wir in den lebensfeindlichsten Bereichen der Wüste beobachten, dort, wo die extremsten Temperaturen und Temperaturschwankungen herrschen und wo es nur noch wenige Male im Jahrhundert zu Niederschlägen kommt. Das Lebendige ist gezwungen, sich aus diesen extremen Kernzonen der Wüste endgültig zurückzuziehen. Dieser Rückzug geht nicht von heute auf morgen vonstatten, er ist vielmehr ein langsamer Prozeß, der in vielen Etappen verläuft, und oftmals dauert das Ringen der Lebewesen mit der Trockenheit Jahrmillionen.

5. Rückzug des Lebens

Eine kalte Welt

Trotz der großflächigen, aus Weidenruten geflochtenen Schneeschuhe, die wir unter unsere Stiefel geschnallt hatten, um in dem stellenweise meterhohen Pulverschnee nicht einzusinken, kamen wir nur mühsam voran. Vor uns erstreckte sich eine endlos erscheinende weiße Wildnis, in der sich die zwei Punkte unserer Körper, gemessen an den Dimensionen der Landschaft, nicht von der Stelle zu bewegen schienen. Schritt für Schritt kämpften wir uns gegen einen eisigen arktischen Wind voran, der uns aus nördlicher Richtung genau entgegenblies.

Der Schneeblizzard hatte am Vortag ganz plötzlich und unerwartet eingesetzt. Innerhalb von nur einer Stunde war am Nordhimmel eine schwarze Wolkenbank emporgestiegen. Ihre Vorderkante hob sich wie eine mit einem Lineal gezogene schmale Linie von dem klaren kalten Blau des übrigen Himmels ab. Unter der ständig höher werdenden erdrückenden schwarzen Mauer der unaufhaltsam näherrückenden Wolkenwand waren die leuchtend weißen Wirbel der vom Sturm transportierten Schneemassen zu erkennen. Der ganze Nordhimmel hatte etwas Unheilschwangeres, Drohendes angenommen. Die vor der tiefschwarzen Wolkenwand treibenden, weißen riesigen Schneefahnen boten ein unheimliches Schauspiel. Sie erinnerten an weiße Gardinen, die in einer dunklen, stürmischen Gewitternacht vor der schwarzen Höhlung eines aufgesprungenen Fensters flattern.

In kurzer Zeit war der Blizzard über uns. Ich hatte noch nie zuvor derartige Schneemassen in der Luft gesehen. Die Sonne war von Wolken und Schnee völlig verdeckt, und ein weiches, alle Konturen verschluckendes Dämmerlicht breitete sich aus. Am nächsten Morgen hatte sich das Wetter gebessert und wir brachen zu unserer Exkursion auf. Die schwarze Wolkenwand war abgezogen. Der Himmel zeigte sich in einem fast farblosen, grauen Licht. In einem leichten rötlichen Schimmer war der Widerschein der flach am Südhimmel stehenden roten Sonnenscheibe zu erkennen. Ihr kaltes Licht wurde von unzähligen winzigen Eiskristallen reflektiert, die sich noch immer in der Luft befanden. Nie zuvor hatte ich eine Land-

schaft gesehen, die eine derartige Kälte ausstrahlte. Selbst das Sonnenlicht empfand man als eisig. Vor dem scharfen arktischen Wind, der die Tagestemperaturen nicht über minus 20 Grad Celsius ansteigen ließ, schützten wir uns durch dicke Winterkleidung. Unsere Köpfe waren von dicken Mützen verhüllt, in denen nur Schlitze für Augen und Mund vorhanden waren. Da dicht über dem Boden noch immer starkes Schneetreiben herrschte, wurde unser Vorankommen trotz der klaren Sicht erheblich behindert. Der unendliche, flach über den Boden dahinfließende Schneeteppich ließ einen jegliches Gefühl für Entfernung verlieren und rief durch seine hohe Geschwindigkeit Schwindelgefühle hervor. Das Schneetreiben ließ auch keine Unebenheiten des Geländes mehr erkennen, so daß wir das ungute Gefühl hatten, bei jedem Schritt in einen verborgenen Abgrund zu stürzen. Streckenweise war der Boden so hart und felsig, daß wir unsere Schneeschuhe abschnallen konnten, um schneller voranzukommen. Doch immer wieder versanken wir in ausgedehnten metertiefen Schneewehen, die sich im Windschatten flacher Geländeunebenheiten gebildet hatten und die wir nur mit Hilfe der Schneeschuhe überqueren konnten.
Unser Ziel, eine Sandwüste, deren 250 Meter hohe Sandberge zu den höchsten Wüstendünen unserer Erde gehören, lag in der klaren Winterluft zum Greifen nahe vor uns. Die Sanddünen wurden von 4500 Meter hohen schnee- und eisbedeckten Gebirgsmassiven überragt, die unmittelbar hinter der Sandwüste aufstiegen. Als wir endlich wesentlich später als geplant am Fuße der ersten Dünen standen, rechneten wir erst einmal die Zeit aus, die uns für unsere Untersuchungen noch zur Verfügung stand. Wir mußten unseren Rückmarsch rechtzeitig antreten, um möglichst bei Sonnenuntergang wieder in unserem geheizten Stützpunkt einzutreffen, denn in dieser, auf einem 2500 Meter hohen Plateau gelegenen Sandwüste konnte die Temperatur nach Sonnenuntergang bis auf minus 55 Grad Celsius absinken.
Die gewaltigen Sanddünen boten ein einzigartiges Bild. Über die Oberfläche der graugelben Sandwogen trieb der Schnee in dichten Streifen dahin. Das Schauspiel erinnerte an einen bei Sturm aufgewühlten Ozean, wenn der Wind lange Streifen weißen Schaumes über die Oberfläche der dunklen, grauschwarzen Riesenwogen treibt. Von den scharfen Graten der Sanddünen wehten lange weiße Schneefahnen und zeigten die Richtung des Schneesturmes an. An den steilen, bis zu 250 Meter hohen Dünenflanken hatten sich im Windschatten dicke Schneeschichten abgelagert, ebenso in den Tälern zwischen den einzelnen Dünen. An einigen Stellen der

Dünenhänge hatte der Wind den Sand in so großem Ausmaß abgetragen und umgelagert, daß der innere Aufbau der Sanddünen sichtbar wurde. Dort machten wir eine interessante Entdeckung. Die Kreuzschichtungen des Sandes ließen nicht nur die vorherrschenden Windrichtungen erkennen, sondern sie wiesen außerdem noch die für Wüstendünen einzigartige Besonderheit auf, daß sie aus einer wechselnden Abfolge zahlreicher Sand- und Schneeschichten bestanden. Man konnte daran sehr gut einige der klimatischen Faktoren und Ursachen ablesen, die zur Bildung dieser eigentümlichen Sandwüste geführt hatten. Der Schnee war vorwiegend von Winden aus nördlicher Richtung herangeweht und abgelagert worden, während der Sand von südlichen Winden herantransportiert oder innerhalb der Dünen umgelagert worden war.
Die Tatsache, daß ausgerechnet eine Sandwüste, die normalerweise das Symbol für Trockenheit und Hitze darstellt, ein arktisches Klima aufweist, wird sicherlich die meisten Leser erstaunen. Und es wird Sie noch mehr in Erstaunen versetzen, daß die extrem kalte und trockene Sandwüste, von der hier die Rede ist, nicht etwa in arktischen oder antarktischen Breitengraden liegt, sondern im südlichen Teil der USA, im Grenzbereich der Staaten Colorado und Neu-Mexiko.
Diese kalte Sandwüste ist ein Teil der ausgedehnten nordamerikanischen Reliefwüste, und hinsichtlich ihrer Temperaturverhältnisse gehört sie sicherlich zu den extremsten Landschaften unserer Erde. Während in dieser Wüstenregion das Thermometer im Winter bis auf minus 55 Grad Celsius absinken kann, steigt es in den Sommermonaten bis auf über 40 Grad Celsius an. Das bedeutet einen Temperaturunterschied von fast 100 Grad innerhalb eines Jahres. Die außerordentlichen Temperaturschwankungen sind nicht nur durch das kontinentale Klima und die große Höhe bedingt, in der die Sandwüste liegt, sondern in ganz besonderem Maße durch den Nordsüdverlauf der Hochgebirge, die die nordamerikanischen Wüsten umschließen. Dadurch wird verhindert, daß feuchte regenbringende und temperaturausgleichende Luftmassen von den Ozeanen her in die Westhälfte des Kontinents vordringen. Sie ermöglichen jedoch einen ungehinderten Austausch zwischen kalten trockenen Luftmassen aus der Arktis und heißen, ebenfalls trockenen Luftmassen aus den Wendekreiswüsten Mexikos. Während der Wintermonate können die eisigen, aus der Arktis stammenden Schneestürme ungehindert innerhalb von 2–3 Tagen von Nordkanada 4000 Kilometer weit nach Süden bis in die Wüsten rasen. Sie bringen nicht nur große Kälte, sondern in Form von Schnee auch den größten Teil der ge-

ringen jährlichen Niederschlagsmenge. In den Sommermonaten wehen von Süden kommende heiße sand- und staubbeladene Winde. Aus diesem Grund zählen große Gebiete der hochliegenden Reliefwüste Nordamerikas zu den gleichzeitig heißesten und kältesten Wüsten unserer Erde.
Die einzigartige Schichtung von Sand, Schnee, Sand usw. entsteht nur während der Wintermonate. Zu dieser Zeit kommt es häufig vor, daß südliche Winde - ohne daß dadurch die Lufttemperatur in der 2500 Meter hoch gelegenen Sandwüste über den Gefrierpunkt steigt - Sand über den Schnee wehen, der zuvor von einem arktischen Schneesturm auf den Sanddünen abgelagert wurde. Der nächste Schneesturm lagert dann wieder Schnee über den Sand usw. Wenn mit Beginn des Frühjahrs die heißen Winde wieder ihre Herrschaft antreten, schmelzen die zahlreichen Schneeschichten, die sich im Winter abgelagert haben.
Die klimatisch so extremen Reliefwüsten Nordamerikas stellen - erdgeschichtlich gesehen - eine der am weitesten entwickelten und zum Teil lebensfeindlichsten Wüstenregionen unserer Erde dar. Neben der großen Trockenheit stellen die extremen Temperaturschwankungen für alle Lebensformen, die in diesen Wüsten überleben wollen, das schwierigste Existenzproblem dar. Wieder scheint es auf den ersten Blick so, daß die Wüstenvögel am ehesten mit diesem Problem fertig werden können, da sie genau wie die zahlreichen Vogelarten, die im Sommer in der Arktis brüten, während des eisigen Winters wegziehen können. Besonders für die Insektenfresser unter ihnen scheint es gar keine andere Wahl zu geben, da ihre Nahrung während der Winterperiode nicht vorhanden ist.
Eine der in den nordamerikanischen Wüsten verbreitetsten insektenfressenden Vogelart ist die Nutalls-Nachtschwalbe, die wegen ihres sehr einprägsamen zweisilbigen Rufes - »poor will« - kurz Poorwill genannt wird. Sie ist etwa so groß wie eine Amsel, ist aber mit den kleinen, bei uns heimischen Schwalbenarten nicht verwandt. Zusammen mit anderen Nachtschwalbenarten, die weltweit verbreitet sind, gehört sie einer eigenständigen Vogelfamilie an, die die wissenschaftliche Bezeichnung *Caprimulgidae* trägt. Den Poorwill kann man besonders in der Abenddämmerung im Frühjahr und Sommer beobachten, da er nachtaktiv ist und zu dieser Zeit auf Nahrungssuche geht. Aufgrund seiner abgerundeten Flügel erinnert er an eine Riesenmotte, und seine unregelmäßigen, stoßartigen Flugbewegungen sind denen der Fledermaus vergleichbar. Der Poorwill jagt Nachtinsekten, die er in der Luft mit seinem riesigen, trichterförmig aufgesperrten Schnabel und Rachen fängt.

Die Poorwill-Nachtschwalbe brütet auf dem Wüstenboden und besitzt wie alle am Boden brütenden Wüstenvogelarten ein Gefieder, dessen Färbung genauestens mit der der Wüstenoberfläche übereinstimmt. Im Unterschied zur Sahara, die im allgemeinen über riesige Flächen eine gleichbleibende Färbung aufweist, weist die nordamerikanische Reliefwüste oft auf kleinen Flächen die verschiedensten Gesteins- und Bodenfärbungen auf. Das hängt mit ihrem geologischen Aufbau zusammen, der in zahlreichen Gebirgszügen, zerklüfteten Plateaus und von Flüssen ausgewaschenen tiefen Canyons zum Vorschein kommt.
Wie bei den Steinlerchen der Sahara treten auch bei der Poorwill-Nachtschwalbe innerhalb der Art verschiedene Färbungstypen auf. Es gibt z.B. rötlich gefärbte Populationen, die in den roten Sandsteinwüsten des Colorado-Plateaus brüten, gelblich gefärbte, die sandige Wüstenabschnitte bevorzugen, und graufarbige, die innerhalb der ausgedehnten grauen Granitgebirge der Mojave-Wüste brüten. Eine andere Population, die in der Kakteenwüste Südarizonas und in Mexiko brütet, besitzt eine dunkle, baumrindenartige Gefiederzeichnung, die genau mit der Farbe der abgestorbenen Kakteen übereinstimmt, zwischen denen die Vögel brüten.
Wenn bei Einbruch des eisigen Wüstenwinters keine Insekten mehr vorhanden sind, ist der Poorwill plötzlich verschwunden. Man nahm mit Recht an, daß er wie andere Zugvögel in den warmen Süden zieht, ohne daß man jedoch jemals sein Überwinterungsquartier entdeckte. Am 29. Dezember 1946 befand sich der amerikanische Zoologe Edmund Jäger zusammen mit einer Studentengruppe auf einer Exkursion in den Chuckwalla-Bergen. Er konnte nicht ahnen, daß er an diesem kalten Wintertag eine sensationelle biologische Entdeckung machen sollte.
Das wildzerklüftete Granitgebirge inmitten der Mojave-Wüste Südkaliforniens gehört zu den eindrucksvollsten Landschaften unserer Erde. Der Granit ist aufgrund der hohen Temperaturschwankungen in diesem hochgelegenen Wüstengebirge zu den bizarrsten Formen verwittert. Jede erdenkliche Gesteinsform scheint in dieser Landschaft zu existieren. Die Felsen sind im Laufe vieler Millionen Jahre in einzelne Teile aufgespalten worden, und das Sandstrahlgebläse des Wüstenwindes hat wesentlich dazu beigetragen, daß die Klüfte erweitert und die einzelnen Felsblöcke zu phantastischen Gebilden geschliffen wurden. Die einzelnen Berge bestehen aus Tausenden riesiger Kugeln und rhombenförmiger Klötze. Sie vermitteln den Eindruck, als hätten hier Giganten mit Bauklötzen gespielt (siehe Abbildung 38). Als ich 1973 selbst zum erstenmal in diesen Bergen

umherkletterte, hatte ich ständig das ungute Gefühl, daß die riesigen »Kugelhaufen« der Berge jeden Augenblick wie eine aus Bällen aufgebaute Pyramide in sich zusammenrutschen könnten. Die weiten Hochflächen, die sich zwischen den einzelnen Höhenzügen erstreckten, waren mit Tausenden von monumentalen Gesteinsplastiken bedeckt, die das Werk unzähliger Generationen von Bildhauern zu sein schienen, während es in Wirklichkeit die letzten Überreste von Bergen waren, die die Verwitterung abgetragen hatte. Zwischen den Felsformationen wachsen einzeln oder in Gruppen zehn Meter hohe Liliengewächse. Diese sogenannten Joshuabäume mit ihren bizarren, an Arme erinnernden Ästen tragen dazu bei, daß das ganze Gebirge einer phantastischen surrealistischen Traumlandschaft gleicht, die der Phantasie eines Salvador Dalí entsprungen sein könnte.
Als Edmund Jäger, der so abgehärtet war, daß er selbst auf dieser Winterexkursion seine kurzen Krachledernen trug - seine Großeltern waren aus Bayern nach Amerika ausgewandert -, mit seiner Studentengruppe durch einen kleinen schmalen Canyon kam, entdeckten seine geübten Augen auf der Oberfläche der senkrechten Felswand eine kleine Unregelmäßigkeit im Gestein. In einer der zahllosen flachen, handgroßen Ausmuldungen, die durch die Verwitterung entstanden sind, meinte er die Andeutung einer Erhöhung gesehen zu haben. Erst als er aus nächster Nähe einen genauen Blick auf die Mulde warf, erkannte er, daß in der Aushöhlung ein Vogel saß. Es war ein Poorwill, dessen grau gefleckte Gefiederzeichnung genau mit der Kristallstruktur des grauen Granits übereinstimmte. Die Gesteinsmulde war gerade groß genug, um dem Vogel Platz zu bieten. Nachdem die Gruppe den Vogel zehn Minuten lang aus nächster Nähe beobachtet hatte, ohne das geringste Lebenszeichen zu entdecken, streckte Mr. Jäger seine Hand aus, um den Vogel anzufassen. Aber selbst als er mit der Hand mehrere Male über den Rücken des Vogels strich, zeigte der Poorwill nicht die geringste Reaktion, die darauf schließen ließ, daß noch Leben in ihm war.
Die Gruppe zog weiter. Als sie nach zwei Stunden auf dem Rückweg wieder durch die kleine Schlucht kam, befand sich der Vogel immer noch in unveränderter Haltung in der Aushöhlung. Jetzt nahm Mr. Jäger den Vogel mit der Hand heraus. Er war ungewöhnlich leicht und schien ausgetrocknet zu sein. Seine Füße und seine Augenlider, an denen man die Körpertemperatur eines Vogels fühlen kann, waren völlig kalt. Offensichtlich hatte die Nachtschwalbe es aus irgendeinem Grunde versäumt, in den Süden zu ziehen. Ein Kälte-

einbruch schien sie überrascht zu haben, und sie war in der kleinen Felsnische erfroren, in der sie Schutz gesucht hatte. Mr. Jäger setzte den Vogel in die Aushöhlung zurück, und die Gruppe trat den Heimweg an.

Als Mr. Jäger nach zehn Tagen zusammen mit seinem Freund, Professor Lloyd Smith, in die Chuckwalla-Berge fuhr, um ihm u.a. den ungewöhnlichen Fund der Poorwill-Nachtschwalbe zu zeigen, wunderte es die beiden Wissenschaftler nicht, daß der Poorwill sich in völlig unveränderter Haltung immer noch am gleichen Ort befand. Als einer der beiden die Nachtschwalbe jedoch aus der Nische herausnahm und sie eine Weile in der Hand hielt, um sie zu betrachten, geschah etwas völlig Unerwartetes. Der Schnabel des Vogels öffnete sich und der Poorwill stieß ungewöhnlich hohe wimmernde und quiekende Töne aus. Gleichzeitig meinten sie gesehen zu haben, daß der Vogel seine Augen für einen kurzen Augenblick geöffnet hatte. Plötzlich stellte der Poorwill seine Flügel senkrecht in die Luft, was jedoch irgendwie leblos und mechanisch wirkte. Auch die eigenartigen Töne, die der Vogel von sich gegeben hatte, schienen nur durch Luftreste verursacht worden zu sein, die aus dem leblosen Körper durch das Herumhantieren gekommen waren. Mr. Jäger versuchte die Flügel vorsichtig in ihre alte Position zurückzudrücken, doch es gelang ihm nicht. Wenn er die Flügel losließ, schnellten sie sofort wie eine Stahlfeder in ihre senkrechte Stellung zurück. Mit etwas Kraftaufwand gelang es ihm schließlich, die Flügel ungefähr in die alte Position zurückzudrücken, so daß sie wieder am Körper anlagen. Anschließend wurde der Vogel in die Felsaushöhlung als Anschauungsobjekt für zukünftige Studentenexkursionen zurückgesetzt. Er sah nicht mehr sehr gut aus. Durch das Herumhantieren war das Gefieder zerzaust, und die Flügel standen unnatürlich schief vom Körper ab.

An dieser unverwechselbaren Haltung erkannten die Wissenschaftler, die nach zwei Stunden zurückkamen, daß sich nichts verändert hatte. Als sie zum Abschluß noch ein Foto machen wollten und den Poorwill dazu abermals in die Hand nahmen, flog er auf und davon. Die Freunde glaubten ihren Augen nicht zu trauen, als der Poorwill mit schnellen Flügelschlägen gewandt an der Felswand emporflog und sich in unerreichbarer Höhe wieder in den Felsen setzte.

Wie war so etwas möglich? Da die beiden Freunde als Naturwissenschaftler nicht an Wunder glaubten, stellte sich ihnen sofort dic Frage, ob sie es mit einem Vogel im Winterschlaf zu tun hatten, der – durch ihre Aktivitäten gestört – allmählich erwachte und schließlich davonflog.

Der Winterschlaf ist eine faszinierende Anpassung, die hauptsächlich von Säugetieren entwickelt wurde, die in kühleren oder polaren Klimazonen leben. Die meisten Säugetiere sind nicht in der Lage, wenn bei Einbruch des Winters das Nahrungsangebot rapide zurückgeht, wie die Vögel wegzuziehen und damit der kalten Jahreszeit einfach auszuweichen. Viele Säugetierarten ziehen sich daher während des Winters eine Zeitlang aus dem aktiven Leben zurück und fallen in ihren Bauten in einen Winterschlaf. Während dieser Zeit ist der Stoffwechsel stark herabgesetzt. Alle Lebensfunktionen sind so stark gedrosselt, daß nur geringe Mengen des im Sommer angefressenen Fettvorrats verbraucht werden. Gradmesser für die gedrosselten Lebensfunktionen ist der Verbrauch von Sauerstoff, mit dessen Hilfe das Fett verbrannt und Wärme und Energie erzeugt werden. Man hat Säugetiere beobachtet, die während des Winterschlafes nur alle fünf Minuten einmal Atem holen, und die normale Anzahl von 300 Herzschlägen in der Minute ging auf fünf Schläge zurück. Die Drosselung der Stoffwechselfunktionen führt u.a. dazu, daß die Körpertemperatur rapide absinkt, bei einigen Arten bis auf wenige Grad über dem Gefrierpunkt. Ein Tier im Winterschlaf lebt praktisch auf Sparflamme.

Winterschlaf bei Vögeln war jedoch niemals beobachtet worden. Wie sollten Vögel ihren im Verhältnis zu Säugetieren viel aktiveren und schnelleren Ablauf der Stoffwechselfunktionen – einige Vögel müssen täglich das Mehrfache ihres Körpergewichtes an Nahrung aufnehmen, um zu überleben – so weit reduzieren können, daß die Voraussetzungen für einen Winterschlaf gegeben waren. Das schien unmöglich.

Fast ein Jahr später, Ende November 1947, hatte Mr. Jäger das große Glück, den Poorwill, der anscheinend wieder völlig leblos war, in genau der gleichen Felsausmuldung wiederzufinden. So ergab sich die Gelegenheit, genaue Untersuchungen anzustellen, ob die Vermutung, daß ein Vogel, noch dazu ein Wüstenvogel, einen Winterschlaf halten kann, zu beweisen war. Mr. Jäger versuchte zunächst einmal, die Körpertemperatur des Vogels am Darmausgang festzustellen. Das Thermometer zeigte 18 Grad Celsius an. Da diese niedrige Körpertemperatur höher war als die Temperatur der kalten Umgebung, war sie ein Beweis dafür, daß der Vogel noch am Leben war, daß er sich tatsächlich in einem Winterschlaf befand. Der Vogel, dessen Normaltemperatur etwa 42 Grad Celsius beträgt, hatte seine Körpertemperatur also um 24 Grad herabgesetzt.

Das Abhorchen der Herztöne mit dem Stethoskop ergab kein Resultat, da das Herz so langsam und schwach schlug, daß nichts zu ver-

nehmen war. Auch der kalte Metallspiegel, den er dem Vogel dicht vor die Nasenöffnungen hielt, beschlug sich nicht, was ein Beweis für eine merkbare Atemtätigkeit des Poorwill gewesen wäre. Mr. Jäger unternahm noch einen weiteren Versuch, um zu prüfen, ob der Vogel noch am Leben war. Er öffnete ein Augenlid des Vogels und leuchtete mit einer kleinen Taschenlampe auf die Pupille des Auges. Es war jedoch nicht die geringste Reaktion festzustellen. Der Vogel versuchte nicht einmal, sein Augenlid wieder zu schließen. Der einzige Beweis dafür, daß der Vogel nicht tot war, blieb also die gemessene Körpertemperatur.
Gewichtsmessungen ergaben, daß das Körpergewicht des Vogels ganz langsam abnahm. Hier die festgestellten Gewichte, die in einem Abstand von jeweils zwei Wochen ermittelt wurden: 45,61 Gramm, 45,58 Gramm, 45,50 Gramm und 44,46 Gramm. Die Zahlen verdeutlichen, wie überaus langsam der Vogel während des Winterschlafes seine Fettreserven durch Verbrennung abbaut. Als er am Ende des Winters nach insgesamt drei Monaten totenähnlicher Starre seinen Winterschlaf beendete, hatte er insgesamt nur sechs Gramm Fett zum Überleben verbraucht.
Interessant war, daß die Nachtschwalbe auch in den folgenden Wintern 1948 und 1949 immer wieder die gleiche Gesteinsaushöhlung aufsuchte, um ihren Winterschlaf abzuhalten.
Als Mr. Jäger seine aufsehenerregenden Untersuchungen veröffentlichte, erreichten ihn zahlreiche Zuschriften, die von ähnlichen Beobachtungen berichteten. Einige Leser schrieben z.B., sie hätten einen toten Poorwill gefunden und mit nach Hause genommen, um ihn der Familie zu zeigen. Als der »tote« Vogel dann eine Zeitlang im warmen Auto oder im Haus gelegen hatte, sei er plötzlich wie durch ein Wunder wieder zum Leben erwacht und davongeflogen. Ein Briefschreiber, ein gewisser Mr. Minthorn, berichtete über seine Beobachtung aus dem Jahre 1909. Er hatte damals die Stelle eines Privatlehrers bei einer Mormonenfamilie angenommen, die in einem sehr abgelegenen Gebiet des Staates Nevada wohnte. Der Kindersegen der Mormonenfamilie war so groß, daß sich die Errichtung einer eigenen Schule lohnte. Als der Lehrer an einem kühlen Wintertage das Schulhaus zum erstenmal betrat, zeigten die Kinder ihm als erstes voller Stolz ihren Poorwill. Er saß in einem kleinen Loch in einer der Schulbänke. Der Lehrer dachte zunächst, daß der Vogel krank oder tot sei, doch die Kinder versicherten ihm sofort, daß er jeden Winter dort schlafe und daß er erwachen und davonfliegen würde, sobald es Frühling werde. Nach den Angaben des Lehrers dauerte der Winter in Wheeler Spring, das in 2000 Meter

Höhe liegt, ein halbes Jahr, und er glaubte sich zu erinnern, daß der Poorwill ungefähr genauso lange seinen Winterschlaf abgehalten hatte. Aber schon lange bevor die Europäer nach Amerika kamen, wußten die Hopi-Indianer Arizonas um das Geheimnis des Poorwills. Sie nannten den Vogel *hölchko*, was soviel heißt wie Schläfer.

Eine wichtige Frage habe ich bisher noch nicht beantwortet. Warum hat der Poorwill überhaupt derart komplizierte Körperfunktionen entwickelt, wie sie für einen Winterschlaf erforderlich sind? Warum zieht er nicht einfach wie andere Vogelarten in den Süden? Nun, so einfach wie es auf den ersten Blick erscheint, ist die lange Wanderung der Zugvögel nicht. Sie sind auf ihrem Wege in das Winterquartier unzähligen Gefahren ausgesetzt, die ihren Ausdruck in den hohen Verlustquoten ziehender Vogelarten finden. Der Hauptgrund für den Winterschlaf des Poorwill ist jedoch ein ganz anderer. Zugvögel stammen meistens aus Regionen, in denen der Wechsel der Jahreszeiten in einem über lange erdgeschichtliche Zeiträume feststehenden Rhythmus verläuft. Das gilt natürlich auch für den nordamerikanischen Kontinent. Bei den Wüstenwintern handelt es sich jedoch in vielen Gebieten um eine recht unregelmäßige Erscheinung. Der Winter bricht oft so unvermittelt in Form eines Schneeblizzards über die Wüste herein, daß der Poorwill gar keine Zeit mehr hätte, wegzuziehen. Er müßte erfrieren und verhungern, hätte er nicht den Winterschlaf »erfunden«. Hinzu kommt, daß er aufgrund seiner speziellen Wüstenfärbung nur sehr schwer in einem Quartier außerhalb der Wüste überwintern könnte, da der am Tage passive Vogel nicht mehr getarnt wäre.

Um vor den sich kurzfristig ändernden Wetterlagen gewappnet zu sein, weist der Winterschlaf des Poorwill eine einzigartige Besonderheit auf. Während Säugetiere Tage und Wochen benötigen, um ihre Stoffwechselfunktionen allmählich zu drosseln und in den Winterschlaf zu fallen, geschieht dieses bei der Nachtschwalbe in kürzester Zeit. Der Übergang vom aktiven Stadium in den Winterschlaf vollzieht sich so schnell, daß man z.B. ohne weiteres einen völlig aktiven Poorwill in einen Kühlschrank legen kann, ohne ihm damit Schaden zuzufügen. Er fällt sofort in den Winterschlaf. Das gleiche Experiment funktioniert auch umgekehrt. Der Vogel kann so äußerst flexibel auf die kurzfristig und unregelmäßig auftretenden extremen Temperaturschwankungen reagieren, wie sie typisch für eine extreme Reliefwüste sind. Es kommt z.B. häufig vor, daß die kalte Witterung des Wüstenwinters immer wieder kurzfristig von Warmlufteinbrüchen unterbrochen wird. Das ist bedingt durch die bereits erwähnte schnelle Austauschbarkeit von Luftmassen aufgrund der

in nordsüdlicher Richtung verlaufenden Gebirgszüge Nordamerikas. Der Poorwill kann auch diese Perioden günstiger Lebensbedingungen inmitten des Winters sofort für sich ausnutzen.
Es ergibt sich die interessante Frage, ob man den Winterschlaf des Poorwill überhaupt noch als Anpassung bezeichnen kann. Die Lebensvorgänge des Vogels sind soweit gedrosselt, daß sie gerade noch oberhalb der Todesschwelle liegen. Der Winterschlaf des Poorwill ist ein sehr gutes Beispiel dafür, wie sich das Leben in Etappen aus der Wüste zurückzieht, die immer lebensfeindlicher wird. Selbst der zeitweilig todesähnliche Zustand stellt also für ein Lebewesen noch eine Möglichkeit dar, den Rückzug aus der Wüste hinauszuzögern.

Der Trockenschlaf der Säugetiere

Die vielleicht bekanntesten Wüstentiere sind die Springmäuse. Diese kleinen Säuger, die die Wüsten Asiens, Afrikas und Nordamerikas bewohnen, zeichnen sich durch enorm lange Hinterbeine aus, mit denen sie sich wie ein Känguruh springend fortbewegen. Sie erreichen mit dieser Fortbewegungsart unglaubliche Geschwindigkeiten. Bei Sprungweiten bis zu zwei Metern legen sie sechs Meter in der Sekunde zurück. Das menschliche Auge ist dabei kaum in der Lage, das Aufsetzen der Hinterbeine zu erkennen. Mit Hilfe eines langen Balanceschwanzes kann die Springmaus bei höchster Geschwindigkeit ihre Fortbewegungsrichtung um fast neunzig Grad ändern. Hat man das Glück, einen dieser kleinen nachtaktiven Gesellen in einer hellen Vollmondnacht zu beobachten, so scheint es, als ob er angetrieben von einem lautlosen Düsentriebwerk in wellenförmigen Bewegungen über die Wüstenoberfläche dahinfliegen würde.
Interessant ist, daß sich die Springmäuse Asiens und Afrikas äußerlich kaum von den Springmausen der nordamerikanischen Wüsten, den sogenannten Taschenspringern unterscheiden, obwohl beide Tiergruppen nur sehr weitläufig miteinander verwandt sind und sich völlig unabhängig voneinander entwickelt haben. Wieder ist es die prägende Kraft der Wüste, die bei allen Springmäusen eine gleichartige Fortbewegungsweise erzwungen hat. Gleiche Fortbewegung aber setzt gleiche Körperkonstruktion, weitgehend glcichen Knochenbau und gleiches Aussehen voraus. Die känguruhartige Fortbewegung ermöglicht den kleinen Wüstennagern schnellstes Vorwärtskommen in einem rauhen wechselvollen Gelände, in dem

noch dazu zahlreiche Feinde lauern, bei geringstmöglichem Kraftaufwand.
Außer dieser Fortbewegungsart weisen die Springmäuse noch weitere Merkmale auf, die eigens für ein Leben in der Wüste entwickelt wurden. Obwohl sie vorwiegend trockene Sämereien fressen, gehören sie zu den wenigen Säugetierarten, die nie etwas trinken müssen. Sie decken ihren Flüssigkeitsbedarf fast ausschließlich mit sogenanntem Oxydationswasser, das während der Stoffwechselvorgänge freigesetzt wird. An dieser Stelle sei kurz daran erinnert, daß die Kohlenhydrate der Nahrung durch den eingeatmeten Sauerstoff verbrennen, oxydieren und daß dadurch außer Energie auch die oxydischen Verbindungen Kohlendioxyd und Wasser wieder frei werden. Aus diesen Verbindungen wurde ja die pflanzliche Nahrung mit Hilfe der Photosynthese aufgebaut. Versuche haben ergeben, daß Wüstenspringmäuse aus 100 Gramm Sämereien 54 Gramm Wasser gewinnen können. Auch Tiere, die nicht in der Wüste leben, und wir Menschen erzeugen beim Stoffwechsel große Mengen Oxydationswasser. Einen großen Teil davon scheiden wir jedoch als Urin wieder aus, oder wir atmen es als Wasserdampf zusammen mit dem Kohlendioxyd wieder aus.
Die Wüstenspringmäuse haben den Verlust des Oxydationswassers weitgehend ausgeschaltet. Als rein nachtaktive Tiere, die den ganzen Tag in ihrem unterirdischen Bau verbringen, in dem durch die isolierende Erdschicht selbst an heißen Tagen die Temperatur nicht über 20 Grad Celsius ansteigt, vermeiden sie den Wasserverbrauch zur Wärmeregulierung. Abgesehen davon, daß sie nicht schwitzen, haben sie auch den Wasserverlust durch Körperausscheidungen extrem herabgesetzt. Ihr Harn ist äußerst konzentriert, und der Urin kann doppelt soviel Salz enthalten wie Meerwasser. Auch der Kot ist völlig trocken und hart. Ein schwierig zu lösendes Problem ist die Vermeidung des Verlustes von Oxydationswasser in Form von Wasserdampf über die Lungen. Der für die Oxydation der Kohlenhydrate und somit für die Wasserentstehung notwendige Sauerstoff steht natürlich in einem festen Verhältnis zu der freigesetzten Wassermenge. Wird wenig Sauerstoff eingeatmet, so entsteht eine entsprechend geringe Menge Oxydationswasser. Wird dagegen viel Sauerstoff eingeatmet, so entsteht auch eine entsprechend große Menge Oxydationswasser. Die verstärkte Tätigkeit der Lungen hat aber einen hohen Wasserverlust beim Ausatmen zur Folge, und das hebt den Wassergewinn wieder auf.
Die Wüstenspringmäuse haben auch dieses schwierige Stoffwechselproblem gelöst. Sie geben über ihre Lungen relativ zur

Sauerstoffaufnahme viel weniger Wasser ab als z.B. andere Säugetiere. Sie haben außerdem dafür gesorgt, daß ihnen selbst das einmal ausgeatmete Wasser wieder zugute kommt. Wenn sie am Tage in ihren kühlen unterirdischen Bauten schlafen, verschließen sie den Eingang mit einem Erdpfropfen. Der ausgeatmete Wasserdampf kann dadurch nicht ganz entweichen und läßt in der Schlafkammer ein feuchtes Mikroklima entstehen. Der größte Teil des Wasserdampfes wird außerdem durch die für Notzeiten gespeicherten Sämereien absorbiert, die in einer Aushöhlung in der Wandung der Schlafkammer aufbewahrt werden. Die schlafende Maus legt sich stets so in ihr Nest, daß ihre Nasenöffnung dicht vor den Sämereien liegt. Die Samen wirken so wie ein Filter, der der ausgeatmeten Luft die letzte Feuchtigkeit entzieht. Greift die Springmaus in Dürrezeiten auf diesen Vorrat zurück, so kommt ihr auch der darin gespeicherte Wasservorrat wieder zugute. In ihren Bauten besitzen die Wüstenspringmäuse zusammen mit ihrer Nahrung eine Art inneren, geschlossenen Wasserkreislauf.

Obwohl die kleinen Springmäuse eine ganze Anzahl raffinierter Anpassungen an das Leben in der Wüste entwickelt haben, so sind sie doch nicht in der Lage, wie z.B. die Flughühner oder die Kamele, ein dauerhaft aktives Leben zu führen. Die Populationen, die die vorwiegend winterkalten Regionen der Reliefwüsten Nordamerikas und Asiens bewohnen, fallen genau wie die Poorwill-Nachtschwalbe zeitweilig in einen Winterschlaf.

Interessant ist, daß zahlreiche kleine Nagetiere der heißen Wüsten, zu denen auch die Springmäuse gehören, auch in der Lage sind, einen Trockenschlaf - auch Sommerschlaf genannt - zu halten. Dieser Trockenschlaf stellt wahrscheinlich eine Weiterentwicklung des Winterschlafes dar. Wenn in der heißesten Jahreszeit alle Pflanzen verdorrt und die letzten Samen vom Wind fortgetragen sind, drosseln die Wüstennager ihren Stoffwechsel bis auf einen minimalen Wert und fallen in einen monatelangen Schlafzustand. Nur dadurch ist es ihnen möglich, die lebensfeindlichste Jahreszeit zu überleben.

Die Taschenspringer, die in manchen Bereichen der nordamerikanischen Reliefwüste - z.B. der beschriebenen Sandwüste - leben, die durch ein eisiges Winterklima und ein heißes Sommerklima gekennzeichnet sind, sind sogar in der Lage, einmal Winterschlaf und einmal Trockenschlaf zu halten. In Experimenten hat man die Taschenspringer abwechselnd in beide Schlafzustände versetzen können. Dabei stellte sich heraus, daß man den Winterschlaf herbeiführen konnte, sobald man die Umgebungstemperatur der Maus bis auf den

Gefrierpunkt herabsetzte. Die Atmung hörte dann fast völlig auf, und es fand fast keine Verbrennung von Fettreserven statt. Das Tier benötigte nur noch ein Minimum an Energie, um zu überleben. Die Körpertemperatur des Tieres, die normalerweise 39 Grad Celsius im Zustand der Aktivität und 33 Grad Celsius im Zustand der Ruhe beträgt, sank auf 6 Grad Celsius herab.
Um die Taschenspringer dagegen in den Sommerschlaf zu versetzen, genügt es nicht, einfach die Lufttemperatur zu verändern – in diesem Fall zu erhöhen –, sondern es war erforderlich, dem Tier zusätzlich die Nahrung zu entziehen. Das genügte, um die Maus jederzeit in Trockenschlaf zu versetzen. Im Unterschied zum Winterschlaf fällt die Körpertemperatur während des Trockenschlafes jedoch nur auf 15 bis 20 Grad Celsius ab.
Bemerkenswert ist in diesem Zusammenhang, daß einige Arten während des Sommerschlafes ab und zu erwachen, um von ihrem gespeicherten feuchten Nahrungsvorrat zu fressen. Dieses Verhalten dient wahrscheinlich der Aufrechterhaltung des bereits beschriebenen Wasserkreislaufes in der Schlafkammer während der heißen, trockenen Jahreszeit.
Während sich die Poorwill-Nachtschwalbe nur in den Wintermonaten aus dem aktiven Leben zurückzieht, beschränkt sich die Lebensaktivität der Taschenspringer, die in den klimatisch extremsten Reliefwüsten vorkommen, oft nur noch auf wenige kurze lebensfreundliche Perioden im Jahr. Der Rückzug des Lebens aus der Wüste ist bei ihnen bereits einen Schritt weiter erfolgt.

Scheintot begraben

Herbst im Süden der amerikanischen Wüste.
Um uns an unserem Arbeitsplatz, der inmitten einer ausgedehnten, ausgetrockneten Senke eines Sees lag, vor den heißen Sonnenstrahlen zu schützen, hatten wir an vier Stangen eine schattenspendende Plane aufgespannt. Das Thermometer darunter zeigte immerhin noch über 40 Grad Lufttemperatur. Die Luft um uns schien zu glühen, und der Boden war mit einer Schicht weißer Salzkristalle bedeckt. Alles um uns war in eine blendend grelle Helligkeit getaucht, deren Quelle nicht mehr zu erkennen war. Die ganze Welt einschließlich des Bodens schien aus weißem Licht zu bestehen. Mit starken Sonnenbrillen schützten wir unsere Augen. Am frühen Morgen hatte ich begonnen, mit einer Picke den steinharten heißen Boden aufzuschlagen. Mit jedem Schlag löste sich höchstens ein

faustgroßes Stück. In der heißen Nachmittagszeit mußten wir unsere Arbeiten bis zum Abend unterbrechen.
Wir wollten an dieser Stelle der Wüste ein Lebewesen ausgraben, genauer gesagt aus dem Boden heraushacken, das erst sehr wenige Menschen jemals zu Gesicht bekommen hatten. Einheimische, die es zwar niemals gesehen, seine Laute aber angeblich in stillen Wüstennächten wiederholt gehört hatten, hatten uns gesagt, daß es wie ein Schaf blöke. Was wir suchten, war aber kein Schaf, sondern ein Tier mit dem eigenartigen Namen *Scaphiopus couchi.* Dies war jedenfalls sein wissenschaftlicher Name. Wie wir später erfahren sollten, hatten die Leute, was den Ruf des Tieres anbetraf, richtig gehört. Er hatte tatsächlich große Ähnlichkeit mit dem Blöken eines Schafes.
Die ganze Geschichte hatte Monate vorher im Hochsommer begonnen. Wir hatten uns damals vorgenommen, in der Wüste Fische zu beobachten – keine Sandskinks –, sondern richtige Fische. Über diese erstaunlichen Wüstenfische an dieser Stelle Näheres zu berichten, wäre verfrüht. Ich werde in einem späteren Kapitel darauf zurückkommen. Obwohl uns das Auffinden eines *Scaphiopus couchi* natürlich brennend interessierte, hätte die systematische Suche nach einem solchen Tier wenig Sinn gehabt. Die Chance, wirklich ein Exemplar zu entdecken, war gleich Null. Da kam uns der Zufall in Form einer Straßenumleitung zur Hilfe. Von der Straße, besser gesagt von der Piste aus, die wir normalerweise nie gefahren wären, entdeckten wir inmitten der Wüste einen kleinen Teich. Wie wir später erfuhren, war an dieser Stelle der Wüste nachweislich seit über drei Jahren kein Regen mehr gefallen.
Wie man anhand ganz frischer Regenspuren auf der Wüstenoberfläche deutlich erkennen konnte, war der Teich wahrscheinlich erst vor wenigen Tagen durch einen der seltenen, oft unregelmäßig im Abstand mehrerer Jahre auftretenden Regenfälle entstanden. Sie waren eine Folge schwerer Sommergewitter, die für diesen Teil der amerikanischen Wüste typisch sind. Da die tiefliegenden Wüstengebiete im äußersten Süden Arizonas und Kaliforniens fast das ganze Jahr hindurch hohe Temperaturen aufweisen, hängt der jahreszeitliche Rhythmus des Tier- und Pflanzenlebens dieser Region in der Hauptsache von den Regenfällen ab. Sind in einem Jahr genügend Sommergewitter mit entsprechenden Wolkenbrüchen aufgetreten, so hat dies im August/September ein üppiges »Frühjahr« zur Folge. In den folgenden Monaten schließt sich dann eine trockene Winterperiode an, in der aber eher sommerliche Temperaturen herrschen. Im Februar kann es dann noch einmal zu Regen-

fällen kommen, die regelmäßiger auftreten als die Sommerregen, aber geringere Mengen Niederschlag bringen. Nach diesem Winterregen kommt es dann zu einem kurzen Frühjahr, an das sich bis zu den Sommerregenfällen wieder eine Trockenzeit anschließt. In diesem Teil der nordamerikanischen Wüsten treten also im Verlaufe eines Jahres die Jahreszeiten, wenn man sie an den Niederschlägen und an den Aktivitäten des Leben mißt, mehrmals auf.

In dem Wasser, das sich an der tiefsten Stelle der Senke gesammelt hatte, entdeckten wir mehrere Exemplare des geheimnisvollen Tieres. Es waren Kröten. Es ist eine der erstaunlichsten Tatsachen, daß Kröten, die zur Tiergruppe der Amphibien gehören und auf das Wasser als Lebensraum unbedingt angewiesen sind und deren Eier sich nur über das Stadium mit Kiemen ausgestatteter Larven, der sogenannten Kaulquappen, im Wasser entwickeln können, ausgerechnet in der Wüste überlebt haben. Die Amphibien waren die ersten Wirbeltiere, die aus dem Meere kommend vor ca. 350 Millionen Jahren die wüstenhaften Urkontinente besiedelten, als diese noch viel flacher und feuchter waren als heute. Aus der erdgeschichtlich weit entwickelten Reliefwüste Nordamerikas, wo hohe Küstengebirge alle Feuchtigkeit zurückhalten und das Land dahinter austrocknen lassen, müßten die Amphibien auch als erste Tiergruppe wieder verdrängt worden sein. Daß dies auch tatsächlich trotz unserer Beobachtungen der Fall ist, werden Sie bald erfahren.

Woher waren die Kröten gekommen? Diese Frage konnten wir praktisch nur beantworten, wenn wir das unvermeidliche Austrocknen des Wüstenteiches abwarteten und beobachteten, was dann aus den Kröten würde. Bis dahin sollten noch zwei Wochen vergehen.

Das Erstaunliche war, daß in dem Wasser bereits unzählige kleine Kaulquappen umherschwammen, obwohl das Gewässer ganz sicher noch nicht einmal eine Woche alt war. Die Kaulquappen mußten sich also in Anpassung an die Kurzlebigkeit dieser Wüstenteiche in nur wenigen Tagen aus Eiern entwickelt haben. Wie wir später in einer Arbeit über diese Kröten nachlesen konnten, war unsere Annahme richtig. Es war bekannt, daß sich die Eier dieser Wüstenkröten innerhalb von nur 2–3 Tagen zu Kaulquappen entwickeln. Bei den Eiern der bei uns heimischen Krötenarten dauert dieser Prozeß mindestens eine Woche.

Die Kaulquappen, die sich anscheinend hauptsächlich von Algen ernährten, die sich in dem Wüstensee in großen Mengen gebildet hatten, wuchsen unglaublich schnell. Es waren dramatische Beobachtungstage. Man spürte förmlich, daß sich die Tiere in einem

Wettlauf auf Leben und Tod mit dem unaufhaltsam absinkenden Wasserspiegel des Teiches befanden. Würde es den Kaulquappen gelingen, ihre Metamorphose, ihre Verwandlung zu Kröten abzuschließen, bevor der Teich austrocknete? Wenn nicht, mußten sie elendig ersticken, denn sie besitzen in dieser Lebensphase nur Kiemen, mit denen sie den lebensnotwendigen Sauerstoff aus dem sie umgebenden Wasser herausfiltern. Erst die fertigen Kröten besitzen Lungen, mit denen sie atmosphärischen Sauerstoff einatmen können.

Als das Wasser zunehmend verdunstete, zeigten die Kaulquappen ein interessantes soziales Verhalten. Wahrscheinlich um sich vor den Sonnenstrahlen zu schützen, die nicht länger durch eine dicke Wasserschicht gefiltert wurden, drängten sie sich so dicht aneinander, daß dadurch die gesamte, der Sonne ausgesetzte Körperoberfläche der Tiere wesentlich verkleinert wurde. Dieses Verhalten hatte noch einen weiteren Vorteil. Die Tiere konnten den Boden gemeinsam viel wirkungsvoller auf der Suche nach Nahrung aufwühlen.

Als der Wasserstand gefährlich weit abgesunken war und die Kaulquappen gerade noch mit Wasser bedeckt waren, zeigten sie ein weiteres soziales Verhalten. Die einzelnen Gruppen hörten mit dem Fressen auf und begannen, sich durch heftige Bewegung ihrer Schwänze eine Vertiefung in den Schlamm zu graben. Die Bedeutung dieser Verhaltensweise lag auf der Hand. Die Kaulquappen versuchten die Austrocknung des Sees dadurch hinauszuzögern, indem sie sich mit der Vertiefung praktisch selbst ein Aquarium erbauten.

In diesen dramatischen letzten Tagen, als große Teile des Teiches bereits fast ausgetrocknet waren und sich die dichten Pulks der Kaulquappen in den letzten verbliebenen Lachen zusammendrängten, wurde bei zwei anderen nordamerikanischen Wüstenkrötenarten, *Scaphiopus bombifrons* und *Scaphiopus hammondi*, eine interessante Veränderung beobachtet. Einige Individuen entwickelten innerhalb kurzer Zeit gebißähnliche Mundwerkzeuge und begannen, nicht nur tote Exemplare, die dem harten Lebenskampf zum Opfer gefallen waren, aufzufressen. Sie griffen auch ihre lebenden, neben ihnen schwimmenden Artgenossen an, um sie zu verspeisen. Dieses Auftreten von Kannibalismus bei den Kaulquappen der Wüstenkröten ist zweifellos aus ihrem Wettlauf mit dem Tode entstanden. Die Kannibalen haben ihren Artgenossen gegenüber eine größere Chance, den Abschluß der Metamorphose zur Kröte rechtzeitig zu erreichen.

Am 15. Tag war fast alles Wasser unseres Teiches verdunstet. Die Kaulquappen, die ihre Verwandlung zu Kröten schon fast abge-

schlossen hatten und bereits Beine besaßen, lagen am Abend in Pulks dicht zusammengedrängt auf dem schlammigen Boden ihrer selbsterbauten Aquarien und waren bereits nicht mehr vom Wasser bedeckt. Sollten sie jetzt doch noch, ganz kurz vor ihrem Entwicklungsziel, zugrunde gehen? Aber das soziale Pulkverhalten, das es ihnen ermöglichte, ihre Körperseiten gegenseitig zu beschatten, sollte auch jetzt ihr Leben retten. Durch das dichte Zusammenrücken hielten sich die Tiere noch eine Weile feucht und verzögerten so die tödliche Austrocknung. Diese kurze Hinauszögerung des Todes, diese letzte Feuchtigkeit auf dem Grunde der Vertiefung reichte aus, um die Verwandlung zu kleinen Kröten zu vollenden. Als das Wasser nach wenigen Stunden ganz verdunstet war, hatte es ein großer Teil von ihnen gerade noch geschafft; sie waren zu Kröten geworden und atmeten über ihre Lungen atmosphärischen Sauerstoff ein. Als die winzigen Kröten, die noch letzte verkümmerte Überreste ihres Kaulquappenschwimmschwanzes besaßen, aus dem ausgetrockneten Teich herauskrochen, suchten sie Schutz unter kleinen Pflanzen. Hier brachten sie in wenigen Stunden ihre Metamorphose zum Abschluß.
Aber wie sollte es jetzt weitergehen? Die Kröten waren aufgrund ihrer wasserdurchlässigen Haut nicht in der Lage, auch nur einen Tag in der heißen trockenen Wüste zu überleben. Die Veränderung der Umgebung erforderte natürlich auch eine Veränderung ihres Verhaltens. Die Tiere waren innerhalb weniger Stunden von Wasserlebewesen zu Wüstenbewohnern geworden. Dieser Übergang zum Landleben stellte zweifellos die gefährlichste Phase im Leben der jungen Kröten dar. Während die Tiere als Kaulquappen im Schutze des Wassers tagaktiv waren, hatten die alten Kröten ein vorwiegend nachtaktives Leben geführt, und den Sonnenstrahlen zu entgehen.
Die jungen Kröten verhielten sich jetzt ebenso wie die alten Kröten. Sie gruben sich, so unglaublich es sich zunächst anhört, unter Zuhilfenahme eines Werkzeuges, eines richtigen kleinen Spatens selbst ein, um den tödlichen Sonnenstrahlen zu entgehen.
An den beiden Hinterfüßen der Kröten befindet sich je ein kleiner schwarzer Hornspaten, der sich aus den Fußschwielen entwickelt hat, die typisch für viele Krötenarten sind. Der Hornspaten besitzt genau die gleiche Form wie ein Metallspaten. Er ist wie dieser in sich gewölbt, und auch seine untere Kante ist äußerst scharf. Aufgrund dieses Hornspatens werden die verschiedenen amerikanischen Wüstenkrötenarten, die zur Familie *Scaphiopus* gehören, als Spatenfußkröten bezeichnet.
Bereits am nächsten Morgen, nachdem der Teich ausgetrocknet war,

hatten sich alle Spatenfußkröten eingegraben. Einige alte ausgewachsene Kröten hatten wir dabei in den frühen Morgenstunden beobachten können, und es war uns gelungen, den einzigartigen Eingrabungsvorgang in einem Dokumentarfilm festzuhalten.
Die Spatenfußkröten blieben beim Eingraben an einer Stelle sitzen. Durch abwechselndes Zurseiteschieben ihrer hinteren Körperhälfte und der angewinkelten Hinterbeine wühlten sie sich dabei allmählich in den Untergrund ein. Von der Seite konnte man deutlich erkennen, wie die zwei Hornspaten an den Füßen sich in den Boden eingruben, größere Lehmklumpen zerteilten und den aufgegrabenen Boden unter Zuhilfenahme der hornigen Zehen anschließend zur Seite schoben. Damit dieses Graben überhaupt in die Tiefe führen konnte, stützte sich die Kröte mit weit gespreizten Vorderbeinen ab und übte dadurch den erforderlichen Gegendruck aus. Es war die eigenartigste Bewegung, die ich je bei einem Tier gesehen hatte. Sie können sich diese Bewegung am besten vorstellen, wenn Sie sich auf einen Stuhl vor einen Tisch setzen, ihre Hände möglichst weit auseinander vor sich auf die Tischplatte stützen und damit beginnen, mit ihrem Allerwertesten auf dem Sitz des Stuhles hin- und herzurükken. Bitte achten Sie darauf, daß Ihr Oberkörper und Ihr Kopf dabei möglichst unbeweglich bleiben.
Während die großen Augen der Kröte ständig einen festen Punkt zu fixieren schienen, versank sie praktisch langsam senkrecht im Untergrund. Das letzte, was von ihr nach zweieinhalb Minuten zu sehen war, war ein riesiges goldenes Auge, das wie ein herausgefallenes Glasauge einer Puppe auf dem Boden lag. Nach einem kurzen Augenblick war auch das Auge unter der Wüstenoberfläche verschwunden.
Von einem befreundeten amerikanischen Wissenschaftler wußten wir, daß es noch niemals gelungen war, ein Exemplar dieser Krötenart nach dem Eingraben wieder aufzufinden. Zwar hatte man einige Male die Stelle des Eingrabens genau markiert, aber eine spätere Suche durch Aufgraben des Bodens war stets erfolglos geblieben. Was würde überhaupt aus den Kröten werden? Es war einfach unvorstellbar, daß die auf Wasser angewiesenen Tiere im trockenen Boden überleben konnten, wenn man bedenkt, daß bis zum nächsten Regenfall Jahre vergehen konnten.
Ich kam auf die Idee, mehrere Spatenfußkröten, die wir für Beobachtungszwecke einige Tage in Gefangenschaft hielten, mit einem langen Band zu markieren, das ich an ihren Hinterbeinen befestigen wollte, bevor wir sie in die Freiheit entließen. Das Band mußte möglichst leicht, glatt und auffallend sein, am besten rot. Wir wühlten in

unserem Auto alles durch und durchsuchten auch unsere Kleidung nach etwas Brauchbarem, ohne jedoch ein geeignetes Material zu finden. Ich entschloß mich daher, mit dem Auto so schnell wie möglich in den nächsten kleinen Ort zu fahren, der etwa 30 Kilometer weit entfernt war, um mich dort in einem Textilwarengeschäft nach etwas Geeignetem umzusehen. Größte Eile war geboten, denn unsere Kröten mußten noch an diesem Tage, bevor der Boden des ausgetrockneten Teiches durch die Tageshitze steinhart gebacken wurde, wie ihre Artgenossen Gelegenheit erhalten, sich einzugraben.
Die Verkäuferin eines kleinen Department-stores blickte recht erstaunt, als ich in meiner schlammverschmierten Wüstenkluft in den Laden stürzte und ihr hastig meine Wünsche nannte. Dabei kam mir eine Schaufensterpuppe, die mitten im Laden stand, zur Hilfe. Die Gipsdame warb für ein elegantes Negligée, dessen gerüschtes Spitzendekolleté mit einem breiten roten Seidenband zusammengehalten wurde und zu einer großen Schleife gebunden war. Genau das schwebe mir vor, sagte ich der Verkäuferin und deutete auf das Baby Doll. Mit einem eigenartigen Grinsen, denn sie war jetzt ganz sicher, es mit einem Verrückten zu tun zu haben, sagte sie mir, daß das ganze Spitzenzeug nur zusammen verkauft würde. Als ich ihr sehr nachdrücklich klarmachte, daß das rote Band nur meinen Wunsch verdeutlichen sollte, verkaufte sie mir schließlich einige Meter knallrotes Seidengardinenband. Glücklich über meinen Kauf rannte ich aus dem Laden und fuhr so schnell ich konnte wieder in die Wüste zu den Kröten hinaus. Ich kann mich noch genau erinnern, daß mir die Verkäuferin durch die Ladenscheibe lange nachblickte.
Als ich etwas abgehetzt wieder am ausgetrockneten Krötenteich eintraf, waren eineinhalb Stunden vergangen. Es war noch früh am Vormittag und gerade noch Zeit genug, die Kröten auszusetzen, damit sie sich eingraben konnten. Die Befestigung des Gardinenbandes an einem Hinterbein der Kröten war schwieriger, als ich mir vorgestellt hatte. Man konnte den Knoten nicht zu fest anziehen, um den Kröten nicht das Bein abzubinden, ließ man ihn zu locker, hätten sich die Kröten bereits nach kurzer Zeit des Markierungsbandes entledigt. Ich kam schließlich auf die Idee, das eineinhalb Zentimeter breite Kunstseidenband den Kröten mehrere Male wie einen Verband um ihren Oberschenkel zu wickeln und erst dann zu verknoten. Das Band hielt. Als wir die Kröten auf den Boden setzten, begannen sie auf der Stelle damit, sich einzugraben. Die Kröten hatten es offensichtlich sehr eilig, sich vor den heißen Strahlen der Wüstensonne in Sicherheit zu bringen. Mit großer Genugtuung beobachteten wir, daß das Markierungsband hielt. Aber wie tief würden die Kröten sich

überhaupt eingraben? Würde mit zunehmender Eingrabtiefe der Reibungswiderstand so groß werden, daß sich das Band lösen würde? Die Bänder besaßen immerhin eine Länge von jeweils 1,50 Meter. Oder würde der zunehmende Widerstand die Kröten gar daran hindern, die Tiefe zu erreichen, die sie anstrebten? War das letztere der Fall, so war der Versuch wissenschaftlich unbrauchbar. Wir mußten aber erst einmal abwarten. Als die Kröten unter der Oberfläche verschwunden waren, beobachteten wir voller Spannung das rote Band, das langsam immer einige Millimeter tiefer in die Erde hineingezogen wurde. Bereits nach wenigen Minuten war an allen drei Bändern keinerlei Bewegung mehr zu erkennen. Da es unwahrscheinlich war, daß sich alle Bänder gleichzeitig gelöst hatten, mußten die Kröten schon wenige Zentimeter unter der Oberfläche mit dem Graben aufgehört haben. Dafür gab es zwei Erklärungen. Entweder die Kröten wollten sich nicht tiefer eingraben oder der Widerstand, den das Band verursachte, war bereits tatsächlich so groß, daß die Tiere es nicht schafften, sich tiefer einzugraben.
Um den Einfluß des zuletzt genannten Faktors auf unseren Versuch kontrollieren zu können, hatten wir die Stelle genau markiert, an der sich eine Kröte ohne Band eingegraben hatte. Als sich die Bänder auch nach einer ganzen Weile nicht wieder bewegten, gruben wir eine der Kröten vorsichtig wieder aus. Das Tier befand sich tatsächlich nur einige Zentimeter unter der Oberfläche. Das Band saß unverändert fest. Zum Vergleich gruben wir nun auch die Kröte aus, die kein Markierungsband erhalten hatte. Auch sie saß in der gleichen Tiefe. Das Band schien also bisher keinerlei Einfluß auszuüben. Anschließend gruben wir die Tiere wieder ein.
Wie wir an den Bändern kontrollieren konnten, änderte sich in den folgenden drei Tagen überhaupt nichts. Die Kröten saßen unbeweglich einige Zentimeter unter der Oberfläche. Wir gruben zwei von ihnen zur Kontrolle abermals aus. Die Kröten machten einen apathischen Eindruck, hielten die Augen geschlossen und schienen zu schlafen. Anscheinend wollten die Tiere so auf den nächsten Regen warten. Es konnte Jahre dauern, bis es wieder einmal ausreichend regnen würde. Uns beschäftigte vor allen Dingen die Frage: Wie wollten die Tiere diesen langen Zeitraum überbrücken und die Temperaturen des aufgeheizten Bodens überleben, wenn er erst einmal völlig ausgetrocknet war? Er würde sich bis auf 70 Grad Celsius erhitzen und wenige Zentimeter unter der Oberfläche würde es kaum kühler sein. Wir wollten einige Monate später in der heißen Trockenzeit wiederkommen, um diese Frage zu klären. Das Wiederfinden der Kröten würde dank der roten Markierungsbänder leicht sein.

Legenden für folgenden Bildteil:

Abbildungen 35 und 36:
Männchen des Senegalflughuhnes mit seinen Jungen.

Abbildung 37:
In der Sahara an der Grenzlinie zwischen der schwarzen mit Mangan- und Eisenoxyden bedeckten Steinwüste und der rötlichen Sandwüste.

Abbildung 38:
In einem Gebirge der Mojave-Wüste Nordamerikas auf der Suche nach einer Poorwill-Nachtschwalbe im Winterschlaf.

Abbildung 39:
Im Gegenlicht reflektiert die oft poliert aussehende, mit schwarzen Metalloxyden bedeckte Oberfläche der Steinwüste das Sonnenlicht.

Abbildung 40:
Ihrer extrem lebensfeindlichen Umwelt – der mit Mangan- und Eisenoxyden bedeckten Steinwüste – in Form und Färbung angepaßte Wüstenheuschrecke.

Abbildung 41:
Auf der Suche nach Felsmalereien in dem wildzerklüfteten Tassili-Gebirge in der zentralen Sahara.

Abbildung 42:
Ca. 8000 Jahre alte Felsmalerei, eine Rinderherde darstellend, aus dem Tassili-Gebirge.

Abbildung 43:
Nomaden auf der Wanderschaft in der nordwestlichen Sahara.

Abbildung 44:
Zeugenberglandschaft auf dem Colorado-Plateau in Arizona. Auf dieser Aufnahme wird die typische Rotfärbung der Wüste sichtbar.

△ 35 ▽ 36 37 ▷

◁ 38 △ 39 ▽ 40

◁ 41 △ 42 ▽ 43 44 ▷

Jetzt bin ich mit meinem Bericht wieder am Anfang angelangt. Erinnern Sie sich, ich war damit beschäftigt, unter der schattenspendenden Plane inmitten einer lichterfüllten, heißen Wüste den steinharten Boden aufzuhacken. Als wir nach über drei Monaten wieder an die ausgetrocknete Senke des Sees zurückkehrten, waren wir voller Spannung, was aus unseren Kröten geworden war. Zu unserer großen Enttäuschung fanden wir jedoch nicht eines unserer roten Bänder wieder. Was war geschehen? Sollten die intelligenten und neugierigen Coyoten und Wüstenfüchse die Bänder aus dem Boden gezogen haben, hocherfreut über das »dicke Ende«, das sich an ihnen befand? Wir konnten jedoch keinerlei Spuren wie etwa Löcher entdecken, in denen die Kröten gesessen haben könnten.
Es blieb im Grunde genommen nur eine Möglichkeit für den Verbleib der Tiere. Da man davon ausgehen konnte, daß die Kröten nicht wieder an die Oberfläche gekommen waren, konnten sich die Kröten nach unserer Abfahrt nur noch tiefer in den Boden eingegraben haben. Zum Glück hatten wir das Gebiet zusätzlich mit Holzpflöcken markiert. Nachdem wir unsere Schattenplane aufgestellt hatten, begann ich damit, zwei ca. einen Meter tiefe und eineinhalb Meter lange Suchgräben, die einen rechten Winkel zueinander bildeten, in den harten Untergrund zu graben. Dieses Unternehmen sollte sich als wahre Sträflingsarbeit erweisen. Von Graben konnte keine Rede sein. Je tiefer ich mich mit der Picke in den steinharten Boden hineinarbeitete, desto unwahrscheinlicher erschien es mir, daß hier eine Kröte überlebt haben könnte. Obwohl der Boden dreißig Zentimeter unter der Oberfläche noch geringe Mengen Feuchtigkeit enthielt, war sein Gefüge doch derart dicht und fest, daß jedes Tier darin unweigerlich ersticken mußte.
Nachdem ich die beiden Suchgänge fertiggestellt hatte, ohne eine Spur eines roten Bandes zu entdecken, begannen wir damit, mit kleinen Handschaufeln die senkrechten Wände abzuschaben. Wenn die Kröten noch vorhanden waren, mußten wir irgendwann auf sie stoßen. Wir mußten sehr vorsichtig vorgehen, um die eventuell im Boden sitzenden Kröten nicht zu verletzen. Diese systematische Suche kostete zwar tagelange Arbeit, sie war aber allein erfolgversprechend. Wir fühlten uns in diesen Tagen eher wie Archäologen, die nach Überresten alter Kulturen suchten, als wie Biologen, die sich in den Kopf gesetzt hatten, Kröten aufzufinden.
In sechzig Zentimeter Tiefe stieß meine Frau dann auf eine Stelle, die aufgewühlt schien. Vorsichtig schabte sie weiter und legte nach und nach einen kleinen Hohlraum frei. Als die Öffnung groß genug war, konnten wir darin eine Spatenfußkröte erkennen. Dieses Tier

wirkte wie tot und selbst als ich es in der Hand hielt, konnten wir nicht die geringsten Anzeichen von Leben entdecken.
Inzwischen hatte auch ich in der Wandung des zweiten Suchgrabens einen Hohlraum mit einer Kröte freigelegt. An diesem Tier war eine schwache, in ungewöhnlich großen Abständen auftretende Bewegung der Kehlhaut zu erkennen, die auf eine geringe Atemtätigkeit schließen ließ. Als ich das Tier eine Weile in der Hand hielt, öffnete es seine Augen. Wir fanden damit bestätigt, was aus Laborversuchen bekannt war. Die Spatenfußkröten sind in der Lage, die Monate und Jahre zwischen den einzelnen Regenfällen in einem todesähnlichen Trockenschlaf zu überbrücken. Die zweite aufgefundene Kröte war wahrscheinlich durch unsere tagelangen Sucharbeiten gestört und aufgeweckt worden. Nachdem wir beide Tiere in eine mit Wasser gefüllte Schüssel gesetzt hatten, erwachte auch das zuerst aufgefundene Exemplar langsam zu neuem Leben. Wir waren über unseren Fund so aufgeregt, daß uns zunächst gar nicht auffiel, daß keines der beiden Tiere ein Markierungsband besaß. Wir waren aber ganz sicher, daß es sich um unsere Versuchstiere handeln mußte, weil wir darauf geachtet hatten, daß sie sich weit genug von den übrigen Kröten eingruben, so daß eine Verwechslung ausgeschlossen war. Mindestens eines der zwei wiederaufgefundenen Tiere mußte also ein Band haben bzw. gehabt haben. Die Bänder hatten sich aber anscheinend doch noch gelöst, als sich die Kröten immer tiefer eingruben. Um überhaupt eine Tiefe von sechzig Zentimetern in diesem, auch im feuchten Zustand zähen Lehmboden zu erreichen, mußten die Kröten enorme Kraft angewendet haben. Dabei war es ihnen wahrscheinlich auch gelungen, das Band zu lockern und abzustreifen. Die an der Oberfläche verbliebenen Teile der Bänder waren dann vielleicht durch den sandbeladenen Wind einfach abrasiert und davongetragen worden.
Warum aber hatten sich die Kröten nach dem Austrocknen des Teiches nicht gleich auf ihre jetzige Tiefe eingegraben, sondern erst mehrere Tage lang nur wenige Zentimeter unter der Wüstenoberfläche verharrt? Dafür schien es eine recht plausible Erklärung zu geben. Da es während der sommerlichen Regenperiode oft zu mehreren regenbringenden Gewittern kommt, waren die Kröten zunächst dicht unter der Oberfläche in Wartestellung gegangen. Hätte es wieder geregnet, so hätten sie in kürzester Zeit ans Tageslicht gelangen können. Da weitere Regenfälle jedoch ausblieben, die oberste Bodenschicht immer mehr austrocknete und die Temperatur sich ständig erhöhte, war das für die Kröten das Signal gewesen, sich endgültig vor der drohenden Trockenperiode in Sicherheit zu bringen.

Der Stoffwechsel der Kröte ist während des Trockenschlafes so weit reduziert, daß die Lebensfunktionen nur noch mit hochempfindlichen Meßinstrumenten festgestellt werden können. Entsprechend niedrig ist der Fett- und Wasserverbrauch. Gradmesser für dieses Leben hart an der Todesschwelle ist wieder der Sauerstoffverbrauch. Er ist so niedrig, daß die geringen Mengen, die noch durch den dichten Boden diffundieren, für das Tier ausreichend sind.

Wie umfangreiche Untersuchungen an Spatenfußkröten ergeben haben, sind die Tiere nicht nur in der Lage, große Mengen Fett in ihrem Körpergewebe, sondern auch große Mengen Wasser zu speichern. Als Wasserspeicherorgan benutzen die Kröten ihre Blase, in der sie einen Wasservorrat, der bis zu dreißig Prozent ihres Körpergewichtes beträgt, als verdünnten Urin speichern können.

Interessant ist, daß die Kröten speziell für den Trockenschlaf eine schwärzliche Haut ausbilden, die den ganzen Körper überzieht. Bei einigen in der Wüste lebenden Insekten hat man herausgefunden, daß sie eine Haut besitzen, die aufgrund ihres besonderen Aufbaus Wasser nur in eine Richtung hindurchläßt. Sie erlaubt den Tieren, Wasser aufzunehmen, verhindert jedoch, daß die lebensnotwendige kostbare Flüssigkeit durch die Haut wieder verdunstet. Die Trockenschlafhaut der Kröten funktioniert wahrscheinlich ähnlich. Sie schützt das Tier vor der Austrocknung, läßt aber Wasser in das Tier hinein. Letzteres ist von ausschlaggebender Bedeutung für die Beendigung des Trockenschlafes. Wenn es nach einem oder mehreren Jahren wieder ausreichend regnet, sodaß das Wasser bis zu den Kröten in den Boden vordringt, wachen sie auf und wühlen sich durch den aufgeweichten Boden an die Erdoberfläche.

Es ist typisch für die nordamerikanische Reliefwüste, daß innerhalb ihres Areals die verschiedenartigsten Geländeformen – oft mit enormen Höhenunterschieden – nahe beieinanderliegen. Das hat zur Folge, daß die wenigen Niederschläge in den einzelnen Wüstengebieten nicht nur in unterschiedlicher Intensität auftreten, sondern auch zu ganz verschiedenen Jahreszeiten. Jede der vielen Spatenfußkrötenarten, die in der amerikanischen Wüste leben, hat sich auf die ganz speziellen Regenbedingungen ihres Verbreitungsgebietes genauestens eingestellt. Jede Regenmenge, die durchschnittlich über einer Wüstenregion fällt, dringt bis zu einer ganz bestimmten Tiefe in den Boden ein. Die größte Eindringtiefe des Wassers während der Hauptregenperiode einer Region stellt in etwa die Eingrabtiefe der in diesem Wüstenabschnitt lebenden Spatenfußkrötenpopulation dar. Nur die maximale Regenmenge erreicht die Kröten und veranlaßt sie, an die Oberfläche zu kommen.

Wie bereits erwähnt, fallen in dem Gebiet, in dem wir die Art *Scaphiopus couchi* untersucht haben, einmal starke Sommerregen, die tief in den Boden eindringen, und einmal spärliche Winterregen, die nur wenige Zentimeter des Bodens durchfeuchten. Hätten sich unsere Kröten nicht sechzig Zentimeter tief in den Boden eingegraben, sondern wären sie z. B. in ihrer Wartestellung wenige Zentimeter unter der Oberfläche geblieben, wären sie bereits während des nächsten Winterregens hervorgelockt worden. In diesem Fall hätte aber die Wassermenge in dem Teich nicht ausgereicht, um den Entwicklungszyklus der neuen Krötengeneration zu gewährleisten.
Die Spatenfußkröten, die während ihres jahrelangen Trockenschlafes ihre Stoffwechselfunktionen nahezu auf »Null« herabsetzen, existieren während dieser Zeit fast nur noch in einem scheintoten Stadium. Wollte man das gesamte Lebensalter der Kröten berechnen, müßte man die aktive Lebensphase und die Zeit des Scheintodes addieren. Während des Trockenschlafes sind im Organismus des Tieres die Veränderungen, die während der physiologisch aktiven Lebensphase Alter und Tod verursachen, weitgehend aufgehoben. Die Zeit scheint also während der weitgehenden physiologischen Inaktivität fast ausgeschaltet zu sein. Der Verschleiß des Organismus, der bei allen Lebewesen schließlich den Tod herbeiführt, wird so bei den Spatenfußkröten oft jahrelang unterbrochen. Die vollaktive Lebenszeit der Tiere wird gedehnt und über einen längeren Zeitraum verteilt.
Nicht nur Tiere fallen über mehrere Jahre in Trockenschlaf. Auch bei Wüstenpflanzen läßt sich ein vergleichbares Phänomen beobachten. Wenn Regenfälle mehrere Jahre ganz ausbleiben, sind Pflanzen nicht mehr in der Lage, den wichtigsten Teil ihres Stoffwechsels, die Photosynthese, zu betreiben, da ihnen dafür der erforderliche »Rohstoff« Wasser nicht zur Verfügung steht. Während die oberirdischen Teile der Pflanzen absterben, laufen ihre Lebensvorgänge nur noch im unterirdischen Teil ab. In eigens dafür entwickelten Knollen und Zwiebeln hat die Pflanze rechtzeitig Nahrung und Wasserreserven gespeichert, die ihr Überleben über viele Jahre gewährleisten. Im Prinzip machen diese Wüstenpflanzen nichts anderes, wie viele unserer Gartenpflanzen – z. B. Tulpen –, die sich ja ebenfalls zeitweilig während der lebensfeindlichen Winterperiode aus dem oberirdischen Leben zurückziehen. Um viele Jahre überleben zu können, besitzt das unterirdische Nahrungs- und Wasserreservoir einiger Wüstenpflanzen oft eine enorme Größe. Die Vorratskammer der Tsamapflanze *Citrillus*, die in der Kalahari-Wüste in Südafrika wächst, erreicht die Größe eines Fußballs. Die Buschmän-

ner, die diese Pflanze kurz *bi* nennen, merken sich den Standort dieses rankenartigen Schlinggewächses sehr genau. Wenn während langanhaltender Dürreperioden alle Wasserlöcher ausgetrocknet sind, graben sie die großen pflanzlichen Vorratskammern aus. Die darin befindlichen Nahrungs- und Wasserreserven ermöglichen den Eingeborenen, die Dürreperioden zu überleben.
Der kleine Fettblattbaum *(Calotrophis)* der Sahara, der eine Höhe von drei Metern erreicht, ist in der Lage, mit einer trockenschlafähnlichen Lebensphase selbst sechs bis acht Jahre anhaltende Trockenzeiten zu überleben. Dieser Baum läßt seine oberirdischen Teile während der Dürrejahre nicht absterben, da er den dicken Stamm und die Äste nicht nach jeder Regenperiode wieder neu ausbilden kann. Um sie vor Hitze und Austrocknung zu schützen, hat der Baum eine dicke wasserundurchlässige, korkähnliche Rinde entwickelt, die außerdem durch ihre fast weiße Färbung das Sonnenlicht reflektieren kann. Das Einzigartigste an diesem Baum ist, daß er sich während der jahrelangen Dürreperiode selbst beschattet, indem er seine eigenen Blätter als Sonnenschirm benützt. Der Fettblattbaum wirft seine, für eine Wüstenpflanze ungewöhnlich dicken und großen Blätter, die einen Durchmesser von zwanzig Zentimetern besitzen, auch während der Dürreperiode nicht ab. Die nach einer Regenperiode saftig grünen Blätter sterben während der Trockenzeit zwar völlig ab und sehen dann gelb und verwelkt aus, bleiben aber an den Ästen sitzen (siehe Abbildung 16). Da die Blätter außerdem von einer zähen lederartigen Beschaffenheit sind, bleiben sie jahrelang erhalten. Die Strahlen der Sonne, die während des Sommers über der in der Region des Wendekreises liegenden Sahara in der Mittagszeit genau im Zenit steht, treffen senkrecht auf die Wüstenoberfläche auf und verursachen eine große Aufheizung des Bodens. Die Trockenblattfläche beschattet während der heißen Mittagszeit nicht nur die oberirdischen Teile, wie Stamm und Äste, sondern auch den Bodenbereich, in dem die Vorratswurzeln liegen. Die schattenspendende Wirkung der alten Blätter schützt diese wichtigen Wurzeln vor einer lebensgefährlichen Überhitzung und setzt die Verdunstung der in ihnen gespeicherten Feuchtigkeit herab. Erst wenn nach Jahren wieder Niederschläge fallen und der Baum neue Blätter treibt, fallen die Einzelteile des Sonnenschirmes ab.
Die Poorwill-Nachtschwalbe und die Wüstenspringmäuse, die ein oder mehrere Male innerhalb eines Jahres in einen Winterschlaf bzw. Trockenschlaf fallen, besitzen mindestens eine aktive Lebensphase im Jahr, während der sie sich fortpflanzen. Dagegen sind die Spatenfußkröten und auch die zuletzt genannten Pflanzen nicht

mehr in der Lage, sich jedes Jahr zu vermehren. Eine lebensfeindliche Umwelt hat sie bereits dazu gezwungen, sich über einen Zeitraum aus dem aktiven Leben zurückzuziehen und in einen jahrelangen Trockenschlaf zu fallen. Bei ihnen kommt es also zu einer Unterbrechung der normalen Abfolge der Generationen, die eine der wichtigsten Voraussetzungen für die Erhaltung einer Art darstellt.
Daß es die Pflanzen und die Spatenfußkröten noch gibt, ist ein Beweis dafür, daß es diesen Lebensformen bis heute noch gelungen ist, die Krise ihrer Arterhaltung zu überbrücken. Die endgültige Unterbrechung der Generationsfolge, die das Ende der Art bedeuten würde, ist noch nicht erreicht; bisher kommt es lediglich zu einer Generationsverzögerung.
Wenn wir das Verhalten der Nachtschwalbe und der Springmäuse als einen ersten Schritt auf dem Rückzug des Lebens aus der Wüste bezeichnen, dann stellt die Tatsache, daß einige Lebensformen der Wüste nicht mehr in der Lage sind, sich jedes Jahr fortzupflanzen, bereits den zweiten Schritt dieses Rückzuges dar.
Wie wird es weitergehen, wenn es auf den Kontinenten im Verlauf der zukünftigen Erdentwicklung immer lebensfeindlicher und immer trockener wird, wenn die Abstände zwischen den einzelnen Regenfällen immer länger werden? Um Zeugen dieser Entwicklung zu werden, brauchen wir nicht mehrere Millionen Jahre zu warten. Was in ferner Zukunft mit allen Pflanzen und Tieren auf den Kontinenten geschehen wird, können wir schon heute in der Wüste beobachten. Wir verdanken diese Möglichkeit, in die Zukunft sehen zu können, der Tatsache, daß alle heute existierenden Lebewesen nicht den gleichen Entwicklungsstand aufweisen und daß nicht alle auf Veränderungen ihrer Umwelt in derselben Weise reagieren. Wäre das nicht der Fall, gäbe es nur eine einzige, und zwar die am weitesten entwickelte Lebensform auf der Erde. Das wäre wahrscheinlich der Mensch, da er, was die erdgeschichtlichen Abläufe anbetrifft, in vieler Beziehung die am weitesten entwickelte Art darstellt. Am Menschen wird jedoch auch deutlich, daß keine Lebensform allein existieren könnte. Der Mensch ist auf die Pflanzen angewiesen, die für ihn nicht nur Nahrung, sondern auch den unentbehrlichen Sauerstoff produzieren, auf die Tiere, die ihm Nahrung bieten, und er ist sogar auf die Bakterien in seinem Darm angewiesen, ohne die er seine Nahrung nicht verarbeiten könnte.
Der Mensch ist schließlich noch auf etwas ganz anderes angewiesen. Auf etwas, das nur im ersten Moment weit außerhalb der vitalen Lebensbedürfnisse zu liegen scheint – auf den ästhetischen Genuß, den ihm die verschiedenartigsten Lebensformen seiner Umwelt bie-

ten. Ohne den Anblick eines fliegenden Vogels, einer über die Steppe dahineilenden Gazelle oder einer blühenden Blume würde der Mensch verelenden: er würde aufhören zu sein. Kein Lebewesen könnte allein auf der Erde leben. Alle Lebewesen zusammen stellen eine Lebensgemeinschaft dar und alle Mitglieder dieser Gesellschaft sind in dem durch das Weltall dahinrasenden Raumschiff Erde auf Gedeih und Verderb aufeinander angewiesen.
Die heute auf der Erde existierenden Lebensformen repräsentieren praktisch die Entwicklung der gesamten belebten Erdgeschichte. Lebende Fossilien, Überbleibsel aller wichtigen Entwicklungsphasen existieren noch heute als Art. Es gibt z.B. noch die fernsten Vorfahren des Menschen, urtümliche Säugetierarten. Die noch heute auf kleinen Inseln vor der Küste Neuseelands lebende Brückenechse war Augenzeuge der 150 Millionen Jahre zurückliegenden Periode der Dinosaurier und der weltweit verbreiteten tropischen Urwälder. Der seltene, im Indischen Ozean lebende Quastenflosser und der Lungenfisch legen Zeugnis ab von der Zeit vor 350 Millionen Jahren, als die ersten Wirbeltiere das Festland eroberten. Schließlich lebten die Lebensformen, die heute am zahlreichsten die Erde bevölkern – Algen und Bakterien –, bereits vor über drei Milliarden Jahren. Sie standen am Anfang allen Lebens.
Alle heute in der Wüste existierenden Lebensformen – Pflanzen, Insekten, Amphibien, Vögel und Säugetiere – haben eine verschieden lange Entwicklungsgeschichte hinter sich und reagieren unterschiedlich auf die ständige Verschlechterung der Lebensbedingungen in dieser Landschaft. Während die Flughühner noch perfekt angepaßt zu sein scheinen, haben die Spatenfußkröten schon den Rückzug angetreten. Man findet in der Wüste viele Abstufungen der Lebensentfaltung, von der noch regelmäßig mit Regen versorgten Wüstensteppe mit ihren zahlreichen Tier- und Pflanzenarten bis zur völlig trockenen, sogenannten Kernwüste, in der abgesehen von ein paar Bakterien im Boden nichts Lebendiges mehr vorhanden ist. Das ist der Grund, warum wir in der Wüste schon heute alle Stadien des künftigen Rückzuges der Lebewesen von den Kontinenten beobachten können. Viele Lebensformen der Wüste nehmen praktisch schon vorweg, was in Millionen Jahren mit den letzten Bewohnern der wüstenhaften Kontinente geschehen wird.

Leben nur auf Abruf

Der Ranger Bill Robertson war mit seinem Jeep in einem abgelegenen Teil der Mojave-Wüste unterwegs. Er unternahm seit 20 Jahren regelmäßig einmal im Monat eine Patrouillenfahrt, die ihn in die entlegensten Ecken dieses Gebietes führte. Normalerweise machte er diese Rundfahrt in der Mitte der Monats. Dieses Mal war es jedoch ausnahmsweise Ende des Monats geworden, da der Jeep einen Motordefekt hatte und erst repariert werden mußte. Jetzt im Mai machten sich diese zehn Tage, die er später losgefahren war, unangenehm bemerkbar. Um diese Jahreszeit stieg die Temperatur von Tag zu Tag an. Vierzig Grad im Schatten trug er an diesem Tag in sein Fahrtenbuch ein. Es gehörte mit zu seinen Aufgaben, die abgelegenen automatischen Wetterstationen zu kontrollieren.
Der Teil der Mojave-Wüste, durch den er fuhr, gehörte zu den lebensfeindlichsten Regionen der Erde. Vor einigen Jahren hatte man hier die höchste Lufttemperatur im Schatten auf unserer Erde gemessen: 52 Grad. Er fuhr durch eine riesige Ebene, die ringsherum von hohen Gebirgszügen umgeben war. Der Boden bestand aus Sand oder ausgedehnten Flächen schwarzen Gesteins, das unter den Einwirkungen der Hitze und Trockenheit zerbarst. Zwischen den Sand- und Geröllfeldern lagen ausgedehnte Senken, deren toniger Boden mit einem Netz von klaffenden Trockenrissen überzogen war. Es war eine wahre Höllenlandschaft. An diesem Tag waren die hohen schwarzen Berge, die das Tal umgaben, nicht zu sehen. Wolken aus Sand und Staub, die von scharfen Windböen emporgewirbelt wurden, behinderten die Sicht. Man konnte oft nur wenige Meter weit sehen. Als die Sicht für einen kurzen Moment etwas besser wurde, bemerkte Bill Robertson eine merkwürdige Erscheinung. Niemals zuvor hatte er etwas Derartiges gesehen. Einige Meter über dem Wüstenboden schwebte ein eigenartiges riesiges Gebilde in Form einer langgestreckten flachen Linse von blauer Farbe. Die Bewegungen der heißen wallenden Luft schienen sich auf das Gebilde zu übertragen, das dadurch noch unwirklicher erschien. Der Ranger schaltete den Geländegang und den Vierradantrieb seines Fahrzeuges ein und fuhr langsam darauf zu. Die heiße flimmernde Luft machte es unmöglich, die Entfernung abzuschätzen. Hinzu kam, daß die Erscheinung oft minutenlang hinter Wolken aufgewirbelten Sandes und Staubes verschwand. Nach mehreren Kilometern Fahrt schien der untere Rand der Linse, der zuvor einige Meter über dem Boden geschwebt hatte, in Kontakt mit dem Boden zu kommen. Und dann ging alles sehr schnell. Beim Näherkommen wurde diese

Kontaktstelle, die zunächst wie der Stiel eines Pilzes ausgesehen hatte, immer breiter und die blaue Farbe schien gleichsam wie aus einer riesigen schwebenden Blase in eine der vorhandenen Senken zu fließen. Als Bill Robertson anhielt, stand er am Ufer eines blauen Sees.

In der windgeschützten Senke hatte sich über dem Wasser durch Verdunstung eine mehrere Meter dicke, kühle Luftschicht gebildet, über die der Wind eine heiße Luftschicht getrieben hatte. Die Grenze dieser beiden Luftschichten bzw. die Unterseite der heißen Luftschicht wirkte dabei wie ein Reflektor, in dem sich das Wasser des Sees spiegelte. Die eigentümliche Erscheinung war eine optische Täuschung. Es war genau der umgekehrte Vorgang, wie er bei einer Fata Morgana auftritt. Zu dieser bekannten und häufig auftretenden Erscheinung kommt es, wenn das einfallende Sonnenlicht an der Oberseite einer dünnen, heißen Luftschicht, die sich über dem Boden gebildet hat, gebrochen und in die darüberliegende kühle Luftschicht zurückreflektiert wird. Wo der Wüstenwanderer einen blauen See zu erblicken glaubt, spiegelt sich in Wirklichkeit nur der blaue Himmel. Die wallenden Bewegungen der heißen Luft täuschen ihm Wellen vor, die ans Ufer zu schlagen scheinen. Felsbrok-ken, die die Spiegelschicht der heißen Luft überragen, scheinen in der Luft zu schweben und besitzen oft verzerrte, phantastische Formen. Das mag der Grund dafür sein, warum einige Wüstenreisende berichten, sie hätten am Ufer blauer Seen Häuser, märchenhafte Paläste, ja ganze Städte gesehen.

Als Bill Robertson an das Ufer des Sees trat, glaubte er abermals seinen Augen nicht zu trauen. In dem Wasser wimmelte es von Millionen kleiner Krebse. Der See hatte sich vor einigen Tagen nach einem kurzen, aber heftigen lokalen Regenguß gebildet – wahrscheinlich der einzige Regenfall seit langen Jahren. Den letzten Regenfall hatten Menschen in dieser Gegend vor 26 Jahren beobachtet.

Das Regenwasser war in der Senke zusammengelaufen. Da nun die Grundvoraussetzung allen Lebens vorhanden war, bevölkerten Millionen kleiner Krebse das Wasser. Wie ein derartiges »Wunder« sich überhaupt vollziehen konnte, wurde erst Jahre später geklärt. Ich werde an anderer Stelle ausführlich darüber berichten.

Der Ranger füllte eine Wasserprobe mit einigen Krebsen ab und setzte seine Patrouillenfahrt fort. Seine Entdeckung war bloßer Zufall. Wäre die Autoreparatur nicht notwendig gewesen, wäre Bill Robertson wie immer Mitte des Monats gefahren und niemand hätte je Kenntnis von dem See und den Krebsen bekommen. Als der Ranger die Senke mit dem See auf seiner Rundfahrt im nächsten Monat wiederaufsuchen wollte, war alles Wasser verdunstet und der Grund des ehemaligen Sees war von tiefen Trockenrissen durchzogen. Von den Krebsen war absolut nichts mehr zu finden. Die toten ausgetrockneten Körper der Tiere hatte wahrscheinlich der Wind davongetragen.

Abstrahieren wir jetzt die ganze Geschichte einmal zu einer reinen Wahrscheinlichkeitsrechnung. Der Ranger machte 20 Jahre lang allmonatlich eine Rundfahrt, also insgesamt 240 Fahrten. Nehmen wir ferner an, er bleibt weiterhin im Dienst und setzt seine Patrouillenfahrten weitere 10 Jahre fort. Das macht weitere 120 Fahrten. Nach den Erfahrungen der letzten zwanzig Jahre ist es unwahrscheinlich, daß er wieder einen See mit Krebsen entdeckt. Am Ende hätte er dann nach insgesamt 360 Rundfahrten in diesem Abschnitt der Wüste wahrscheinlich nur einmal einen mit Wasser gefüllten, von Krebsen bevölkerten Teich bemerkt und das noch, wie wir gesehen haben, durch reinen Zufall.

Im Frühjahr 1973 hatte ich Gelegenheit, das Gebiet aufzusuchen, in dem Bill Robertson das Krebswunder in dem Wüstensee entdeckt hatte. Die Senke war völlig trocken und mit einem Netz tiefer Trokkenrisse überzogen. Der ehemals schlammige Grund war von der Sonne steinhart gebacken und alles deutete darauf hin, daß hier seit vielen Jahren kein Wasser mehr gestanden hatte, vielleicht seit dem Tage, an dem der Ranger vor fast zehn Jahren durch einen Zufall an das Ufer der mit Wasser gefüllten Senke gelangt war.

Ich hatte mir vorgenommen, das, was der Ranger damals erlebt hatte, durch ein einfaches Experiment nachzuvollziehen, das »Wunder« von damals noch einmal entstehen zu lassen. Da ich natürlich nicht in der Lage war, einen Regenfall herbeizuzaubern, der die Senke mit Wasser gefüllt hätte, hackte ich zunächst mit einem Pickel einige steinharte Erdbrocken aus dem harten Boden des Sees heraus. Die Erdbrocken tat ich in ein hohes Glas und sorgte für einen künstlichen Regenguß, indem ich das Glas mit klarem Wasser aus meinem Trinkwasserkanister füllte.

Als ich nach zwei Tagen das Wasserglas mit den Erdbrocken, die inzwischen zu Schlamm aufgeweicht waren, gegen das Licht hielt, erkannte ich, daß in dem klaren Wasser Dutzende winziger Wüstenkrebse schwammen. Die Tiere waren nur etwa einen Millimeter lang und ließen sich gerade noch mit dem bloßen Auge erkennen. In nur zwei Tagen schienen sich die Krebse, die in ihrer Form an Kaulquappen erinnerten und daher in Amerika Tadpoolshrimps genannt werden – zu deutsch würde dies Kaulquappenkrabbe heißen –, aus dem Nichts, aus dem bloßen Schlamm entwickelt zu haben. Ich hatte vor-

her sämtliche, für den Versuch bestimmte Erdklumpen zerrieben, um zu kontrollieren, ob Krebse darin enthalten waren, die sich vielleicht ähnlich wie die Spatenfußkröten in einem Trockenschlaf befanden und bei ausreichender Wasserbedeckung wieder zum aktiven Leben erweckt werden konnten. Obwohl ich alle entnommenen Erdproben genauestens mit einer Lupe untersucht hatte, hatte ich außer Schlammpartikeln und Sandkörner nichts entdeckt, was mit einem noch so kleinen Krebs Ähnlichkeit gehabt hätte. Außerdem wußte ich, daß ausgewachsene Tadpoolshrimps etwa drei Zentimeter lang werden und daher meiner Aufmerksamkeit nicht entgangen sein konnten. Die Tiere in meinem Glas waren zweifellos Jungtiere, die sich neu entwickelt hatten.
Um meinen Versuch weiterzuführen, stellte ich das Glas in die Sonne und wartete darauf, daß mein künstlicher See wieder verdunstete. Während der Wasserstand jeden Tag um etwa zwei Zentimeter fiel, wuchsen die Krebse in einem geradezu unglaublichen Tempo. Sie ernährten sich von Algen und Mikroorganismen, die sich ebenfalls in dem Glas entwickelten. Als die Wassersäule nach einer Woche halb verdunstet war, besaßen die Tiere bereits eine Länge von anderthalb Zentimetern. Der Raum wurde immer enger und jeden Tag starben einige Krebse, da ihr immer größer werdender Nahrungsbedarf nicht mehr gedeckt werden konnte. Die überlebenden Tiere wuchsen immer schneller, da ihre Nahrungskonkurrenten immer mehr dezimiert wurden. Der Wasserspiegel sank unaufhaltsam und es konnte nur noch eine Frage weniger Tage sein, bis das Schicksal der Wüstenkrebse besiegelt war. Was würde aus ihnen werden? Da eine alte erwachsende Krebsgeneration, wie ich bei meinen sorgfältigen Bodenuntersuchungen herausgefunden hatte, nicht im trockenen Boden vorhanden gewesen war, waren die Tiere ganz augenfällig nicht in der Lage, sich mit Hilfe eines Trockenschlafes zu retten. Aus dieser Beobachtung ließ sich schließen, daß eine etwaige Nachkommenschaft meiner im Glas schwimmenden, inzwischen fast ausgewachsenen Krebse ebenfalls dazu nicht in der Lage war. Auf irgendeine Weise mußte sich die Art aber über viele Jahre Trockenheit hinweg erhalten; das hatten die Beobachtungen von Bill Robertson und mein eigenes positives Experiment erwiesen. Die Tiere, die in meinem Glas schwammen, konnten aber weder durch ein Wunder entstanden sein, noch konnten sie sich aus Sandkörnern oder Wassermolekülen entwickelt haben.
Am zwölften Tag besaßen die Krebse eine Größe von drei Zentimetern, und an ihrer Unterseite hatten sich hunderte winziger Eier herausgebildet. Am Mittag des vierzehnten Tages war das Wasser ver-

dunstet. Die sechs Krebse, die bis zu diesem Tag überlebt hatten, zeigten jetzt ein interessantes Verhalten, wie ich es in ähnlicher Form bereits während der Metamorphose der jungen Spatenfußkröten beobachtet hatte. Die Krebse – schon nicht mehr vom Wasser bedeckt – drängten sich dicht aneinander und begannen durch heftiges Winden ihres Körpers auf der Oberfläche des Schlammes eine Kuhle auszumulden, in der sich das restliche Wasser sammelte. Die letzten Minuten ihres Lebens nutzten die Tiere dazu, ihre Eier in den Schlamm zu legen. Der Wille, so lange wie möglich das eigene Leben zu erhalten, hatte nicht nur dazu geführt, daß sich das Leben der Krebse um einige Minuten verlängerte. Es gelang ihnen auch, die Eier in eine schützende Tiefe von einigen Zentimetern unter den jetzt wieder zur Wüstenoberfläche gewordenen Grund meines Kunstsees zu legen. Die letzten überlebenden Krebse glichen den Verlust durch Hunderte von Eiern wieder aus, der der Art durch das frühzeitige Absterben der anderen, die keine Eier mehr ausbilden konnten, entstanden war.
Die Wüstenkrebse sind nicht mehr in der Lage, längere Zeit in der Wüste zu überleben oder gar jahrelange Dürreperioden durch Anpassungen oder zeitweiligen Trockenschlaf zu überbrücken, da ihre Existenz auf das ständige Vorhandensein von Wasser in Form eines Teiches angewiesen ist. Sie existieren oft nur noch ein bis zwei Wochen lang innerhalb einer Zeitspanne vieler Jahre oder gar Jahrzehnte. Trocknet ihr Wüstenteich aus, so sterben sie völlig ab. Nur ihre Eier sind in der Lage, über Jahrzehnte entwicklungsfähig zu bleiben. Aus ihnen schlüpft, wenn es eines Tages wieder einmal zu Regenfällen kommt, die nächste Krebsgeneration. Die Eier, die diese erstaunliche und einzigartige Überlebensfähigkeit besitzen, haben die Größe und das Aussehen von Sandkörnern. Das ist der Grund, warum sie meiner Aufmerksamkeit entgangen waren, als ich die Bodenproben mit der Lupe untersucht hatte. Aus diesen Eiern hatte sich das »Wunder«, das Bill Robertson entdeckt hatte, und auch das in meinem Wasserglas vollzogen.
Gut zwei Wochen, nachdem ich mit meinem Versuch begonnen hatte, legte ich das Ausgangsmaterial wieder auf den Seeboden, dort, wo ich es herausgehackt hatte. Es waren einige trockene steinharte Erdbrocken, in denen die neuen Eier von den Sandkörnern nicht mehr zu unterscheiden waren. Die toten ausgedörrten Krebse hatte der Wind davongetragen.
Regenfälle, die die kurze Lebensphase der Krebse ermöglichen, treten in der Reliefwüste Nordamerikas oft als Folge günstiger Großwetteranlagen auf. Es ist daher durchaus möglich, daß mehrmals

kurz hintereinander Regen fällt. Die Spatenfußkröten nutzen diese Tatsache, wie bereits berichtet, dadurch aus, daß sie nach der Austrocknung ihres Teiches zunächst einige Tage wenige Zentimeter unter der Oberfläche in Wartestellung verharren, bevor sie sich endgültig tief eingraben.
Würden aufeinanderfolgende Regenfälle die Seesenke der Krebse mehrmals mit Wasser füllen, dann würden sich die Eier in kürzester Zeit wieder zu einer neuen Generation entwickeln, die dann wiederum neue Eier legen würde. Während derart günstiger Lebensvoraussetzungen, die vielleicht ein- bis zweimal im Jahrhundert auftreten, kann die Art sich beträchtlich multiplizieren und am Ende der Regenphase im Seeboden ein riesiges Eierreservoir für die Zukunft hinterlassen.
Bleibt der Regen über sehr lange Zeiträume völlig aus, könnte die Überlebensfähigkeit der Eier überschritten werden und somit zum Aussterben der Krebspopulation führen. Um das zu verhindern, besitzt die Art eine letzte »Notbremse«, die allerdings ohne ihr eigenes Zutun entstanden ist. So erstaunlich es sich anhört, die Eier begeben sich eines Tages selbst auf die Suche nach Wasser in oft weit entfernte Wüstengebiete, in denen vielleicht ein Regenguß eine Senke mit Wasser gefüllt hat. Im Laufe vieler Jahre trägt der Wüstenwind den trockenen Seeboden Millimeter für Millimeter ab und trägt ihn fort. Wenn eines Tages die Schicht aufgedeckt ist, in der die Eier liegen, werden auch sie aus der Seesenke herausgeblasen und vom Wind über große Entfernungen verfrachtet. Die Eier, die eine enorm widerstandsfähige Schutzhülle besitzen, sind für den rauhen Transport über den steinigen Wüstengrund bestens gerüstet. Eier anderer Lebewesen, z.B. Hühnereier, würden dagegen auf dem heißen Wüstenboden bereits nach wenigen Minuten absterben, ganz abgesehen davon, daß sie aufgrund ihrer Zerbrechlichkeit niemals transportfähig wären.
Es ist durchaus möglich, daß sich innerhalb der aufgewirbelten Sandmassen eines Wüstensturmes große Mengen Krebseier befinden: eine eigenartige Idee, wenn man sich vorstellt, daß einem Wüstenwanderer, der sich gegen einen Sandsturm vorkämpft, nicht nur Millionen Sandkörner ins Gesicht gepeitscht werden, sondern auch Tausende winziger Eier. Selbst wenn von Millionen vom Wind transportierter Krebseier nur hundert in eine mit Wasser gefüllte Senke oder Felsspalte gelangen und sich zu einer neuen Generation entwickeln, war die Verfrachtung erfolgreich.
Würden alle Eier aus der Ursprungssenke herausgeweht werden, ohne daß eines von ihnen in ein anderes gefülltes Wasserloch gelan-

gen würde, könnte dies zu einer Katastrophe für den Fortbestand der Art werden, noch dazu, wenn man sich vorstellt, daß eines Tages doch noch ein Regenguß über der Ursprungssenke niedergeht. Daß diese Katastrophe nicht stattfindet, verhindern die zahlreichen tiefen Trockenrisse, die den Seeboden wie ein Netz überziehen. In diese tiefen Spalten, die erst nach der Eiablage durch das Zusammenziehen des ausgetrockneten Schlammes entstehen, weht der gleiche Wind, der den größten Teil der Eier aus der Senke heraustransportiert, Tausende hinein. Diese Eier stellen die letzte Sicherheitsreserve in ihrem Ursprungsgebiet dar.
Einige amerikanische Wüstenforscher vermuten, daß die Eier der Wüstenkrebse vielleicht mehr als ein Jahrhundert lang keimfähig bleiben. Ob diese Vermutung richtig ist, werden jedoch erst zukünftige Forschergenerationen feststellen können, wenn sie die Eier, die man eigens für diesen Zweck in Instituten aufbewahrt, nach dieser Zeit ins Wasser schütten.

Zu den auffallendsten, schönsten und zugleich zahlreichsten Lebensformen der Wüste gehören Arten, die am seltensten in Erscheinung treten. Meine eindrucksvollste Begegnung mit diesen eigenartigen Lebensformen hatte ich im Frühjahr 1973 im Süden der nordamerikanischen Wüste, nahe der mexikanischen Grenze. Meinen Beobachtungen waren die stärksten Winterregen vorausgegangen, die man seit dem Jahre 1915 in dieser Region registriert hatte. Ein befreundeter amerikanischer Wüstenforscher hatte mir vorsorglich angekündigt, daß ich ein Schauspiel erleben würde, wie ich es sicherlich nie zuvor gesehen hätte. Wenige Wochen später wußte ich, daß er nicht übertrieben hatte. Die Wüste, die ich erblickte, war keine Wüste mehr. Der von der Sonne ausgebrannte steinige Boden, der sich zwischen den einzeln stehenden Säulenkakteen und den Mesquitobäumen erstreckte, war vollständig mit einem Blütenteppich bedeckt. Die blauen Blüten des Wüstenlupins und die goldgelb- bis orangefarbenen Kelche des Wüstenmohns standen so dicht beieinander, daß es völlig unmöglich war, durch die blühende Wüste zu gehen, ohne bei jedem Schritt Dutzende von Blumen niederzutreten. Der Blütenteppich, der sich bis zum Horizont erstreckte, bestand aus sogenannten ephemeren Pflanzen. Diese einjährigen Pflanzen sind wie die Wüstenkrebse nicht mehr in der Lage, sei es durch Anpassung oder zeitweilige Drosselung ihrer Stoffwechselfunktionen, dauerhaft in der Wüste zu überleben. Sie überstehen die jahrelangen Dürreperioden zwischen den einzelnen Regenfällen nicht mehr. Sobald die jungen Pflanzen sich über dem Wüstenboden erheben, beginnt zwischen ihnen und der sengenden Kraft der Sonnenstrahlen ein Wettlauf auf Leben und Tod. Nur wenige Tage, solange der Boden noch feucht ist, vermögen die Pflanzen zu existieren und ihre Blüten zu entfalten. Das unabsehbare Blumenmeer lockt Fluginsekten in großer Zahl an. Sie ziehen aus oft weitentfernten Gebieten für kurze Zeit in die Wüste, um das einzigartige Nahrungsangebot, das ihnen Milliarden weitgeöffneter nektargefüllter Blütenkelche darbieten, zu nutzen. Die Wolken der Insekten, die über dem im Wüstenwind wogenden Blütenmeer schweben, sorgen für eine schnelle Bestäubung der kurzlebigen Schönheiten. Wenn nach wenigen Tagen, nach einem kurzen Moment innerhalb der zeitlichen Dimensionen der Wüste, die sich nur in Millionen Jahren messen läßt, die Blütenpracht verwelkt und vergangen ist, haben die Pflanzen ihre Samen ausgebildet, die ihre einzige Überlebensmöglichkeit sind. Die Samen sind nämlich in der Lage - genau wie die Eier der Wüstenkrebse -, Jahre, ja Jahrzehnte eingebettet im Wüstenboden zu überdauern. Nach einem Regenfall wird eines Tages daraus die nächste Pflanzengeneration zu neuem Leben erwachen. Als ich nach einigen Monaten im Sommer ein zweites Mal den Abschnitt der Wüste, in dem sich das »Blütenwunder« vollzogen hatte, aufsuchte, fand ich nur noch wenige kümmerliche vertrocknete Überreste der einjährigen Wüstenpflanzen vor. Nur die winzigen Samen der Pflanzen, milliardenfach zwischen den Steinen und im Sand verborgen, warteten auf den nächsten Regen, der vielleicht einmal in vielen Jahren wieder vom Himmel fallen würde. Sie allein garantieren den Fortbestand der Art (siehe Abbildung 19).

Damit die Lebensbereitschaft auf Abruf tatsächlich funktionieren kann, ist es erforderlich, daß die Samen der einjährigen Pflanzen nur keimen, wenn die für ihr vollständiges Wachstum erforderliche Regenmenge vorhanden ist. Würde bereits ein kleiner Regenschauer die Samen zum Keimen bringen, so wären alle Samen vergeudet und die Pflanzenart würde aussterben.

Sie haben bereits erfahren, daß dieses Problem in ähnlicher Form auch bei den Spatenfußkröten existiert. Der Fortpflanzungszyklus dieser Tiere ist ebenfalls nur bei einer ausreichenden Wassermenge gewährleistet. Um auf eine zu geringe Regenmenge nicht »hereinzufallen«, besitzt jede Spatenfußkrötenpopulation eine bestimmte Eingrabtiefe, die genau der Eindringtiefe der stärksten Regenfälle in ihrem Verbreitungsgebiet entspricht. Diese Vorsichtsmaßnahme kommt natürlich für die Pflanzensamen nicht in Frage.

Die Samen liegen unmittelbar an der Wüstenoberfläche zwischen kleinen Steinen und sind allenfalls von einer dünnen Sandschicht be-

deckt. Sie werden selbst von den schwächsten Regenfällen befeuchtet, ohne jedoch zu keimen. Hinzu kommt die erstaunliche Tatsache, daß selbst wenn für das gesamte Wachstum der Pflanze eine ausreichende Regenmenge zur Verfügung steht, viele der zahlreichen Pflanzenarten sich nicht entwickeln. Verborgen im Wüstenboden liegen von Dutzenden verschiedener Arten ephemerer Pflanzen derart große Samenmengen in Wartestellung, daß die daraus entstehenden Pflanzen keinen ausreichenden Lebensraum mehr hätten, würden die Samen aller Arten sich zur gleichen Zeit entwickeln. Woher soll aber nun z.B. das befeuchtete Samenkorn eines Wüstenmohns wissen, wann die gefallene Regenmenge auch wirklich für sein gesamtes Wachstum ausreicht, und woher soll es darüber hinaus erfahren, wie seine Konkurrenten – z.B. Wüstengänseblümchen oder Purpur Nama – reagieren, ob diese den Niederschlag für ein schnelles Wachstum ausnutzen und es daher besser wäre, mit der eigenen Entwicklung auf eine andere Regenperiode zu warten.
In Teilen der kalifornischen Mojave-Wüste und in der angrenzenden Sonora-Wüste in Arizona hat man versucht, durch Freiland- und Treibhausversuche Antworten auf diese Fragen zu erhalten. In diesen Wüstengebieten kann es zweimal innerhalb eines Jahres zu Niederschlägen kommen. Man fand zunächst heraus, daß die Samen gewisser einjähriger Pflanzen nur nach den winterlichen Regenfällen im Frühjahr keimen. Andere Arten entwickeln sich wiederum nur im Herbst. Zahlreiche Versuche ergaben außerdem, daß die Samen der meisten einjährigen Pflanzen nur keimen, nachdem man sie mit einer Wassermenge bewässert hatte, die einem natürlichen Niederschlag von etwa 25 Millimetern entsprach.
Die an der Wüstenoberfläche liegenden Samen besaßen in der sie umgebenden Schutzhülle einen wachstumshemmenden Stoff, der erst bei dieser Wassermenge gelöst wurde. Auf diese Weise schützen sich die Samen davor, bereits bei einem kurzen Regenschauer zu keimen, dessen Wassermenge jedoch niemals für ihr gesamtes Wachstum ausreichen würde.
Darüber hinaus stellte man bei Treibhausversuchen fest, daß ein enger Zusammenhang zwischen Niederschlagsmenge und Bodentemperaturen bestand. Die Samen der Pflanzenarten, die auf die winterlichen Regenfälle reagierten, keimten nur, wenn die Bodentemperatur der Jahreszeit entsprechend niedrig war. Erhöhte man die Bodentemperatur bei gleicher Wassermenge jedoch auf sommerliche Werte, dann geschah überhaupt nichts. Bei den Arten, die nach den sommerlichen Regenfällen keimten, war es umgekehrt. Wenn der ausreichend bewässerte Boden winterliche Temperaturen aufwies,

reagierte keines der Samenkörner mit Wachstum. Damit hatte man eine befriedigende Erklärung dafür gefunden, warum eine Gruppe der ephemeren Pflanzen im Frühjahr, die andere im Herbst gedeiht. Erst wenn eine entsprechende Niederschlagsmenge zusammen mit einer bestimmten Bodentemperatur auf die Samen einwirkt, entsteht ein artspezifischer Reiz, der Keimung und Wachstum auslöst.
Die zahlreichen ephemeren Pflanzenarten verhindern durch ihre Spezialisierung, daß es in ihrer extrem lebensfeindlichen Umwelt zu einer Überbevölkerung kommt, sobald ausreichende Niederschläge fallen. Dadurch ist es dem Leben gelungen, die ihm zur Verfügung stehende Fläche und die unterschiedlichen Chancen, das lebensnotwendige Wasser zu erhalten, optimal auszunutzen.
Selbst wenn die Niederschlagsmenge und die Temperatur des Bodens in einem richtigen Verhältnis zueinander stehen und optimale Wachstumsbedingungen für eine ganz bestimmte Pflanzenart bestehen, bleibt ein Teil der Samen dieser Pflanzenart ohne zu keimen im Boden liegen. Diese Samen trauen sozusagen der Wetterlage noch nicht. Sie ruhen noch im Boden, wenn sich die anderen Samen bereits längst zu Pflanzen entwickelt haben. Diese Samen sind eine Art Reserve. Man kann sie auch als Notbremse der entsprechenden Pflanzenart bezeichnen, da es immer wieder vorkommt, daß trotz anfänglicher optimaler Wachstumsbedingungen plötzlich eine extreme Hitzewelle über die Wüste hereinbricht. Ehe die Pflanzen zum Blühen kommen und die nächste Samengeneration herangereift ist, sterben sie ab. In diesem Fall wäre dann die gesamte Pflanzenpopulation zum Aussterben verurteilt, hätte die Natur nicht in weiser Voraussicht Reservesamen zurückgehalten, die der Art beim nächsten Regenfall eine neue Chance zum Überleben bieten. Selbst wenn bei der nächsten günstigen Konstellation sämtlicher Lebensbedingungen die gleiche Katastrophe wieder die Reife der aus Reservesamen entstehenden Pflanzen verhindert, bleiben auch dann noch Samen übrig, die durch eine noch stärker ausgeprägte Wachstumsverzögerung der Art in vielen Jahren eine weitere Chance verschaffen.
In einigen trockenen, besonders lebensfeindlichen Gebieten der Wüste gibt es ephemere Pflanzenpopulationen, die nur noch wenige Male innerhalb eines Jahrhunderts als Pflanze existieren. Die Generationsverzögerung beträgt bei ihnen wie bei den Wüstenkrebsen bereits Jahrzehnte. Ein derart großer Abstand in der Generationsfolge bedeutet für den Fortbestand der Art eine große Gefahr. Die Samen der Wüstenpflanzen und die Eier der Wüstenkrebse sind natürlich nicht in der Lage, unendlich lange auf Regen zu warten und ihre Keimfähigkeit zu erhalten. Es läßt sich schon heute in den extrem

trockenen Kerngebieten der großen Wüsten ablesen, was geschieht, wenn die Keimfähigkeit überschritten wird. Wenn es z.B. über der inneren Sahara nach vielleicht dreißigjähriger Trockenheit wieder regnet, vermag auch die stärkste Wasserflut nicht eine einzige ephemere Pflanze mehr zum Leben zu erwecken. Und wenn eines Tages in ferner Zukunft auf den Kontinenten die Regenfälle vielleicht mehr als hundert Jahre ausbleiben, wird schließlich auch das Schicksal der letzten höherentwickelten Pflanzenarten besiegelt sein.

Die dramatischste Folge des pflanzlichen Rückzuges von den mehr und mehr austrocknenden Kontinenten ist der Rückgang der Photosynthese und somit der Sauerstoffproduktion. Den ersten Schritt dieser dramatischen Entwicklung stellt bereits die Anpassung einiger Pflanzenarten an die Wüste dar, z.B. die Umbildung von Bäumen zu Kakteen. Dieser Vorgang führte zu einer Zurückbildung der Blattflächen, in denen die Photosynthese betrieben wird. Der zweite Schritt auf dem Wege einer Abnahme der Sauerstoffproduktion auf den Kontinenten ist der Trockenschlaf einiger Wüstenpflanzen und damit eine jahrelange Einstellung der Photosynthese. Den dritten Schritt stellt die extreme Generationsverzögerung der ephemeren Pflanzen dar, die oft im Abstand von Jahrzehnten nur einmal für wenige Wochen als sauerstoffproduzierende Pflanzen existieren.

Wenn eines Tages auch diese zuletzt genannten Pflanzen endgültig von den wüstenhaften Kontinenten verschwunden sein werden, ist der für alle höherentwickelten Lebewesen auf unserer Erde gefährliche Rückgang der Sauerstoffproduktion auf den Kontinenten jedoch keineswegs beendet.

Sie werden im folgenden Teil dieses Kapitels erfahren, daß in den sich ständig ausbreitenden Wüsten der für uns alle lebensnotwendige Sauerstoff nicht nur in immer geringeren Mengen produziert wird, sondern daß die Wüsten selbst zum größten Sauerstoffverbraucher unserer Erde geworden sind.

Mikrowälder der Wüste

Ich möchte die Beschreibung des letzten und in vieler Beziehung folgenschwersten Schrittes des Rückzugs der Lebensformen aus der Wüste mit einem Rätsel einleiten. Dieses Rätsel stellt aber gleichzeitig eine zwar äußerst knappe, aber doch exakte Beschreibung einer der interessantesten Lebensgemeinschaften der Wüste dar.

Es ist etwa so groß wie ein kleines Hühnerei, besitzt aber eine eckige, kantige Form, ist außen schwarz und innen hell, manchmal sogar fast

weiß. Es kann sehr heiß sein, und wenn man es aufheben will, verbrennt man sich die Hand. Es kann auch manchmal vorkommen, daß man sich nicht die Hand verbrennt und daß es sechs Beine und zwei Augen besitzt.
Da ich nicht annehme, daß sich jemand unter meinen Lesern befindet, der dieses Rätsel lösen kann - wenn ich dies auch nicht völlig ausschließen will -, will ich Ihnen die Lösung natürlich nicht vorenthalten. Dazu bedarf es allerdings einer genauen und ausführlichen Beschreibung dieser Lebensgemeinschaft.
Alle Wüsten, überhaupt alle Trockengebiete unserer Erde zeichnen sich durch eine rötliche bis schwärzliche Oberflächenfärbung aus. Die Übersetzung des Wortes Sahara lautet: »die Rote«. Jeder, der einmal Gelegenheit hatte, durch eine Wüste zu reisen, wird sich neben den unendlich erscheinenden Weiten dieser Landschaft vorwiegend an ihre Färbung erinnern, an die rotgelben Dünenmeere und an die düsteren schwarzbraungefärbten Steinwüsten, die Hammadas. Betrachtet man z.B. ein vom Weltraum aus aufgenommenes Photo unseres Planeten, so fällt auf, daß - abgesehen von den wenigen, relativ kleinen grünen Flächen der Vegetationszonen - der weitaus größte Teil der Kontinentoberfläche eben diese Rotfärbung besitzt. Das sind die Trockengebiete, die allein durch ihre rötliche Färbung den Eindruck von Hitze, von versengter Erde und verbrannten Gesteinen vermittelt. Dieses Empfinden beim Anblick der rötlichen Farbe ist im übertragenen Sinne richtig, weil wir aus Erfahrung wissen, daß die rote Flamme eines Feuers heiß ist. Diese rote Flamme zeigt aber nichts anderes als den Vorgang einer Oxydation, die Verbindung der Stoffe mit dem Luftsauerstoff. Diesen wichtigen chemischen Vorgang, bei dem große Wärmemengen entstehen, bezeichnen wir gemeinhin als Verbrennung.
Wie Sie bereits im zweiten Kapitel erfahren haben, als es um die Entstehung der Atmosphäre ging, ist Sauerstoff so reaktionsfähig, daß er sich mit anderen Elementen verbindet. In reinem Sauerstoff verbrennen fast alle Stoffe, selbst die Metalle. Die Verbrennung von Briketts in einem Ofen besteht z.B. darin, daß sich der Sauerstoff der Luft mit dem Kohlenstoff der Briketts verbindet. Durch diesen Oxydationsvorgang verliert der ungebundene atmosphärische Sauerstoff praktisch seine Freiheit. Er geht mit anderen Stoffen eine oxydische Verbindung ein. Bei unserem Kohlenverbrennungsbeispiel entstehen die flüchtigen oxydischen Verbindungen Wasser, das als Wasserdampf freigesetzt wird, und das Gas Kohlendioxyd.
Der größte Teil der kahlen Wüstenoberfläche ist mit festen Oxydationsverbindungen bedeckt. Sie verleihen der Wüste ihre rötliche bis

schwärzliche Färbung. Bei den Oxyden der Wüstenoberfläche handelt es sich um Verbindungen des atmosphärischen Sauerstoffes mit unedlen Metallen, z.B. mit Eisen und Mangan, die fein verteilt in riesigen Mengen am Aufbau der Erdkruste beteiligt sind. Während die meisten Stoffe – z.B. Holz oder Kohle – auf eine Mindesttemperatur, die sogenannte Entzündungstemperatur, erhitzt werden müssen (das geschieht z.B. durch ein Streichholz, Reibungswärme oder Blitzschlag), oxydieren manche Stoffe, zu denen auch die unedlen Metalle gehören, schon bei gewöhnlicher Umwelttemperatur. Dieses Phänomen wird als Autooxydation bezeichnet. Damit Eisen- und Manganoxyde entstehen, genügt es, wenn diese Metalle mit dem Luftsauerstoff in Berührung kommen.
Ein besonders eindrucksvolles Beispiel dieser aus Metalloxyden bestehenden Wüstenoberfläche befindet sich in der nordwestlichen Sahara im Süden Marokkos. Dieses Gebiet liegt innerhalb der Wüstenflächen, in denen ich zusammen mit meiner Frau die jahrelangen Vogeluntersuchungen durchgeführt habe. Es ist mir deshalb besonders gut bekannt. In diesem Teil der Sahara liegt eine ausgedehnte, flache feinsteinige Hammada, die im Gegensatz zu den übrigen rötlich gefärbten Steinwüsten der Sahara schwarz gefärbt ist. Die schwarze Färbung kommt durch einen hohen Anteil an Manganoxyden zustande, die hier zusammen mit Eisenoxyden die Wüstenoberfläche bilden. Die schwarze Steinwüste wird im Osten von gewaltigen rötlichgelben Sanddünen begrenzt. Das unmittelbare Nebeneinander dieser beiden Farben, noch dazu über riesige Flächen, macht dieses Gebiet zu einer der eindrucksvollsten Landschaften der Sahara (siehe Abbildung 37).
Aufgrund der schwarzen Färbung steigen die Bodentemperaturen während der Sommermonate auf die höchsten Werte an, die auf der Erde durch Sonneneinstrahlung erreicht werden können. Über 80 Grad Celsius Oberflächentemperatur habe ich im Sommer gemessen. Die Steine sind so heiß, daß man sich die Finger an ihnen verbrennt, würde man sie berühren. Diese extremen Temperaturen sind der Grund dafür, daß diese schwarze Wüste zu den lebensfeindlichsten Landschaften unserer Erde gehört.
Inmitten der ebenen Steinfläche vermag das Auge während des Sommers nicht eine Pflanze, nicht eine Kreatur mehr zu erblicken. Wasser verdampft wie auf einer heißen Herdplatte, wenn es am Tage auf das Gestein geschüttet wird. Die einzelnen eckigen Steine, die eine Kantenlänge von drei bis vier Zentimetern besitzen und sich zu einem flachen mosaikartigen Gesteinspflaster zusammenfügen, besitzen eine hochglanzpolierte Oberfläche. Die Steine sehen aus, als

seien sie mit schwarzen bzw. in den rotbraun gefärbten Steinwüsten mit rotbraunem Lack überzogen. Das Phänomen der blanken, aus oxydischen Metallverbindungen bestehenden Wüstenoberfläche bezeichnet man deshalb treffend als Wüstenlack.
Blickt man bei schrägstehender Sonne gegen das Licht über die schwarze Oberfläche der Steinwüste, so erlebt man ein eigenartiges Schauspiel. Die hochglanzpolierte Oberfläche der unebenen Steine reflektiert das helle Sonnenlicht milliardenfach. Bis zum Horizont scheint die Wüste aus unzähligen hellblitzenden Silberplättchen zu bestehen. Die abweisende, lebensfeindliche Steinwüste wird dadurch für einen Moment zu einem Meer, dessen Oberfläche in der Nachmittagssonne in ein gleißendes, silbernes Glitzern getaucht ist (siehe Abbildung 39).
Der Vergleich, daß die Steine wie mit einer Lackschicht überzogen sind, ist sehr treffend. Wenn man nämlich einen Stein aus dem schwarzen Mosaik herausnimmt, so entsteht in der Oberfläche des Mosaiks eine helle Lücke, da nur die unmittelbar an der Oberfläche liegenden Steine dunkel gefärbt sind. Das Gestein darunter ist hell.
Wir haben diese Tatsache für unsere vogelkundlichen Untersuchungen oft ausgenutzt. Indem wir die obere schwarze Steinschicht einfach entfernten, entstanden weithin sichtbare Markierungen auf dem Wüstenboden, z.B. Flugrichtungspfeile. Noch zutreffender ist der Lackvergleich, wenn man einen der schwarzen Steine mit dem Hammer zerschlägt. An den Bruchstellen erkennt man, daß die Steine nur außen schwarz sind. Ihr Inneres dagegen ist hell, oft sogar fast weiß.
Die schwarzen oder rotbraunen Metalloxyde umschließen den Stein wie eine Rinde. Haben Sie die bereits erfolgte teilweise Auflösung des Rätsels bemerkt? Nur eine Erklärung für die Beine und die Augen steht noch aus.
Wie kommt es aber überhaupt zur Entstehung dieser farbigen Metalloxydkrusten? Bis vor wenigen Jahren waren die Wüstenforscher der Meinung, daß allein die unbelebten Kräfte der Verwitterung für die Krustenbildung verantwortlich waren. Aufgrund zahlreicher Beobachtungen ging man zu Recht davon aus, daß winzige Mengen Feuchtigkeit – sei es durch seltene Regenfälle oder durch den viel häufigeren, auch in der Wüste vorhandenen Tau – in haarfeine Risse des Gesteins eindringen, die durch die extremen Temperaturunterschiede zwischen Tag und Nacht entstanden sind. Die in den Stein eingedrungene Feuchtigkeit löst im Inneren einen Teil der im Stein bereits als oxydische Verbindung vorhandenen unedlen Metalle. Die eingedrungene Feuchtigkeit wird durch Verdunstung an-

schließend wieder als Lösung an die Oberfläche gesogen. Hier verdampft das Wasser, während die Eisen- und Manganoxyde zurückbleiben. Sie lagern sich als dünner Film an den Außenseiten der Steine ab. Im Laufe vieler Jahre entsteht eine richtige Kruste, die mehrere Zentimeter dick werden kann. Wenn die Mangan- und Eisenoxyde dann an der Oberfläche dem nächtlichen Tau ausgesetzt sind, verwandeln sie sich durch Wasseraufnahme in Hydroxyd oder einfacher ausgedrückt: sie verrosten. Es handelt sich also bei der mit Metalloxydkrusten überzogenen Wüstenoberfläche in Wirklichkeit oft um Hydroxykrusten. Der metallische Glanz, der Wüstenlack der Krusten, entsteht nicht, wie man früher annahm, durch Wind und Sandschliff, sondern durch den lamellaren Feinbau der Krusten selbst.
Im Verlauf langer Zeiträume wird das Innere der Steine durch die beschriebenen Vorgänge immer mehr ausgelaugt und zermürbt, während die äußere Kruste immer dicker wird. Temperaturschwankungen, die an der Außenseite der Steine aufgrund ihrer dunklen Färbung besonders stark auftreten, lassen dann die Kruste eines Tages aufplatzen. Für den sandbeladenen Wüstenwind ist es jetzt ein leichtes, in diese Risse und Spalten einzudringen und das zermürbte Innere der Steine herauszublasen. Eines Tages ist dann nur noch die harte, widerstandsfähige Hülle der Metallhydroxyde vorhanden.
In einer großsteinigen Hammada findet man daher oft fußballgroße Steine, die innen völlig hohl sind. In der noch vorhandenen Außenschale sind deutlich die breiten Risse und Löcher zu erkennen, durch die ihr Inneres herausgeblasen wurde. Wirft man die Hohlkugeln auf den Boden, so zerspringen sie mit dem Geräusch einer auf einem Stein zerschlagenen Glasflasche. Charakteristisch für die großsteinige Hammada ist, daß ihre Oberfläche oft mit den Metallhydroxydscherben der durch die Kräfte der Verwitterung zerborstenen Hohlsteine übersät ist. Wenn man mit dem Auto über eine Hammada fährt, hat man das Gefühl, über zerbrochenes Glas zu fahren.
Vor einigen Jahren wurde in einem israelischen Wüstenforschungsinstitut eine aufsehenerregende, ja sensationelle Entdeckung gemacht. Mit transportablen Meßkammern, die unter anderem mit Infrarotspektrographen, Licht-, Temperatur- und Feuchtigkeitsmeßinstrumenten ausgerüstet waren, wurden Standortmessungen in der Wüste durchgeführt. Unter anderem wurden auch die mit Wüstenlack überzogenen Steine chemisch untersucht.
Unmittelbar nachdem nächtlicher Tau die Steine mit geringen Mengen Feuchtigkeit benetzt hatte, registrierten die Meßinstrumente etwas aufregendes. Die Steine begannen zu atmen, sie wurden lebendig. Sie atmeten Sauerstoff ein und Kohlendioxyd aus.

An dieser Stelle sei kurz daran erinnert, daß Atmung von Menschen und Tieren betrieben wird. Sie verbrennen mit Hilfe des eingeatmeten Luftsauerstoffs die durch die pflanzliche Photosynthese produzierten Kohlenhydrate, um daraus für sich Energie zu gewinnen. Das dabei entstehende Kohlendioxyd wird ausgeatmet. Pflanzen betreiben außer der Photosynthese ebenfalls Atmung, um die von ihnen selbst produzierten Nahrungssubstanzen wieder zu verbrennen.
Bei Sonnenaufgang begannen die Steine dann damit, den Lebensprozeß umzukehren. Sie nahmen Kohlendioxyd aus der Luft auf. Das konnte nur bedeuten, daß sie nun die den grünen Pflanzen eigene Photosynthese, also Nahrungsmittelproduktion, mit Hilfe des Sonnenlichtes betrieben. Aber noch im Laufe des frühen Morgens, als die Temperatur zunahm und die restlichen Mengen des nächtlichen Taus wieder verdunstet waren, wurde die Photosynthese beendet, und die Steine begannen wieder zu atmen.
Diese Untersuchungsergebnisse waren eindeutig. Man hatte bei den mit Metallhydroxydkrusten überzogenen Wüstensteinen Pflanzen vor sich.
Betrachtet man einen derartigen Stein in der bereits beschriebenen schwarzen Hammada Südmarokkos mit einer starken Lupe oder unter einem Mikroskop, dann erkennt man, daß seine Oberfläche, die mit Rillen, Kanten und haarfeinen Rissen bedeckt ist, dicht mit Pflanzen bewachsen ist. Es handelt sich dabei um eine Mikroflora, die aus Algen, Flechten, Bakterien und Pilzen besteht und im Prinzip einen Mikrowald darstellt. Dieser für das bloße menschliche Auge unsichtbare Mikrowald auf der Wüstenoberfläche ist in der Lage, seinen Wasserbedarf mit den minimalen Feuchtigkeitsmengen zu decken, die seltene Regenfälle und Tau liefern. Bedeutet für eine tropische Klimazone der Urwald die optimale Pflanzenentfaltung, so stellt der Mikrowald auf der Oberfläche der Wüstengesteine die größtmögliche Pflanzenentfaltung in den riesigen lebensfeindlichen Gebieten der Wüste dar.
Es ist gar nicht so verwunderlich, daß eine Mikroflora die über achtzig Grad heiße, aus Eisen- und Manganhydroxyden bestehende trockene Wüstenoberfläche besiedelt, wenn man bedenkt, wie widerstandsfähig sich Mikroorganismen auch in anderen Bereichen erwiesen haben. Mikroorganismen besiedeln nicht nur die kochenden Geysire vulkanisch aktiver Gebiete, sie leben auch unter dem Eis der Antarktis, ja selbst die Treibstofftanks der Düsenflugzeuge haben sich winzige Pilze und Bakterien als Lebensraum auserkoren. Mikroorganismen, die zu Versuchszwecken ohne Schutz an der

Außenhaut von Raketen befestigt werden, überstehen völlig unbeschadet selbst die tödliche Strahlung und das Vakuum einer Weltraumreise. In Australien scheinen sich Bakterien in ihrer Ernährungsweise neuerdings mehr und mehr auf Asphaltstraßen zu spezialisieren. Es sind sogenannte Petroleumbakterien, die in der Lage sind, den aus Erdöl hergestellten Asphalt für sich in Protein umzuwandeln. Der Appetit dieser Bakterien ist so groß, daß sie alle fünf Sekunden ihr Eigengewicht an Asphalt auffressen. Da sich noch dazu jede einzelne von ihnen alle 24 Stunden einer Nachkommenschaft von 17 Milliarden Individuen erfreut, besteht für die australischen Straßen eine ernste Gefahr.
Mikroorganismen standen am Anfang der Erdentwicklung, und Sie werden im letzten Kapitel noch erfahren, daß sie sicherlich auch am Ende stehen werden. Sie werden in ferner Zukunft die letzten existierenden Lebensformen auf unserer Erde sein. Generell kann man sagen: Je einfacher und primitiver ein Lebewesen beschaffen ist, desto widerstandsfähiger ist es gegen alle Veränderungen seiner Umwelt und desto größer ist seine Überlebenschance.
Wen wundert es vor diesem Hintergrund noch, daß Mikroorganismen die Wüste, in der höherentwickelte Lebewesen nicht mehr zu existieren vermögen, noch als geradezu lebensfreundlich empfinden.
Eines Tages, als wir in der schwarzen Manganwüste innerhalb unseres Forschungsgebietes damit beschäftigt waren, die Mikroflora auf den Steinen genauer anzusehen, rief meine Frau mir zu, sie hätte deutlich gesehen, wie einer der Steine sich vor ihren Füßen plötzlich bewegt habe, ja sogar einen großen Sprung gemacht habe. Da mir nach jahrelangem Aufenthalt in der Wüste – und nachdem ich die moving rocks in der Mojave-Wüste Nordamerikas gesehen hatte – nichts mehr unmöglich erschien, lief ich schnell zu ihr. Sie beschwor ihre unwahrscheinliche Beobachtung. Doch obwohl wir beide, auf den Knien liegend, angestrengt jeden Quadratzentimeter der Wüstenoberfläche absuchten, konnten wir nichts entdecken, was die Beobachtung bestätigt hätte. Jeder der kleinen, schwarzen eckigen Steine sah aus wie der andere. Außerdem waren sie alle genau in das Mosaik des Gesteinspflasters eingepaßt und schon aus diesem Grund schien kein »Eigenleben« möglich. Plötzlich sah meine Frau wieder deutlich, daß sich ein Stein ein wenig bewegte, und diesmal gelang es ihr, den Stein nicht aus den Augen zu verlieren. Als wir den Stein aus nächster Nähe betrachteten, erkannten wir, daß er sechs Beine, zwei Augen und ein paar verkümmerte Flügel besaß (siehe Abbildung 40). Der Stein war kein Stein, sondern eine Heuschrecke,

der wir kurz den treffenden Namen Manganheuschrecke verliehen. Das Insekt stellte ein perfektes Ebenbild der Steine, inmitten derer es lebte, dar. Sein schwarzer Körper schien nicht nur ebenfalls mit einer Wüstenlackschicht aus Manganhydroxyd überzogen zu sein, sondern er besaß auch genau die gleiche kantige Form der schwarzen Steine. Die Übereinstimmung ging so weit, daß das Insekt sogar die feine Oberflächenstruktur des Gesteins nachahmte, und selbst die großen Augen waren durch ihre feine schwarze Punktierung farblich der Umwelt angepaßt. Kurz gesagt, die Heuschrecke besaß eine perfekte Tarntracht. Die Heuschrecken sind weltweit für diese Maskierungsfähigkeit berühmt. Es gibt Arten, die von einem dünnen verdorrten Ast kaum zu unterscheiden sind. Andere Arten nehmen Gestalt, Farbe und Maserung eines Blattes an. Wieder andere sehen wie die Blüte einer tropischen Orchidee aus. Die Tarnfärbung zusammen mit der Fähigkeit, eine Formähnlichkeit mit einem Gegenstand der Umgebung herzustellen, bezeichnet die Zoologie als Mimese. Als Ursache der Entstehung kann man Mutationen in Verbindung mit natürlicher Auslese durch Feinde, also Selektion, annehmen.
Dieser von Feinden ausgeübte Selektionsdruck schien aber bei unserer Manganheuschrecke kaum vorstellbar. Welche andere Tierart, die als Feind in Frage kam, konnte in dieser schwarzen extrem lebensfeindlichen Wüste überhaupt noch existieren? Wie waren die Manganheuschrecken überhaupt in der Lage, die sommerlichen Bodentemperaturen von über 80 Grad Celsius zu überleben? Abgesehen von der Gesteinstemperatur mußte sich ihr Körper aufgrund seiner schwarzen Farbe in der schattenlosen Umwelt schon allein durch die Sonnenstrahlen auf Temperaturen aufheizen, die für jedes höherentwickelte Lebewesen absolut tödlich sind. Wovon sollte sich das Tier überhaupt ernähren? Dies alles waren Fragen, deren Lösung viel Zeit in Anspruch genommen hätte. Von meinen Flughuhnuntersuchungen wußte ich ja bereits, wie komplex allein das Problem der Körperkühlung bei Wüstentieren sein konnte. Ich hoffe, daß ich in der Zukunft einmal Zeit haben werde, das Leben dieser überaus interessanten Wüsteninsekten zu erforschen. Nach meinen ersten Beobachtungen vermute ich, daß die Manganheuschrecke die heiße Zeit des Sommers in einem Larvenstadium unter der Erde – geschützt vor Sonnenstrahlen und Hitze – verbringt. Ich vermute außerdem, daß die Manganheuschrecke die Mikroflora, die Flechten, Algen und Pilze von den Steinen abweidet.
Aber damit zurück zu unserer Hauptfrage, die ja der Entstehung der Metallhydroxydkrusten galt. Bestehen eventuell Zusammenhänge zwischen den Krusten und der auf ihr siedelnden Mikroflora? Dem

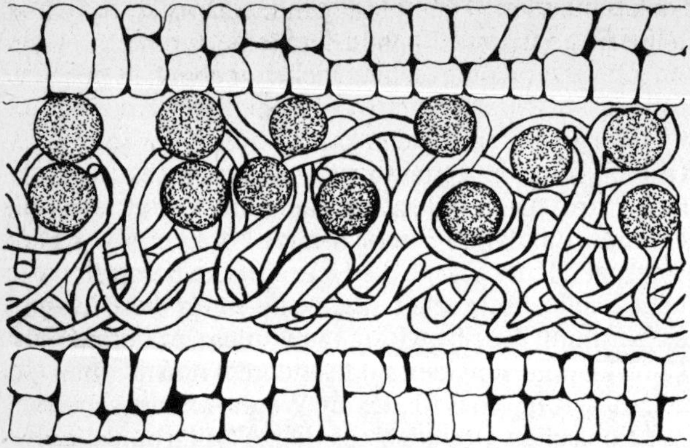

Querschnitt einer Flechte

deutschen Geologen Wolfgang Wunderlich, der vor wenigen Jahren in der Negev-Wüste in Israel diese Mikroflora erforschte, verdanken wir die für die Wüstenforschung überaus wichtige Erkenntnis, daß die Mikroflora wesentlich zur Bildung der Metallhydroxydkrusten beiträgt. Er wies nach, daß in erster Linie verschiedene Flechtenarten für den Transport der Metalloxyde an die Gesteinsoberfläche verantwortlich sind.

Flechten sind primitive Pflanzen, die über die ganze Erde verbreitet sind und sich als äußerst widerstandsfähig erwiesen haben. Einige große Arten bilden ausgedehnte farbige Krusten auf der Oberfläche von Felsen. Flechten sind überall dort, wo aufgrund schlechter Lebensbedingungen, höherentwickelte Pflanzenarten nicht mehr existieren können, die Hauptformen pflanzlichen Lebens. Sie wachsen auf den Felsgraten der höchsten Berge, in den eisigen Einöden der arktischen Regionen und besiedeln die heißesten Wüsten.

Schneidet man ein Stück aus einer dieser bemerkenswerten Pflanzen heraus und betrachtet es unter einem Mikroskop, so erkennt man, daß es sich bei dem einheitlich aussehenden Vegetationskörper der Flechte nicht um *eine* Pflanze handelt, sondern daß sie aus zwei ganz verschiedenen Pflanzenarten besteht, die sich zu einer Lebensgemeinschaft zusammengeschlossen haben: aus grünen und blaugrünen Algen und einem Pilz, dessen fadenförmige Hyphen die einzelnen Algen wie ein Netz umschließen oder bei einigen Arten in sie eindringen.

Die Algen sind als grüne Pflanzen in der Lage, mit Hilfe ihres Chlo-

rophylls und des Sonnenlichts Photosynthese zu betreiben und dadurch Nahrungssubstanzen aufzubauen. Im zweiten Kapitel haben Sie ja bereits erfahren, daß Algen am Anfang der Lebensentwicklung auf der Erde standen und durch ihre Nahrungs- und Sauerstoffproduktion die Entwicklung höheren Lebens vorbereiteten.
Die Pilze, die ebenfalls zu den primitiven Pflanzen gehören, bestehen im wesentlichen aus einem Gespinst feinster Fäden, den sogenannten Hyphen, die z.B. als Schimmel auf einem Stück alten Brot für das menschliche Auge sichtbar werden. Ab und zu verbinden sich die Hyphen einiger Arten und bilden zum Zwecke der Vermehrung einen großen sporenerzeugenden Fruchtkörper. Diese aus dem Boden hervorbrechenden Fruchtkörper bilden bei vielen Arten die bekannte Pilzform. Pilze besitzen im Gegensatz zu den grünen Pflanzen kein Chlorophyll und sind deshalb auch nicht in der Lage, sich mit Hilfe der Photosynthese zu ernähren. Ähnlich wie die Bakterien, die ebenfalls der pflanzlichen Hälfte der Natur zuzurechnen sind, ernähren sie sich dadurch, daß sie organische Substanzen – z.B. abgestorbene Teile anderer Pflanzen – im Boden abbauen.
Es war sicherlich eine der praktischsten Entwicklungen der Natur, mit den Flechten eine Pflanzengruppe zu schaffen, in der die Pilze mit den Photosynthese betreibenden Algen eine Lebensgemeinschaft bilden. Die Algen liefern die von ihnen produzierten organischen Nährstoffe, während die Pilze für Wasser und mineralische Nährstoffe sorgen. Die gegenseitige Hilfe verleiht den beiden unterschiedlichen Partnern Fähigkeiten, wie z.B. die Besiedlung lebensabweisenden kalten oder heißen Felsengesteins, die über die Möglichkeiten der Alge oder des Pilzes allein weit hinausgehen.
Die Zellen der das Wüstengestein besiedelnden Flechten betreiben eine aktive Nährstoffaufnahme aus den im Gestein enthaltenen Mineralien. Die Pilzhyphen der Flechte sind dabei in der Lage, selbst durch mikroskopisch feine, durch Temperatursprengung entstandene Risse in das Wüstengestein einzudringen und durch Säureausscheidungen die lebenswichtigen Mineralsalze des Gesteins herauszulösen. Flechten stehen in der Reihenfolge der Energiemenge, die verschiedene Pflanzen aufbringen, um mineralische Nährstoffe aus dem Gestein herauszulösen, an erster Stelle. Sie sind sogar in der Lage, die Bindungsenergie der Kristallgitter von Mineralien zu überwinden. Sind erst einmal die Pilzhyphen der Flechte tief in das Gestein eingedrungen, stellen sich auch Bakterien ein, die in großen Mengen vorhanden sind und durch Säureeinwirkung die Lösung und Verwitterungsgeschwindigkeit wesentlich erhöhen. Zusammen mit dem von der Flechte aus dem Gestein herausgezogenen Nähr-

stoffstrom gelangen die Metalloxyde an die Gesteinsoberfläche, wo sie sich in der beschriebenen Weise als Kruste ablagern und zu Hydroxyd verwandeln.
Es sind also nicht nur die unbelebten Kräfte der Verwitterung – Temperatursprengung, Eindringen von Feuchtigkeit mit anschließender Verdunstung –, die die Anreicherung von Metallhydroxyden an der Wüstenoberfläche verursachen, sondern auch die Mikroflora trägt wesentlich dazu bei. Ich komme nun zum entscheidensten Punkt meines Berichts. Es ist das Problem der Aufrechterhaltung des freien ungebundenen Sauerstoffs in der Atmosphäre, ohne dessen Vorhandensein kein höherentwickeltes Leben auf den Kontinenten mehr möglich wäre.
Im zweiten Kapitel habe ich ja bereits ausführlich beschrieben, wie die Atmosphäre entstanden ist. Ich möchte jedoch noch einmal in Erinnerung rufen, wie der freie atmosphärische Sauerstoff, den wir alle einatmen, überhaupt entstanden ist. Außerdem möchte ich noch einmal darauf hinweisen, daß sein reichliches Vorhandensein eine außergewöhnliche, im Grunde genommen unwahrscheinliche Erscheinung innerhalb der Erdgeschichte darstellt.
Die Sauerstoffmenge unseres Planeten ist heute auf vier Reservoirs verteilt: auf das Hauptreservoir des primär in der Gesteinshülle unserer Erde, des in der Lithosphäre gebundenen Sauerstoffs; auf das oxydische Reservoir des primär in den Wassermolekülen und im Kohlendioxyd gebundenen Sauerstoffs; auf das freie Reservoir des atmosphärischen und des im Wasser gelösten Sauerstoffs und schließlich auf ein Reservoir aus Sauerstoff in sekundär gebundener oxydischer Form, wie z.B. in den Metalloxyden der Erdkruste.
Sauerstoff ist mit 46 Gewichtsprozent das häufigste Element der irdischen Gesteinshülle. Die Silikate, die als wichtigste gesteinsbildende Mineralien ca. 92 Prozent der Erdkruste aufbauen, bestehen aus Kugelpackungen von Sauerstoffionen, die durch eingebaute Kationen äußerst fest zusammengehalten werden. Die Bindung des Sauerstoffs in den Silikatstrukturen ist jedoch so fest, daß es völlig unmöglich ist, ihn unter den in der Erdkruste herrschenden Bedingungen freizusetzen. Selbst bei Vorhandensein eines starken Reduktionsmittels wie Kohlenstoff ist das Aufbrechen dieser Silikatstrukturen erst bei sehr hohen Temperaturen, z.B. im Erdinnern, möglich. Aber selbst dann wird kein ungebundener Sauerstoff freigesetzt, sondern nur die oxydische Verbindung Kohlendioxyd. Für die Entstehung einer sauerstoffhaltigen Atmosphäre kommt das gewaltige Reservoir des primär in den Silikaten der Erdkruste gebundenen Sauerstoffes also nicht in Betracht. Die Freisetzung des atmosphärischen

Sauerstoffes konnte nur aus dem oxydischen Reservoir des Wassers und des Kohlendioxyds erfolgen. Diese Gase wurden besonders am Anfang der Erdentwicklung aus dem sich mehr und mehr komprimierenden Planeten ausgeschwitzt. Um diese oxydischen Verbindungen aufzuspalten und dadurch den Sauerstoff freizusetzen, sind jedoch beträchtliche Energiemengen erforderlich. Diese Energie ist praktisch nur in Form des Sonnenlichtes vorhanden. Die Aufspaltung des Wassers und Wasserdampfes in Wasserstoff und Sauerstoff durch den ultravioletten Teil des Sonnenlichtes war und ist jedoch recht uneffektiv, was die Bildung einer sauerstoffreichen Atmosphäre anbetrifft, da sich diese Prozesse durch die ultraviolettes Licht abschirmende Wirkung des freigesetzten Sauerstoffes immer wieder selbst ausschaltet. Durch diesen als Photodissoziation bezeichneten photochemischen Vorgang konnten daher nur ganz geringe Sauerstoffmengen produziert werden, die bei weitem nicht für unsere eigene Atemtätigkeit ausreichen würden.

Durch die moderne Atmosphärenforschung weiß man heute mit ziemlicher Sicherheit, daß der gesamte Sauerstoff, der im Laufe der Erdentwicklung freigesetzt und in der Atmosphäre akkumuliert wurde, ein Nebenprodukt der pflanzlichen Photosynthese ist. Aus Kohlendioxyd und Wasser entstehen mit Hilfe der von der Pflanze eingefangenen Lichtenergie organische Substanzen, Kohlehydrate. Da diese Kohlehydrate weniger Sauerstoff enthalten als die Ausgangssubstanzen Wasser und Kohlendioxyd, tritt Sauerstoff bei der Photosynthese gewissermaßen als Abfall auf.

Freier Sauerstoff konnte natürlich nur in der Atmosphäre akkumuliert werden, wenn die auf photosynthetischem Wege gebildete kohlenstoffhaltige organische Pflanzensubstanz nicht restlos wieder rückoxydiert wurde.

Nur wenn eine dem freigesetzten Sauerstoff entsprechende Menge Kohlenstoff in den Sedimenten der Erdkruste gebunden wurde, konnte Sauerstoff übrigbleiben.

Tatsächlich wurden im ausgehenden Erdaltertum während des Höhepunktes der Biophase gewaltige Mengen des in die organische Substanz der Pflanzen eingegangenen Kohlenstoffes in den Sedimenten der Erdkruste eingelagert.

Für quantitative Berechnungen des gesamten, durch den Prozeß der Photosynthese im Laufe der Erdgeschichte produzierten atmosphärischen Sauerstoffes kann man davon ausgehen, daß für jedes der in den Sedimenten der Erdkruste begrabenen und nicht wieder rückoxydierten Kohlenstoffatome ein Sauerstoffmolekül freigesetzt wurde oder, besser gesagt, übrigblieb.

Obwohl der Sauerstoff aus dem bei der Photosynthese aufgespaltenen Wasser stammt, muß das Verhältnis zwischen Kohlenstoff und Sauerstoff dem Verhältnis dieser Elemente im reduzierten Kohlendioxydmolekül entsprechen. Der Menge des gesamten, heute in der Erdkruste eingelagerten Kohlenstoffes müßte demnach eine entsprechende Menge freien Sauerstoffes gegenüberstehen.
Die Menge des Kohlenstoffes ist durch geologische Untersuchungen ziemlich genau bekannt. Die Sedimente der Erdkruste enthalten im Durchschnitt 0,5 Prozent organischen Kohlenstoff. Das entspricht der unvorstellbaren Menge von etwa 10×10^{21} g. Die sehr konzentrierten Kohlenstoffvorkommen in Form von Kohle und Erdöl machen dabei nur einen winzigen Bruchteil aus. Der größte Teil ist fein verteilt in den Sedimentgesteinen enthalten. Dieser gesamten Kohlenstoffmenge müßte nun die entsprechende Menge an freiem Sauerstoff, sei es gelöst im Wasser von Seen, Flüssen und Ozeanen oder in der Atmosphäre, gegenüberstehen, und zwar im Verhältnis beider Elemente, wie es im Kohlendioxydmolekül der Fall ist. Dieses Verhältnis im CO_2 entspricht $C:O_2 = 12:32$. Da also in einem Kohlendioxydmolekül mehr Sauerstoff als Kohlenstoff eingeschlossen ist, muß demnach auch mehr freier Sauerstoff als Kohlenstoff vorhanden sein, und zwar etwa 27×10^{21} g.
Berechnungen haben jedoch ergeben, daß diese gewaltige Menge Sauerstoff nicht mehr vorhanden ist. An freiem ungebundenem Sauerstoff konnten nur noch $1{,}3 \times 10^{21}$ g ermittelt werden. Wo ist der gewaltige Rest geblieben?
Wie bereits erwähnt, besitzt ungebundener Sauerstoff eine hohe freie Energie und geht bei der erstbesten Gelegenheit eine oxydische Verbindung ein. Jedes durch photochemische Prozesse aus Verbindungen mit anderen Stoffen freigesetzte Sauerstoffmolekül versucht sozusagen von sich aus auf schnellstem Wege wieder eine Verbindung einzugehen, zu oxydieren.
Sie haben im zweiten Kapitel des Buches bereits erfahren, daß die gewaltigen Sauerstoffmengen, die von den in den Urozeanen lebenden pflanzlichen Organismen freigesetzt wurden, mehrere Milliarden Jahre lang durch die mit Sauerstoff untersättigten unedlen Metalle, hauptsächlich durch das Eisen, sofort wieder rückoxydiert wurden. Bei noch weitgehender Abwesenheit von freiem Sauerstoff in der Atmosphäre in der Erdfrühzeit wurde das mit Sauerstoff untersättigte zweiwertige Eisen, das feinverteilt in den Gesteinen der Erdkrusten lag, durch die Kräfte der Verwitterung von den urwüstenhaften Kontinenten in die Meere transportiert. Erst dort kam es mit dem im Wasser gelösten freien Sauerstoff photosynthetischen Ursprungs in

Berührung und verwandelte sich durch Oxydation in dreiwertiges Eisen. Durch die Allgegenwart des zweiwertigen Eisens wirkten die Urozeane wie ein riesiger Schwamm, der dafür sorgte, daß der durch die Photosynthese aus dem primär oxydischen Reservoir der Wassermoleküle und des Kohlendioxyds ins freie Reservoir entlassene Sauerstoff sofort wieder in das sekundäre Reservoir der Metalloxyde überführt wurde.

Erst nachdem in den Urmeeren alles zweiwertige Eisen zu dreiwertigem Eisen aufoxydiert war, sich also mit Sauerstoff gesättigt hatte, konnte aus den Ozeanen freier Sauerstoff in die Atmosphäre entweichen. Von diesem Zeitpunkt an fand die Oxydation des Eisens bereits auf den Kontinenten statt. Dadurch färbte sich die Oberfläche der Urwüste dann vor ca. 1,8 Milliarden Jahren zum erstenmal tiefrot. Da die Oxydation des Eisens auf dem Festlande wesentlich langsamer als im Wasser der Ozeane vonstatten geht, stellte sich damals zunächst ein Gleichgewicht zwischen Sauerstoffproduktion und -verbrauch ein. Unter dem Schutzschild des atmosphärischen Sauerstoffes, der das gefährliche ultraviolette Licht von der Oberfläche abschirmte, konnten dann die ersten Pflanzen das Meer verlassen, um die Kontinente zu besiedeln. Da die Urkontinente viel flacher waren als heute, gelangten die für das Wachstum unerläßlichen Regenwolken von den Ozeanen ungehindert bis über alle Bereiche der Kontinente. Ein üppiges Pflanzenwachstum war die Folge. Die riesigen, weltweit verbreiteten Urwälder ließen dann durch ihre Sauerstoffproduktion den Sauerstoffgehalt im freien atmosphärischen Reservoir auf einen Wert ansteigen, wie er durch die Sauerstoffproduktion der pflanzlichen Meeresorganismen allein niemals erreicht werden konnte. Das hatte zur Folge, daß die immer wieder erfolgende Aufzehrung des Sauerstoffes in erdgeschichtlichen Dimensionen gesehen eine Weile in Verzug geriet und sich dadurch zunächst ein Gleichgewicht zwischen Sauerstoffproduktion und Sauerstoffverbrauch einstellte.

Als sich dann im weiteren Verlauf der Erdgeschichte die Kruste der Kontinentschollen mehr und mehr verdickte und die Gebirge immer höher wurden, trockneten weite Bereiche der Kontinente wieder aus. Die Folge davon sind die Ausbreitung von Wüsten und ein entsprechender Rückgang der Sauerstoffproduktion durch Photosynthese. Da die Gesteine der Erdkruste generell an Sauerstoff untersättigt sind – die Lithosphäre steht mit dem Sauerstoff des freien atmosphärischen Reservoirs in einem extremen Ungleichgewicht –, liefen die Oxydationsprozesse bei gleichzeitiger Abnahme der Sauerstoff-Freisetzung bis zum heutigen Tage weiter.

Die Suche nach der gewaltigen, nicht mehr vorhandenen freien Sauerstoffmenge, die aufgrund der errechneten Menge organischen Kohlenstoffes durch Photosynthese im Laufe der Erdgeschichte freigesetzt worden war, war vor einiger Zeit erfolgreich. Berechnungen ergaben, daß die fehlende Sauerstoffmenge tatsächlich als Eisenoxyd und Sulfat in der Erdkruste sekundär gebunden ist. Die Berechnungen ergaben außerdem, daß die Gesamtmenge des Sauerstoffes im freien atmosphärischen Reservoir und im sekundär gebundenen Reservoir der Erdkruste zusammen weitgehend der Menge entspricht, die sich aus dem organischen Kohlenstoff der Sedimente errechnen ließ.
Im freien Reservoir der Atmosphäre sind heute nur noch fünf Prozent des gesamten, durch die Photosynthese produzierten Sauerstoffes vorhanden. Nach einem in geologischen Zeiträumen kurzen Aufenthalt in der Atmosphäre oder im Wasser ist der weitaus größte Teil des photosynthetisch produzierten Sauerstoffes durch die Oxydationsprozesse in das sekundär gebundene Reservoir der Erdkruste überführt worden. Es würde nicht die geringste Schwierigkeit bedeuten, auch die restlichen fünf Prozent Sauerstoff des freien atmosphärischen Reservoirs noch im sekundär gebundenen Reservoir der Erdkruste unterzubringen. Sie verfügt noch über gewaltige Reserven an oxydabler Substanz und könnte noch wesentlich mehr Sauerstoff aufzehren als überhaupt zur Verfügung steht. Besonders in den an der Oberfläche aufgedeckten magmatischen Gesteinen liegen noch immer gewaltige Mengen zweiwertigen (oxydablen) Eisens bereit, um Sauerstoff aufzunehmen. Außerdem liegt etwa die Hälfte des in der Erdkruste verteilten Schwefels noch als Sulfidschwefel vor, der bei der Umwandlung in Sulfat Sauerstoff aufzehren könnte.
Könnte man in einem gewaltigen Experiment z.B. die gesamte gegenwärtige Sauerstoffproduktion auf der Erde stoppen, so wäre der freie atmosphärische Sauerstoff in kürzester Zeit, vielleicht schon in wenigen Jahrtausenden, von der Erdkruste aufgezehrt. In der Wüste können wir ein entsprechendes natürliches Experiment bereits heute teilweise beobachten.
Damit zurück zu unserem Mikrofloraproblem. Zusammen mit der gesteinszerstörenden Arbeit des Wüstenwindes, der ganze Gebirgszüge abtragen und umlagern kann, stellen die abiologischen sowie die biologischen Lösungsvorgänge, die zur Bildung der Metallhydroxydkrusten führen, den wichtigsten Verwitterungsfaktor in der Wüste dar. Diese Kräfte sind zusammen in der Lage, immer neue, immer tiefere Bereiche der Erdkruste zu zermürben, aufzudecken und abzutragen. Dieser zuletzt genannte Punkt ist für den weiteren

Verlauf der Erdentwicklung von entscheidender Bedeutung. Die unbelebten Kräfte der Verwitterung und die Tätigkeit der Mikroflora lösen nämlich nicht *nur* die im Laufe der langen Erdgeschichte bereits oxydierten Mineralien – z.B. dreiwertiges Eisen und Mangan – aus dem Gestein heraus und lagern es an der Oberfläche als Kruste ab, sondern sie fördern auch die noch oxydablen Mineralien sowie die während langer erdgeschichtlicher Zeiträume in den Gesteinen der Erdkruste eingelagerten Kohlenstoffmengen ans Tageslicht, wo sie dann mit dem Luftsauerstoff in Berührung kommen und ebenfalls oxydieren. In den wüstenhaften Bereichen der Kontinente findet also noch heute ständig Oxydation statt.
Es ist eine der interessantesten Entwicklungen der Erdgeschichte, daß auf riesigen Flächen der Kontinente die Lebensbedingungen bereits so schlecht geworden sind, daß nur noch eine Mikroflora zu existieren vermag. Eine ähnliche, aus Flechten bestehende Mikroflora hatte einst vor ca. 450 Millionen Jahren die Besiedlung der Urkontinente eingeleitet und der Herrschaft der Urwüste ein Ende gesetzt. Auf den einst flachen und feuchten Urkontinenten stellte diese Mikroflora den Beginn der Landbiophase innerhalb der Erdgeschichte dar, die ihren Höhepunkt dann vor 150 bis 350 Millionen Jahren mit weltweit verbreiteten tropischen Urwäldern fand, in denen zeitweilig riesige Saurier lebten.
Heute bildet diese Mikroflora auf den immer trockener werdenden Kontinenten die pflanzliche Endgesellschaft. Die Lebensgemeinschaft der Wüstenflechten ist, was die Produktion von freiem Sauerstoff anbetrifft, sehr uneffektiv, da der von den Algen durch Photosynthese produzierte Sauerstoff durch die Pilze wieder verbraucht wird. Darüber hinaus trägt die gesteinszerstörende Tätigkeit der Mikroflora aktiv zum Abbau des freien atmosphärischen Sauerstoffes bei. In den inneren Kernzonen der Wüsten, in denen selbst für die anspruchslose Mikroflora nicht mehr genug Feuchtigkeit vorhanden ist, sind es dann nur noch die unbelebten Kräfte der Verwitterung, die immer neue, immer tiefere Bereiche der Erdkruste freilegen und dadurch die darin enthaltenen oxydablen Mineralien und Kohlenstoffmengen mit dem atmosphärischen Sauerstoff in Kontakt bringen. Keine noch so tief verborgene Gesteinsschicht ist davor bewahrt, durch den Kreislauf der Gesteine – durch Gebirgsbildung, Heraushebung und Abtragung – mindestens einmal im Laufe der langen Erdgeschichte an die Oberfläche zu kommen. Die Effektivität der Verwitterungskräfte ist so groß, daß die Erdkruste praktisch eine endlose Oberfläche besitzt. Das wird besonders deutlich, wenn wir uns ein verwitterndes Wüstengebirge anschauen. Die Gesteins-

brocken, die von den Felswänden abbrechen, bilden mächtige Geröllhalden, die sich bis in die tiefliegenden Wüstenbecken erstrekken. Je weiter das Gestein – den Gesetzen der Schwerkraft folgend – ins Tal transportiert wird, um so mehr zerbricht es in immer kleinere Teile, bis es zu Sand und Staub zerfällt. Dadurch wird seine Oberfläche immer größer. Ein Felsbrocken z.B., der in zwei Teile zerspringt, hat seine der Luft ausgesetzte Oberfläche schon fast verdoppelt.

Am deutlichsten wird die durch die Verwitterungskräfte zustande kommende endlose Oberfläche unserer Erde am Beispiel eines Zeugenberges. Stellen wir uns einen würfelförmigen Zeugenberg mit einer Kantenlänge von 250 Metern vor. Unter Berücksichtigung aller Unebenheiten seiner senkrechten Felswände und seiner tafelförmigen Oberfläche besitzt er eine Oberfläche von etwa einem Quadratkilometer. In einhunderttausend Jahren, vielleicht auch erst in dreihunderttausend Jahren, je nach Härte und Widerstandsfähigkeit des Gesteins, wird der Zeugenberg völlig abgetragen und zu Sand zerfallen sein. Nehmen wir einmal an, die Sandkörner besitzen einen Durchmesser von 0,2 Millimeter, so bedeutet das, daß aus der ehemals einen Quadratkilometer großen Oberfläche des Zeugenberges eine Fläche geworden ist, die etwa der Größe Frankreichs entspricht. An diesem Beispiel wird besonders deutlich, daß in der Wüste im Laufe der zukünftigen Erdentwicklung irgendwann einmal die restliche oxydable sauerstoffaufzehrende Gesteinssubstanz an die Erdoberfläche kommen wird.

Die Sandkörner der goldgelben Dünenmeere der Wüsten sind genau wie das Gestein der Hammadas von einer rötlichen Metalloxydkruste umgeben. Sofern es sich bei den rötlichen Wüstensandkörnern um das Verwitterungsendprodukt noch mit Sauerstoff untersättigter Gesteine handelt, findet auf ihrer Oberfläche Autooxydation der in ihnen enthaltenen Mineralien statt. Die Entstehung der hauchdünnen Oxydhüllen durch die Tätigkeit einer Mikroflora ist nur schwer vorstellbar, da sich auf den vom Wind transportierten Sandkörnern infolge des starken mechanischen Abriebes eine Mikroflora nicht halten könnte.

Die Abnahme der pflanzlichen Sauerstoffproduktion auf den Kontinenten infolge Wüstenausbreitung bei gleichzeitiger Aufrechterhaltung und Steigerung der Oxydationsprozesse könnte eines Tages eine weitgehende Verringerung des freien atmosphärischen Sauerstoffs zur Folge haben. Hinzu kommt, daß der energiehungrige Mensch konzentrierte Anhäufungen fossiler Kohlenstoffe in Form von Kohle und Erdöl unter Sauerstoffaufzehrung verbrennt.

Der Prozeß der Freisetzung von ungebundenem atmosphärischem Sauerstoff durch die Aufspaltung von Wasserdampfmolekülen in der Atmosphäre mit Hilfe von ultraviolettem Licht in Wasserstoff und Sauerstoff, die sogenannte Photodissoziation, ist – wie erwähnt – nicht sehr ergiebig. Dadurch kann höchstens ein Bruchteil des heutigen Sauerstoffgehaltes der Atmosphäre produziert werden. Ohne die Mithilfe einer üppigen Pflanzenwelt auf den Kontinenten sind die pflanzlichen Meeresorganismen höchstwahrscheinlich nicht in der Lage, soviel Sauerstoff freizusetzen, daß der heutige Sauerstoffgehalt der Atmosphäre erhalten bleibt und die Atmung der höherentwickelten Lebensformen einschließlich des Menschen weiterhin funktioniert.

450 Millionen Jahre nachdem die ersten pflanzlichen Lebensformen das Meer verließen und auf den Kontinenten die Biophase einleiteten, sind viele Gebiete bereits wieder so trocken und lebensfeindlich, daß kein Lebewesen trotz raffiniertester Anpassungen hier mehr überleben kann und keine Pflanze mehr Sauerstoff in die Atmosphäre entläßt. Viele Forschungsergebnisse der Naturwissenschaften, insbesondere der Wüstenforschung, deuten darauf hin, daß für die Kontinente unseres Planeten die drei Stadien - Urwüste, Biophase, Endwüste - anzunehmen sind.

Was sich heute in den sauerstoffaufzehrenden wüstenhaften Regionen der Kontinente und in den abiotischen Kernzonen der Wüsten beobachten läßt, könnte bereits der Anfang der Endwüste sein. Diese Endwüste tritt ihre totale Herrschaft über die Kontinente vielleicht erst in ferner Zukunft, in einigen Milliarden Jahren an, zu einer Zeit, in der der Mensch sicher schon längst nicht mehr diesen Planeten bevölkern wird. Es ist jedoch nicht die Endwüste, der Horror vacui, die die Lebewesen einschließlich des Menschen zu fürchten haben, sondern die gegenwärtige Übergangsphase, der Kampf gegen das langsame Absterben des Organismus Erde.

Nach Vollendung der Erdgeschichte in vielleicht fünf Milliarden Jahren wird rückblickend gesehen der Auszug der Lebewesen aus dem Schutz der Ozeane und die Besiedlung der Kontinente nur als kurzer Landausflug innerhalb der langen Erdgeschichte erscheinen.

6. Eine kurze Abkühlung

Die größte Gemäldegalerie der Erde

Wenn Sie auf einer Landkarte Afrikas mit dem Lineal eine Linie von Alexandria nach Dakar und eine zweite von Addis Abeba nach Marrakesch ziehen, dann liegt der Schnittpunkt dieser beiden Linien ungefähr im Zentrum der Sahara, des größten Trockenraumes der Erde. In der Nähe dieses Punktes, inmitten sonnendurchglühter wasserloser Sandwüste befinden sich mehrere schmale hochaufragende Felspfeiler aus rotbraunem Sandstein. Sie erinnern an emporgestreckte Finger einer riesigen steinernen Hand, die vom Sand begraben wurde.

Einer dieser Felsfinger unterscheidet sich von tausenden ähnlicher Gebilde in der ganzen Sahara dadurch, daß vor ungefähr 8000 Jahren – vielleicht waren es auch 12 000 Jahre, der genaue Zeitpunkt läßt sich heute nicht mehr ermitteln – ein Mensch an ihm vorbeizog. Er hob einen Stein auf, der härter war als der rotbraune Sandstein, und begann damit, die Oberfläche des Felsens, die über Jahrmillionen nur von den unbelebten Kräften der Verwitterung geformt wurde, zu gestalten. So entstand auf dem 400 Millionen Jahre alten Gestein ein Kunstwerk – die vielleicht schönste und eindrucksvollste Felsgravierung unserer Erde.

Die ungewöhnlich großflächige Felsgravur stellt eine Komposition von drei, in Lebensgröße dargestellten ausgewachsenen Rindern und einem Kalb dar, die ihre Köpfe über eine Tränke neigen. Je länger man sich die Felsgravur auf Abbildung 35 ansieht, desto mehr Details offenbart das Bildnis. Während die beiden linken Rinder so dargestellt sind, daß ihre Köpfe übereinander in das Bild hineinragen, ist das rechte von der Seite dargestellt. Das leierförmige Gehörn, die Augen, die Ohren und die Nüstern sind aus dem Fels als Vertiefungen herausgearbeitet – beim rechten Tier auch die Fleckung des Fells – und sorgfältig poliert worden. Dem rechten trinkenden Rind läuft Wasser aus dem Maul, und in der linken unteren Bildecke ist der Kopf des Kalbes sichtbar, das noch kein Gehörn trägt.

Ähnliche, wesentlich einfacher ausgeführte Gravierungen, die Wildtiere, wie Gazellen, Nashörner, Giraffen und Elefanten darstellen, finden sich im gesamten Sahararaum (siehe Abbildung 30). Während diese Gravierungen über einen riesigen Raum verstreut sind, befindet sich ungefähr 30 Kilometer nördlich des Felspfeilers mit der einzigartigen Rindergruppe eine Art Freilichtmuseum mit Tausenden von farbigen Felsmalereien. Die Felsformationen des wild zerklüfteten Tassili-Gebirges in der zentralen Sahara, dessen bizarre Wildheit ich Ihnen bereits im ersten Kapitel beschrieben habe, sind stellenweise geradezu übersät mit Felsmalereien. Hier in den »Felsgärten«, den »Straßen«, den engen »Gassen« und den weiten Plätzen wurden Jahrtausende hindurch von Menschen der verschiedensten Kulturen Felswände und Höhlendecken bemalt.

Auf einer Wanderung durch das Gebirge gewinnt man fast unweigerlich den Eindruck, als ob die bevorzugte Betätigung der Völker, die einst vor Jahrtausenden die heute weitgehend menschenleere Sahara besiedelten, die Malerei gewesen wäre. Mit der Vielzahl und Vielfalt ihrer Malereien haben sie uns eine Art illustriertes Lexikon ihrer Kultur, ihrer Lebensbedingungen und ihrer Umwelt hinterlassen. Genau wie in den Felsritzungen sind immer wieder Tiere dargestellt, die noch heute in den Savannen des afrikanischen Kontinentes anzutreffen sind. Selbst Fische sind abgebildet. Aber auch die Menschen haben sich und ihr Leben dargestellt. Da gibt es Malereien, in denen man ein Selbstporträt des Künstlers, der sie geschaffen hat, zu erkennen glaubt, grazile Frauengestalten, Mütter, die mit ihren Kindern spielen, mit Blütenkränzen geschmückte Jünglinge sowie mehrere Quadratmeter Felsfläche bedeckende Abbildungen kultisch religiöser Handlungen. Eine der schönsten Malereien, einen laufenden Bogenschützen, sah ich in einer abgelegenen Höhle im östlichen Teil des Gebirges (siehe Abbildung 33).

Alle diese grazilen Figuren sind auf rauhesten Fels aufgetragen. Immer wieder begegnen einem Rinder, die aus einzelnen Punkten oder Dreiecken vollendet dargestellt sind, in Lebensgröße mit einer einzigen Linie gezeichnete Kühe, große Herden, deren dicht zusammengedrängtes Vorwärtsstreben vom Künstler so gekonnt wiedergegeben wurde, daß man meint, das Stampfen und das dumpfe Brüllen der Tiere zu vernehmen.

Eine Ahnung von der einstigen Schönheit eines der oft vielfarbigen Felsgemälde, das der Künstler vor vielleicht 8000 Jahren vollendet hatte, mag vielleicht die Farbtafel 42 vermitteln.

Aus dem Körperbau der dargestellten Menschen, aus den Tätowierungen und den abgebildeten Masken sowie der Tierwelt ihrer Umwelt läßt sich schließen, daß es wahrscheinlich negroide Völker waren, die einst vom Süden mit ihren Rinderherden zusammen mit den Savannentieren bis in die zentrale Sahara vordrangen.

Diese Zeugnisse Rinderzucht betreibender Völker - Tausende von Gravuren und Malereien, die typische Savannentiere zeigen - und die Tatsache, daß der Saharaforscher Monod mitten in der Wüste in ausgetrockneten Seesenken die knöchernen Überreste von Flußpferden und Spuren von Fischersiedlungen fand, sind ein eindeutiger Beweis dafür, daß noch vor 8000 bis 10 000 Jahren im Sahararaum ein feuchteres, fruchtbareres Klima geherrscht haben muß. Während damals die weiten Ebenen der Sahara, wie heute die Steppen und Savannen Ostafrikas, von Gazellen, Giraffen, Zebras und Elefanten bevölkert waren und sich in unzähligen Seen Flußpferde und Krokodile getummelt haben, waren die hohen Gebirgszüge, in denen zahlreiche Flüsse entsprangen, von Wäldern bedeckt.
Es ist faszinierend, daß aus dieser feuchten Klimaperiode der Sahara noch heute einige lebendige Zeugnisse in Form von Relikten erhalten geblieben sind. Wo sich die straßenartigen Schluchten des Tassili-Gebirges zu weiten, mit bizarren Felssäulen angefüllten Plätzen öffnen, stehen noch einige knorrige Bäume - nicht mehr als etwa 50 bis 60 an der Zahl - aus jener fernen Epoche (siehe Abbildung 46). Einige Exemplare dieser gewaltigen Zypressen, deren Samen sich in dem heutigen Wüstenklima nicht mehr zu entwickeln vermögen, besitzen vielleicht ein Alter von 3000 bis 4000 Jahren. Zusammen mit den Sequoiabäumen Nordamerikas gehören sie zu den ältesten lebenden Organismen. Als das Klima in Nordafrika vor Jahrtausenden allmählich immer wüstenhafter wurde und Regenfälle immer spärlicher und in immer größeren Abständen auftraten, paßten sich die Bäume allmählich dem heißen trockenen Wüstenklima an: sie verlangsamten ihren Stoffwechsel. Den Klimawechsel überlebt haben jedoch nur die wenigen Exemplare, die an den tiefsten Stellen der Schluchten wuchsen, wo sich noch heute nach den überaus seltenen Regenfällen etwas Wasser sammeln kann.
Einige Forscher behaupten sogar, an den Stellen, wo sich durchfeuchtete Bodenreste jener Zeit erhalten konnten, Tiere gefunden zu haben, die geradezu als ein Symbol eines regenreichen Klimas anzusehen sind: Regenwürmer. Zu den zweifellos interessantesten tierischen Relikten gehören Tiere, die man am wenigsten inmitten einer Riesenwüste erwartet: Fische. Diese Wüstenfische, von deren Vorhandensein ich mich selbst überzeugen konnte, bevölkern heute nur noch in ganz geringer Zahl einige winzige Wasserbecken in den Hochgebirgen der zentralen Sahara (siehe Abbildung 48). Diese mit Wasser gefüllten Aushöhlungen im Granit gehören zum Quellgebiet eines Flußes, der einst weit nach Süden strömte und wahrscheinlich in den Niger mündete. Als sich vor Jahrtausenden die Wüste immer

weiter ausbreitete und zuerst von den Tiefländern Besitz ergriff, trocknete auch der Fluß aus, und den Fischen im Oberlauf war dadurch der Rückzug aus dem Sahararaum abgeschnitten. Sie zogen sich mehr und mehr in Richtung auf das Quellgebiet zurück, das noch heute mit Wasser versorgt wird, da die spärlichen Regenfälle über der zentralen Sahara bevorzugt in den höheren Lagen der Gebirge niedergehen. Auf ähnliche Weise wurden die Krokodile in einem Gebirge der südöstlichen Sahara zurückgedrängt.
Durch die Isolation und die ganz spezifischen Lebensbedingungen inmitten einer Wüste haben sich die Fische inzwischen zu einer eigenen Art, eben zu Wüstenfischen entwickelt. Vergleichbare isolierte Fischvorkommen gibt es auch in den nordamerikanischen Wüsten.
Ähnlich wie den Fischen erging es wahrscheinlich auch dem Rinder züchtenden Menschen. Vor der sich in den Ebenen ausbreitenden Wüste konnten sich die Menschen mit ihren Tierherden zunächst noch in immer höhere, kühlere und feuchtere Lagen der Gebirge zurückziehen. Doch unaufhaltsam kroch die Wüste langsam an den Berghängen immer höher empor und ergriff nun auch von den Gebirgen Besitz. Die Weiden der Rinder verdorrten, ihre Tränken trockneten aus. Auch diese dramatische Entwicklung, die sicherlich Jahrhunderte gedauert hat, hat ihren künstlerischen Niederschlag in den Felsmalereien des Tassili-Gebirges gefunden. Jüngere Darstellungen zeigen oft Kampfszenen mit Speeren oder mit Pfeil und Bogen bewaffneter Krieger. Da im Hintergrund oft Rinderherden zu erkennen sind, läßt sich daraus vielleicht schließen, daß es sich um blutige Auseinandersetzungen um Weideplätze und Viehtränken handelte. Die Wüste gewann schließlich den Kampf. Die Rinderzüchter wurden aus der Sahara nach Süden abgedrängt. Die zurückbleibenden Völker wurden zu Nomaden. Diese Lebensform, die den Menschen zwingt, mit seinen Kleintierherden auf der Suche nach Weideplätzen dem seltenen Regen zu folgen, ist die Anpassung des Menschen an die extremen Lebensbedingungen in der Wüste.
Die jüngsten Malereien des Tassili-Gebirges – wahrscheinlich bereits von nomadisierenden Völkern geschaffen – zeigen Dattelpalmenoasen und Kamelkarawanen. Mit diesen Darstellungen fand die jahrtausendelange Malperiode ihren Abschluß.

Abbildung 45:
Eine Nomadenfrau schlägt gesammelte harte Wüstengräser mit einer Holzkeule, um sie geschmeidig zu machen. Aus den Gräsern werden die Zelte geflochten, die im Hintergrund zu sehen sind.

Die Rolle der Eiszeiten

Aus der Tatsache, daß das Gebiet der Sahara in Nordafrika noch vor 8000 bis 10 000 Jahren von Savannen und Wäldern bedeckt war, wird von einigen Sachkundigen immer wieder die falsche Schlußfolgerung gezogen, daß die Sahara erst wenige Jahrtausende alt, also eine ganz junge Wüste sei. Das stimmt ebensowenig wie die weitverbreitete Ansicht, daß die Riesenwüste erst durch die Aktivitäten des Menschen, durch Abholzung der Vegetation und durch Überweidung entstanden ist. Der Mensch trägt lediglich – vor allem durch seine Tierherden – zu ihrer ständigen Ausdehnung mit bei.
Die typischen Geländeformen einer Wüste, wie sie sich heute einem Saharareisenden darbieten, die Zeugenberglandschaften, das windgeschliffene Tassili-Gebirge, die Sandmeere der Dünenwüsten, die endlosen Kieswüsten, in denen alles zerstört, abgetragen und eingeebnet wurde, was für uns eine Landschaft ausmacht, können sich nicht in wenigen Jahrtausenden bilden; Jahrmillionen waren dazu nötig. Wie ich an anderer Stelle dieses Buches bereits berichtet habe, sind die Wüsten ein sehr altes erdgeschichtliches Phänomen. An alten Gesteinsablagerungen kann man erkennen, daß die Entstehung der Sahara bereits im Erdmittelalter vor ca. 150 Millionen Jahren begann.
Innerhalb der gesamten Erdentwicklung treten in einem Abstand von rund 300 Millionen Jahren immer wieder Eiszeiten auf. Selbst am Ende des Karbonzeitalters, als die pflanzliche Biomasse wahrscheinlich ihren erdgeschichtlichen Höhepunkt erreicht hatte, waren weite Bereiche der heutigen Südkontinente, die damals noch einen zusammenhängenden Riesenkontinent bildeten wie heute die Antarktis, von einem gewaltigen Eispanzer bedeckt. Auch in den noch weiter zurückliegenden erdgeschichtlichen Epochen, lange bevor Pflanzen und Tiere die Meere verließen, um das Festland zu besiedeln, kam es auf den urwüstenhaften Kontinenten immer wieder zu großräumigen Vereisungen infolge Abkühlung des Klimas.
Jede Eiszeitperiode ist in sich in Kalt- und zwischengeschaltete Warmzeiten untergliedert, so daß sich innerhalb einer Eiszeitperiode mehrfach große Temperaturschwankungen in kurzfristigem Wechsel beobachten lassen.
Obwohl diese Eiszeitperioden, deren Entstehungsursachen noch weitgehend unbekannt sind (über mögliche Ursachen werde ich u. a. im letzten Kapitel berichten), jeweils mehrere Millionen Jahre dauern, stellen sie doch nur eine relativ kurze Unterbrechung des über sehr lange erdgeschichtliche Zeiträume gleichmäßig warmen

Klimas unseres Planeten dar. So war auch die vorerst letzte große Eiszeitperiode der Erdgeschichte, in der auch der Mensch entstand und die vor ungefähr 2 bis 2,5 Millionen Jahren mit dem Beginn des Erdzeitalters Quartär begann, nur eine kurze Unterbrechung der seit mehr als 100 Millionen Jahren anhaltenden Austrocknung des afrikanischen Kontinentes.
Während der einzelnen Kaltphasen dieser Eiszeitperiode - die letzte erreichte vor etwa 20 000 bis 30 000 Jahren ihren Höhepunkt - dehnten sich die polaren Eiskappen weit nach Süden aus. Entsprechend verschoben sich auch die Klimazonen nach Süden. Während große Teile Europas, Asiens und Nordamerikas von mächtigen Eispanzern bedeckt wurden, entstanden die regenbringenden Tiefdrucksysteme wahrscheinlich im mittleren Atlantik, nicht im nördlichen wie heute. Und statt Nordeuropa überquerten sie damals den Sahararaum. Ein grünes Nordafrika war die Folge. Am Ende dieser letzten Kaltphase sind ein großer Teil der Felsgravierungen und Zeichnungen entstanden, und aus dieser Zeit stammen auch die pflanzlichen und tierischen Relikte. Im Anschluß daran breitete sich in Nordafrika - das gleiche gilt auch für die anderen Trockenräume der nördlichen Hemisphäre - die Wüste langsam, aber unaufhaltsam wieder aus. Die Vegetation verdorrte allmählich, die Steppentiere zogen sich zurück und starben aus, und der Mensch - jüngstes Produkt der Erdentwicklung - wurde in seiner bis zu diesem Zeitpunkt inzwischen hochentwickelten Form zum erstenmal mit der Wüste konfrontiert. Diese Austrocknung Nordafrikas erfolgte langsam, und wie sich an der gegenwärtigen Ausdehnung der Sahara an ihrem Südrand zeigt, ist sie auch in der Gegenwart noch keineswegs abgeschlossen.
Die Sahara entstand also nicht erst in historischer Zeit, sie eroberte nach dem Ende der letzten eiszeitlichen Kaltphase bis zum heutigen Tage nur das Territorium zurück, das sie bereits zwischen den einzelnen Kaltphasen und selbst vor dem Beginn der gesamten Eiszeitperiode über lange erdgeschichtliche Zeiträume besessen hatte.

Die Illusion von einem großen Gemüsegarten

Für viele Technokraten des 20. Jahrhunderts scheint es nur eine Frage der Zeit zu sein, bis der Mensch die Wüsten - vor allem die Sahara - in einen riesigen Gemüsegarten verwandeln wird, obwohl die meisten von ihnen, wie ich immer wieder feststellen konnte, diese Wüste mit ihren selbst dem Eingeweihten unvorstellbaren Dimensionen niemals zu Gesicht bekommen haben. Für sie ist die Wüste im Zeitalter der Technik nur ein vorübergehendes Problem. Worauf beruht dieser Optimismus? Als die Wissenschaftler sich im Verlauf der fortschreitenden Erforschung der Sahara neuerdings - hauptsächlich getrieben durch die Suche nach Öl - mehr und mehr dem geologischen Unterbau Nordafrikas zuwandten, entdeckte man oft als Nebenprodukt der Erdölbohrungen beträchtliche Grundwasservorkommen. Von dieser Entdeckung war es dann für viele Nichtfachleute nur noch ein kleiner Schritt, im Untergrund der Sahara - von den Arabern »Bahr bélá má« genannt, was soviel wie »Meer ohne Wasser« bedeutet - ein »Meer mit Wasser« zu vermuten. Dies verführte viele Zeitgenossen zu der Vorstellung von gewaltigen unerschöpflichen unterirdischen Wasservorräten.

Die Vorstellung von unterirdischen Meeren und Seen ist jedoch falsch. Grundwasser kommt - von wenigen Ausnahmen abgesehen - nur als Porenfüllung poröser Gesteinsschichten vor, aus denen sich die obersten Bereiche der Erdkruste aufbauen. Läßt die Struktur der Gesteinsschichten keine Grundwasserströmung zu, so kann das Grundwasser - eingeschlossen in unzähligen winzigen Hohlräumen - Jahrmillionen, in einigen Fällen sogar mehrere hundert Millionen Jahre erhalten bleiben.

Die Sahara besteht aus neun großräumigen geologischen Becken, in denen sich im Laufe der langen Erdgeschichte mehrere tausend Meter der verschiedenartigsten Sedimente übereinander abgelagert haben. Diese wasserspeichernden Sedimentationsbecken sind durch weitgehend wasserundurchlässige, oft in Form von Höhenzügen zutage tretende Urgesteinsschwellen voneinander getrennt. Das Zentrum dieser riesigen schüsselförmigen Sedimentationsbecken ist häufig an ausgedehnten Sanddünenfeldern, die die jüngste und oberste Beckenfüllung darstellen, zu erkennen.

Bei den einzelnen Beckensedimenten handelt es sich hauptsächlich um zwei Typen: um marine Sedimente, die sich während der oft langanhaltenden Meeresüberflutungen großer Teile Nordafrikas auf dem Untergrund ablagerten, und um kontinentale Ablagerungen, die beide aus den verschiedensten Perioden der Erdgeschichte stammen. Während in den marinen Ablagerungen primär Salzwasser eingeschlossen wurde, wurden die kontinentalen Gesteine, sofern sie sich in einer feuchten Klimaphase abgelagert hatten, primär mit Süßwasser aufgefüllt. Viele erdgeschichtliche Phasen haben also nicht nur ihre ganz bestimmten Gesteinsablagerungen mit eingeschlossenen versteinerten Pflanzen und Tieren hinterlassen, sondern auch fossiles Wasser. So sind z. B. in porösen Sandsteinen aus dem Erdmittelalter nicht nur die Skelette und Fußspuren der Saurier enthalten, sondern – gespeichert in unzähligen winzigen Gesteinsporen – auch die Regenfälle jener Zeit: Regen, der vor 150 Millionen Jahren vom Himmel fiel. Selbst in Gesteinen, die sich vor über 400 Millionen Jahren ablagerten, also zu einer Zeit, in der die Kontinente noch nicht einmal von Pflanzen und Tieren besiedelt waren, hat man primär eingeschlossenes Wasser aufgefunden. Das Grundwasser der Sahara ist also weitgehend fossil. Es befindet sich oft seit unvorstellbar langer Zeit in seinem Speichergesteinen.

Voraussetzung für die Erhaltung derart alter Grundgewässer ist, daß die Speichergesteine tief unter anderen jüngeren Ablagerungen begraben liegen, so daß sie nicht ausfließen oder verdunsten konnten. Die Bedingungen der Grundwasserspeicherung im Sahararaum – ähnliches gilt auch für andere Wüstenregionen – sind hier stark vereinfacht gezeigt. In Wirklichkeit sind die Untergrundverhältnisse, sowohl was die geologische Struktur als auch was das fossile Wasser angeht, überaus kompliziert, unübersichtlich und in großen Bereichen bis heute noch weitgehend unerforscht. So ist es im Verlaufe der langen und klimatisch wechselhaften Erdentwicklung oft zu einem Austausch zwischen den verschiedenartigen Wasserhorizonten gekommen. Lagerte sich z. B. ein kontinentales Sediment über ein marines ab oder umgekehrt, erfolgte oft eine Durchmischung von Salz- und Süßwasser, oder es kam zu einer sekundären Auffüllung eines inzwischen geleerten Speichergesteins. Die obersten Gesteinsschichten der Saharabecken sind vielerorts z. B. mit den jungen Gewässern der letzten eiszeitlichen Periode aufgefüllt. Außerdem ist die Beschaffenheit des Saharauntergrundwassers nicht nur von seiner Herkunft abhängig, sondern auch von chemischen Vorgängen, die sich aus dem Zusammentreffen mit den verschiedenartigsten Speichergesteinen ergeben. Dringt z.B. sekundär Süßwasser in ein Speichergestein ein, das zuvor mit Salzwasser gefüllt war, so kann sich das Süßwasser durch das in den Gesteinsporen zurückgebliebene Salz in Salzwasser verwandeln.

Letzten Endes ist von dem Wasser im Untergrund der Sahara, dessen Menge sich – legt man nur quantitative Maßstäbe zugrunde – gewaltig ausnimmt, nur ein kleiner Teil für Bewässerungsprojekte geeignet. Hinzu kommt, daß das Grundwasser oft mehrere hundert oder gar mehrere tausend Meter tief unter der Oberfläche liegt und – sofern es nicht unter artesischem Druck steht – gar nicht gefördert werden kann. Wirtschaftlich läßt sich Wasser nur etwa bis aus einer Tiefe von 15 Metern fördern.

Für Bewässerungsprojekte kommen daher in erster Linie die mit eiszeitlichem Wasser gefüllten oberflächennahen Speichergesteine in

Frage. Aber hier haben die von Menschen installierten Brunnen und Pumpen eine gewaltige Konkurrenz: die Sonne. Die Sonne wirkt wie eine gewaltige Pumpe, die das Wasser buchstäblich aus dem Untergrund heraussaugt. Im Durchschnitt verdunstet in der Sahara innerhalb eines Jahres eine Wassersäule von etwa sechs Metern. In einigen Fällen wurde sogar ein Verdunstungsweltrekord von 7,80 Meter ermittelt. Während in einigen Gebieten der Verlust von Grundwasser durch Verdunstung durch seltene, aber sintflutartige Niederschläge wieder ausgeglichen zu werden scheint, sinkt der Grundwasserspiegel in anderen Gebieten, die seit dem Ende der letzten Feuchtperiode in Nordafrika nicht wieder aufgefüllt wurden, rapide.
Wie jeder, der einmal in einer Oase geweilt hat, bestätigen kann, ist der Hauptfeind der bewässerten Kulturen die Versalzung. Bedingt durch die enorme Verdunstung, die selbst in der Nacht wirksam ist, müssen gewaltige Mengen Wasser auf die Felder und in die Dattelpalmenpflanzungen gepumpt werden, von denen nur der kleinste Teil den Pflanzen zugute kommt. Der weitaus größte Teil verdunstet und dabei hinterläßt selbst das Wasser, in dem nur wenige Mineralien gelöst sind, dicke Salzkrusten. Der Run auf das Erdöl, der der Sahara sozusagen als Nebenprodukt zahlreiche neue Wasserquellen erschloß, führte gleichzeitig dazu, daß viele junge Arbeitskräfte – angelockt von lukrativen Verdiensten auf den Erdölfeldern – die Oasen verließen. Die Brunnen und Bewässerungssysteme der Oasen, die oft im Laufe von Jahrhunderten aufgrund einer intimen Kenntnis der Grundwasser- und Naturverhältnisse entstanden waren, versiegten und versandeten. Die Folge davon: In weiten Gebieten der großen Wüste nimmt die bewässerte Kulturfläche eher ab als zu.
Welche negativen Auswirkungen der Einsatz von Technologie in nicht sachkundiger Hand andererseits haben kann, zeigen die Entwicklungsprojekte am Südrand der Sahara – an der Front der gegenwärtig stärksten Wüstenausbreitung auf der Erde. Nachdem man in dieser Region umfangreiche Grundwasservorkommen entdeckt hatte, bohrte man Hunderte neuer Brunnen. Der Erfolg: Die Viehherden, Stolz der hier ansässigen Nomadenstämme, vermehrten sich gewaltig. Durch Überweidung der spärlichen Wüstenvegetation trugen die Rinderherden dann aktiv zur Wüstenausbreitung bei. Schon nach kurzer Zeit waren die kargen Weidegründe restlos zerstört und heute sind drei Viertel der Rinderherden verhungert. Lange Zeit war das Gleichgewicht zwischen Nahrungsangebot und Kopfzahl der Tiere einigermaßen stabil gewesen. Erst der Eingriff der Technologie verschob dieses Gleichgewicht letztlich zugunsten der Wüste und richtete einen irreparablen Schaden an.

Selbst bei optimalster Nutzung des Saharagrundwassers unter ökologischer Kontrolle halte ich nur kurzfristige Erfolge für möglich, da die größtenteils fossilen Grundwasservorkommen erschöpfbar sind. Die Bewässerungsfachleute müssen darüber hinaus noch mit ganz anderen Schwierigkeiten und Gefahren rechnen. Wie alarmierende Meldungen aus den Wüsten Nordamerikas zeigen, führt die langfristige Entnahme von Grundwasser in küstennahen Wüstengebieten, die sich noch am ehesten für Bewässerungsprojekte eignen, zu einem derart starken Absinken des Grundwasserspiegels, daß Meerwasser vom Rande des Kontinentes her in die Speichergesteine vordringt. Ich selbst habe gesehen, wie eines Tages Meerwasser anstelle von Süßwasser aus den Pumpen strömte und einst fruchtbare Felder und Obstplantagen in eine weiße sterile Salzwüste verwandelt wurden.
Eine weitere Bewässerungsmöglichkeit ist die Entsalzung von Meerwasser, das in praktisch unbegrenzter Menge zur Verfügung steht. Die modernsten Anlagen arbeiten gegenwärtig in einigen Scheichtümern am Persischen Golf. Ihr technologischer Aufwand und Energieverbrauch ist jedoch so hoch, daß z. B. 1 Pfund Tomaten 22 Mark kosten müßte. Völlig unverständlich scheint mir jedoch, daß die Wüstenstaaten, in denen Erdöl gefunden wurde, diesen kostbaren Rohstoff nicht in erster Linie zur Betreibung einer Bewässerungstechnologie verwenden. Sie verkaufen es zum größten Teil kurzsichtig an Industrienationen, damit diese ihren ohnehin weit überhöhten Lebensstandard – der in vieler Hinsicht nur noch Vergeudung ist – aufrechterhalten können, zumal dieser bei der absehbaren Erschöpfung der Erdölquellen sowieso eines Tages zusammenbrechen muß.
In diesem Zusammenhang erscheint mir auch die Hoffnung, eines Tages Meerwasser in großem Umfange mit Hilfe der Atomenergie zu entsalzen, überaus naiv. Die Geschichte müßte eigentlich lehren, daß es in der Natur des Menschen liegt, diese Energiequelle vornehmlich für machtpolitische Ziele und nicht für Bewässerungszwecke auszunutzen. Zumindest besteht diese ungeheuerliche Gefahr.
Selbst bei einer sinnvollen Zusammenarbeit zwischen rohstoffreichen und Technologie produzierenden Staaten gehört es ins Reich der Phantasterei, aus der ganzen Sahara einen riesigen Gemüsegarten machen zu wollen. Eine genaue Kenntnis der Sachlage erlaubt nur die Hoffnung, vielleicht etwa ein Prozent der Gesamtfläche dieser Riesenwüste dauerhaft bewässern zu können. Die immer wieder zitierten Bewässerungserfolge der Israelis sind zwar nicht von der Hand zu weisen, sie sind aber – wie ein Blick auf die Landkarte zeigt –

nicht mehr als ein Tropfen auf den heißen Stein bzw. Sand der Wüste.
Die gegenwärtige Entwicklung im Sahararaum hat die Wellen der Bewässerungseuphorie gedämpft. Allein diese Wüste dehnt sich jeden Tag um etwa 100 Quadratkilometer aus. Das ist etwa soviel, wie ihr innerhalb eines Jahres durch Bewässerung wieder abgerungen wird. Es wird sich in der Zukunft sicherlich als »fruchtbarer« erweisen, die Anzahl der Menschen durch Geburtenkontrolle zu begrenzen, als die Wüsten zu bewässern.

7. Kosmische Vorbilder

Ein älterer Bruder als Nachbar?

Seitdem es Menschen auf der Erde gibt, die sich von den übrigen Bewohnern dieses Planeten durch ihren aufrechten Gang unterscheiden, seitdem haben Lebewesen ihren Blick nicht nur vorwiegend auf den Boden und geradeaus gerichtet, sondern auch in den Himmel erhoben. Wahrscheinlich haben schon die Menschen vor Jahrhunderttausenden das Himmelsgeschehen bewußt beobachtet und registriert. Der vorgeschichtliche Mensch kannte natürlich noch kein Planetensystem und keine Himmelsmechanik. Er konnte zunächst nur erfassen, was unmittelbar sein Leben, seinen Tagesablauf anbetraf. Das täglich wiederkehrende Ereignis des Sonnenaufganges spendete am Morgen Wärme für die umherstreifenden Menschenhorden, die die Nacht zuvor frierend in einer Höhle zugebracht hatten, und das Licht der Sonne ermöglichte dem Steinbeil tragenden Jäger die Verfolgung seiner Beute.
Als sich das menschliche Denkvermögen im Laufe langer Zeiträume immer mehr entwickelte und differenzierte, begannen einige wißbegierige Köpfe über die Erscheinungen, die sie am Himmel beobachteten, nachzudenken. Warum ging die Sonne an verschiedenen Orten auf? Warum stand sie während des kalten Winters flach über dem Horizont und warum im Sommer hoch über ihren Köpfen im Zenit? Warum änderte der Mond ständig und regelmäßig seine Form? Hatten alle diese Beobachtungen eine Bedeutung für den Menschen?
Im weiteren Verlauf der kulturellen Entwicklung der Menschheit wurde die Himmelsbeobachtung allmählich zu einer vorrangigen Wissenschaft bei vielen Völkern. Wie kaum eine andere Wissenschaft hat der forschend in den Himmel gerichtete Blick das Bewußtsein des Menschen allmählich verändert. Die Beobachtungen und Berechnungen der Astronomen klärten die Menschen über Ursache und Wirkung der Naturphänomene auf und legten somit den Grundstein der objektiven Naturwissenschaften. Die Sonne stand eben nicht zeitweilig flach über dem Horizont und strahlte ein schwächeres Licht aus, weil es im Winter kalt war, sondern es war Winter, weil die Sonnenstrahlen in einem anderen, in einem flachen Winkel auf

die Erdoberfläche trafen. Die Astronomen entwickelten schließlich nach Jahrtausende langen Beobachtungen den Kalender und gaben der Menschheit dadurch ein Gefühl für Raum und Zeit. Zum erstenmal im Laufe der langen Erdgeschichte wurde es so einem Lebewesen möglich, seine Existenz nicht nur räumlich, sondern auch zeitlich innerhalb des Ganzen, des Kosmos, zu erfahren. Diese Bewußtseinserweiterung sollte später den Grundstein für eine der wichtigsten naturwissenschaftlichen Erkenntnisse bilden, für die Entwicklung des Lebens, der Erde, ja des ganzen Universums. Die sichtbare Welt bestand also nicht nur aus dem jeweils überblickbaren und überlieferten Teil der Menschheitsgeschichte oder gar der eigenen Existenz, sondern es war ein ständiger Wandel aller Dinge zu beobachten, aus dem in ferner Erdvergangenheit der Mensch selbst entstanden war. Wenn es aber eine vergangene Entwicklungsgeschichte der Erde gab, so mußte es auch eine zukünftige geben.
Heute bemühen sich Mikrobiologen, die mit Hilfe von Elektronenmikroskopen in die Geheimnisse der kleinsten Baueinheiten des Lebens einzudringen versuchen, und Astrophysiker, die am Okular von Himmelsfernrohren oder am Schaltpult gewaltiger Radioteleskope sitzen, gleichermaßen die Entwicklungsgeschichte des Lebens, die Vergangenheit und die Zukunft des Universums zu ergründen. Schließlich hat der Mensch in seinem Wissensdrang mit Hilfe der von ihm entwickelten Technologie die Erde verlassen, um andere Himmelskörper zu betreten. Menschen blickten vom Mond aus zum erstenmal auf ihren eigenen, in der Schwärze des Alls treibenden Planeten, so wie sie zuvor von der Erde aus Jahrtausende auf andere Himmelskörper, auf die anderen Planeten unseres Sonnensystems geblickt hatten. Diese Distanz der Betrachtung ermöglichte eine bisher nie gekannte Einschätzung der Situation des eigenen Heimatplaneten und forderte darüber hinaus zu einem geradezu zwingenden Vergleich der Erde mit ihren Nachbarplaneten heraus. Der Wahlspruch der Astronauten: Die Erde kann man nur verstehen, wenn man ihre Geschwister, die anderen Planeten, kennt, gilt insbesondere für die Wüstenforschung. Die Wüstenforscher gehen dabei von einer ganz praktischen Überlegung aus. Wenn es möglich wäre, einen anderen Planeten zu erforschen, der sich vielleicht in einem sehr frühen oder in einem weiter fortgeschrittenen Stadium seiner Entwicklung befindet – also dem Entwicklungsstand der Erde in ferner Vergangenheit oder in ferner Zukunft entspricht –, so ließen sich daraus interessante Rückschlüsse auf die zukünftige Erdentwicklung ziehen. Bei derartigen Überlegungen steht die Frage im Vordergrund, ob auf anderen Planeten indirekte Beweise für die Annahme gefun-

den werden können, daß auf der Erde ein Ablauf von der Urwüste über die Biophase zur Endwüste zu erwarten ist.

Hier stellt sich die wichtige Frage, ob es überhaupt möglich ist, andere Planeten mit der Erde zu vergleichen und aus ihrer Entwicklungsgeschichte Rückschlüsse zu ziehen. Bedenkt man, wieviel ungelöste Probleme allein die Physik unseres Erdkörpers noch aufweist, und wie schwer es ist, von fremden Planeten auch nur einen Bruchteil der wissenschaftlichen Daten zu erhalten, die uns inzwischen von unserer Erde bekannt sind, dann scheint ein derartiges Unterfangen fast aussichtslos zu sein. Es scheint außerdem völlig ausgeschlossen zu sein, daß andere Planeten eine kürzere oder eine längere Entwicklungsgeschichte als die Erde hinter sich haben. Zumindest für unser eigenes Planetensystem gilt, daß die Planeten nicht nur alle aus den gleichen Elementen bestehen, sondern daß sie auch etwa zum gleichen Zeitpunkt, vor ca. fünf Milliarden Jahren, entstanden sind. Kein Planet unseres Sonnensystems ist also wesentlich jünger oder älter als sein Nachbarplanet. Trotzdem ist die Entwicklungsgeschichte jedes einzelnen anders verlaufen, und gerade diese Andersartigkeit, die es zu erforschen gilt, kann uns Auskunft über die Vergangenheit und Zukunft unserer Erde geben.

Die physikalische Entwicklung und insbesondere die Frage, ob es im Laufe der Entwicklungsgeschichte eines Planeten zu einer biologischen Evolution, zum Entstehen von Leben kommt, ist nicht nur eine Frage der Zeit, sondern sie hängt in erster Linie von zwei anderen Faktoren ab: von der Entfernung des Planeten zu dem energiespendenden Zentralgestirn der Sonne, die seine Oberflächentemperatur bestimmt, und von seiner eigenen Größe oder – genauer gesagt – von der Masse des Planeten, die seine Schwerkraft bestimmt.

Ein stark vereinfachtes Beispiel soll zunächst einen Teil der komplexen physikalischen Bedingungen verdeutlichen, die notwendig sind, damit auf einem Planeten überhaupt Leben entstehen kann. Eine unabdingbare Voraussetzung für die Entstehung von Leben ist – wie Sie bereits erfahren haben – z. B. das Vorhandensein von Wasser in vorwiegend flüssiger Form. Im Schutz des Wassers entwickelten sich vor Milliarden Jahren die ersten Bausteine des Lebens und die ersten Organismen. Wasser ist das universale Lösungsmittel. Fast die Hälfte der bekannten Elemente sind im Wasser der Erde gelöst. Ohne den im Wasser gelösten Sauerstoff könnten die Fische in den Meeren nicht atmen und ohne seine Lösungsfähigkeit wäre keine Ernährung möglich. Die Wurzeln der Pflanzen können die Nahrung aus dem Boden nur in gelöster Form aufnehmen, und auch die Nahrung des Menschen muß gelöst sein, ehe sie in den Blutkreislauf gelangt. Die

wichtigsten Lebensvorgänge auf unserem Planeten, wie z. B. die Photosynthese der Pflanzen, werden mit Wasser betrieben. Kurz gesagt: kein Lebensvorgang wäre ohne Wasser in flüssiger Form möglich. Wasser muß aber darüber hinaus auch in gasförmigem Zustand vorhanden sein. Von der Sonne auf der Oberfläche der Meere erhitzt, verdampft das Wasser, steigt in gasförmigem Zustand in die Atmosphäre und kondensiert schließlich wieder in den Wolken. Nur in Form dieser regenspendenden Wolken kann die lebensnotwendige Flüssigkeit aus den Meeressenken heraus auf die höherliegenden Kontinente transportiert werden.
Um den Zustand des Wassers als Eis, als Flüssigkeit und als Gas zu gewährleisten, muß unser Planet nicht nur eine ganz bestimmte Größe aufweisen, sondern er muß auch in einer ganz bestimmten Entfernung die Sonne umkreisen. Würde unsere Erde z. B. näher um die Sonne kreisen, dann wäre ihre Oberflächentemperatur so hoch, daß Wasser nur in gasförmigem Zustand vorhanden wäre. Außerdem hätte die dadurch bedingte hohe ultraviolette Strahlung wahrscheinlich schon zu Beginn der Entwicklung des Planeten alle aus seinem Innern austretenden Wassermoleküle in Sauerstoff und Wasserstoff aufgespalten und dadurch die Bildung von Wasser auf seiner Oberfläche verhindert. Während der Sauerstoff wieder von den Gesteinen aufgezehrt worden wäre, hätte der Wasserstoff aufgrund der hohen Temperaturen das Schwerefeld der Erde verlassen und in den Weltraum entweichen können. Würde unsere Erde dagegen in einem zu großen Abstand um die Sonne kreisen, dann wären ihre Oberflächentemperaturen so niedrig, daß Wasser nur in fester gefrorener Form auf ihrer Oberfläche vorhanden wäre.
Größe und Masse eines Planeten sind ebenfalls entscheidend, ob er überhaupt in der Lage ist, eine lebensfreundliche Atmosphäre und Hydrosphäre auszubilden. Bei einem kleinen Planeten mit einer geringen Masse würde die Atmosphäre aufgrund einer zu geringen Schwerkraft schon nach einer relativ kurzen Entwicklungsphase wieder in den Weltraum entweichen. Hätte auf dem Planeten eine biologische Evolution eingesetzt, so müßte diese nach einer viel kürzeren Phase als auf der Erde wieder beendet sein, noch bevor sich höherentwickelte Lebewesen herausgebildet hätten. Während die Erde sich noch einer belebten Phase erfreut, würde sich ein kleinerer Planet wahrscheinlich schon lange in einem Endwüstenstadium befinden. Man könnte also hier eine Art irdisches Zukunftsstadium beobachten und studieren.
Bei einem Planeten mit einer großen Masse würde eine biologisch bedingte Entwicklung und Umwandlung seiner Uratmosphäre in

eine lebensfreundliche sauerstoffreiche Atmosphäre wahrscheinlich gar nicht erst einsetzen. Aufgrund seiner hohen Schwerkraft und der großen Gasmengen, die aus seinem gewaltigen Körper ausgasen, würde er eine Uratmosphäre besitzen, die im Vergleich zur Erde unvorstellbar hohe Dichten und Drücke aufweisen würde. Eine solche, vorwiegend aus reduzierenden Gasen bestehende Uratmosphäre würde aufgrund der hohen Drücke eine ganz andere chemische Beschaffenheit als die irdische Uratmosphäre aufweisen. Darüber hinaus wäre sie wahrscheinlich viel zu dicht, um genügend Sonnenlicht hindurchzulassen, mit deren Hilfe Pflanzen durch den sauerstofffreisetzenden Prozeß der Photosynthese eine sauerstoffreiche, der irdischen Atmosphäre vergleichbare Lufthülle schaffen könnten.
Ein Planet, der eine größere Masse als die Erde aufweist, wäre also bereits in einem Frühstadium seiner atmosphärischen Entwicklung steckengeblieben. Seine Oberfläche hätte sich wahrscheinlich nicht über das Stadium einer Urwüste hinausentwickelt.
Wenn wir die Entstehung des Lebens, wie wir es auf der Erde kennen und schließlich unsere eigene Existenz als kosmischen Wertmaßstab verwenden, dann ist der belebte Planet Erde ein Beweis dafür, daß er nicht nur die für die Entstehung des Lebens erforderliche optimale Größe, sondern auch einen optimalen Sonnenabstand besitzt. Leben scheint also für seine Entstehung in der spezifischen Form, wie wir es vor Augen haben, genau die physikalischen Bedingungen, wie sie unsere Erde bietet, zu benötigen.
Die Schwerkraft der Erde ist exakt so bemessen, daß sie in der Lage ist, eine lebensfreundliche, sonnendurchflutete Atmosphäre aus Wasserdampf und anderen Gasen festzuhalten, und mit ihrer Entfernung von 149,5 Millionen Kilometern zur Sonne hält sich die Erde genau in der schmalen Zone auf, in der die Temperaturen so beschaffen sind, daß Wasser als Eis, als Flüssigkeit und als Dampf existieren kann.
Die optimale Größe und Stellung unserer Erde im Sonnensystem hat der Philosoph J. G. Herder bereits im Jahr 1784 einmal folgendermaßen gewürdigt: »Nur eine kleine andere Richtung der Erde zur Sonne und alles auf ihr wäre anders.«
Damit zurück zu unserer Ausgangsüberlegung. Ist es möglich, aus der andersartig verlaufenden Entwicklungsgeschichte anderer Planeten Rückschlüsse auf die vergangene und zukünftige Erdentwicklung zu ziehen?
Die beschriebenen physikalischen Kenndaten und nicht die Zeit sind es, die in erster Linie den Entwicklungsablauf auf einem Planeten bestimmen. Darüber hinaus muß natürlich die Energiestrahlung

und die Natur des Zentralgestirns, der Sonne, möglichst genau erforscht werden. Obwohl die im Weltall vorzufindenden Bedingungen natürlich sehr viel schwieriger und komplexer sind als in unseren Beispielen, erlaubt eine sorgfältige Erforschung anderer Planeten von der Erde aus zumindest eine Kontrolle und Überprüfung der für den Ablauf der Erdgeschichte aufgestellten Hypothesen. Zumindest kann man davon ausgehen, daß überall im Kosmos wahrscheinlich die gleichen physikalischen und chemischen Gesetze gelten. Obwohl in unserer Milchstraße ungefähr einhundert Milliarden Sonnen vorhanden sind, von denen nach neueren Berechnungen etwa fünf Milliarden über vergleichbare eigene Planetensysteme verfügen könnten, kommen diese aufgrund der unvorstellbar großen, für Raumsonden oder gar für bemannte Raumflüge nicht zu überwindenden Entfernungen für eine erfolgversprechende vergleichende Untersuchung nicht in Betracht. In Frage kommen nur unsere unmittelbaren Nachbarplaneten Venus und Mars, die zu den inneren Planeten unseres Sonnensystems gehören. Nur die Entwicklungsgeschichte dieser beiden Planeten läßt sich von ihrer Größe und Sonnendistanz her gesehen in etwa mit der der Erde vergleichen.
Merkur, der ebenfalls zu den inneren Planeten gehört, nimmt mit seiner geringen Masse und Sonnennähe bereits eine Sonderstellung ein. Die auf ihm herrschenden Bedingungen lassen sich sicher nicht mehr mit den Verhältnissen auf der Erde vergleichen. Ähnliches gilt auch für alle äußeren Planeten. Pluto läßt sich schon deshalb nicht vergleichen, weil er in so großer Entfernung um das Zentralgestirn kreist, daß die Strahlen der Sonne nur noch ein mattes Licht auf seine Oberfläche werfen. Die anderen äußeren Planeten besitzen eine so große Masse und sind darüber hinaus ebenfalls so weit von der Sonne entfernt, daß sich ihre Entwicklungsgeschichte keinesfalls auch nur annähernd mit der Entwicklungsgeschichte der Erde vergleichen läßt. Es erscheint daher völlig ausgeschlossen, hier Modellfälle von Wüstenbildung und zukünftiger Erdentwicklung zu entdecken (siehe Graphik auf Seite 65).
In vieler Beziehung ließe sich der nächste Nachbarplanet der Erde, die Venus, am besten mit der Erde vergleichen. Aufgrund ausgiebiger astronomischer Forschungen hat man herausgefunden, daß die Venus hinsichtlich ihrer Größe fast eine Zwillingsschwester der Erde ist. Ihr Äquatordurchmesser ist fast genauso groß wie derjenige der Erde (12610 Kilometer gegenüber 12757 Kilometer), und ihre Masse beträgt 81,4 Prozent der Erdmasse. Eine Tatsache macht jedoch die Erforschung der Venusoberfläche mit Teleskopen von der Erde aus praktisch unmöglich: Die Venus besitzt eine derartig dichte sub-

stanzreiche Atmosphäre, daß jedem Beobachter der Blick auf ihre Oberfläche verwehrt ist.
Nachdem bereits im Jahre 1932 durch Untersuchungen des von der Venus ausgesandten Lichtes mit Hilfe der Spektroskopie der Nachweis gelungen war, daß die Atmosphäre dieses Planeten große Mengen Kohlendioxyd enthält, gelang es dann in den vergangenen zwei Jahrzehnten durch den Einsatz von Radioteleskopen und unbemannten Weltraumsonden, ein recht genaues Bild von der physikalisch-chemischen Beschaffenheit dieses Planeten zu bekommen.
Das Bild, das vor den Augen der Wissenschaftler durch das Zusammensetzen einzelner Mosaiksteinchen entstand, zeigte einen ungeheuer heißen, von Sandstürmen gepeitschten Wüstenplaneten. Wahrscheinlich gilt dieses Bild schon seit der Entstehung der Venus vor fünf Milliarden Jahren. Ihre jeweils der Sonne zugewandte Oberfläche weist Temperaturen zwischen 400 und 700 Grad Celsius auf. Einem irdischen Betrachter würde sich eine schaurige apokalyptische Wüstenlandschaft darbieten, gegenüber denen selbst die lebensfeindlichsten heißesten Regionen der irdischen Wüsten noch liebliche Landschaften wären. Die sandgepeitschte Wüstenoberfläche der Venus liegt unter einer dichten düsteren Wolkendecke in einem ewigen Dämmerlicht, und die seit Milliarden Jahren von Wind und Sand verformten Felsen glühen im Schatten in einem dumpfen Rot.
Ursache für diese höllischen Verhältnisse ist die dichte, zu 95 Prozent aus Kohlendioxyd bestehende Atmosphäre, die den Planeten umhüllt. Aufgrund des Treibhauseffektes der Kohlendioxydschicht, die so dicht ist, daß auf der Wüstenoberfläche der Venus ein Druck von 75 Atmosphären herrscht, wird das Sonnenlicht über der Oberfläche wie in einer Falle festgehalten und verursacht eine enorme Aufheizung des Planeten.
Besonders die Daten der 1962 zur Venus entsandten Meßsonde Mariner II ergaben ein verläßliches Bild, in welchem Entwicklungsstadium sich der Planet befindet. Die Venus, die in einer größeren Nähe um die Sonne kreist als die Erde, hatte in ihrem Frühstadium die Bildung einer Hydrosphäre verpaßt, da der Wasserdampf infolge zu hoher, durch die Sonnennähe bedingter Oberflächentemperaturen nicht kondensieren konnte. Die starke ultraviolette Strahlung hatte dann sehr bald den größten Teil der aus dem Himmelskörper ausgegasten Wasserdampfmoleküle aufgespalten. Aufgrund der hohen Temperaturen war es dann für den freigesetzten, leicht flüchtigen Wasserstoff ein leichtes, dem Schwerefeld des Planeten zu entfliehen und in den Weltraum zu entweichen.

Auf der Erde hatten sich dagegen im Frühstadium Oberflächentemperaturen eingestellt, bei denen die Kondensation des ausgegasten Wasserdampfes und somit die Bildung einer Hydrosphäre möglich war, die dann im Laufe der weiteren Entwicklung fast den gesamten Kohlendioxydanteil der Atmosphäre aufnehmen konnte.
Die Venus konnte den zunehmenden Kohlendioxydgehalt nicht entsprechend abpuffern und wurde von der Treibhauswirkung des sich aufgrund einer ausreichenden Schwerkraft in der Atmosphäre ansammelnden Kohlendioxyds thermisch »überrollt«.
Die Oberfläche der Venus hatte sich also nicht über das Stadium der Urwüste hinaus entwickeln können. Sie bietet noch heute ein Bild, das in etwa mit der urwüstenhaften Erde vor ca. viereinhalb Milliarden Jahren verglichen werden kann.

Das Geheimnis des roten Planeten

Jahrtausendelang beschäftigte der rote Planet Mars wie kein anderer Planet des Sonnensystems die Phantasie des Menschen. In der Antike galt sein rötliches Leuchten als himmlisches Symbol des Blutes. Der matte Schein des roten Planeten, den man in klaren Nächten am Himmel sehen konnte, war für die Menschen Ausdruck von Tod und Unglück. Sie gaben dem Planeten daher den Namen ihres Kriegsgottes und opferten ihm Menschenleben, um seinen Groll zu besänftigen. Helm, Schwert und Spieß wurden zum Symbol des Mars und seine beiden Monde erhielten die Namen der Diener des Kriegsgottes, Phobos und Deimos - Furcht und Terror. Im Laufe der Geschichte und besonders seit der Erfindung des Fernrohres wurde der Mars dann zu einem der bevorzugten Beobachtungs- und Studienobjekte der Astronomen.
Nur hinsichtlich seiner Größe und seiner Masse ähnelt der Mars der Erde weniger als die Venus. Sein Durchmesser von 6786 Kilometern ist nur etwas größer als der Erdradius. Die Masse des Planeten beträgt ein Zehntel der Erdmasse, und die gesamte Oberfläche des Mars entspricht nur etwa der Gesamtfläche der irdischen Kontinente. Die mittlere Entfernung des Planeten zur Sonne, die er in 687 Tagen umkreist, beträgt ungefähr 228 Millionen Kilometer, übertrifft also die Entfernung der Erde zur Sonne um mehr als fünfzig Prozent. Das Sonnenlicht ist daher auf dem Mars durchschnittlich auch nur etwa halb so intensiv wie auf der Erde.
Die Aufmerksamkeit der Wissenschaftler verdankt der Planet in erster Linie der Tatsache, daß seine Oberfläche nicht wie z. B. die Ober-

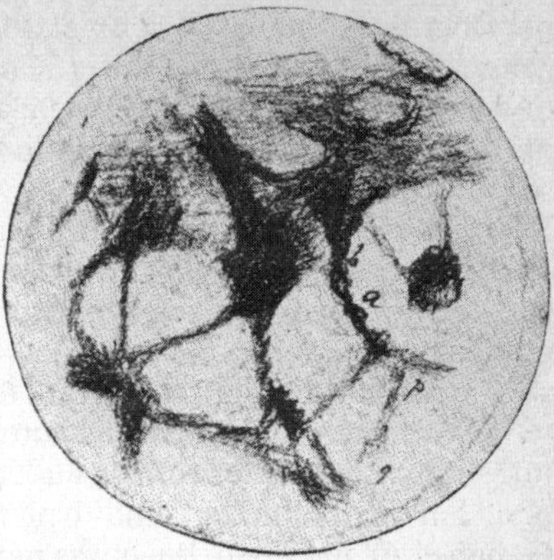

Marskarte von Schiaparelli

fläche der Venus von einer extrem dichten Atmosphäre verhüllt wird. Genau wie man aus dem Weltraum die Erdoberfläche erblikken kann, so bietet sich dem Betrachter die gesamte Marsoberfläche dar. Aufgrund der fast wolkenfreien Atmosphäre und seiner vorwiegend roten Farbe, die auf der Erde die Farbe der Wüsten ist, erkannte man im Mars sehr bald einen Wüstenplaneten. Heute ist der Mars daher nicht nur Studienobjekt der verschiedensten wissenschaftlichen Disziplinen, sondern er ist auch zum bevorzugten außerirdischen Forschungsobjekt der Wüstenforschung geworden. Heute kann man ihn als den am besten erforschten Planeten unseres Sonnensystems bezeichnen, ausgenommen natürlich unseren eigenen Planeten. Wie auf keinem anderen Planeten könnten auf dem Mars Modelle für Wüstenentwicklungen vorhanden sein, aus denen sich vielleicht das weitere Schicksal der Erde ablesen lassen könnte.
Die Atmosphäre des Mars scheint immerhin so ausgedehnt und substanzreich zu sein, daß es so etwas wie Klima und Wetter geben muß. Da die Neigung der Rotationsachse von 25 Grad fast genau der Stellung der Erdachse entspricht, ist seine nördliche und seine südliche Halbkugel während des Umlaufes um die Sonne abwechselnd der Sonne zu- oder abgeneigt. Genau wie auf der Erde herrschen in der nördlichen und südlichen Hemisphäre des Mars abwechselnd Sommer und Winter. Da er aber im Unterschied zur Erde für einen Sonnenumlauf 687 Tage benötigt, entspricht ein Marsjahr fast zwei Erdjahren. Dementsprechend sind die einzelnen Jahreszeiten auch doppelt so lang wie auf der Erde. Die Länge eines Marstages beträgt 24 Stunden und 37 Minuten.
Der Mars besitzt ebenfalls weiße Polarkappen, und die Färbung sei-

ner Oberfläche verändert sich vielerorts mit dem Wechsel der Jahreszeiten. Er läßt sich also in vieler Hinsicht mit der Erde vergleichen, und solange Menschen den Nachbarplaneten beobachten, läßt sie die Idee nicht los: auf dem Mars könne Leben, vergleichbar dem irdischen, existieren.

Die rein visuelle Erforschung des Mars, die Entdeckung von Anzeichen, die auf Leben schließen lassen, ist sehr schwierig. Trotz seiner meist klaren wolkenfreien Atmosphäre ist seine Beobachtung mit großen Schwierigkeiten verbunden. Selbst durch das stärkste Teleskop sieht der Mars aufgrund von Turbulenzen in der Erdatmosphäre nur wie ein kleiner verschwommener rötlicher Ball aus. Ein ungeübter Beobachter vermag außer den leuchtend weißen Polkappen, ein paar dunklen und hellen Flecken und Linien nichts Genaues zu erkennen. Bei etwas mehr Übung und Ausdauer sowie guten Sichtverhältnissen in der Erdatmosphäre offenbart der verschwommene rötliche Ball plötzlich eine sehr vielseitige Natur. Zwischen den bereits bekannten Merkmalen werden kleine Konturen und farbige Flächen sichtbar. Man glaubt, die verschwommenen Umrissen von Kontinenten, Meeren und Wolkenfeldern erkennen zu können. Der Planet scheint nach und nach eine dem Menschen vertraute und vom Menschen erfahrene Natur zu offenbaren. Hat der Beobachter Glück und erwischt er einen der seltenen Augenblicke, in dem die Luft über dem Teleskop ganz ruhig ist, dann nimmt der verschwommene Ball plötzlich scharfe Konturen an und enthüllt Hunderte faszinierender Details, die sich gar nicht so schnell in einer rasch auf das Papier geworfenen Skizze vermerken lassen. Plötzlich verschwindet dann alles wieder wie ein Spuk.

Bis zum Jahre 1965, als mit den amerikanischen Mariner-Raumsonden die einzigartige und aufsehenerregende Erforschung des Wüstenplaneten aus nächster Nähe begann, erfolgte die Erforschung der Marsoberfläche aufgrund jahrzehntelanger Beobachtungen und Berechnungen. Bedingt durch die Beobachtungsschwierigkeiten variierten die Angaben, was die Beschaffenheit der Marsoberfläche anbetraf, von Beobachter zu Beobachter. Die Angaben, Skizzen und selbst die Photos, die die Astronomen von der Marsoberfläche machten, stimmten häufig nicht überein. Aus diesen Widersprüchen entstand die sogenannte Kanalkontroverse, die sicherlich eigentümlichste und zugleich spannendste Begebenheit der modernen Astronomie. Diese in vieler Beziehung phantastische Kontroverse sollte zu einem einmaligen Antrieb und Anreiz für die Weltraumforschung, aber auch für die Wüstenforschung werden.

Im Jahre 1877 hatte der italienische Astronom Giovanni Schiaparelli

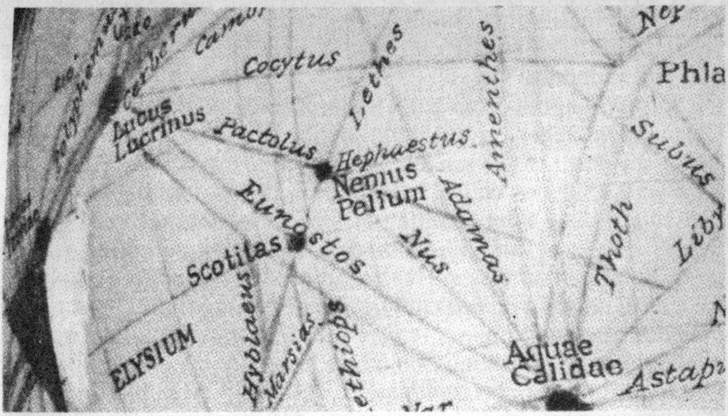

Ausschnitt aus der Marskarte von Lowell

verkündet, er hätte auf dem Mars dünne schwarze Linien entdeckt, die den Planeten wie ein Spinnennetz überziehen. Er bezeichnete die Linien als canali, was soviel wie Graben bedeutet. Vorweg sei bemerkt, daß Schiaparelli niemals behauptet hat, daß es sich bei seinen canali um künstlich angelegte, wasserführende Kanäle handelte. Er nahm dagegen vielmehr an, daß es sich um geologische Gräben und Verwerfungen handelte.

Der amerikanische Astronom Percival Lowell, der zu den führenden Marsforschern seiner Zeit gehörte, war von der Beobachtung seines italienischen Kollegen begeistert. Je länger Lowell nun selbst den Mars beobachtete, je mehr Kanäle entdeckte er. Lowell trat schon bald mit einer phantastischen Hypothese an die Öffentlichkeit, die zu einem der wichtigsten Gesprächsthemen zu Beginn des 20. Jahrhunderts werden sollte. Lowell vertrat die zweifellos interessante Ansicht, daß es sich bei dem Liniennetz um Bewässerungskanäle handelte, die von hochzivilisierten Marsbewohnern angelegt worden seien, um die mehr und mehr austrocknende Oberfläche ihres Planeten mit Schmelzwasser aus den Eiskappen der Polarregionen zu bewässern. Auch wenn die Bewässerungskanäle viele Kilometer breit waren, hätten sie aufgrund der gewaltigen Entfernung nicht von der Erde aus wahrgenommen werden können. Er schloß daraus, daß beiderseits der Kanäle breite Streifen bewässerten Landes lagen, die zusammen mit den Kanälen die dunklen Linien bildeten. Wo sich die Kanäle kreuzten, vermutete Lowell große oasenartige Städte.

Lowells phantastische Hypothese gewann, wie könnte man es anders vermuten, in kürzester Zeit zahlreiche begeisterte Anhänger, die den Mars nach und nach mit all dem ausstatteten, was ein von zivilisierten Lebewesen bevölkerter Planet hervorgebracht hat: große, von Glaskuppeln gegen Sandstürme und Sauerstoffmangel geschützte Städte an den Knotenpunkten der Bewässerungskanäle, gewaltige Kraftwerke, die das Wasser in Bewegung hielten und dafür sorgten, daß es auf die Felder inmitten der Wüste gepumpt wurde, regen Schiffsverkehr auf den Kanälen, der die Marsstädte untereinander verband, usw. Von diesen Überlegungen war es natürlich dann für viele Zeitgenossen Lowells nur noch ein kleiner Schritt, die neu entdeckten Marsmenschen mit Raumschiffen auszustatten und sie, nachdem man irdisch menschliche Charakterzüge in ihre übergroßen Gehirne hineinprojiziert hatte, mit bösen Absichten auf eine Reise zur Erde zu schicken. Als im Jahre 1938 in einem Hörspiel, das wie eine Nachrichtensendung aufgezogen war, behauptet wurde, der Erde stehe nicht nur ein Zweiter Weltkrieg bevor, sondern gar ein planetarischer Krieg mit der Marsbevölkerung, erreichten die Spekulationen einen hysterischen Höhepunkt. In den amerikanischen Großstädten kam es zu einer Panik, und einige Menschen wählten sogar den Freitod, um den Schrecken einer Verschleppung und Gefangenschaft auf dem Mars zu entgehen.
Auch die beiden Monde, Phobos und Deimos, die den roten Planeten umkreisen, wurden in die durchaus berechtigten Überlegungen und Spekulationen, ob der Mars von intelligenten Lebewesen bewohnt sei, mit einbezogen. Die beiden Marsmonde nehmen wegen ihrer geringen Größe und ihrer Nähe zum Planeten eine einmalige Sonderstellung unter den insgesamt 32 Monden unseres Sonnensystems ein. Deimos, mit einem Durchmesser von nur etwa fünf Kilometern der kleinste bekannte Mond unseres Sonnensystems, schwebt ungefähr 23 500 Kilometer über der Marsoberfläche, und Phobos, mit einem Durchmesser von acht Kilometern ebenfalls winzig, umkreist den Mars in nur 9000 Kilometer Entfernung. Zum Vergleich: Unser Mond umkreist die Erde in einer Entfernung von 363 000 bis 405 000 Kilometern. Genaue Beobachtungen und Berechnungen ergaben, daß die Umlaufzeit von Phobos um den Mars langsam immer kürzer zu werden scheint. Die einzige plausible Erklärung für ein solches Phänomen wäre, daß die äußere Marsatmosphäre den Mond allmählich abbremst und ihn langsam in eine immer nähere, kürzere und deshalb auch schnellere Umlaufbahn zieht. Die Atmosphäre des Planeten ist jedoch so dünn, daß ein auf diese Weise beeinflußter Satellit eine sehr geringe Dichte aufweisen muß.

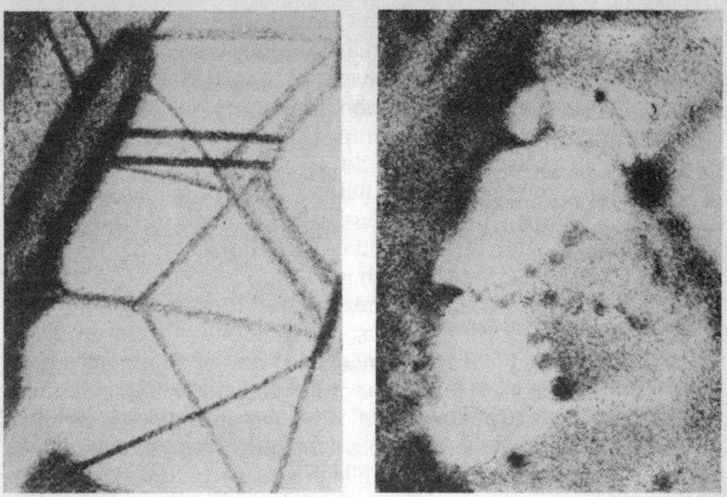

Ausschnitt aus einer Marskarte von Schiaparelli (links). Antoniadi zeichnete von der gleichen Region ein ganz andersartiges Bild (rechts).

Wenn die Beobachtungen und Berechnungen richtig waren, mußte Phobos leichter sein als alle bekannten festen Substanzen, leichter sogar als alle in der Natur vorkommenden porösen Materialien. Der russische Astrophysiker Josef S. Schkolowsky stellte aufgrund der geheimnisvollen Beobachtungen interessante Überlegungen an. Er warf die Frage auf, ob Phobos vielleicht ein Hohlkörper mit einer harten Schale sei. Vielleicht, so meinte er, könne es sich bei Phobos und vielleicht auch bei dem noch kleineren Mond Deimos um riesige künstliche Satelliten handeln, die von hochzivilisierten Marsbewohnern bereits vor mehreren Hundert Millionen Jahren in ihre Umlaufbahn geschossen wurden. Als die Marsoberfläche immer mehr verwüstete, der Sauerstoff der Atmosphäre langsam aufgezehrt und der Planet allmählich unbewohnbar wurde, so überlegte der Wissenschaftler, erbauten die Marsbewohner zwei riesige Satelliten, die als Bibliotheken und Museen die Errungenschaften ihrer hochentwickelten, aber zum Untergang bestimmten Marskultur vor der Zerstörung bewahren sollten, um sie als Zeugnis für zukünftige intelligente, durch den Weltraum reisende Bewohner fremder Welten zu erhalten. Diese interessante, in vieler Beziehung auch berechtigte Überlegung stellte sich jedoch als Irrtum heraus, als vor wenigen Jah-

ren die Erforschung des Mars mit den Mariner-Raumsonden begann. Auf einzigartigen Photos, die die Raumsonden auch von den Marsmonden machten und die anschließend zur Erde gefunkt wurden, offenbarten Deimos und Phobos ihre wahre Natur. Es sind riesige unförmige Felsbrocken, deren Oberfläche von zahlreichen Meteoriteneinschlägen tief zernarbt ist.
Ähnlich erging es den mysteriösen Bewässerungskanälen schon lange bevor die Mariner-Raumsonden damit begannen, die Geheimnisse des roten Planeten zu erforschen. Viele Forscher, Zeitgenossen Lowells, lehnten die Kanalhypothese als Produkt einer übergroßen Phantasie ab. Trotz ausdauerndster Beobachtungen durch ihre Teleskope konnten sie auf der Marsoberfläche nur verschwommene helle und dunkle Flecken, allenfalls bei außergewöhnlich guten Sichtverhältnissen noch zahlreiche punktähnliche Details erkennen. Der griechische Astronom Eugenios M. Antoniadi, dem in Frankreich ein ausgezeichnetes Teleskop zur Verfügung stand, hatte das Glück, das Gebiet, in dem sein Kollege Schiaparelli die mysteriösen Linien entdeckt hatte, einen kurzen Moment lang bei selten guten Sichtverhältnissen zu beobachten. Er erkannte, daß es sich bei den dünnen Linien der canali um Ketten unzusammenhängender Einzelteile und Punkte handelte, die wahrscheinlich anderen Beobachtern aufgrund einer optischen Täuschung als zusammenhängende dünne Linien erschienen waren. Es ist bekannt, daß dem menschlichen Auge eng aufeinanderfolgende Punkte aus großer Entfernung als Linien erscheinen. Wie seine Kollegen erkannte Antoniadi darüber hinaus langgestreckte dunkle Zonen, die jedoch viel zu breit waren, um als Kanäle gedeutet werden zu können.
Als in den vergangenen Jahrzehnten immer bessere Beobachtungs-, Meß- und Auswertungsmethoden entwickelt wurden, glätteten sich die Wellen der Kanaleuphorie allmählich. Wo die Möglichkeiten der optischen Teleskope endete, begann die Arbeit mit Radioteleskopen, und die Kartographie ferner Planeten wurde mit Hilfe von Radarstrahlen vorangetrieben. Aber auch die immer bessere Erforschung der Entwicklungsgeschichte unserer Erde, die umwälzenden Erkenntnisse der Atomphysik, der Molekularbiologie sowie der Geologie über allgemeingültige Abläufe der Lebensentstehung und schließlich die Erkenntnisse der Wüstenforschung trugen entscheidend dazu bei, daß der rote Planet uns inzwischen einen Teil seiner faszinierenden Geheimnisse offenbart hat.
Als im Jahre 1965 die Mariner 4-Raumsonde in nur 9800 Kilometer Entfernung am Mars vorbeiflog, begann die Erforschung des Mars aus nächster Nähe. Die Raumsonde sandte Meßdaten über die Be-

schaffenheit und Dichte der Marsatmosphäre, über Oberflächentemperaturen und Magnetfeldintensität und funkte die ersten 21 aus je 22 000 Bildpunkten zusammengesetzten Fotos der Marsoberfläche zur Erde. Den vorläufigen Höhepunkt der Erforschung des Wüstenplaneten bildete der Start der Mariner 9-Raumsonde am 30. Mai 1971. Nach einer Flugzeit von 167 Tagen und einer zurückgelegten Entfernung von 250 Millionen Meilen wurde die unbemannte Forschungssonde in eine Umlaufbahn um den roten Planeten gesteuert. Während eines einzigartigen Forschungsjahres sandte die Raumsonde mehr als 50 Milliarden Meßimpulse auf dem Funkweg zur Erde zurück. Aus einem Teil der Signale wurden 7300 spektakuläre, aus jeweils 770 000 Bildpunkten bestehende Bilder zusammengesetzt, auf denen die gesamte Oberfläche des Planeten abgebildet war. Durch die physikalischen und chemischen Analysen, die Mariner 9 zur Erde funkte sowie durch die Fotos, die so klar und scharf sind, daß sich selbst kleinste Details der Marsoberfläche darauf erkennen lassen, erfuhr man endgültig, daß der Mars kein toter, völlig abgestorbener Himmelskörper ist, wie es viele Wissenschaftler selbst noch nach den Mariner 4-Beobachtungen vermutet hatten. Die Bilder zeigten vielmehr, daß der rote Planet von dynamischen Kräften geformt wird, daß seine Oberfläche noch reicher an Details ist, als selbst Lowell es vermutet hatte, und daß sich seine vielfältige Topographie mit der der Erde vergleichen läßt. Oberflächenformen von unwahrscheinlicher Vielfalt offenbarten sich: bis zu 24 000 Meter hohe Vulkane erheben sich über mit rotem Sand und Staub bedeckten Ebenen, mehr als zweieinhalbmal so hoch wie die höchsten Berge auf der Erde; riesige rote Wüsten werden von Höhenzügen und verkippten Gesteinsschollen durchzogen und bis zu 3500 Kilometer lange Canyons – mit 7000 Meter Tiefe fast viermal so tief wie der Grand Canyon in Arizona – durchziehen kontinentartige hochgelegene Steinwüsten.

Die neu gewonnenen Erkenntnisse haben mittlerweile zu einer wechselseitigen Befruchtung zwischen den fundamentalen Erkenntnissen der irdischen Wüstenforschung und der Marswüstenforschung geführt. Der Mars besitzt drei hervorstechende Oberflächenformen. Da gibt es zum einen beckenförmige Tiefländer, die ungefähr zwei Drittel des Planeten bedecken, die durch ihre Größe und Form den Eindruck ausgetrockneter Ozeanbecken vermitteln. Wie man bereits seit langem richtig vermutete, sind sie mit rotem Wüstensand und -staub gefüllt und verleihen dadurch dem Planeten seine charakteristische rote Farbe. Diese Wüstenbecken lassen sich am besten mit den ebenfalls mit rotem Sand und Staub gefüllten großen

Senken der Sahara vergleichen. Zwischen den Becken befinden sich dann dunkle schwärzliche Regionen, die Hochländer. Besonders auf der Südhalbkugel nehmen sie große Flächen ein und wirken so wie eine zusammenhängende große Kontinentalmasse. Am auffallendsten sind jedoch die Polarkappen des Planeten, die sich mit ihrem leuchtenden Weiß scharf von den an sie angrenzenden, rot und schwarz gefärbten Regionen abheben. Die weißen Polarkappen schrumpfen während der jeweiligen Sommerperiode beträchtlich zusammen, um sich dann im Winter wieder auszudehnen.
Die dunklen Hochländer des Mars zeigen jedesmal mit dem Wechsel der Jahreszeiten interessante farbliche Veränderungen, die seit langem die Aufmerksamkeit der Wissenschaftler auf sich ziehen. Ähnliche, von den Jahreszeiten abhängige Veränderungen sind von der Erde bekannt, die vor allem auf der nördlichen Halbkugel zu beobachten sind. Zu Beginn des Frühlings schrumpft die über Europa, Asien und Nordamerika ausgebreitete Schneedecke in sich zusammen und weicht so weit nach Norden zurück, bis nur noch das ewige Eis der Polarregion übrigbleibt. Der schmelzende Schnee legt die dunkleren Gesteinskrusten der Erde wieder frei, und wenige Wochen später wechselt das nun schneefreie Land abermals seine Farbe, wenn die Bäume von Süden nach Norden fortschreitend neue Blätter treiben und nördlich der Baumgrenze die Bodenvegetation neu ergrünt. Ein intelligentes Lebewesen eines fernen Planeten, das die Erde während dieser Periode durch ein Teleskop beobachten würde, würde zwei aufeinanderfolgende Verdunklungswellen bemerken, die von Süden nach Norden verlaufen.
Etwas Ähnliches läßt sich jedes Jahr auf dem Mars beobachten, jedoch in umgekehrter Richtung. Wenn während des Marsfrühlings eine der beiden Polarkappen schrumpft, geht von ihr eine Welle der Verdunklung aus, die sich mit einer Geschwindigkeit von etwa 45 Kilometern am Tag in Richtung auf den Äquator bewegt. Die Verdunklung tritt eigenartigerweise nur auf den sowieso schon dunklen Hochländern auf, die dadurch fast schwarz erscheinen. Die tiefliegenden rötlichen Wüsten dagegen verändern ihre Farbe kaum. Einige Wissenschaftler äußerten die interessante Meinung, daß die farbliche Veränderung durch eine sprießende Frühjahrsvegetation verursacht würde. Auch für die »falsche Richtung«, in der sich die Marsvegetation entwickelte, hatten sie eine Erklärung: Auf einem fast wolkenlosen Wüstenplaneten könnten nur die abschmelzenden Eiskappen des Planeten das für das pflanzliche Wachstum unerläßliche Wasser liefern.
So verlockend die Idee auch war, daß es außer der Erde noch einen

weiteren, wenigstens zeitweilig grünen Planeten in unserem Sonnensystem gab, so schnell wurde sie von anderen Forschern wieder verworfen: Die dünne Marsatmosphäre und die daraus resultierenden niedrigen atmosphärischen Drücke ließen das Vorhandensein von Wasser in flüssiger Form undenkbar erscheinen.

Die Raumsonde Mariner 4 bewies dann, daß die Atmosphäre des Mars noch dünner war, als man bisher durch Beobachtungen und Messungen von der Erde aus hatte errechnen können. Als die Sonde während ihres Vorbeifluges am Mars langsam hinter der Rückseite des Planeten verschwand, durchdrangen ihre ständig zur Erde gefunkten Signale immer größere Bereiche der Marsatmosphäre. Aus der Abschwächung der Funksignale konnten Astrophysiker errechnen, daß die Atmosphäre des Planeten so dünn ist wie die Erdatmosphäre in ca. 30 Kilometer Höhe und daß der Druck, den sie auf die Marsoberfläche ausübt, nur etwa ein Prozent des Druckes ausmacht, den die Erdatmosphäre auf die Erdoberfläche ausübt.

Im Unterschied zur Erdatmosphäre, die sich vor allem aus Stickstoff, Sauerstoff und etwa 0,03 Prozent Kohlendioxyd zusammensetzt, besteht die Marsatmosphäre fast ausschließlich aus Kohlendioxyd. Da in der Marsatmosphäre nur ganz geringe Spuren von Sauerstoff und Ozon verhanden sind, können die für irdische Lebewesen und Pflanzen todbringenden ultravioletten Strahlen des Sonnenlichtes ungehindert die Wüstenoberfläche des Mars erreichen.

An bestimmten Wolkentypen, die hin und wieder in der Marsatmosphäre auftreten, läßt sich erkennen, daß sie geringe Mengen Wasserdampf enthält, dessen Konzentration aber nirgends auch nur so hoch ist wie über den trockensten Wüstenregionen der Erde. Die Marsatmosphäre ist also aufgrund ihrer geringen Dichte nicht annähernd in der Lage, wie das »Treibhaus« der Erdatmosphäre größere Mengen Sonnenwärme zu speichern. Bedenkt man dazu noch die extreme Trockenheit der völlig wasserlosen Marswüsten, so wird klar, daß die Wärme, die den Planeten noch von der Sonne erreicht, sofort wieder in den Weltraum entweichen kann. Die Oberfläche des Mars ist daher in erster Linie eine kalte Wüste. Am Äquator steigt die Temperatur am Tage auf höchstens 20 bis 30 Grad Celsius, sinkt aber nachts aufgrund der hohen Wärmeabstrahlung wieder auf minus 85 Grad Celsius ab. An den Polen sinken die Temperaturen im Winter sogar bis zu minus 130 Grad.

Während die mittlere Oberflächentemperatur auf der Erde 14,3 Grad Celsius beträgt, beträgt die des Mars wahrscheinlich nur minus 15 Grad. Die dünne Kohlendioxydschicht, die den Planeten umgibt, reicht gerade aus, um ein kühles bis sehr kaltes Klima zu gewährlei-

sten und verhindert, daß die Temperaturen nachts nicht bis auf Weltraumkälte absinken. Nicht nur wegen des extrem niedrigen Druckes der Marsatmosphäre, sondern auch aufgrund der niedrigen Temperaturen, ist es also undenkbar, daß Wasser in flüssiger Form auf der Marsoberfläche existiert.
Die Polarregionen des Mars wirken aufgrund ihrer extrem niedrigen Temperatur als Kältefallen. Sie entziehen der Marsatmosphäre einen großen Teil der sowieso schon spärlichen Wasserdampfmenge. Die meisten Wissenschaftler sind sich darüber einig, daß die Polarkappen zum Teil aus gefrorenem, nicht zuvor kondensiertem Wasserdampf entstanden sind, ähnlich wie die Eisblumen, die sich im Winter an der Innenseite kalter Fensterscheiben bilden. Auch umgekehrt würde das Wassereis auf dem Mars infolge des niedrigen atmosphärischen Drucks unmittelbar zu Dampf sublimieren, ähnlich wie Trockeneis, das beim Schmelzen direkt in gasförmiges Kohlendioxyd übergeht.
Sofern überhaupt eine alljährlich wiederkehrende Frühjahrswüstenvegetation auf dem Mars vorhanden ist, was aufgrund der ungehindert auf die Marsoberfläche auftreffenden ultravioletten Strahlung nur schwer vorstellbar ist, könnte sie ihren Wasserbedarf also nicht mit Wasser in flüssiger Form decken, das von den schmelzenden Polarkappen in die Wüste flutet. Ähnlich wie die hochgradig spezialisierten Haarnetzpflanzen aus dem Tal des Todes, die ich Ihnen in einem vorangegangenen Kapitel vorgestellt habe, müßten Marspflanzen Wasserdampf aus der Atmosphäre herausfiltern. Aber selbst Wasserdampf ist wahrscheinlich während des Frühjahres nicht in ausreichender Menge vorhanden.
Über den Polen gefriert nicht nur der spärlich vorhandene Wasserdampf zu Eis, sondern auch das in der Marsatmosphäre dominierende Kohlendioxyd gefriert auf dem roten Planeten bei den winterlichen Poltemperaturen von minus 130 Grad Celsius zu Trockeneis. Die weißen Polarregionen bestehen daher zum größten Teil höchstwahrscheinlich gar nicht aus Wassereis, sondern aus zu Trockeneis gefrorenem Kohlendioxyd. Wenn zu Beginn des Frühjahrs die Temperaturen ansteigen, verdampft die ungeheure Menge Kohlendioxyd wieder. Die Temperaturen sind aber wahrscheinlich nicht hoch genug, um auch das Wassereis verdampfen zu lassen.
Während des Sommers ist über den Polen eine pilzförmige Glocke aus bläulichem Dunst zu beobachten, unter der ein weißes Restgebiet aus Eis erhalten bleibt, das noch eine Dicke von mehreren hundert Metern besitzt. Es besteht wahrscheinlich aus dem nicht schmelzenden, gefrorenen Wasserdampf.

Zu den interessantesten Fotos, die von Mariner 9 zur Erde gefunkt wurden, gehören Aufnahmen, die während des Marssüdsommers vom Rande der von 3 200 000 Quadratmeilen auf 32 000 Quadratmeilen zusammengeschmolzenen Südpolarkappe gemacht wurden. An schluchtartigen Einschnitten, die den wahrscheinlich aus Wassereis bestehenden Polarkern durchziehen sowie an geschichteten Ablagerungen und dünenähnlichen Gebilden auf dem freigelegten Untergrund des bereits verdampften Teiles der Polarkappe am Rande des verbliebenen Eisgebietes ist deutlich zu erkennen, daß der Eispanzer - ähnlich wie eine Torte - aus zahlreichen unterschiedlichen Schichten aufgebaut ist. Aufgrund ihrer Färbung scheinen die Schichten aus einer wechselnden Abfolge von Wassereis, Vulkanasche, Trockeneis und Wüstenstaub zu bestehen (siehe Abbildung 50).

Als ich die Aufnahmen aus der Südpolarregion des Mars zum erstenmal sah, fiel mir sofort auf, daß ich ähnliche Schichtungen auch auf der Erde gesehen hatte. In der für irdische Verhältnisse extrem kalten Sandwüste in Südcolorado kommt es ebenfalls - wie ich am Anfang des 5. Kapitels berichtet habe - während der Wintermonate aufgrund wechselnder Windrichtungen zu einer Abfolge von Schnee- und Sandschichten auf der Oberfläche der Wüstendünen.

Die Ablagerung verschiedener Materialien im Südpolargebiet des Mars sind ein sehr guter Beweis für ein dynamisches atmosphärisches Geschehen. Trotz der dünnen Atmosphäre müssen starke Winde vorhanden sein, die Wasserdampf, Asche und vor allen Dingen Wüstenstaub in die Polarregionen transportieren und übereinander ablagern. Aufgrund visueller Beobachtungen, durch spektroskopische Untersuchungen und Polarisation des vom Mars reflektierten Sonnenlichtes wußte man seit langem, daß auf dem Mars heftige, jahreszeitlich bedingte Staub- und Sandstürme wüten.

Als Mariner 9 1971 seinen Flug zum Mars antrat, schien die Atmosphäre des Planeten ziemlich ruhig zu sein. Als dann nach 5½ Monaten Flugzeit die Bremsraketen gezündet wurden und die Raumsonde in ihre vorgesehene Umlaufbahn einschwenkte, fand sie einen Planeten vor, auf dessen Oberfläche ein Chaos herrschte. Die ersten Funkfotos, die Mariner 9 zur Erde sandte, versetzten die Wissenschaftler in Erstaunen. Der Mars war in einen roten, seine gesamte Oberfläche erfassenden und verdeckenden Sand- und Staubsturm gehüllt. Der Staubmantel war so dicht, daß nur die weiße Südpolarkappe und die Spitzen von vier Riesenvulkanen zu sehen waren, die wie von einem roten Meer umtoste Inseln aus den Staubmassen herausragten. Dieser schwerste Sandsturm, den man je von der Erde aus auf dem Mars registriert hatte, legte sich erst Anfang 1972. Als der Sturm abgeklungen war, wurden von der Sonde Fotos zur Erde gefunkt, die den Planeten so klar zeigten, wie ihn noch nie jemand zuvor gesehen hatte.

Die extrem lebensfeindlichen Bedingungen, die heute auf dem Mars herrschen – extreme Trockenheit, Kälte und das Fehlen eines wirksamen Ultraviolett-Filters in Form einer sauerstoffreichen Atmosphäre oder gar einer Ozonschicht –, machen es mehr als unwahrscheinlich, daß die Marswüsten sich in jedem Frühjahr mit einer Vegetationsdecke überziehen. Eine viel plausiblere Erklärung für die Entstehung der jahreszeitlich bedingten Verdunklungswellen auf der Marsoberfläche bieten die Staubstürme. Rötlicher puderartiger Staub und sehr feiner Sand bedecken die Marsoberfläche fast überall. Sie füllen nicht nur die tiefliegenden Wüstenbecken aus, sondern bedecken auch die Steinwüsten der schwarzen Hochländer mit einem dünnen Film. Zu diesem Ergebnis kam man, nachdem man die Polarisation des von den Hochländern reflektierten Sonnenlichtes beobachtet hatte. Veränderungen im Licht während der Polarisation, die auf die Größe der das Licht reflektierenden Partikel schließen lassen, zeigten den Wissenschaftlern, daß die Verdunkelungswelle, die jedes Frühjahr von den Polen in Richtung auf den Äquator verläuft, von einer Veränderung der Größe der Staub- und Sandpartikel begleitet wird, die die dunklen Hochländer bedecken. Wenn im Frühjahr – bedingt durch Temperaturunterschiede zwischen der Äquatorzone und der Polregion – auf dem Mars vorwiegend starke Polwinde vorherrschen, weht der Wind den feinen Staub von den Hochländern herunter und lagert ihn in den riesigen tiefliegenden Wüstenbecken ab.

Aufgrund der dünnen Marsatmosphäre sind Windgeschwindigkeiten von mindestens 150 Stundenkilometern erforderlich, um selbst mehlfeinen Staub aufzuwirbeln und abzutransportieren. Die auf dem Mars möglichen atmosphärischen Bewegungen reichen aber wahrscheinlich nicht aus, um auch die gröberen Verwitterungsprodukte wie Sandkörner von den Hochländern in die Tiefländer zu transportieren.

Sobald sich die schwarzen Hochländer im Spätsommer erwärmt haben, kommt es über ihnen zur Ausbildung starker Aufwinde. In die entstehenden Tiefdruckzonen strömen dann starke Winde aus den

Abbildung 46:
Ein Überbleibsel der letzten Eiszeit. Eine mehrere tausend Jahre alte Zypresse im Tassili-Gebirge in der zentralen Sahara.

Wüstenbecken hinein. Sie transportieren den feinen Staub in umgekehrter Richtung wieder aus den Senken auf die Hochländer hinauf, die dadurch wieder ihre für den Herbst und für den Winter charakteristische helle Färbung erhalten.
Ein ähnlicher Vorgang läßt sich auch in den irdischen Wüsten beobachten. In der Sahara transportiert der Wind ständig die Verwitterungsprodukte, Sand und Staub, von den dunklen hochgelegenen Steinwüsten ab, um sie in den Tiefländern in Form rötlicher Sanddünen wieder abzulagern. Jahreszeitlich bedingte starke Winde führen dann dazu, daß es zeitweilig zu einer entgegengesetzten Umlagerung von Staub- und Sandmassen aus den Tiefländern in die Hochländer kommt, die dann zeitweilig eine hellere Färbung zeigen.
Eines der interessantesten Merkmale der Marsoberfläche, die auf den Mariner-Aufnahmen zu sehen waren, sind die zahlreichen Meteoritenkrater, die den ganzen Planeten bedecken. Bei den etwa 12 000 größeren Marskratern handelt es sich um runde flache Vertiefungen, die jedoch im Gegensatz zu den Meteoritenkratern auf dem Mond keine stark aufgeworfenen Ränder mehr besitzen; sie sind offenbar bis zum Niveau der sie umgebenden Marsoberfläche mit rotem Wüstenstaub aufgefüllt. Während die Krater auf den Hochländern abgetragen aussehen, sind die Krater in den Tiefländern fast ganz im Wüstenstaub ertrunken.
Die von zahlreichen Meteoriteneinschlägen zernarbte Oberfläche des Mars ähnelt auf den ersten Blick also sehr der Oberfläche unseres Mondes. Es ist bekannt, daß ein großer Teil der heutigen Mondoberfläche im wesentlichen fossil und seit ca. 3,5–4,5 Milliarden Jahren unverändert ist. Der Mond war aufgrund einer zu geringen Masse anscheinend nicht in der Lage, eine nennenswerte Uratmosphäre auszuschwitzen, abgesehen davon, daß seine geringe Schwerkraft nicht ausgereicht hätte, aus seinem Innern für die Bildung einer Atmosphäre und Hydrosphäre ausströmende Gase daran zu hindern, in den Weltraum zu entfliehen. Die Mondoberfläche ist also so gut erhalten, weil sie niemals der starken Erosion durch Wasser und Wind ausgesetzt war. Das heißt natürlich nicht, daß die Mondoberfläche überhaupt keinen Veränderungen unterworfen ist. Die von keiner Atmosphäre gehinderte, von der Sonne ausgehende Protonenstrahlung, der sogenannte Sonnenwind, Sprengungen des Gesteins infolge von Temperaturunterschieden und Meteoriteneinschläge zer-

Abbildung 47:
Nomadenmädchen in der nordwestlichen Sahara.

mürben das Mondgestein. Doch haben diese Vorgänge allein wohl nicht ausgereicht, die Uroberfläche des Mondes völlig zu zerstören. Wenn die Oberfläche des roten Planeten ähnlich wie auf dem Mond von zahlreichen noch erhaltenen Meteoritenkratern übersät ist, läßt sich daraus schließen, daß sie genauso alt wie die des Mondes ist. Darüber hinaus kann man annehmen, daß es auf dem Mars niemals sehr wirksame Verwitterungskräfte, die nur in einer dichten Atmosphäre und bei Oberflächenwasser auftreten, gegeben haben kann. Eine belebte Entwicklungsphase ist daher als sehr unwahrscheinlich anzusehen. Nach der Auswertung aller Meßdaten und Fotos kamen die Marswüstenforscher jedoch zu einem anderen Schluß. Der rote Planet hat im Sonnensystem eine sehr unangenehme Nachbarschaft. Zwischen der Bahn des Mars und der des Jupiters erstreckt sich der breite Ring der Planetoiden, auch Asteroiden genannt. In ihm kreisen etwa 40 000–60 000 kleinere Himmelskörper, die aber immerhin so groß sind, daß man sie in einem Teleskop erkennen kann, um die Sonne (siehe Graphik Seite 65).
Viele Astronomen sind der Meinung, daß sich aus den unzähligen Gesteins- und Metalltrümmern des Planetoidenringes ein weiterer großer Planet hätte bilden können, wenn die Fragmente nicht durch die Gravitationswirkung des benachbarten Riesenplaneten Jupiter in Unordnung gebracht worden wären.
Zwischen den sichtbaren Planetoiden umkreisen mehrere Dutzend Millionen Meteoriten die Sonne. Sie sind so klein, daß man sie als Einzelobjekte durch ein Teleskop nicht erkennen kann, aber doch groß genug, um beim Aufprall auf einen Planeten große Krater herauszusprengen. Astrophysiker haben errechnet, daß der Mars während seiner Geschichte schätzungsweise von dreißigmal so vielen Meteoriten getroffen worden sein muß, als heute an den Spuren auf seiner Oberfläche zu erkennen ist. Wenn die Marsoberfläche tatsächlich sehr alt und ohne bedeutende Erosionsspuren ist, müßte sie daher viel vernarbter und mit noch mehr Meteoritenkratern übersät sein als die Oberfläche des Mondes. Da aus den übermittelten Fotos eindeutig hervorgeht, daß das nicht zutrifft, muß es also eine äußerst wirksame Erosion auf dem Mars gegeben haben, und seine heute sichtbare Oberfläche muß wesentlich jünger sein als die Mondoberfläche. Astronomen errechneten, daß die Oberflächenformen des roten Planeten, wie sie sich heute dem Betrachter darbieten, jünger sein müssen als 600 Millionen Jahre – im Verhältnis zum Gesamtalter des Planeten, das etwa 5 Milliarden Jahre beträgt, eine kurze Zeitspanne. Die in der heutigen dünnen Marsatmosphäre möglichen Vorgänge und Bewegungen reichen aber wahrscheinlich nicht aus,

um das heutige Oberflächenbild des Planeten allein geprägt zu haben. Etwas anderes muß also die Oberfläche immer wieder umgeformt und die Krater abgetragen haben.
Tatsächlich sind auf den Fotos und in den Meßdaten, die Mariner 9 zur Erde funkte, viele Anzeichen dafür zu entdecken, daß der Mars früher einmal eine viel dichtere Atmosphäre besaß und daß nicht nur starke Winde, sondern auch Wasser seine Oberfläche formten und u. a. die alte Krateroberfläche aus der Entstehungszeit des Planeten veränderten.
Nicht nur auf dem Mond und auf dem Mars sind Meteoritenkrater vorhanden, sondern auch auf der Erde sind mehrere Dutzend Einschlagkrater gefunden worden. Der bekannteste und am besten erhaltene liegt in der Wüste von Arizona. Er besitzt einen Durchmesser von fast 1½ Kilometern und eine Tiefe von 200 Metern. Im Gegensatz zu den sehr alten Meteoritenkratern der Mondoberfläche sind die irdischen Krater jedoch relativ junge Erscheinungen. Aufgrund der auf der Erde herrschenden starken Verwitterungskräfte sind alle alten Meteoritenkrater, die wahrscheinlich auch die Erdoberfläche in ihrer Frühzeit dicht bedeckten, längst abgetragen und eingeebnet.
Wenn der Mars aber früher eine dichtere Atmosphäre und eine Hydrosphäre besessen hat, ist es durchaus denkbar, daß es innerhalb der Entwicklungsgeschichte des roten Planeten auch eine Biophase gegeben hat. Vielleicht werden erste Astronauten, die möglicherweise noch in diesem Jahrhundert auf dem Mars landen, versteinerte Lebewesen in den an der Wüstenoberfläche freigelegten Gesteinen entdecken. Heute könnte der Mars sich bereits in einem Endwüstenstadium befinden. Sollte sich diese Annahme als richtig erweisen, dann hätten wir auf dem Mars ein zukünftiges Erdstadium vor Augen.
Welche Anzeichen auf der Marsoberfläche berechtigen nun zu der Annahme, daß der Wüstenplanet früher einmal eine dichte lebensfreundliche Atmosphäre und eine Hydrosphäre besessen hat und daß es deshalb auf ihm Leben gegeben haben könnte? Den wichtigsten Hinweis liefert die Beschaffenheit der Marsatmosphäre selbst. Im Gegensatz zur Erdatmosphäre, die nur etwa 0,03 Prozent Kohlendioxyd enthält, besteht die Atmosphäre des Mars heute zu etwa 90 Prozent aus Kohlendioxyd. Obwohl die Marsatmosphäre nur etwa 1 Prozent der Dichte der Erdatmosphäre besitzt, enthält sie immer noch relativ mehr Kohlendioxyd als die Erdatmosphäre.
Kein Planet ist aber in der Lage, eine so große Menge Kohlendioxyd auszugasen, ohne gleichzeitig eine noch größere Menge Wasser aus-

zuschwitzen. Wasserstoff ist immerhin als das häufigste Element an der Entstehung und am Aufbau eines Planeten beteiligt. Vorausgesetzt, die Entstehungsbedingungen der inneren Planeten waren annähernd gleich, so müßte eigentlich immer mehr Wasserstoff verbunden mit Sauerstoff, also Wasser, als Kohlenstoff verbunden mit Sauerstoff, also Kohlendioxyd, vorhanden sein. Die riesigen Ozeane der Erde und die gewaltigen Mengen Wasserdampf in unserer Atmosphäre, denen eine relativ kleine Menge Kohlendioxyd gegenübersteht, sind ein deutlicher Beweis für dieses Verhältnis. Die Entgasungsprodukte heutiger Vulkane bestehen z. B. zu 80 Prozent aus Wasserdampf, zu 10 Prozent aus Kohlendioxyd und zu 10 Prozent aus anderen Gasen. Der Mars hat wahrscheinlich ähnlich wie die Erde den größten Teil seiner Atmosphäre während seiner Jugend ausgeschwitzt, als sich seine planetarische Masse aufgrund der Gravitation mehr und mehr verdichtete, aber höchstwahrscheinlich dringen auch heute noch Gase aus seinem Innern an die Oberfläche. Die dafür erforderlichen »Ventile« sind in Form von 19 Riesenvulkanen auf den spektakulären Aufnahmen zu sehen, die Mariner 9 zur Erde funkte. Der größte der Vulkane, der Nix Olympica, stellt die größte bisher in unserem Planetensystem bekannt gewordene Vulkanmasse dar. Der kreisrunde Riesenvulkan hat an seiner Basis einen Durchmesser von 500 Kilometern, und der Krater auf seiner Spitze, der sich 23 000 Meter hoch über die Marsoberfläche erhebt, besitzt eine 60 Kilometer weite Öffnung.

An den Leeseiten der Riesenvulkane hängen häufig weiße Wolkenfelder. Einige Wissenschaftler sind der Meinung, daß die Wolken aus atmosphärischem Wasserdampf bestehen, der durch aufwärtsgerichtete Winde an den Außenseiten der Vulkane emporsteigt, in der kalten Marsatmosphäre abkühlt und zu Eiswolken gefriert. Auch auf der Erde, so argumentieren sie, bilden sich Wolken in ähnlicher Weise an den Leeseiten von Gebirgen. Es ist jedoch wahrscheinlicher, daß die Wolken aus Wasserdampf bestehen, der noch heute direkt aus den Vulkanen ausströmt. Für diese Annahme würde auch die Tatsache sprechen, daß auch das Kraterinnere oft mit Wolken angefüllt ist.

Die Marsvulkane üben wahrscheinlich noch immer die Funktion riesiger Schornsteine aus, an deren leeseitigen weißen Qualmwolken sich erkennen läßt, daß das Feuer im Inneren des Planeten noch nicht erloschen ist.

Für die Annahme, daß der Mars nicht nur in seiner Vergangenheit, sondern auch noch in der Gegenwart ein geologisch sehr aktiver Planet ist, sprechen weitere hochinteressante Details, die auf seiner

Oberfläche zu erkennen sind. Schräg zum Äquator von Südost nach Nordwest verlaufende, an tektonische Kippschollen erinnernde Diagonalstrukturen und gewaltige Grabenbrüche, die die riesige, auf der Südhalbkugel des Mars liegende hohe und dunkle Kontinentalmasse durchziehen, sind ein Zeichen dafür, daß sich die Marskruste noch heute in ständiger Bewegung befindet. Aufgrund ihrer tektonischen Struktur scheinen die Südkontinente des Mars nach Norden auseinanderzudriften, wodurch Dreiecksschollen mit Diagonalstrukturen entstehen. Der große, noch weitgehend zusammenhängende Marskontinent auf der südlichen Halbkugel des Planeten bildet damit ein interessantes Gegenstück zu dem einst auf der Südhalbkugel der Erde liegenden Gondwana-Urkontinent, der im Erdmittelalter zerbrach und dessen Einzelteile anschließend nach Norden auseinanderdrifteten.
Die vielleicht interessanteste geologische Erscheinung scheint mir in diesem Zusammenhang der gewaltige Grabenbruch zu sein, der den südlichen Marskontinent wie eine riesige klaffende Wunde in einer Länge von 3500 Kilometern von Ost nach West durchzieht und der mit den Diagonalstrukturen in genetischer Beziehung zu stehen scheint. Der canyonartige Senkungsgraben ist mit seiner gewaltigen Tiefe von fast 7000 Metern und einer Breite von 230 Kilometern viermal so tief und so breit wie der gewaltigste Canyon auf der Erde, der durch Wassererosion entstandene Grand Canyon in Arizona. Da der Umfang des roten Planeten 21 284 Kilometer beträgt, umspannt der 3500 Kilometer lange Grabenbruch fast genau ein Sechstel des Planeten. Während das eine Ende des Riesencanyons während der 24 Stunden 37 Minuten lang dauernden Umdrehung des Planeten noch in tiefer eisiger Nacht liegt, wird das andere Ende bereits von der Sonne aufgeheizt. Da auf dem Mars aufgrund seiner dünnen Atmosphäre außerdem extreme Temperaturdifferenzen zwischen Tag und Nacht bestehen, entstehen zwischen den beiden Hälften des Canyons für irdische Verhältnisse unvorstellbare Temperaturunterschiede. Als Folge davon rasen wahrscheinlich morgens und abends infernalische Sand- und Staubstürme durch die Abgründe des Canyons von einem Ende zum anderen. Im Vergleich mit den dabei auftretenden möglichen Windgeschwindigkeiten von 450 Stundenkilometern würde selbst der schwerste Sandsturm der Sahara nur wie ein leichter Wind erscheinen.
Auch zum größten Grabenbruch auf den Marskontinenten gibt es ein vergleichbares Gegenstück auf der Erde. Von seinen Abmessungen her läßt er sich in etwa mit dem großen Senkungsgraben vergleichen, der sich vom Toten Meer in Israel über das Rote Meer, die

Afarsenke in Äthiopien quer durch Ostafrika 6000 Kilometer weit bis in den südlichen Teil Afrikas erstreckt. Aus dem Erdinnern aufsteigende Konvektionsströme glutflüssigen Magmas lassen den afroarabischen Kontinentalblock zerbrechen und pressen die entstandenen Einzelschollen so weit auseinander, daß allmählich ein neuer Ozean entsteht. In den nördlichen Teil des Grabenbruches sind bereits die Wasser des Indischen Ozeans hineingeflossen und haben einen embryonalen Ozean - das Rote Meer - entstehen lassen. Der Grabenbruch ist besonders im südlichen Teil von auffallend großen Vulkanen flankiert. Ähnliches trifft auch für den Mars zu. Nahe dem westlichen Ende des großen Grabenbruches befinden sich mehrere Riesenvulkane (siehe Abbildung 49).

Daß der 7000 Meter tiefe Senkungsgraben nicht längst mit Wasser gefüllt ist, ist ein weiteres Anzeichen dafür, daß es auf der Marsoberfläche kein flüssiges Wasser gibt oder - besser gesagt - nicht mehr gibt. Mit dem großen Grabenbruch vergleichbare geologische Strukturen sind an vielen Stellen der Marsoberfläche auszumachen. Die Bruchspalten, die die tiefliegenden, mit rötlichem Staub gefüllten Wüstenbecken durchziehen, erinnern an die langen Grabenbrüche auf dem Grunde der irdischen Ozeane, z. B. an das mittelatlantische Grabensystem.

Es besteht kaum noch ein Zweifel daran, daß der italienische Astronom Schiaparelli, als er 1877 seine canali entdeckte, diese Grabenbrüche vor Augen hatte, die genau wie auf der Erde auf aktive Krustenbewegungen eines Planeten hinweisen. Die Vermutung Schiaparellis, daß seine canali geologischen Ursprungs seien, hat sich also fast einhundert Jahre später durch Forschungsmethoden, von denen der Italiener noch nicht einmal zu träumen wagte, bestätigt.

Man kann davon ausgehen, daß ein Planet wie der Mars, dessen Inneres noch aktiv ist, auch eine substanzreiche, seiner Größe entsprechende dichte Atmosphäre und eine Hydrosphäre ausgeschwitzt haben muß. Es ergibt sich daher die interessante Frage, wo wichtige Bestandteile dieser Atmosphäre, hauptsächlich der Wasserdampf, geblieben sind, da heute fast nur noch Kohlendioxyd in ihr vorhanden ist? Diese Frage läßt sich bereits weitgehend beantworten. Große Teile der Atmosphäre sind in den Weltraum und in Gesteine der Wüstenoberfläche verschwunden.

Die atmosphärische Evolution verlief auf dem Mars zunächst wahrscheinlich ähnlich wie auf der Erde. Kurz nach seiner Entstehung umgab den Planeten vermutlich eine Uratmosphäre aus reduzierenden Gasen wie Methan und Ammoniak. Außerdem muß der Mars gewaltige Mengen Wasserdampf und Kohlendioxyd ausgeschwitzt haben. Aufgrund einer ausreichenden Schwerkraft des Planeten konnte kein Gas außer dem leichten Wasserstoff wieder in den Weltraum entfliehen, wie es sämtliche Gase unseres Mondes z. B. taten. Da der Mars so weit von der Sonne entfernt ist, konnte sich seine Atmosphäre nicht stark genug erwärmen, um schwere Moleküle anderer Gase auf die erforderliche Fluchtgeschwindigkeit zu beschleunigen, mit der sie das Schwerefeld des Planeten hätte verlassen können. Es ist durchaus wahrscheinlich, daß der Mars in der Frühzeit seiner planetarischen Enwicklung, vielleicht in den ersten zwei bis drei Milliarden Jahren, als seine inneren Aktivitäten ungleich größer waren als heute, wesentlich lebensfreundlicher war. Aufgrund der im Vergleich zur Erde größeren Sonnenentfernung muß die Abkühlung und Kondensation des Wasserdampfes jedoch schneller erfolgt sein. Starke Wolkenbrüche, die damals auf dem Mars niedergegangen sein müssen, formten seine Oberfläche und trugen die Narben, die unzählige auf den Planeten einstürzende Meteoriten hinterließen, immer wieder ab.

In den heute mit Wüstenstaub angefüllten Senken des Planeten bildeten sich wahrscheinlich in einer geologisch kurzen Zeitspanne Urmeere. Es gäbe keinen plausiblen Grund, der dagegen sprechen würde, daß sich in dem Schutz dieser Urmeere nicht ähnlich wie in den Urmeeren der Erde Leben entfaltet haben sollte. Bevor wir jedoch nicht umfangreiche Gesteinsproben des roten Planeten untersucht haben, kann nicht festgestellt werden, ob es auf dem Mars Lebensformen gelungen ist, die für die weitere Entwicklung des Lebens wichtigste Erfindung zu machen, die Photosynthese, oder einen ähnlichen Vorgang zu entwickeln. Selbst wenn wir einmal annehmen, daß etwaige Marslebensformen einer der Photosynthese vergleichbaren Vorgang entwickelt haben, bei dem u. a. Sauerstoff freigesetzt worden wäre, so wäre doch spätestens an diesem Punkt die parallel laufende Entwicklung des Lebens auf beiden Planeten beendet gewesen. Auch wenn noch soviel Sauerstoff freigesetzt worden wäre, hatte sich wahrscheinlich nie eine biologisch beeinflußte, sauerstoffreiche Atmosphäre bilden können. Der Sauerstoffgehalt in der Marsatmosphäre wäre höchstwahrscheinlich noch nicht einmal bis auf einen sogenannten Festlandpegel angestiegen. Dieser Pegel wäre nötig gewesen, damit die Lebewesen unter seiner, das ultraviolette Licht abweisenden Wirkung die Urmeere überhaupt hätten verlassen können, um das Festland zu besiedeln. Aus ganz bestimmten Gründen mußte die Biophase, vorausgesetzt, sie hat überhaupt stattgefunden, auf dem Mars von vornherein auf die Meere beschränkt bleiben. Welche Gründe es waren, ist bereits weitgehend bekannt.

Während sich auf der Erde aufgrund der Schwerkraft ein Eisenkern bildete, reichte die Gravitation auf dem Mars nicht dazu aus. Auf dem Mars blieben daher relativ zu seiner Masse größere Eisenmengen nahe der Oberfläche liegen. Die Tatsache, daß der Mars hinsichtlich seiner Oberfläche ein Eisenplanet ist, sollte im weiteren Verlauf seiner Entwicklung die dauerhafte Bildung einer dichten, sauerstoffreichen lebensfreundlichen Atmosphäre verhindern.

Die Wasserdampfmoleküle der Marsatmosphäre wurden zunächst durch den ultravioletten Teil des Sonnenlichtes in Sauerstoff und in Wasserstoff aufgespalten. Während der freigesetzte leichte Wasserstoff in den Weltraum abwandern konnte, verband sich der freigesetzte reaktionsfähige Sauerstoff sofort mit dem Eisen an der Marsoberfläche zu Eisenoxyd.

Diese Vorgänge der Wasserdampfaufspaltung und der anorganischen Sauerstoffproduktion durch das ultraviolette Licht in der Frühzeit des Mars liefen wahrscheinlich in genau der gleichen Weise ab wie in der Frühzeit der Erde. Ich habe darüber bereits im 2. Kapitel ausführlich berichtet. Auf der Erde konnte sich aufgrund der im Vergleich zum Mars geringeren Eisenmengen an der Oberfläche zeitweilig immer eine bestimmte Menge Sauerstoff in der Atmosphäre anreichern. Durch die ultraviolette lichtabweisende Wirkung des Sauerstoffes wurde die weitere Zersetzung des Wasserdampfes und die des flüssigen Wassers in den Meeren verhindert. Erst nachdem der Sauerstoff dann langsam wieder von den Gesteinen der Erdkruste aufgezehrt war, konnte das ultraviolette Licht wieder ungehindert in die Erdatmosphäre eindringen, und der Prozeß der Wassermolekülaufspaltung begann erneut, bis er durch neuen Sauerstoff wieder unterbrochen wurde usw.

So uneffektiv diese Art der anorganischen Sauerstoffproduktion auch war, so hatte sie doch zur Folge, daß ständig ein gewisser Sauerstoffpegel in der Erdatmosphäre vorhanden war, der bis zum Beginn der organischen Sauerstoffproduktion durch die Pflanzen mehrere Milliarden Jahre lang vergleichbar einem Schirm sehr wirksam verhinderte, daß das gesamte aus dem Erdinnern ausgegaste Wasser und somit der Lebensraum der Urorganismen zersetzt wurde.

Anders auf dem Mars. An seiner Oberfläche waren so gewaltige Eisenmengen vorhanden, daß jedes der in seiner Atmosphäre freigesetzten Sauerstoffatome fast auf der Stelle wieder aufgezehrt wurde. Für die Entstehung eines wasserschützenden Selbstregulierungsprozesses blieb daher wahrscheinlich gar keine Zeit, und das gesamte, in der Atmosphäre des Mars vorhandene Wasser und nach und nach auch der Wasservorrat in den Urmeeren wurde zersetzt. Das hätte

auch ein eventuell von Photosynthese betreibenden Meeresorganismen freigesetzter und aus den Urmeeren ausgegaster Sauerstoff nicht verhindern können, da auch er ohne jede Verzögerung von der Eisenoberfläche des Planeten sofort wieder aufgezehrt worden wäre. Während ungeheure Mengen Wasserstoff in den Weltraum entwichen, wurde die gesamte Eisenkruste des Mars allmählich durch den zurückgebliebenen Sauerstoff oxydiert. Damit war der Prozeß jedoch keinesfalls abgeschlossen. Das Eisenoxyd wurde nun selbst zu einem Wassergroßverbraucher, da es sich durch Wasseraufnahme in Eisenhydroxyd verwandelte, also verrostete. Die Zerstörung der vom Mars ausgeschwitzten Hydrosphäre hatte außerdem zur Folge, daß die Fähigkeit des Planeten, Wärme zu stauen, unaufhörlich abnahm. Die Temperaturen auf seiner Oberfläche sanken daher immer weiter ab, und der durch Spalten und Risse in der Marskruste aus dem Inneren des Planeten empordringende Wasserdampf gefror wahrscheinlich, ehe er die Oberfläche des Planeten erreichte.
Hätte ein Beobachter den Mars von Anbeginn beobachtet, so hätte er gesehen, wie sich der ganze Planet durch die Oxydationsvorgänge allmählich rot färbte und dessen Entwicklung zu einem eisigen Wüstenplaneten, dessen sauerstofflose Atmosphäre nur noch geringe Mengen Wasserdampf aufweist, nicht aufzuhalten war. Auch der heiße Wasserdampf, der heute noch durch die Öffnung der Vulkane in die Atmosphäre des roten Planeten gelangt, wird – abgesehen von den Mengen, die kurzfristig in den Kältefallen der Polarregionen als Wassereis eingefangen werden und erhalten bleiben – sofort vom Sonnenlicht zersetzt. Aus Meßdaten, die Mariner 9 zur Erde funkte, wurde ermittelt, daß die täglich aus der Marsatmosphäre in den Weltraum entweichende Menge Wasserstoff einer zersetzten Wassermenge von einer halben Million Liter entspricht.
Was ist aber aus den hypothetischen Lebensformen der Marsmeere geworden, als diese langsam aber unaufhaltsam zersetzt wurden? Der Auszug aus den Urmeeren war den Meeresorganismen des Mars ja vorenthalten. Als das Wasser der schützenden Meere aufgezehrt war, bestand für höherentwickelte Lebewesen – sofern das Leben überhaupt soweit fortgeschritten war – höchstwahrscheinlich keine Überlebenschance. Nur primitiven Lebensformen, in erster Linie widerstandsfähigen Mikroorganismen, könnte es gelungen sein, sich der neuen Situation anzupassen und praktisch auf dem Wege einer Zwangsumsiedlung von Meeresbewohnern zu Wüstenbewohnern zu werden. Wie sich auf der Erde gezeigt hat, sind Mikroorganismen nicht darauf angewiesen, atmosphärischen Sauerstoff einzuatmen. Es wäre weiterhin denkbar, daß sich diese Lebensformen

in den ausgetrockneten, sich mehr und mehr mit rotem Wüstenstaub anfüllenden Meeressenken im Laufe der Zeit zu immer komplexeren Formen weiterentwickelten, deren Stoffwechselfunktionen von der Sauerstoffatmung unabhängig blieben, besser gesagt unabhängig bleiben mußten. Auf Wasser und auf einen wirksamen Schutz vor den ungehindert auf die Wüstenoberfläche auftreffenden ultravioletten Strahlen, die die Molekularverbindungen in ihren Zellen zerstören würden, konnten sie aber nicht verzichten. Hier bietet sich auf dem Mars eine andere Möglichkeit. Das zu feinem Staub verwitterte Eisenhydroxyd, also der Rost, absorbiert aufgrund seines Wasser- und Sauerstoffgehaltes das blaue und ultraviolette Licht der Sonne und reflektiert die roten Lichtanteile. Dadurch erhält der Rost übrigens seine rotbraune Farbe.
Die Marslebewesen würden also unter der dicken Roststaubschicht, die ihren Planeten bedeckt, Schutz vor den tödlichen Strahlen finden. Sie könnten dann an die Oberfläche kommen, wenn während monatelanger Staubstürme der Staubfilter in die Atmosphäre verlagert ist. Eine weitere Möglichkeit bestände darin, daß die Marslebewesen - ähnlich wie die zahlreichen Kalkschalen tragenden Tiere auf der Erde - einen Panzer aus rotbraunem Eisenhydroxyd entwickelt haben, der ihnen ausreichenden Schutz bieten würde, um über die sonnenbeschienene Wüstenoberfläche kriechen zu können. Diese Lebewesen würden sich farblich nicht im geringsten von der Wüstenoberfläche unterscheiden. Man könnte sie mit der schwarzen Manganheuschrecke vergleichen, die in der mit schwarzen Manganhydroxyden überzogenen Steinwüste der Sahara lebt. Den ersten Astronauten, die eines Tages auf dem Mars landen werden, würde es dann sicherlich ähnlich ergehen wie meiner Frau in der Sahara, um nach langer Beobachtung außer Steinen, Sand und Staub ein derartiges Marslebewesen zu entdecken.
Ein viel schwierigeres Problem für die Wüstenlebewesen auf dem Mars wäre aber ihre Versorgung mit lebenswichtigem Wasser. Die Marswüste ist so trocken, daß selbst die trockenste Wüstenregion auf der Erde noch feucht erscheinen würde. Vielleicht haben die Marslebewesen Methoden entwickelt, um das chemisch im Rost gebundene Wasser für sich zu nutzen. Es ist jedoch kaum vorstellbar, daß es Lebensformen gelungen sein sollte, die dafür notwendige Energie aufzubringen. Wahrscheinlich kommt für sie eine ganz andere, viel irdischere Wasserversorgung in Frage.
Eines Tages glaubten die Wissenschaftler ihren Augen nicht zu trauen, als sie neue Fotos von der Marsoberfläche in ihren Händen hielten, die zuvor gerade von einem Computer aus Hunderttausen-

den von Bildpunkten zusammengesetzt worden waren, die Mariner 9 zur Erde gefunkt hatte. Es ließ sich nicht leugnen, auf den Fotos waren deutlich Flüsse, ja ganze Flußsysteme zu erkennen, die sich – vergleichbar mit einigen irdischen Flüssen – in weiten Mäandern tief in die Wüstenoberfläche des Planeten eingegraben hatten. Wasser war in ihnen jedoch nicht auszumachen. Zahlreiche Anzeichen – z. B. mehrere Nebenarme, die in den Hauptlauf münden – deuteten darauf hin, daß die trockenen Flußbetten durch Wassererosion entstanden sein mußten und nicht etwa durch Ströme dünnflüssiger Lava. Die zahlreichen Mäander, in denen sich die Marsflüsse durch die Wüste winden, zeigen außerdem, daß es sich um sehr alte Flüsse handeln muß (siehe Abbildung 52).

Ein Detail der 4 bis 5 Kilometer breiten Trockenflußbetten ist besonders interessant: Der Grund ist in sich von weiteren schmalen Flußwindungen zerfurcht, als ob mehrere verschieden breite Flußläufe in einem gemeinsamen breiten Bett fließen würden. Dieses Phänomen ist auch für Wüstenflußläufe auf der Erde typisch, die nur in unregelmäßigen, oft großen zeitlichen Abständen verschieden große Mengen Wasser führen. Kommt es in der Wüste zu starken langanhaltenden Wolkenbrüchen, füllt ein Strom reißenden quirlenden Wassers die gesamte Breite des Flußbettes aus. Bei einem Wolkenbruch von nur kurzer Dauer gräbt sich das Wasser als kleiner, kräftig fließender Bach innerhalb des breiten mit Sand und Geröll gefüllten Flußbettes sein eigenes schmales Bett.

Diese Übereinstimmung ließe vermuten, daß die Flußbetten des Mars aufgrund ähnlicher Bedingungen wie die Wüstenflußbetten auf der Erde entstanden sind: durch selten auftretende Regenfälle unterschiedlicher Intensität. Bei den heutigen atmosphärischen Bedingungen auf dem Mars scheinen Wolkenbrüche jedoch völlig ausgeschlossen zu sein.

Im ersten Moment ist man daher versucht anzunehmen, daß es sich vielleicht um fossile Flußbetten aus der Zeit handelt, in der die Atmosphäre des Planeten viel dichter war als heute und Regenwasser durch die Flußläufe in die Urmeere floß. Auch die Tatsache, daß es innerhalb der breiten Trockenflußbetten mehrere schmalere gibt, ließe sich durch die wahrscheinliche Entwicklungsgeschichte des Planeten erklären: abnehmende Regenfälle infolge Zersetzung der Hydrosphäre durch das ultraviolette Licht. Es scheint mir jedoch völlig unmöglich zu sein, daß die Flußläufe auf dem Mars aus der Frühzeit des Planeten – also über einen Zeitraum von 2–3 Milliarden Jahre – erhalten geblieben sind. Wenn auch die Verwitterungskräfte aufgrund der dünnen Marsatmosphäre nicht so aktiv sind, so müßten die

Hohlformen der tief eingeschnittenen Flußläufe zumindest mit Wüstenstaub aufgefüllt und eingeebnet sein.
Die auf den als sensationell zu bezeichnenden Mariner-Fotos deutlich auszumachenden »frischen« Flußläufe lassen meines Erachtens nur die Deutung zu, daß es noch heute auf der Oberfläche des Wüstenplaneten in unregelmäßigen Abständen und in unterschiedlicher Intensität zu verheerenden Überschwemmungen kommt, deren Wassermassen sich in die Flußbetten ergießen. Es wäre durchaus möglich, daß in Zeiten besonders starker vulkanischer Aktivitäten gewaltige Mengen Wasserdampf entstehen, die bei früheren Vulkanausbrüchen die kalte Oberfläche des Planeten nicht erreicht haben und zu Wassereis gefroren. Dadurch könnte die Marsatmosphäre sich kurzfristig mit so viel Wasserdampf anreichern, daß die Zersetzung der Wasserdampfmoleküle durch das ultraviolette Licht vielleicht zeitweilig nicht Schritt halten kann. Der atmosphärische Druck würde zunehmen, der Wasserdampf würde in der kalten Marsatmosphäre abkühlen, als Regen auf die Wüste fallen und sich in den Trockenflußläufen sammeln.
Das Aufschmelzen von Wassereis durch vulkanische Aktivitäten läßt sich auch auf der Erde, auf der Insel der Gletscher und Vulkane beobachten. Auf Island gibt es mehrere große Vulkane, die von dikken Gletschereismassen bedeckt sind. Das Eis lagerte sich in den vulkanisch inaktiven Zeiten ab. Kommt es dann eines Tages wieder zu einem Vulkanausbruch, können gewaltige Eismengen in kürzester Zeit geschmolzen werden. Flußläufe, die selten oder nur wenig Wasser führen, werden über Nacht zu reißenden Gewässern.
Eine zweite Möglichkeit für die Entstehung von Wasserfluten auf dem Mars wären Veränderungen der Stellung der Rotationsachse des Planeten, die tatsächlich alle 50 000 Jahre erfolgen, sowie Änderungen seiner Umlaufbahn, die den Mars in Abständen von 95 000 bis 2 Millionen Jahren näher an die Sonne heranbringen. Beides zusammen könnte zeitweilig zu einer größeren Erwärmung des Planeten führen. Dadurch würde dann auch das in seiner äußeren Kruste vorhandene, als Eis gestaute Wasser und das in den Polarkappen als Eis eingefangene Wasser verdampfen.
Welche der beiden Hypothesen sich vielleicht eines fernen Tages als richtig erweisen sollte, in beiden Fällen würde das Regenwasser durch die Flüsse in die ehemaligen, heute mit Staubmassen angefüllten Meeresbecken geleitet. Es würde jedoch nicht annähernd ausreichen, die alten Meeresbecken wieder mit Wasser auszufüllen, sondern wahrscheinlich schnell im Untergrund versickern.
Ich vermute nun, daß sich etwaige, noch in den Staubmeeren existie-

rende Lebewesen in die zeitweilig feuchten Mündungsgebiete dieser Marsflüsse zurückgezogen haben. Nur dort wäre meiner Ansicht für sie das Problem der Wasserbeschaffung zu lösen. Die zeitweilig dichtere Atmosphäre würde außerdem für einen zusätzlichen Schutz vor der ultravioletten Strahlung sorgen. Die Jahrzehntausende oder gar Millionen Jahre zwischen den kurzen lebensfreundlichen Perioden müßten die letzten Überlebenden der planetarischen Biophase des Mars in einem scheintodartigen Trockenschlaf überbrücken. Daß so etwas über derartig große Zeiträume möglich ist und daß dazu sogar Lebensformen auf der Erde fähig sind, wenn ihr Lebensraum allmählich zur totalen Wüste wird, werden Sie im folgenden Kapitel erfahren.

Der rote Planet stellt für den Wüstenforscher ein einzigartiges Studienobjekt dar, wenn es darum geht, Modellvorstellungen für planetarische Entwicklungen zu erarbeiten, deren Zweck es ist, etwas über Entwicklungsabläufe und die Zukunft unserer Erde zu erfahren.

Daß es auf der Erde überhaupt zur Entstehung von Leben kommen konnte und daß sich dieses Leben bis heute behauptet hat, verdankt unser Planet zweifellos optimalen physikalischen Daten: seiner Sonnendistanz und seiner Größe. Auf unserem Nachbarplaneten ist die Biophase – vorausgesetzt, sie hat überhaupt stattgefunden – aufgrund seiner größeren Sonnendistanz, seiner geringeren Masse und des dadurch bedingten höheren Eisengehaltes an seiner Oberfläche wahrscheinlich wesentlich schneller beendet gewesen als auf der Erde. Der Mars ist gewissermaßen durch seine ungünstigen Eigenschaften schneller gealtert. Während die Erde sich noch einer Biophase erfreut, die auf den Kontinenten allerdings schon langsam ihrem Ende entgegenzugehen scheint, befindet sich der Mars bereits in einem Endwüstenstadium. Ist der Mars also vielleicht eine Art Vorbild vom Ende der Erde?

Es wird zweifellos eines der spannendsten Abenteuer menschlichen Geistes sein, wenn eines Tages die ersten Menschen ihren Fuß auf den roten Planeten setzen werden, um Antworten auf all diese Fragen zu suchen. Vorläufig krönender Abschluß der Marswüstenforschung: Am 20. Juli 1976 landete die unbemannte Raumsonde Viking I weich auf der Oberfläche des roten Planeten. Die Raumsonde, die mit einem automatisch arbeitenden Laboratorium ausgerüstet ist, wird u. a. in der Lage sein, Bodenproben zu analysieren und nach etwa vorhandenen Lebensformen zu fahnden. Die »Erkenntnisse« des Wissenschaftsroboters werden genau wie die Meßdaten der Mariner-Raumsonden auf dem Funkwege zur Erde übermittelt. Die Biologen der amerikanischen Weltraumbehörde sind optimistisch.

Wenn am Landeplatz der Raumsonde irgendwo im Wüstenstaub eine Biomasse verborgen liegt, die nur 1/500 der Menge eines Pünktchens Fliegendreck ausmacht, so sagen sie, würde die Raumsonde sie entdecken und analysieren können. Aber selbst wenn der Roboter kein Leben auf dem Wüstenplaneten entdecken sollte, wäre dies noch lange kein Beweis dafür, daß Leben auf dem Mars nicht oder nicht mehr vorhanden wäre. Man könnte in einem solchen Falle genausogut annehmen, daß die Raumsonde nur am falschen Ort gelandet ist.

8. Das Ende der Erde

Nachdem Sie im Verlauf des Buches erfahren haben, daß die Entwicklung von Leben von äußerst komplexen physikalischen Voraussetzungen abhängig ist, möchte ich jetzt abschließend versuchen, einige Fragen zu beantworten, die die Zukunft unserer Erde betreffen. Was wird nach der wahrscheinlichen Aufzehrung des freien atmosphärischen Sauerstoffes infolge Wüstenausbreitung auf unserem Planeten geschehen? Gibt es eventuell noch andere physikalische Prozesse, die außer den bereits geschilderten der Biophase auf den Kontinenten und dem freien Sauerstoff in der Atmosphäre innerhalb der gesamten Erdgeschichte nur den Rang einer relativ kurzen Episode zuweisen und die Endwüste für die Zukunft unseres Planeten wahrscheinlich machen? Wie wird also nach dem heutigen Stand unserer Kenntnisse die weitere planetarische Entwicklung der Erde verlaufen?

Eines der interessantesten Phänomene der bisherigen Erdgeschichte ist das Vorhandensein einer sog. Temperaturkonstanz. Anhand von fossilen Pflanzen und Tieren sowie an speziellen Ablagerungen in der Erdkruste, für deren Entstehung ganz bestimmte Temperaturverhältnisse vorhanden sein mußten, läßt sich ablesen, daß sich die durchschnittlichen Oberflächentemperaturen auf der Erde innerhalb der vergangenen drei Milliarden Jahre nicht wesentlich verändert haben. So lagen z. B. die Temperaturen während des Präkambriums vor über einer Milliarde Jahren auf der Erde genau wie heute um den Nullpunkt der Celsiusskala, mit Abweichungen von nur einigen Zehner Graden nach oben oder unten.

Selbst so einschneidende paläoklimatische Ereignisse, wie z. B. die wiederholt in der Erdgeschichte auftretenden Eiszeiten, haben keine wesentlichen dauerhaften Veränderungen der durchschnittlichen Oberflächentemperatur der Erde zur Folge gehabt. Bei den Eiszeiten handelt es sich ja nur um relativ kurze klimatische Einschnitte innerhalb der langen Erdgeschichte.

An dieser Stelle sei kurz bemerkt, daß eine langfristige Temperaturkonstanz keineswegs mit der These von der Wüstenausbreitung im Widerspruch steht. An mehreren Beispielen auf der Erde und auch am Beispiel unseres Nachbarplaneten Mars habe ich aufgezeigt, daß es sowohl heiße als auch kalte Wüsten gibt. Nicht zunehmende Temperaturen, sondern zunehmende Trockenheit ist die Ursache für Wüstenbildung und ersteres ist oft – jedenfalls auf der Erde – nur eine Folge des zweiten.

Eine Temperaturkonstanz über Zeiträume von mehreren Milliarden Jahren bis heute ist ein überaus bedeutsames und gleichzeitig schwer zu erklärendes physikalisches Phänomen. Während die warmen lebensfreundlichen Temperaturen auf der Oberfläche im wesentlichen durch die exogene Wärmequelle der Sonne verursacht werden, besitzt unsere Erde mit ihrem glutflüssigen Inneren zusätzlich noch ihre eigene endogene Wärmequelle. Diese Eigenwärme entsteht durch den langsamen Zerfall unter hohem Druck stehender radioaktiver Elemente, die am Aufbau der Erdkugel beteiligt sind. Der japanische Geophysiker Rankama hat unlängst errechnet, daß die Menge radioaktiv zerfallbarer und damit Wärme produzierender Substanz in der Erde im Laufe der Erdgeschichte um etwa die Hälfte abgenommen hat.

Diesen »Brennstoff« hat die Erde bei ihrer Entstehung vor 5 Milliarden Jahren als einmal erworbene Masse erhalten. Er kann sich nur verringern. Abgesehen von ein paar Meteoriteneinschlägen und Partikeln, die eventuell durch den Sonnenwind auf die Erde gelangen, wird nie wieder etwas dazukommen.

Wie ein Ofen, der – einmal mit Kohle gefüllt und angesteckt wurde – langsam ausbrennt und abkühlt, wird auch das Feuer im Innern unseres Planeten im Laufe der kommenden Jahrmilliarden langsam erlöschen. Die über lange erdgeschichtliche Zeiträume vorhandene Temperaturkonstanz der mittleren Oberflächentemperaturen der Erde bei gleichzeitiger Abnahme der endogenen Wärmeproduktion ist daher nur möglich, wenn ein entsprechender exogener Wärmeausgleich erfolgt. Aufgrund der dafür benötigten Energiemenge kommt als Wärmequelle praktisch nur die Sonne in Frage.

Während die endogene Erdwärme, abgesehen von ein paar vulkanisch sehr aktiven Gebieten, die äußere Erdkruste sehr gleichmäßig erwärmt, erfolgt die weitaus stärkere exogene Wärmeeinstrahlung aufgrund der Kugelform und der Umdrehung des Planeten ungleichmäßig. Die Sonnenstrahlen treffen stets nur auf der der Sonne zugewandten Seite der Erdkugel auf und erwärmen die Region zwischen den Wendekreisen, in der sie senkrecht auftreffen, am stärksten. In Richtung der beiden Pole nimmt die Wärmeeinstrahlung rasch ab. Die exogene Wärmequelle schafft also zwischen Tag und Nacht und zwischen den einzelnen Klimazonen viel stärkere Temperaturgegensätze als die ausgeglichene endogene Wärmestrahlung. Eine in erdgeschichtlichen Zeiträumen erfolgende langsame Abschwächung der Eigenwärme unseres Planeten muß zwangsläufig auch eines Tages zu einer Abnahme der Kontinentaldrift, der Gebirgsbildung und somit der Reliefwüstenbildung führen. Ein Ausgleich des Temperaturverlustes durch eine sich steigernde exogene Wärmeeinstrahlung führt zu ebenfalls schwerwiegenden Veränderungen der Erdoberfläche, vor allem hinsichtlich der Wüstenbildung. Darüber später.

Eine Veränderung oder gar eine Zunahme der solaren Energieeinstrahlung auf der Erdoberfläche kann verschiedene Ursachen haben. Zunächst könnte man annehmen, daß sich der Energieausstoß der Sonne selbst im Verlauf der Zeit allmählich gesteigert hat, zufällig genau um den Wert, um den die endogene Wärmeproduktion der Erde abnimmt, oder daß der Abstand der Erde von der Sonne sich verringert hat. Es wäre darüber hinaus denkbar, daß diese beiden Veränderungen gleichzeitig auftreten. Eine langsame Zunahme der solaren Energieproduktion und eine allmähliche Annäherung der Erde an das Zentralgestirn wäre durch eine Zunahme der sogenannten Gravitationskonstante möglich.

Unter Gravitationskonstante versteht man in der Physik eine ursprüngliche und unveränderliche Naturgröße der gegenseitigen Massenanziehung, wie sie z. B. zwischen zwei Kugeln von je 1 g Masse im Abstand von 1 cm besteht. Alle Mitglieder des Sonnensystems wirken durch die Kraft ihrer Gravitation aufeinander ein. Die Sonne hält aufgrund ihrer gewaltigen Gravitation die Erde und die anderen Planeten in einer Umlaufbahn fest, und die wechselseitige Wirkung der Gravitation läßt den Mond um die Erde kreisen. Die Geschwindigkeiten, mit der die Planeten um die Sonne, der Mond um die Erde kreist, ist gerade groß genug, um die Himmelskörper in ihren Umlaufbahnen zu halten und zu verhindern, daß die Planeten in die Sonne, der Mond auf die Erde stürzt. Die Wechselwirkung der gegenseitigen Massenanziehung, die die Grundlage für die Mechanik des Planetensystems bildet, läßt sich in einem Satz zusammenfassen: »Körper ziehen sich gegenseitig an mit einer Kraft, die dem Produkt ihrer Massen direkt und dem Quadrat ihrer Entfernung umgekehrt proportional ist.« Daraus geht hervor, daß die Anziehungskraft, die in Himmelskörper – z. B. die Sonne – ausübt, mit zunehmender Entfernung sehr schnell abnimmt, und zwar mit dem Quadrat der Entfernung, d. h., daß die Anziehungskraft, die ein Himmelskörper ausübt, sich bei einer Verdoppelung seiner Entfernung nicht etwa auf die Hälfte, sondern auf ein Viertel verringert. Bei einer Annäherung nimmt dagegen die Anziehungskraft natürlich auch im Quadrat zu.

Würde nun z. B. die Gravitationskonstante zunehmen, so hätte das

nicht zur Folge, daß die Erde allmählich in eine immer engere und immer schnellere Umlaufbahn um die Sonne geraten und sich dadurch die Sonneneinstrahlung auf ihrer Oberfläche erhöhen würde. Die sich erhöhende Massenanziehung müßte zusätzlich auch die Wärmeproduktion der Sonne selbst, die in ihrem Innern durch Kernfusion von Wasserstoff zu Helium erfolgt, wesentlich erhöhen. Schon eine minimale Zunahme der Gravitationskonstante hätte eine erhebliche Zunahme der solaren Energieproduktion zur Folge.
Bei einer etwa vorhandenen Zunahme der Gravitationskonstante, die einen Temperaturausgleich für die abnehmende endogene Wärmeproduktion der Erde herstellen könnte, müßte sich also die exogene Wärmeeinstrahlung allmählich immer mehr erhöhen, bis eines fernen Tages die Ozeane zu kochen beginnen und die Erde allmählich verglüht.
Eine Zunahme der Gravitationskonstante widerspricht aber den fundamentalen Gesetzen der Physik. Wir können daher bei unseren weiteren Betrachtungen davon ausgehen, daß die Gravitation zwischen Erde und Sonne ein unveränderlicher Faktor ist und sich dadurch weder die Entfernung der Erde zur Sonne verringert, noch die Energieproduktion der Sonne zunimmt.
Suchen wir aber weiter nach einer Ursache für die Veränderung der Sonnenstrahlung, die den Temperaturausgleich für eine abnehmende endogene Wärmeproduktion der Erde liefern könnte, so treffen wir auf den Mond. Eine ganz fundamentale Veränderung der Sonneneinstrahlung auf der Erde erfolgt, so erstaunlich sich das zunächst anhört, durch die Einwirkungen dieser außerirdischen Wüste.

Durch Ebbe und Flut zur Endwüste

Der englische Wüstenforscher Peel äußerte 1966 in einem Vortrag über Wüstenbildung die Ansicht, daß absolute Wüstenlandschaften erst von den ersten Menschen, die den Mond betreten, beschrieben werden können. Inzwischen sind Menschen auf dem Mond gelandet und fanden u. a. das bestätigt, was Peel und vor ihm schon viele andere vermutet hatten. Die Mondoberfläche ist eine totale Wüste. Es gibt nichts Öderes und Trostloseres als die mit Kratern und Meteoritenstaub bedeckte Oberfläche des Mondes.
Der Mond besitzt keine atmosphärische Gashülle und auf seiner Oberfläche existiert weder Wasser noch irgendeine Form von Leben. Als sich der Mond vor 4,5 bis 5 Milliarden Jahren wahrscheinlich – ähnlich wie die Erde – auf kaltem Wege aus kosmischer Mate-

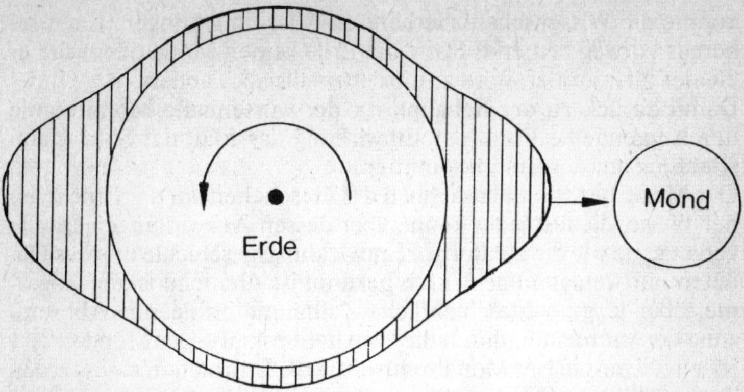

Entstehung der beiden Flutberge durch den Mond

rie zusammenballte, reichten die dabei auftretenden Schwerkräfte – bedingt durch seine zu geringe Masse – nicht aus, eine für die Entstehung von Leben ausreichende Atmosphäre und Hydrosphäre auszuschwitzen. Aus dem gleichen Grund wäre er auch gar nicht in der Lage gewesen, eine etwa entstehende Gashülle festzuhalten. Der Mond ist also von vornherein dazu verurteilt gewesen, immer Wüste zu bleiben, und es ist undenkbar, daß es innerhalb seiner Entwicklungsgeschichte jemals eine, sei es auch noch so kurze, Biophase gegeben hat.

Der hoffnungsvolle Ausspruch des Astrophysikers Harold Urey: »Geben Sie mir ein Stück vom Mond und ich sage Ihnen, wie unser Planetensystem entstanden ist«, konnte jedoch bisher noch nicht ganz in Erfüllung gehen. Trotz der großen Fortschritte in der Mondforschung läßt sich heute noch nichts Endgültiges darüber aussagen, wie die Erde zu ihrem, im Vergleich mit anderen Monden unseres Planetensystems, ungewöhnlich großen Mond gekommen ist. Am wahrscheinlichsten scheint mir die These zu sein, daß die Erde und ihr Begleiter einst als eine Art Doppelplanet gleichzeitig entstanden sind. Eine derartige planetarische Ehe müßte zwangsläufig für den belebten und größeren der beiden Partner, also für die Erde, ungewöhnliche Konsequenzen haben.

Wie Sie erfahren werden, ist das Schicksal der beiden Himmelskörper wie das siamesischer Zwillinge tatsächlich untrennbar miteinander verbunden. Uns soll vor allen Dingen die Frage interessieren, inwieweit der große Begleiter der Erde die zukünftige Entwicklungsgeschichte unseres Planeten mitbestimmen wird. Über diese Frage

konnte die Wissenschaft allerhand in Erfahrung bringen. Eines sei bereits vorweg bemerkt: Hätte die Erde keinen Mond oder wäre er kleiner oder größer, wäre auf ihr ebenfalls alles anders.
Damit zurück zu der Behauptung, der wüstenhafte Mond könne durch irgendeine Form der Einwirkung das Maß der Sonneneinstrahlung auf der Erde bestimmen.
Der Mond beeinflußt tatsächlich das Geschehen auf der Erde in einer Weise, die fast jeder kennt, aber dessen Auswirkungen auf die vergangene wie die zukünftige Entwicklungsgeschichte unseres Planeten nur wenigen Fachleuten bekannt ist. Gemeint ist die langsame, über lange erdgeschichtliche Zeiträume erfolgende Abbremsung der Erdrotation durch die Gravitationskräfte des Mondes. Der Mechanismus dieser Mondbremse, die die Erdrotation eines fernen Tages völlig zum Stillstand bringen kann, beruht auf der sogenannten Gezeitenreibung. Die Erde, die durch ihre Gravitation alle Dinge auf ihrer Oberfläche festhält und ihnen dadurch ihr jeweiliges spezifisches Gewicht verleiht, hält auch den Mond in seiner Umlaufbahn fest. Der Mond wirkt umgekehrt ebenfalls durch seine Schwerkraft auf die Erde. Auf diese Weise ist alles, was sich auf der Seite der Erdoberfläche befindet, über der der Mond gerade steht, etwas leichter, als wenn nur die Schwerkraft der Erde allein wirksam ist. Da der Mond aufgrund seiner geringen Masse aber im Vergleich zur Erde nur eine geringe Anziehungskraft ausübt, die sich zusätzlich noch durch die große Entfernung von der Erde stark verringert, nehmen wir nicht merkbar »ab«, sobald der Mond genau über uns steht. Insgesamt gesehen ist die Mondanziehung aber so stark, daß sie gewaltige Veränderungen auf der Erdoberfläche zur Folge hat und durch sie das zukünftige Schicksal unserer Erde bereits vorprogrammiert ist.
Die wahrscheinlich wichtigste und bekannteste Einwirkung, die durch die Mondgravitation verursacht wird, ist die Entstehung von zwei sich gegenüberliegenden Flutbergen auf den Ozeanen und Meeren, die die Gezeiten, Ebbe und Flut, entstehen lassen.
Darüber hinaus erzeugt die Anziehung des Mondes selbst in der anscheinend festen Erdkruste Gezeiten. Wenn der Mond über die Kontinente zieht, werden diese in einer wellenförmigen Bewegung bis zu 50 Zentimeter angehoben.

Abbildung 48:
Auf Fischfang in der zentralen Sahara. In dem noch immer mit Wasser gefüllten Quellbecken eines alten, heute weitgehend ausgetrockneten Flußlaufes leben seit Jahrtausenden isoliert einige wenige Wüstenfische.

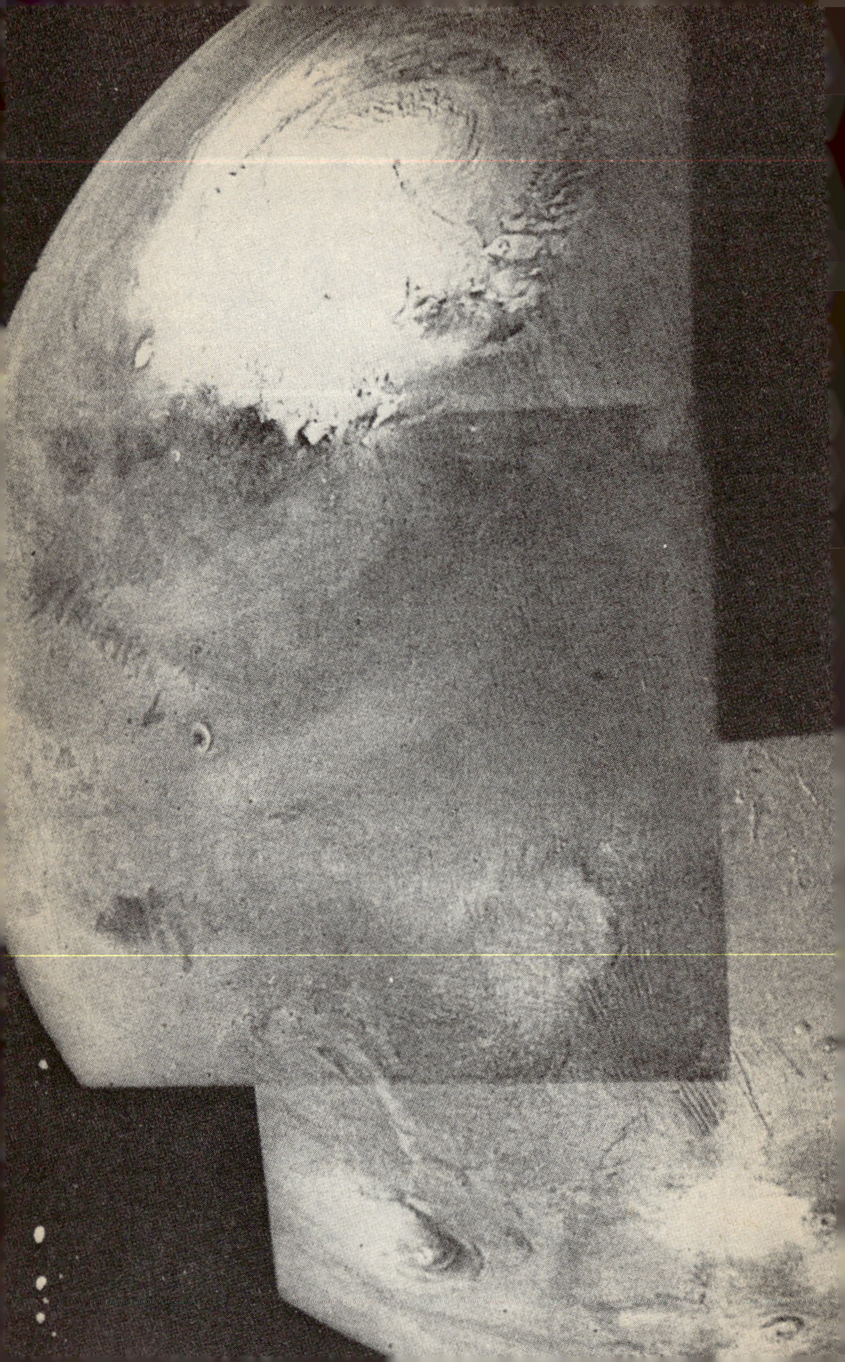

Die Entstehung des Flutberges auf der dem Mond zugewandten Seite ist für die meisten Menschen leicht verständlich. Die Existenz eines zweiten, anscheinend paradoxen Flutberges auf der dem Mond abgewandten Erdhälfte ist zwar durch den sechsstündigen Wechsel zwischen Ebbe und Flut allgemein bekannt, seine Entstehung können sich jedoch nur wenige Menschen erklären. In der Tat sind die physikalischen Vorgänge, die zur Bildung des zweiten Flutberges führen, sehr schwer zu verstehen. Der Mond zieht natürlich nicht nur das Wasser auf der ihm zugewandten Erdseite an, sondern die ganze Erdkugel, einschließlich der Wassermassen auf der Rückseite der Erde. Doch da die Schwerkraft des Mondes bis zur Rückseite der Erde nur über eine größere Entfernung wirksam werden kann – genau um den Erddurchmesser von 12 742,1 Kilometer –, wird das Wasser der Ozeane auf der mondfernen Erdseite viel schwächer angezogen als das Wasser an der mondnahen Seite und auch als die Erdkugel selbst. Das Wasser bleibt also auf der dem Mond abgewandten Erdseite etwas hinter der in Richtung Mond gezogenen Erdkugel zurück und dadurch bildet sich die zweite Flutwelle.
Da wir normalerweise die Erdkugel als den festen Bezugspunkt aller unserer Aktivitäten betrachten, erliegen wir bei der Betrachtung vieler Naturphänomene Täuschungen. Die Sonne geht für den Menschen auf und unter, obgleich dieses Ereignis natürlich durch die sich in westöstlicher Richtung drehende Erdkugel hervorgerufen wird. Ähnlich ergeht es uns, wenn wir am Meeresufer das Einsetzen der Flut beobachten. Für uns läuft die Flutwelle um die von uns als stillstehend empfundene Erde herum und deshalb auf das Ufer zu. Die beiden Flutberge bleiben aber in Wirklichkeit in ihrer Ausrichtung auf den Mond fest fixiert stehen, da sie von der Anziehungskraft des Mondes festgehalten werden. Die Erde ist es, die sich unter ihnen wegdreht.
Es ist nun keinesfalls so, daß das Wasser der Ozeane als Ganzes von der Schwerkraft des Mondes festgehalten wird. Genau wie alles andere auf der Erdoberfläche ist natürlich auch das Wasser in den Ozeanen, Seen und Flüssen der Erdumdrehung unterworfen. Die

Abbildung 49:
Der Wüstenplanet Mars von der amerikanischen Mariner-Raumsonde aufgenommen. Deutlich ist die weiße Nordpolarkappe zu erkennen. In der rechten unteren Bildecke ist das Ende des großen Grabenbruches in der Marskruste zu erkennen. Nahe seinem westlichen Ende befinden sich deutlich sichtbar mehrere Riesenvulkane.

beiden in ihrer Richtung auf den Mond fixierten Flutberge bestehen in Wirklichkeit wie jede vom Wind aufgeworfene Meereswelle aus immer anderen Wassermolekülen. Sie haben sicherlich alle schon einmal die von Wellen bewegte Oberfläche eines Sees oder eines Meeres genauer betrachtet und dabei ein Fischerboot oder vielleicht auch ein Stück Treibholz bemerkt, das sich trotz starken Wellenganges fast nicht von der Stelle bewegte. Daran kann man erkennen, daß innerhalb einer Welle gar keine großen Wassermengen horizontal von einem Ort zum anderen transportiert werden, wie man immer annimmt. Das Holzstück wird durch die Welle nur auf und ab bewegt. Ähnlich ergeht es den Wassermolekülen. Sie geraten innerhalb einer Welle in eine kreisende Auf- und Abbewegung. Da jedes Wassermolekül seine Bewegungsenergie an die benachbarten Moleküle weitergibt, wird eine Art Bewegungskettenreaktion ausgelöst, die für unser Auge in der über die Wasseroberfläche laufenden Welle sichtbar wird. Wäre jede Welle tatsächlich eine sich in horizontaler Richtung als Ganzes vorwärts bewegende Wassermasse, dann wäre auf den Meeren keine Schiffahrt mehr möglich.
Erst wenn sich die Bewegungsübertragung der einzelnen Wassermoleküle nicht weiter fortsetzen kann, wenn die Welle eine Küste erreicht, bricht sie zusammen, und wie jeder, der einmal von einer sich brechenden Brandungswelle unsanft auf das Ufer geworfen wurde, weiß, kommt es dann allerdings zu einem vorwärtsgerichteten Transport der Wassermassen.
Während die vom Wind aufgeworfenen Wellen und die durch die Anziehungskraft des Mondes verursachten Flutwellen also in gewisser Weise gleichen physikalischen Bewegungsgesetzen unterworfen sind, besteht der entscheidende Unterschied in der Ursache ihrer Antriebsenergie. Die vom Wind aufgeworfenen Wellen laufen auf die Küsten zu und ihre sich in Form der Brandung brechende Bewegungsenergie entspringt sozusagen dem internen, geschlossenen Energiekreislauf der Erde. Die beiden Flutwellen werden dagegen durch eine außerirdische Kraft, die Anziehungskraft des Mondes, aufrechterhalten und bleiben, wie gesagt, auch auf diesen fixiert stehen und die sich drehende Erde ist es, die ihre scheinbare Bewegung in Wirklichkeit hervorruft. Wenn sich durch die Erddrehung einer der Kontinente einer der Flutwellen nähert, stößt seine Küste mit dem vom Mond festgehaltenen Wasserberg zusammen. Während der Zusammenstoß einer vom Wind angetriebenen Welle mit einem Kontinent sie Bewegungsenergie kostet, geht der Zusammenstoß der Kontinente mit den fest fixierten Flutwellen zu Lasten der Rotationsenergie der Erde. Durch jede Flutwelle wird also die Drehung

der Erde ein klein wenig abgebremst. Die Vorstellung von einer sich ohne Reibungswiderstand im leeren Weltraum drehenden Erde ist also keinesfalls zutreffend. Die Erde reibt sich vielmehr andauernd an den von ihrem eigenen Mond verursachten Flutwellen, und der ihr innewohnende Drehimpuls wird dadurch im Laufe langer erdgeschichtlicher Zeiträume allmählich aufgebraucht. Die Erde hat aber bei ihrer Entstehung nicht nur einmalig eine ganz bestimmte Menge zerfallbarer radioaktiver und damit endogener Eigenwärme erzeugende Substanz mitbekommen, auch die ihr innewohnende Rotationsenergie ist auf einen nur einmalig erworbenen Schwung zurückzuführen. Wie ein Kreisel, der nur einmal in Drehung versetzt wurde, so kann auch die Erde aufgrund der Gezeitenreibung nur etwas von ihrer Rotationsenergie verlieren, niemals aber wieder etwas hinzubekommen.
Im Verhältnis zur gesamten Erdmasse bedecken die ozeanischen Wassermassen, so gewaltig sie uns auch erscheinen, unseren Planeten nur wie ein hauchdünner Film. Das Verhältnis zwischen dem Oberflächenwasser und der Erdmasse beträgt ungefähr 1 : 4 000 000. Die sich aus einer derart dünnen Wasserschicht erhebenden Flutwellen können auf die gewaltige Rotationsenergie der Erdmasse natürlich nur eine äußerst geringe Bremswirkung ausüben. Seit Christi Geburt hat die Gezeitenreibung die Erddrehung daher auch nur um Sekundenbeträge abgebremst. Jeder Tag ist aber zwangsläufig durch die Mondbremse um den winzigen Bruchteil einer Sekunde länger als der vorherige. Diese Tagesverlängerungen sind so gering, daß sie vom Menschen zwar rechnerisch erfaßt, aber niemals von ihm erfahren werden können. So minimal die Tagesverlängerungen auch in der für uns überblickbaren historischen Geschichte der Menschheit erscheinen, so sind sie doch groß genug, um im Laufe erdgeschichtlicher Zeiträume eine Bedeutung anzunehmen. Da die Geschwindigkeit, mit der die Erde um die Sonne kreist, sich nicht zu verändern scheint, bleibt auch die Länge eines Jahres unverändert. Wenn die Drehung der Erde um sich selbst nun im Verlauf der Erdgeschichte durch die Gezeitenreibung immer mehr abgebremst wird, dann heißt das nicht nur, daß die Tage länger werden, sondern auch, daß immer weniger dieser längeren Tage in die Zeitspanne einer Sonnenumrundung, also in den Zeitraum eines Jahres hineinpassen.
Je weiter man dagegen in der Erdgeschichte zurückgeht, desto schneller muß die Erde sich früher um sich selbst gedreht haben. Die Tage waren kürzer und entsprechend mehr Tage hatte das Jahr.
Im zweiten Kapitel habe ich bereits ausführlich darüber berichtet, daß man in der Umgebung fossiler Korallenriffe inmitten der Sahara

einen einzigartigen versteinerten Kalender auffinden kann, an dem sich die heute mit den Methoden der modernen Physik errechenbare, durch die Gezeitenreibung verursachte Verlangsamung der Erdumdrehung im Verlaufe der Erdgeschichte exakt nachprüfen läßt. An Jahresringen, die sich wiederum in Tagesringe unterteilen lassen, läßt sich abzählen, daß zu Lebzeiten der Korallen im Erdzeitalter des Devon vor 380–400 Millionen Jahren ein Jahr nicht 365 Tage von jeweils 24stündiger Dauer wie heute, sondern noch 395 Tage hatte. Jeder Tag war damals ungefähr 22 Stunden lang. Als vor ca. 440 Millionen Jahren im Erdzeitalter Silur die ersten Pflanzen den Schutz der Ozeane verließen und von den Küsten her begannen, auf die Urkontinente vorzudringen, auf denen zuvor mehrere Milliarden Jahre lang eine Urwüste geherrscht hatte, da muß die Erde sich noch in etwas mehr als 21 Stunden einmal um sich selbst gedreht haben und ein Jahr hatte damals noch ca. 410 Tage.
Eine Zunahme der Bremswirkung des Mondes und damit der Tageslängen im weiteren Verlauf der Erdgeschichte hatte dagegen zwangsläufig eine Abnahme der Anzahl von Tagen innerhalb eines Jahres zur Folge. In ferner Zukunft, vielleicht in 800 Millionen Jahren, wird die Rotation der Erde dann unweigerlich soweit abgebremst sein, daß ein Tag bereits ca. 30 Stunden zählt. Entsprechend weniger Tage wird dann auch das Jahr haben. Bis zu diesem fernen Punkt der Erdgeschichte wird die endogene Wärmeproduktion der Erde wahrscheinlich soweit abgesunken sein, daß dadurch die Bewegungen der Erdkruste und auch der Kreislauf der Gebirgsbildung langsam zum Stillstand kommt.
Allmählich werden die Kräfte der Verwitterung wieder die Oberhand gewinnen und die bis zu diesem Zeitpunkt auf 10 000–12 000 Meter emporgestiegenen Gebirge am Rande der hohen wüstenhaften Kontinente wieder abtragen. Wenn die geologisch abgestorbenen Gebirgsbarrieren eines Tages weitgehend eingeebnet sind, könnten die vom Ozean kommenden Regenwolken wieder leichter auf die wüstenhaften Kontinente gelangen. Das könnte dann der Beginn einer wieder feuchteren und lebensfreundlicheren Phase auf dem Festland sein.
Was sich aber auch auf der Erde in 800 Millionen Jahren verändern wird, eines scheint sicher zu sein, der Mensch wird diese Veränderungen nicht mehr erleben. Unsere Art dürfte zu diesem Zeitpunkt der Erdgeschichte sicherlich schon seit mehr als 700 Millionen Jahren ausgestorben sein. Die Spezies Mensch wäre längst das Opfer seines eigenen hohen Entwicklungsstandes und seiner Überspezialisierung geworden. Generell gilt für alle Arten, die innerhalb der Erdge-

schichte entstanden sind, daß sie, je höher und differenzierter sie entwickelt sind, desto empfindlicher auf Veränderungen ihrer Umwelt reagieren, ohne sich anpassen zu können, und desto kürzer ist die Periode ihrer erdgeschichtlichen Existenz. Nichts spricht dafür, daß ausgerechnet für den Menschen eine von dieser Gesetzmäßigkeit abweichende Regel gelten sollte, im Gegenteil.
Die Exemplare unserer Art, die in der Zukunft nicht den von ihnen selbst entwickelten raffinierten Tötungswerkzeugen, z. B. Kernwaffen, zum Opfer fallen, werden durch Nahrungsmangel, Wüstenausbreitung und durch den daraus resultierenden Sauerstoffmangel in der Atmosphäre zugrunde gehen. Trotz Einebnung der die Regenwolken von den Kontinenten fernhaltenden Gebirgsgürtel werden die Zukunftsaussichten für die Erde alles andere als verlockend sein. Bis in die allerfernste Zukunft wird sich die Mondbremse nämlich nicht lockern. Sie wird die Erddrehung immer weiter abbremsen und die Tage werden dadurch immer länger werden. Die Gezeitenreibung wird schließlich verhindern, daß die Verhältnisse auf den Kontinenten wieder lebensfreundlicher werden und eine neue Biophase entstehen kann. Damit wird ein unumstößliches Gesetz der Erdgeschichte unter Beweis gestellt werden, das besagt, daß alle Prozesse und Entwicklungen innerhalb der langen Erdgeschichte in einer Richtung verlaufen und nicht umkehrbar sind.
Eine Zunahme der Tageslängen wird schwerwiegende Auswirkungen auf das klimatische Geschehen der Erde zur Folge haben. Die tagsüber sonnenbeschienene Erdhälfte wird stärker aufgeheizt, und während der entsprechend längeren Nächte wird die Erde Zeit haben, die aufgenommene Wärme wieder in den Weltraum abzustrahlen. Ändert sich auch die Menge der insgesamt auf die Erde einstrahlenden Sonnenenergie nicht, wenn wir weiterhin eine gleichbleibende Gravitationskonstante annehmen, so werden doch die Temperaturgegensätze zwischen Tag und Nacht allmählich extreme Werte erreichen. Das wird wiederum dazu führen, daß die Luftbewegungen in der Erdatmosphäre zunehmen werden. Die heißen Luftmassen der sonnenbeschienenen Erdhälfte werden ständig mit hoher Geschwindigkeit in die kalte Nachthälfte strömen.
In erdgeschichtlich ferner Zukunft werden nicht mehr vorwiegend Trockenheit, sondern ständig um den ganzen Erdball tobende sand- und staubbeladene Orkane die Erde verwüsten. Wie die Sandstürme in der Sahara oder die auf dem Mars festgestellten Staubstürme würde wahrscheinlich das zukünftige globale Sandstrahlgebläse der Erde jede Neuansiedlung von Pflanzen auf den wüstenhaften Kontinenten sehr wirksam verhindern. Und genau wie heute die gesteins-

zerstörende Arbeit des Wüstenwindes alte Sedimente abträgt, umlagert und dadurch die in ihnen enthaltenen versteinerten Überreste längst vergangener Lebensformen wieder ans Tageslicht bringt, genauso wird eines fernen Tages das Sandstrahlgebläse, das eine fast zum Stillstand abgebremste Erde umtobt, die Gesteinsschichten abtragen, in denen die versteinerten Überreste unserer eigenen Art, unserer Zivilisation eingebettet liegen. Neben unzähligen versteinerten Bein-, Arm- und Schädelknochen werden gewaltige Mengen versteinerungsfähiger Reste unserer Werkzeuge – Teile von Elektronengehirnen, Fragmente von Industrieanlagen, die heute dazu beitragen, die Erdatmosphäre zu zerstören – die von Orkanen heimgesuchten, wüstenhaften Kontinente einer Enderde bedecken. Zu den häufigsten Relikten werden zweifellos Überreste von Waffen gehören.
Sollten in ferner Zukunft vielleicht einmal intelligente außerirdische Lebewesen auf der Erde landen, um zu erforschen, ob es auf den Kontinenten des Wüstenplaneten Erde jemals eine Biophase gab, so wird ihnen die Vielzahl der Fossilien und Spuren aus dem Menschenzeitalter sicherlich manches Kopfzerbrechen bereiten. Während es ihnen sicherlich noch gelingen dürfte, in aus versteinertem Schlamm bestehenden Gesteinsschichten aufgefundene, stets parallel zueinander verlaufende Spuren als Bewegungsspuren der ebenfalls zahlreich als Versteinerungen oder zumindest als Abdrücke im Gestein aufgefundenen Autos zu identifizieren, würden die außerirdischen Paläontologen und Biologen sicherlich in einen heftigen Streit darüber geraten, ob es sich bei den vierrädrigen Überresten um eine eigenständige, damals die Erde beherrschende Lebensform gehandelt habe oder nicht. Einige der außerirdischen Biologen würden zunächst vielleicht vermuten, daß es den irdischen Lebensformen einst gelungen war, das für ihre Fortbewegung in vieler Beziehung vorteilhafte lebende Rad zu entwickeln und daß die zahlreichen Arm-, Bein- und Schädelknochen nur die Überreste von Lebewesen seien, die den vierrädrigen als Nahrung gedient hätten. Erst nach jahrelangen Studien würden die außerirdischen Wissenschaftler wahrscheinlich die wahren Zusammenhänge erkennen.
Die Herkunft und Bedeutung eines anderen, massenhaft in den zukünftigen Gesteinsschichten auftretenden Abdruckes würde den außerirdischen Wissenschaftlern wahrscheinlich noch viel mehr Kopfzerbrechen bereiten: Abdrücke in Form eines Ringes von etwa 15 Millimeter Durchmesser. An einer Stelle des schmalen ringförmigen Abdruckes wäre eine kleine runde Vertiefung zu erkennen, von der aus ein etwa 20 Millimeter langer, katzenzungenförmiger Abdruck ausgehen würde (s. S. 403).

Mehrere hypothetische Zukunftsfossilien. Aufreißverschlüsse von Getränkedosen

In ferner Zukunft wird die Erde durch die freilegenden Kräfte der Verwitterung also ein zweites Mal zu einem Müllplaneten werden. In ca. 3,5 Milliarden Jahren wird schließlich der Bremseffekt der Gezeitenreibung unweigerlich dazu führen, daß die Rotation der Erde um ihre Achse mit den vom Mond aufrechterhaltenen Flutbergen übereinstimmt. Die Erde wird dem Mond dann stets die gleiche Seite zuwenden und eine Erdumdrehung, ein Tag, wird solange dauern wie ein Umlauf des Mondes, genau einen Monat. Während dieser extrem verlängerten Erdentage, von denen nur noch zwölf in ein Jahr hineinpassen, wird jeweils zwei Wochen lang die Sonne scheinen und zwei Wochen lang wird Nacht sein. Aufgrund der extremen Aufheizung auf der Tagseite und der entsprechenden Abkühlung auf der Nachtseite und den daraus resultierenden atmosphärischen Turbulenzen wird das Klima auf der Enderde die letzten höherentwickelten Lebensformen, denen es eventuell bis zu diesem fernen Zeitpunkt noch gelungen sein sollte, sich der Verwüstung und dem Sauerstoffmangel zu widersetzen, vor schwierigste Anpassungs- und Überlebensprobleme stellen. Primitive Lebensformen wie Mikroorganismen wären dagegen noch sehr gut in der Lage, sich einem solchen Klima erfolgreich anzupassen.

Einige Wissenschaftler sind jedoch der Meinung, daß es soweit auf der Erde gar nicht kommen wird. Sie vermuten, daß unser Planet vorher durch eine ganz andere kosmische Katastrophe vernichtet werden wird.

Sturz in die Sonne

Bis vor kurzem gingen noch viele Astronomen davon aus, daß die Planeten einst von einer zentralen Ursprungsmasse, von der Sonne, im gasförmigen Zustand abgeschleudert wurden, sich also vom Zentralgestirn entfernt haben. Heute setzt sich aufgrund moderner astrophysikalischer Erkenntnisse immer mehr die Ansicht durch, daß sich die Planeten auf kaltem Wege aus verwirbelten Wolken von Meteoritenstaub und unzähligen Gesteinstrümmern gebildet haben, von der Schwerkraft eines zentralen Wirbels der Sonne eingefangen und in eine Umlaufbahn gezwungen wurden. Darüber habe ich im zweiten Kapitel ausführlich berichtet.
Der leider vor kurzem verstorbene deutsche Geologe Hans Georg Wunderlich (Wunderlich, Das neue Bild der Erde. Hamburg 1975) vertrat die Ansicht, daß die Ursubstanz der Planeten nicht nur von der Ursonne in eine Umlaufbahn gezwungen wurde, sondern daß sich die Planeten darüber hinaus allmählich mehr und mehr der Sonne nähern. Er nimmt an, daß außer der Mondbremse auch noch eine Art Magnetbremse das weitere Schicksal der Erde und auch das der anderen Planeten mitbestimmt.
Bei ihrem Umlauf um die Sonne bewegt sich unsere Erde mit ihrem sie umgebenden Magnetfeld ständig innerhalb des riesigen Magnetfeldes der Sonne. Nach Wunderlich überschneiden sich ständig die Kraftlinien der beiden Magnetosphären, was zwangsläufig zur Folge hat, daß ständig Ströme induziert werden. Diese Induktion kostet aber Energie, die der Bahnenergie der Erde entzogen wird. Der Umlauf der Erde um die Sonne wird dadurch in geologisch langen Zeiträumen langsam abgebremst. Ein langsames Aufzehren der Erdbahnenergie durch die »Magnetbremse« bedeutet also, daß die Fliehkraft, mit der unser Planet der Anziehungskraft der Sonne entgegenwirkt, immer geringer wird und die Anziehungskraft des Zentralgestirns allmählich die Oberhand gewinnt.
Die »Magnetbremse« würde also in gewisser Weise die anscheinend unveränderliche Gravitationskonstante umgehen und eine allmähliche Annäherung der Erde an die Sonne und damit eine Erhöhung der Sonneneinstrahlung zur Folge haben.

Während die Auswirkungen der Mondbremse in Form der Gezeitenreibung keine befriedigende Erklärung für die Konstanz der Oberflächentemperaturen auf der Erde liefert, da durch die Abbremsung der Erdrotation die Sonneneinstrahlung insgesamt gesehen auf der Erde nicht zunimmt, sondern sich nur die Temperaturgegensätze zwischen Tag und Nacht verstärken und extreme Werte erreichen, könnte die durch die Magnetbremse bewirkte Annäherung der Erde an die Sonne einen echten Temperaturausgleich für den Verlust der irdischen, endogenen Wärmeproduktion darstellen.

Wenn diese Annahmen richtig sind, dann ist die Umlaufbahn der Erde um die Sonne gar keine unveränderliche Ellipse, sondern in Wirklichkeit eine immer enger werdende elliptische Spirale, deren Endpunkt in der Sonne liegt. Das bedeutet, daß die Erde in ferner Zukunft, in mehreren Milliarden Jahren, möglicherweise noch bevor die Eigendrehung der Erde um ihre Achse durch die Mondbremse zum Stillstand gekommen ist, in die Sonne stürzen und verglühen wird. Professor Wunderlich stellte sich davon ausgehend die Frage, ob das nicht schon anderen Planeten unseres Sonnensystems in der Vergangenheit widerfahren sei. Er nahm an, daß schon mehrere Planeten, die einst jenseits des Merkurs um die Sonne kreisten, in das Zentralgestirn gestürzt sind. Tatsächlich weist die Umlaufbahn des heute sonnennächsten Planeten Merkur um die Sonne eigenartige Abnormitäten auf, die nicht ohne weiteres allein mit den heute anerkannten Gesetzen der Himmelsmechanik erklärt werden können. Die Abweichungen der Merkurbahn könnten von der Schwerkraft eines weiteren inneren Planeten, der zwischen dem Merkur und der Sonne um das Zentralgestirn kreiste, herrühren. Ein solcher Planet ist aber mit absoluter Sicherheit in unserem Sonnensystem nicht vorhanden oder – besser gesagt – nicht mehr vorhanden. Vielleicht ist er durch die Wirkungen der Magnetbremse, die auch seine Umlaufbahn um die Sonne immer enger werden ließ, bereits vor Millionen Jahren in die Sonne gestürzt, während die Auswirkungen seiner Schwerkraft auf die Umlaufbahn seines Nachbarplaneten Merkur noch heute zu erkennen sind und damit seine Existenz bezeugen.

Durch die langsame, aber unaufhaltsame Annäherung eines Planeten an die Sonne und der damit verbundenen Aufheizung seiner Oberfläche, wird seine Atmosphäre und Hydrosphäre infolge der steigenden ultravioletten Strahlung zerstört und schließlich alle auf ihm vorhandenen Lebensformen abgetötet. Wenn er am Ende in die Sonne stürzt, hat das laut der von Wunderlich aufgestellten Hypothese für die nachfolgenden Planeten – in kosmischen Zeitdimensionen betrachtet – eine kurze Abkühlung aufgrund einer kurzzeitigen Ab-

schwächung der Wärmeproduktion im Sonneninnern zur Folge. Auf den übrigen Planeten entsteht eine Eiszeit.
Wie ist es aber überhaupt möglich, daß sich die Energieproduktion der Sonne abschwächt, wenn ein Planet in sie hineinstürzt? 99 Prozent der Masse unseres gesamten Sonnensystems ist im Zentralgestirn konzentriert. Die übrigen 1 Prozent verteilen sich auf die neun Planeten mit ihren Monden und den Planetoidengürtel (siehe Graphik auf Seite 65). Kann es bei diesen Größenverhältnissen überhaupt Auswirkungen auf die energieproduzierenden Kräfte im Sonneninnern haben, wenn ein Planet in die Sonnenmasse eindringt? Wenn ich ein Sandkorn in einen mit glühendem Koks gefüllten Ofen werfe, ändert sich die Wärmestrahlung des Ofens ja auch nicht. Dieses Beispiel gibt in etwa die Massenverhältnisse zwischen Sonne und einem der inneren Planeten – Merkur, Venus, Erde oder Mars – wieder. Es ist jedoch in anderer Hinsicht sehr ungeeignet, da man die Sonne auf keinen Fall mit einem mit glühender Kohle gefüllten Ofen vergleichen kann.
Bei der Sonne handelt es sich um einen gewaltigen, durch Gravitationskräfte zusammengehaltenen, freischwebenden Fusionsreaktor, in dessen Inneren bei Drücken von 200 Milliarden Tonnen und Temperaturen von 15 Millionen Grad Celsius Fusionsenergie durch den Zusammenschluß von Wasserstoffkernen zu Helium produziert wird. Derartige Drücke und Temperaturen sind für uns genauso wenig vorstellbar wie die kosmischen Zeit- und Entfernungsdimensionen. Dem englischen Astronomen James Jeans verdanken wir ein überaus interessantes Rechenbeispiel, das die 15 Millionen Grad des Sonneninneren in ein Verhältnis zu irdischen Erfahrungsmaßstäben setzt: Wenn man aus dem Sonnenkern ein stecknadelkopfgroßes Stück Materie herauslösen und es auf die Erdoberfläche legen würde, so würde seine Hitze ausreichen, um einen Menschen noch in einer Entfernung von 150 Kilometern auf der Stelle zu töten.
In jeder Sekunde werden im Sonnenkern 657 Millionen Tonnen Wasserstoff atomar zu Helium verbrannt, und das bereits seit etwa 5 Milliarden Jahren; das verschafft uns ungefähr eine Vorstellung von der ungeheuren Größe unserer Sonne, die im Vergleich zu anderen Riesensonnen innerhalb unseres Milchstraßensystems jedoch wiederum nur einen Zwerg darstellt.
Von Versuchen auf der Erde, das Sonnenkraftwerk nicht nur in Form von Wasserstoffbomben nachzuahmen, sondern Fusionsenergie auf dem Wege der Plasmaphysik in Reaktoren kontrolliert zu gewinnen, weiß man, daß die Fusionsreaktion äußerst empfindlich auf geringste Verunreinigungen durch anderes Material – insbesondere durch sol-

ches mit Kernen vom Atomgewicht des Eisens und der ihm benachbarten Elemente im periodischen System – reagiert. Wenn nun einer der inneren Planeten, die sich im Gegensatz zu der aus Wasserstoff und Helium bestehenden Sonne aus vergleichsweise schweren Atomkernen aufbauen, in die Sonne stürzt, kann er aufgrund seiner höheren Dichte laut Professor Wunderlich bis in die Kernzone – den Fusionsreaktor der Sonne – eindringen und durch die Verunreinigung des verbrennenden Wasserstoffes die dort ablaufenden Kernverschmelzungsprozesse erheblich stören. Diese Verunreinigung des solaren Fusionsprozesses hat zwangsläufig eine zeitweilige Herabsetzung der Energieproduktion des solaren Fusionsreaktors zur Folge. Ähnlich wie auf der Erde die Wärme aus dem Erdinnern durch auf- und absteigende Konvektionsströmungen bis unter die Erdkruste und z. T. an die Erdoberfläche befördert wird, so wird auch die im Sonnenkern produzierte Fusionsenergie zum Sonnenrand befördert und von dort in den innerplanetarischen Raum abgestrahlt. Die planetarischen Verunreinigungen werden wahrscheinlich innerhalb der Sonnenmasse ständig konvektiv umgelagert und wirken sich daher nur eine gewisse Zeitlang störend auf den Fusionsreaktor in der Sonnenmitte aus. Während ein in das Zentralgestirn gestürzter Planet im Sonneninneren im Laufe mehrerer Millionen Jahre langsam verbrennt und seine immer kleiner werdende Masse mehrmals konvektiv als Verunreinigung den Fusionsreaktor im Sonnenkern durchläuft, kommt es innerhalb der sonst während langer Zeiträume gleichmäßigen Energieproduktion der Sonne zu einer Periode mehrerer kurzfristig aufeinanderfolgender Störungen des solaren Fusionsreaktors und damit der Wärmeabstrahlung.
Professor Wunderlich sieht im klimatischen Ablauf der Erdgeschichte deutliche und eindringliche Beweise für diese Annahme. Tatsächlich treten, wie ich in einem früheren Kapitel bereits erwähnt habe, während der Erdgeschichte in einem Abstand von etwa 300 Millionen Jahren wiederholt kurzfristige Unterbrechungen des klimatischen Geschehens von mehreren Millionen Jahren Dauer auf, in denen sich das vorwiegend warme Erdklima merklich abkühlt. Innerhalb dieser kühlen Klimaperioden, die als Eiszeiten bezeichnet werden, treten nun interessanterweise mehrfach Klimaschwankungen auf, und jede Eiszeitperiode läßt sich deshalb in ausgesprochene Kaltzeiten und eingeschaltete warme Zwischenkaltzeiten unterteilen. Jedesmal wenn eine Eiszeitperiode abgeklungen war, blieb das Erdklima dann wieder für die nächsten 300 Millionen Jahre überwiegend warm.
An Erklärungen für die Entstehung dieser Eiszeiten und den in ih-

nen auftretenden Klimaschwankungen hat es nicht gefehlt. Seit rund hundert Jahren, nachdem die Naturwissenschaftler über die vorerst letzte große Vereisung auf der Nordhalbkugel der Erde immer mehr Details zusammengetragen haben, wurden sicherlich mehrere Dutzend unterschiedliche Hypothesen aufgestellt. Während jede dieser Hypothesen oft sehr plausible Erklärungen für eiszeitliche Phänomene oder auch für die Entstehung der Eiszeit insgesamt aufwies, enthielt jedoch keine eine befriedigende Erklärung für die langfristige Klimaentwicklung der gesamten Erdgeschichte. Besonders für das überaus wichtige Phänomen, daß trotz Eiszeiten und abnehmender endogener Wärmeproduktion der Erde auf der Oberfläche unseres Planeten eine Temperaturkonstanz vorhanden ist, konnte bisher keine befriedigende Antwort gefunden werden. Die neue, von Professor Wunderlich aufgestellte Hypothese, daß zwischen den Planeten und der Sonne eine Magnetbremse wirkt, liefert dagegen eine zusätzliche Erklärung für die klimatische Entwicklung unseres Planeten. Insbesondere hat der erforderliche Temperaturausgleich für die schwindende, eigene Wärmeproduktion der Erde in der von ihm vermuteten langsamen Annäherung der Erde an die Sonne eine Erklärung gefunden. Ausgehend von Wunderlichs Hypothese ist in der bereits vergangenen Erdgeschichte ungefähr alle 300 Millionen Jahre ein Planet in die Sonne gestürzt, während der letzte Sturz eines inneren Planeten jenseits des Merkurs in die Sonne vor ungefähr 2,5 Millionen Jahren erfolgt zu sein scheint. Dieser Zeitpunkt würde jedenfalls mit dem Beginn der letzten irdischen Eiszeitperiode übereinstimmen. Während die Verunreinigung durch den hypothetischen Planeten auf konvektivem Wege immer wieder in den inneren Fusionsreaktor der Sonne gerät und dessen Energieproduktion empfindlich stört, erlebt die Erde seit 2,5 Millionen Jahren Kaltzeiten mit zwischengeschalteten Warmzeiten, die wahrscheinlich immer dann auftreten, wenn die planetarische Verunreinigung wieder aus der Kernzone der Sonne heraustransportiert wird. Während der Mensch innerhalb der klimatisch wechselhaften, vorerst letzten Eiszeitperiode entstand, stellt sich die interessante Frage, ob wir heute in einer warmen Zwischenkaltzeit, einer noch nicht ganz beendeten Eiszeitperiode leben und so der Menschheit zunächst noch einmal eine Kaltzeit bevorsteht, oder ob die letzte planetarische Verunreinigung innerhalb der Sonne bereits soweit abgebaut ist, daß die Eiszeitperiode insgesamt gesehen beendet ist. Wäre das letztere der Fall, könnte man davon ausgehen, daß die Erde bereits am Beginn der nächsten, ca. 300 Millionen Jahre währenden Warmzeit steht, in der die exogene Wärmeeinstrahlung durch eine langsame, aber unaufhaltsame

Annäherung der Erde an die wieder mit voller Leistung arbeitende Sonne mehr und mehr den Verlust an planetarischer Eigenwärme ausgleicht und sich – zusammen mit den bereits beschriebenen Prozessen der Sauerstoffaufzehrung und der Mondbremse – die Erdoberfläche allmählich in eine Endwüste verwandelt.

Alternative Kältetod

Selbst wenn sich die von Professor Wunderlich aufgestellte Hypothese der zwischen Erde und Sonne wirkenden Magnetbremse in der Zukunft nicht als richtig erweisen sollte, sind die Zukunftsaussichten für die Erde nicht minder apokalyptisch. Dann bleibt immer noch die Mondbremse der Gezeitenreibung, die die Erdrotation soweit abbremst, daß ein Tag so lang währt wie ein ganzer Monat, und die daraus resultierenden klimatischen Verhältnisse werden die Oberfläche unseres Planeten verwüsten. Von diesem Zeitpunkt an wird das weitere thermische Schicksal der Erde dann auf andere Weise vom Schicksal der Sonne abhängig sein. Über deren zukünftiges Schicksal haben sich die Astrophysiker ebenfalls Gedanken gemacht. Sie wissen, wie die Sonne sich entwickeln wird, weil sie andere Sonnen von höherem Alter im Weltall untersucht haben.
Unsere Sonne entstand einst zusammen mit ihren Planeten aus einer riesigen kosmischen Gas- und Staubwolke. Aufgrund des im Kosmos allgegenwärtigen Gravitationsgesetzes zog sich der größte Teil der Wolke unaufhaltsam auf einen gemeinsamen Mittelpunkt hin zusammen und es entstand allmählich ein riesiges kugelförmiges Gebilde. Als Folge des Gewichtes der riesigen Gasmassen, die sich durch die Schwerkraft zunächst unaufhaltsam zusammenzogen, traten im Mittelpunkt der Gaskugel Drücke und Temperaturen auf, die so groß waren, daß eines Tages atomare, energiefreisetzende Kernverschmelzungsprozesse im Innern der Ursonne einsetzten. Die kosmische Ursubstanz der Sonne, der Wasserstoff, verbrannte und fusionierte zu Helium, dem nächst schwereren Element im periodischen System.
Die Ursonne wurde dadurch zu einem hell leuchtenden, energieabstrahlenden Stern. Schließlich drängte aus dem Sonneninnern soviel freigesetzte Energie empor, daß ein gewaltiger nach außen wirkender Druck den nach innen gerichteten Gravitationskräften entgegenwirkte. Dadurch wurde eine weitere Kontraktion des Gasballes verhindert. Nach mehreren instabilen Phasen der Ursonne, in der abwechselnd einmal die eine Kraft und einmal die andere Kraft zeit-

weilig die Oberhand gewann, stabilisierte sich dann schließlich der Zustand unserer Sonne, und in ihrem Innern hielten sich die nach innen wirkenden Schwerkräfte und die nach außen drängenden Energiemengen die Waage. In diesem Zustand des inneren Gleichgewichtes befindet sich unsere Sonne seit etwa 4,5 Milliarden Jahren, und es ist abzusehen, daß diese innere Ausgeglichenheit der Sonnenkräfte, die zu einer unabdingbaren Voraussetzung für die Existenz aller Lebensformen auf der Erde geworden ist, noch einmal den gleichen Zeitraum anhalten wird.
Wenn unsere Sonne weiterhin »nur« 657 Millionen Tonnen Wasserstoff in jeder Sekunde verbrennen würde, würde ihr Brennstoffvorrat für weitere 50 Milliarden Jahre ausreichen. Die Sonne wird aber bereits zu einem viel früheren Zeitpunkt, der von der Gegenwart jedoch noch so weit entfernt ist wie die ganze bisher abgelaufene Erdgeschichte, in ca. 4,5 bis 5 Milliarden Jahren, wenn sie etwa 15 Prozent ihres Wasserstoffes durch Kernfusion in Helium verwandelt hat, eine instabile Phase in ihrer Entwicklung durchlaufen. Sobald die Sonne nämlich einen Teil des Wasserstoffes in ihrem Zentrum verbraucht hat, bricht das Gleichgewicht zwischen dem nach außen wirkenden Energiedruck und den nach innen gerichteten Gravitationskräften zusammen. Ein abnehmender Brennstoffvorrat müßte an sich eine abnehmende Energieproduktion und deshalb eine Zunahme der die Sonnenmasse zusammenziehenden Gravitationskräfte zur Folge haben.
Die im Sonneninnern ablaufenden atomaren Prozesse sind jedoch so komplex, daß zunächst eher das Gegenteil eintritt. Ich will versuchen, die überaus komplizierten Zusammenhänge stark vereinfacht zu veranschaulichen. Mit zunehmendem Verbrauch des Wasserstoffes im Sonnenkern verlagert sich die Brennzone zunächst einmal schalenförmig immer mehr nach außen in Richtung auf den Sonnenrand. Die dabei entstehende schwere Heliumasche häuft sich im Sonnenkern immer schneller an und erhöht dadurch den in Richtung Sonnenzentrum wirkenden Gravitationsdruck. Dadurch steigt nun wiederum die Temperatur im Sonneninnern unaufhaltsam weiter an. Die starke, nach außen abstrahlende Hitze beschleunigt nun ihrerseits den Brennprozeß des restlichen Wasserstoffes. In diesem Stadium verbrennt die Sonne ihren Wasserstoff zu schwerem Helium in einem atemberaubenden Tempo. Dadurch wird nun wiederum die Menge der Heliumasche gewaltig vermehrt usw.
Durch den langsam in Richtung Sonnenoberfläche vordringenden atomaren Kernprozeß, der sich unter der Einwirkung der von innen wirkenden, sich ständig erhöhenden Temperaturen mehr und mehr

beschleunigt, nimmt der nach außen drängende Energiestrom zunächst ständig zu. Die Sonne bläht sich durch diesen Prozeß in kurzer Zeit zu einer gewaltigen Größe auf. Irgendwann befindet sich die Wasserstoffbrennzone so nah unter der Oberfläche, daß der Druck, der auf dem solaren Wasserstoffusionsreaktor lastet, nicht mehr ausreicht, um die Kernprozesse weiterhin in Gang zu halten. Das atomare Kernfeuer in den oberflächennahen Schichten muß dadurch sehr bald erlöschen und der nach außen wirkende Strahlungsdruck rapide abnehmen. Durch die nun zwangsläufig wieder die Oberhand gewinnenden Gravitationskräfte müßte der riesige aufgeblähte Sonnenball nun wieder in sich zusammensinken.

Gleichzeitig haben sich aber jedoch bis zu diesem fernen Zeitpunkt durch die seit 10 Milliarden Jahren erfolgte Umwandlung des Wasserstoffes in schweres Helium im Sonnenkern so gewaltige Mengen Heliumasche angesammelt, daß sich diese Asche unter ihrem eigenen hohen Gewicht und unter der durch das langsame Ausbrennen des Wasserstoffes wieder verstärkten Gravitationskräfte soweit zusammengezogen hat, daß dadurch irgendwann ein Punkt erreicht wird, an dem der Druck im Sonnenkern auf weit über 200 Milliarden Tonnen ansteigt und sich die Temperatur von 15 Millionen Grad auf unvorstellbare 110 Millionen Grad Celsius erhöht. Bei dieser Temperatur beginnt selbst das Helium atomar zu brennen und verwandelt sich dadurch in ein noch schwereres Element, in Kohlenstoff. Die wieder einsetzenden, energiefreisetzenden, atomaren Kernprozesse wirken nun wieder den Gravitationskräften entgegen und verhindern zunächst einmal die weitere Kontraktion der Sonnenmasse. Die Sonne, die sich durch diese Prozesse von einer Wasserstoffsonne in eine Heliumsonne verwandelt hat, tritt dadurch also zunächst noch einmal für eine in kosmischen Zeitdimensionen kurze Periode in ein stabiles Stadium ein.

Die Sonne wird sich also zunächst zu einem unvorstellbar großen Riesenstern aufblähen, der den größten Teil des Raumes zwischen sich und dem innersten Planeten Merkur ausfüllen wird. Zwar wird dadurch ihre Oberfläche kühler werden und in tiefroter Glut erstrahlen, die Gesamtmenge der Energie, die sie ausstrahlt, wird aber aufgrund ihrer gigantischen Größe und der in ihr einsetzenden neuen Kernprozesse wesentlich größer sein als heute.

Von der Erde aus betrachtet wird der Durchmesser der Sonne etwa zwanzigmal so groß erscheinen wie heute, und der rote Riesenstern wird so viel Energie ausstrahlen, daß die Oberflächentemperaturen auf der Erde bis auf über 500 Grad Celsius ansteigen werden, genug, um die Ozeane zum Kochen zu bringen, ihr Wasser verdampfen zu lassen und alle höherentwickelten Lebensformen, die die bis zu diesem fernen Zeitpunkt bereits erfolgte Verwüstung der Erde noch überlebt haben, abzutöten. Der von der Riesensonne in gewaltigen Mengen ausgesandte ultraviolette Lichtanteil wird schließlich in geologisch kurzer Zeit die die ganze Erdkugel einhüllenden heißen Wasserdampfmengen durch den Prozeß der Photodissoziation in Wasserstoff und Sauerstoff aufspalten. Während der gesamte Wasserstoff aufgrund der hohen Temperaturen in den Weltraum entweicht und die letzten, auf anorganischem Wege freigesetzten Sauerstoffmengen von der Erdkruste aufgezehrt werden, wird die Erdoberfläche selbst völlig austrocknen. Obwohl die Ozeanbecken völlig ausgetrocknet sein werden und sich ähnlich wie auf dem Mars allmählich mit rotem Wüstenstaub auffüllen, wird es noch Teiche, Seen und kleine Flußläufe auf der Erde geben. Sie werden jedoch nicht mit Wasser gefüllt sein, sondern mit geschmolzenem Blei, und auf der heißen Erdoberfläche wird der Schwefel, wie in der Bibel vorhergesagt, kochen.

Trotz dieser Apokalypse hätte das Leben auf der Erde in Form primitiver Lebensformen bei einer sich aufblähenden Sonne vielleicht noch eine weitere, eine letzte Überlebenschance. Was in 5 Milliarden Jahren schließlich mit den letzten noch existierenden Mikroorganismen auf der Erde geschehen wird, läßt sich in gewisser Weise bereits heute in der Wüste beobachten.

Inmitten der Wüste des amerikanischen Bundesstaates Utah liegt ein großer flacher Salzsee. Der Great Salt Lake, der etwa so groß ist wie Schleswig-Holstein, ist der spärliche Überrest eines riesigen Binnenmeeres, das einst große Flächen Nordamerikas westlich der Rocky Mountains bedeckte und langsam austrocknete, als das Klima auf dem nordamerikanischen Kontinent im Laufe der Zeit immer trokkener wurde. Das verdunstete Binnenmeer ließ 4 Milliarden Tonnen ehemals im Meerwasser gelöste Mineralien, hauptsächlich Salz, zurück. Diese Salzablagerungen haben den inzwischen trockengefallenen Meeresgrund in eine weiße, vollkommen flache Salzwüste verwandelt, die sich vom Ufer des Restwassers aus bis zum Horizont erstreckt.

Das durch das vorwiegend heiße Wüstenklima austrocknende Binnenmeer vermittelt bereits einen Eindruck davon, was in ferner erdgeschichtlicher Zukunft geschehen wird, wenn die Ozeane austrocknen. Die spärlichen Niederschläge, die dem Salzsee heute noch Wasser zuführen, können die enorm hohe Verdunstungsrate, die in der heißen Westhälfte des amerikanischen Kontinents vorherrscht, nicht ausgleichen. Wie sich heute noch an alten Uferlinien, die als

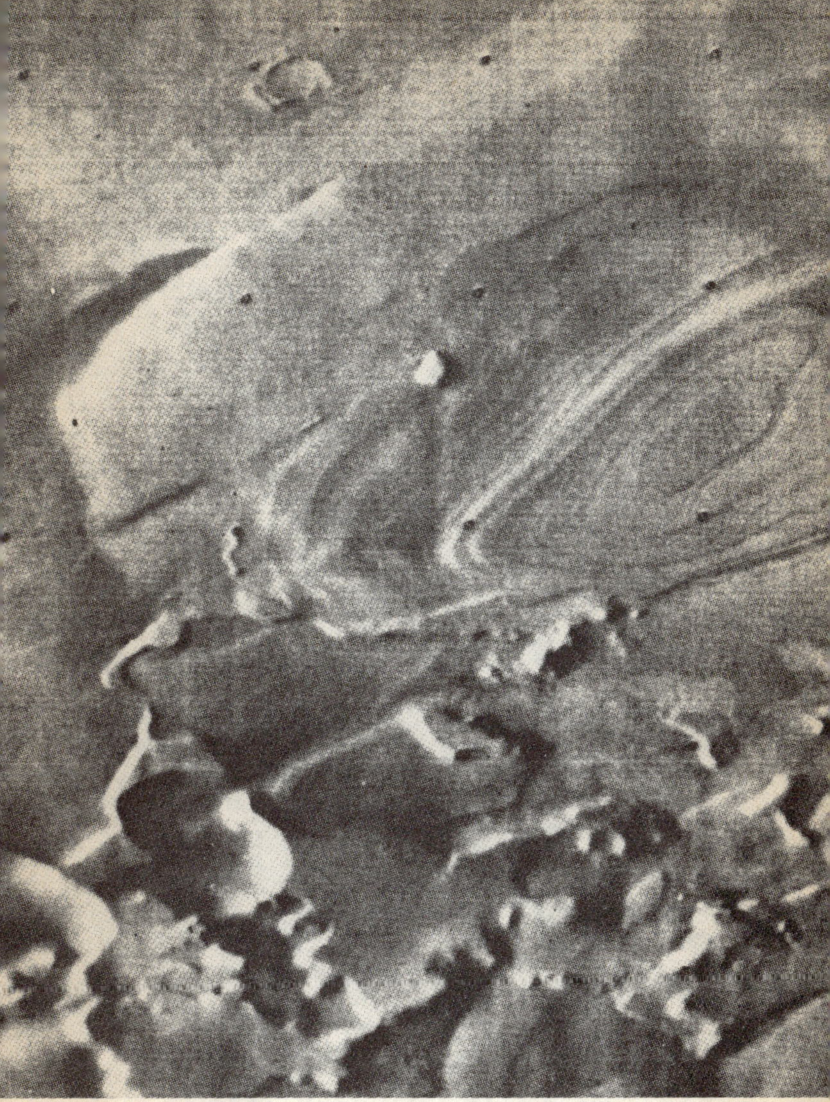

Abbildung 50:
Ein aus geschichteten Ablagerungen bestehendes Wüstenplateau am Rande der abschmelzenden Südpolarkappe des Mars.

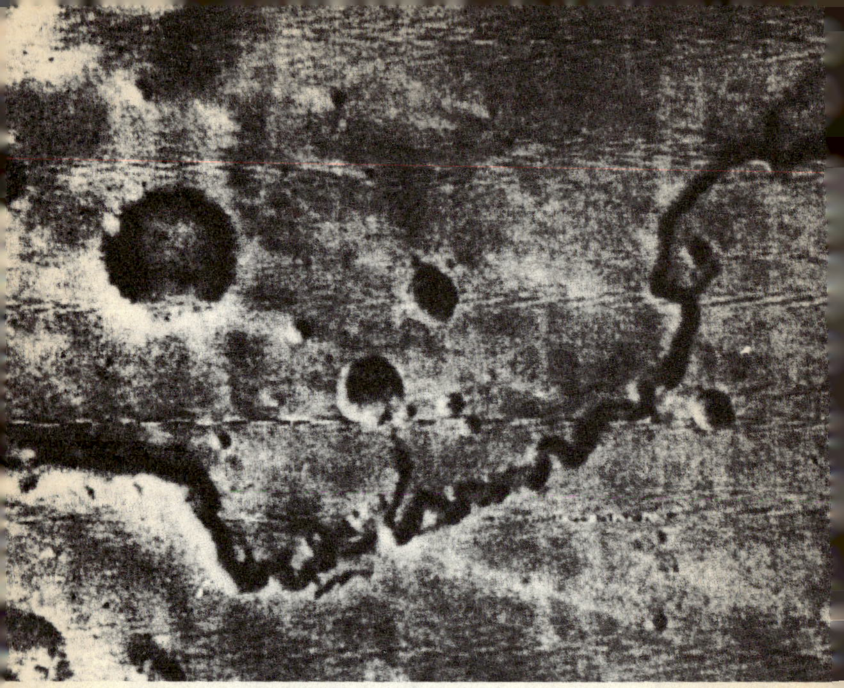

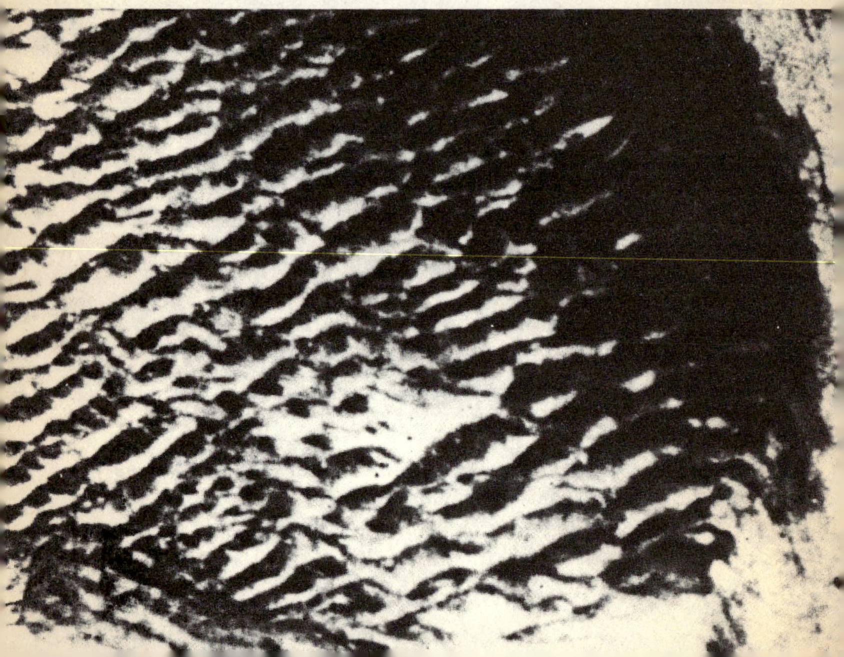

terrassenartige Abstufungen um die Flanken der Gebirgszüge herumlaufen, die sich inmitten der riesigen, weißen, sterilen Salzwüste des bereits trockengefallenen Teiles des Meeresgrundes erheben und deren Spitzen früher als Inseln die Wasseroberfläche des Binnenmeeres überragten, erkennen läßt, ist der Wasserspiegel bis heute um achtzig Meter gesunken.
Durch die Verdunstung des größten Teiles des Wassers ist der Salzgehalt des Restwassers enorm gestiegen. Der Salzgehalt schwankt je nach Wasserstand - der von den von Jahr zu Jahr verschieden starken Zuflüssen aus den Gebirgszügen, die den Salzsee im Osten begrenzen, abhängig ist - zwischen 18 und 24 Prozent. In den Teilen des Salzsees, die weitgehend von einer eventuellen Süßwasserzufuhr abgeschnitten sind, ist das Wasser mit einem Salzgehalt von 28 Prozent bereits fast mit Salz gesättigt. Ertrinken ist in diesem See, dessen Salzgehalt also sechs- bis neunmal so hoch ist wie der Salzgehalt der Ozeane, völlig unmöglich.
Durch den hohen Salzgehalt ist der Salzsee extrem lebensfeindlich, und die Lebensgemeinschaft des restlichen Binnenmeeres besteht nur noch aus wenigen primitiven Lebensformen, die das Wasser jedoch in astronomischen Mengen bevölkern. Höherentwickelte Lebewesen, wie z. B. Fische, sind bereits seit langem ausgestorben. Außer zahlreichen Bakterienarten existieren noch mehrere salzresistente Algenarten, die sich durch Photosynthese ernähren und dabei Sauerstoff freisetzen. Wenn die verschiedenen Arten der Mikroorganismen, die als Einzelindividuen nur unter einem Mikroskop zu erkennen sind, sich zu einer bestimmten Jahreszeit zu einer ungeheuerlichen Anzahl multiplizieren, färbt ihre Masse das Wasser des Salzsees je nach Färbung der Art orange, grün oder rot.
Die Algen stellen die Nahrung für die einzige Tierart dar, die in dem salzigen Wasser des Sees noch überlebt hat. Es ist die winzige, nur etwa 10 Millimeter lange, primitive Krabbenart brine shrimp *(Artemia salina),* die den See milliardenfach bevölkert.
An windstillen Tagen kann man über dem See, besonders über der Uferzone, wo der See an die weiße, vollkommen flache, sich bis zum Horizont erstreckende Salzwüste angrenzt, zu bestimmten Jahres-

Abbildung 51:
Eine Sanddünenwüste füllt das Innere eines riesigen Kraters auf dem Mars aus.

Abbildung 52:
Trockenbett eines Flußlaufes in der Marswüste.

zeiten merkwürdige dichte und langgestreckte Wolken beobachten, die sich sehr schnell voranbewegen und dabei ständig ihre Farbe wechseln. Sie erscheinen mal schwarz, mal silberfarben. Diese Wolken bestehen aus unzähligen kleinen Fliegen, die ebenfalls der Lebensgemeinschaft des Sees zuzurechnen sind. Die Fliegenart, die zur Gattung *Ephydra* gehört, hat sich der lebensfeindlichen, heißen, salzigen Umwelt angepaßt, und ihre Verbreitung ist auf die Umgebung des Salzsees beschränkt. Sie ernährt sich von angeschwemmten Algen und schützt sich gegen die tödlichen, durch keine Wolkenschicht gefilterten Sonnenstrahlen durch eine silberne Färbung ihrer Körperoberseite, die einen großen Teil der Sonnenstrahlen reflektiert. Ähnliche farblich angepaßte, silberfarbene Insekten, sogenannte Aluminium-Ameisen, leben auch in der Sahara.
Die Austrocknung des restlichen Binnenmeeres geht langsam aber unaufhaltsam weiter, und eines Tages wird dort, wo sich einst ein blaues Meer von Horizont zu Horizont erstreckte, nur noch eine weiße, völlig unbelebte Salzwüste vorhanden sein. Was mit den letzten Lebensformen geschehen wird, läßt sich in den Teilen des Sees beobachten, in denen der Salzgehalt des Wassers bereits 28 Prozent beträgt. In dieser Salzbrühe sterben erst die Krabben und dann die Algen aus. Wenn schließlich das Salz im Wasser auszukristallisieren beginnt und der See sich in eine Salzwüste verwandelt, sind auch die Bakterien zum Tode verurteilt.
Die letzte Krabbengeneration hat jedoch vor ihrem Tod noch Milliarden widerstandsfähiger Eier abgelegt. Diese Eier, die im Salz eingebettet jahrzehntelang keimfähig bleiben, geben der Art eine weitere Überlebenschance, falls der Wasserspiegel des Sees durch ungewöhnlich starke Regenfälle kurzzeitig noch einmal steigen sollte. Langfristig ist der See aber zum Tode verurteilt und mit ihm alle in seinem Wasser noch existierenden Lebensformen. Hebt man inmitten der bereits ausgetrockneten Meeressenke von der Oberfläche der Salzwüste einen Salzklumpen auf und bricht ihn durch, so erkennt man mit bloßem Auge in seinem Innern die vertrockneten Überreste der Krabben. Legt man den Brocken unter ein Mikroskop, so erkennt man auch die abgestorbenen Algen und Bakterien. Eines Tages wird vielleicht der Wind Verwitterungsprodukte in Form von Sand und Staub in der ausgetrockneten Meeressenke ablagern. Sie werden die Salzschicht völlig zudecken, die dadurch endgültig zu einer der zahlreichen geschichteten Ablagerungen wird, aus denen die äußere Erdkruste besteht. An diesem Punkt scheint die Geschichte an sich beendet zu sein. Ich hätte sie jedoch nicht berichtet, wenn es nicht noch eine spannende, faszinierende Fortsetzung gäbe.

Vor etwa 15 Jahren beauftragte die Kurdirektion von Bad Nauheim ein am Ort ansässiges wissenschaftliches Institut mit der Untersuchung einer ihrer warmen salzhaltigen Quellen. Seit einiger Zeit waren in der Quelle immer wieder bakterielle Verunreinigungen aufgetreten, deren Ursache und Herkunft sich nicht ermitteln ließ. Als der Nauheimer Mikrobiologe Heinz J. Dombrowski mit der Untersuchung begann, stellte er fest, daß die Verunreinigungen von einer lebenden Bakterienart verursacht wurden, die ihm, einem Experten auf dem Gebiet der Mikrobiologie, völlig unbekannt war. Eine von außen in die Quelle eingeschleppte Verunreinigung schien also von vornherein unwahrscheinlich zu sein. Die Bakterien schienen aus der Quelle selbst beziehungsweise aus ihrem unterirdischen Ursprungsort zu stammen. Aufgrund der bekannten geologischen Strukturen dieses Teiles der Erdkruste war bekannt, daß das Salz im Wasser der Nauheimer Quelle aus einer in 600 Meter Tiefe gelegenen mächtigen Salzablagerung stammte. Das Salz hatte sich vor ca. 250 Millionen Jahren im Erdzeitalter des Perm abgelagert, als das Zechsteinmeer, das damals große Teile Mitteleuropas bedeckte, wiederholt vom übrigen Weltmeer abgetrennt wurde und sein Wasser in mehreren Zyklen in dem damals zeitweilig wüstenhaften Klima verdunstete. Dieser Vorgang läßt sich in etwa mit der Verdunstung des großen Binnenmeeres in der Wüste des US-Staates Utah vergleichen.
Im weiteren Verlauf ihrer Nachforschungen machten sich die Nauheimer Wisenschaftler nun daran, mit Hilfe von Bohrungen Proben des Zechsteinsalzes, das das Quellwasser durchlaufen hatte, an die Erdoberfläche zu holen. Bei der anschließenden Untersuchung der an die Erdoberfläche geförderten Salzkristalle fand man tatsächlich zahlreiche, in den Salzkristallen eingeschlossene abgestorbene Bakterien. Spannend wurde es, als die Forscher die Salzkristalle mit den in ihnen eingeschlossenen Fossilien in eine wäßrige Nährlösung legten. Die Forscher glaubten, ihren Augen nicht trauen zu können. Die Bakterien schienen nach 250 Millionen Jahren gleichsam wieder aufzutauen und erwachten zu neuem Leben. Sie zeigten eine erstaunliche Vitalität und Vermehrungsfähigkeit und bildeten in kurzer Zeit ausgedehnte lebende Kulturen.
Um ganz sicher zu sein, daß es sich bei den neuentstandenen Bakterienkulturen auch wirklich um die vor 250 Millionen Jahren im Salz eingeschlossenen Bakterien handelte und nicht um äußerliche Verunreinigungen während der Versuche, sterilisierten die Forscher nun jedes Salzstück sorgfältig, bevor sie aus ihm eine Probe entnahmen. Das positive Zuchtergebnis wiederholte sich. Ein weiterer Be-

weis, daß man tatsächlich über 250 Millionen Jahre alte Lebensformen aus einem Scheintod erweckt hatte, war die Tatsache, daß von den insgesamt vierzig wieder zum Leben erweckten Bakterienarten nur noch eine einzige Art eine gewisse Ähnlichkeit mit einer der unzähligen, heute existierenden Bakterienarten zeigte, und zwar mit den heutigen Typhuserregern. Aus diesem Grunde ließ man bei den Untersuchungen allergrößte Vorsicht walten. Unter den wieder zum Leben erweckten Bakterienarten entdeckte man schließlich auch die Art, die die Verunreinigung der Quelle verursacht hatte. Für diese eine Art waren nach einem unvorstellbar langen Zeitraum in der Bad Nauheimer Quelle, in die sie zusammen mit dem Quellwasser gelangt war, zufällig genau wieder die Lebensbedingungen eingetreten, die auch ihre Existenz in dem austrocknenden Zechsteinmeer vor 250 Millionen Jahren ermöglicht hatten.

Wie ist es überhaupt möglich, daß Mikroorganismen über derart lange Zeiträume in einem Stadium des Scheintods überleben? Eine Antwort auf diese Frage hatten amerikanische Forscher bereits mehrere Jahre vor der sensationellen Entdeckung von H. J. Dombrowski in einem ganz anderen Zusammenhang gefunden, als sie sich mit den Möglichkeiten der Konservierung von Bakterien beschäftigten. Die zuverlässigste Methode, Bakterien zu konservieren, bestand aufgrund ihrer Untersuchungen darin, die Nährlösung – das Biotop der Bakterien – ganz langsam mit Salz anzureichern, bis die Lösung gesättigt war und das Salz auskristallisierte. Der Kristallisationsprozeß entzog den Mikroorganismen das Wasser vollständig. In diesem Zustand ließen sie sich bei einem völlig zum Stillstand gekommenen Stoffwechsel praktisch unbegrenzt lebensfähig konservieren.

Während des Scheintodes treten in den Lebewesen aufgrund des völlig stillstehenden Stoffwechsels keine solchen Veränderungen auf, die während des Ablaufes der Lebensfunktionen wahrscheinlich altern und schließlich den Tod verursachen. Der Zeitfaktor des Lebens wird also während des Scheintodes aufgehoben. An dieser Stelle sei ausdrücklich darauf hingewiesen, daß diese Vorgänge nur bei primitiven Lebensformen, wie z. B. bei den einzelligen Bakterien, denkbar sind.

Die amerikanischen Forscher hatten, ohne es zu wissen, genau das nachgeahmt, was sich vor 250 Millionen Jahren in der Natur vollzogen hatte, als das alte Zechsteinmeer allmählich austrocknete und nur Salz zurückblieb, und was sich noch heute in dem austrocknenden Binnenmeer inmitten der nordamerikanischen Wüste vollzieht. Als die Nauheimer Biologen die von den amerikanischen Kollegen entdeckte Konservierungsmethode auch bei den von ihnen zum Le-

Größenvergleich verschiedener Sonnen

1. *Sonne*
2. *Prokyon*
3. *Altaïr*
4. *Sirius*
5. *Algol*
6. *Aldebaran*
7. *Polarstern*
8. *Rigel*

ben erweckten uralten Bakterien anwandten, gelang es ihnen, den ursprünglichen Zustand des Scheintodes wiederherzustellen.
Auch in einer noch älteren Salzablagerung in Kanada, die aus dem mittleren Devon stammt und ein Alter von 320 Millionen Jahren aufweist, wurden ähnliche Lebensformen gefunden und wieder zum Leben erweckt. Welchen Zeitraum diese Mikroorganismen überlebt haben, läßt sich vielleicht ermessen, wenn man bedenkt, daß sie Zeitgenossen einer erdgeschichtlichen Periode sind, in der gerade die ersten Pflanzen den Schutz der Ozeane verlassen hatten, um die Urkontinente zu besiedeln - Zeitgenossen einer Epoche, in der die Herrschaft der Urwüste, die zuvor mehrere Milliarden Jahre lang allein über die Kontinente geherrscht hatte, beendet wurde und die Biophase auf den Kontinenten, die bereits heute wieder ihrem Ende entgegenzugehen scheint, eingeleitet wurde.
Die Erkenntnis, daß gewisse primitive Mikroorganismen bei einer totalen Verwüstung ihrer Umwelt in der Lage sind, gleichsam einer Idee des Lebens praktisch unbegrenzt in einem scheintoten Zustand lebensfähig zu bleiben, hat für die zukünftige, ferne Erdgeschichte im wahrsten Sinne des Wortes weitreichende Konsequenzen.
Wenn in ferner Zukunft unsere Sonne auf dem tödlichen Höhepunkt ihres Lebens ihre Planeten austrocknet, werden die Ozeanbecken sich in Salzwüsten verwandeln. Das zurückgebliebene Salz wird die Erdkruste des ehemaligen Meeresbodens als mehrere Hundert Meter dicke Schicht bedecken. Während bis zu diesem Zeitpunkt längst alle höherentwickelten Lebensformen ausgestorben und ihre Überreste durch die Kräfte der Verwitterung zu Staub zerfallen sind, werden Mikroorganismen, die zweifellos in der Lage waren, die Apokalypse bis zum letzten Tropfen flüssigen Wassers zu überleben, myriadenfach in den Salzkristallen eingeschlossen werden.
Der Todeskampf der Sonne wird lange dauern und sich in kosmischen Zeitdimensionen vollziehen. Ihren verschwenderischen Ausstoß von Energie wird sie nicht sehr lange aufrechterhalten können, und bereits nach etwa 2 Milliarden Jahren hat sie auch den größten Teil ihres neuen Brennstoffes Helium zum schwereren Element im periodischen System, zu Kohlenstoff, umgewandelt. Der Energiestrom aus dem Sonneninneren nimmt abermals ab, die Kontraktion setzt wieder ein und erzeugt nunmehr Temperaturen von weit über 110 Millionen Grad Celsius, genug, um den Kohlenstoff atomar zu verbrennen und seine Atome zu einem noch schwereren Element, zu Neon zusammenzubacken. Jedes sich neu atomar entzündende Element liefert die elementare Asche für die nächste Kernreaktion, die der vorangegangenen vermutlich in einem immer kürzeren Ab-

stand folgt. In dieser Entwicklungsperiode eines Sterns wird unsere Sonne mehrere instabile Phasen durchlaufen. Aus ihrem Inneren werden vernichtende Mengen tödlicher Gamma- und Röntgenstrahlen ungehindert an die Sonnenoberfläche gelangen und von dort in den interplanetarischen Raum abgestrahlt werden. Diese Strahlen werden die Erdoberfläche buchstäblich sterilisieren.
In der Gegenwart wird der größte Teil der tödlichen Strahlen, die der Wasserstoffkernreaktor im Sonnenkern erzeugt, bereits auf dem langen Weg zur Sonnenoberfläche in ungefährliche langwellige Strahlen umgewandelt. Das ist der Hauptgrund, warum die Erde während der gegenwärtigen stabilen Wasserstoffphase der Sonne nicht mit tödlichen Strahlen überschüttet wird, die auch ihre Atmosphäre nicht mehr abfangen könnte, sondern mit Licht und Wärme.
Die Entstehung immer schwererer Elemente und die wiederholten Kontraktionsphasen lassen unsere Sonne mehr und mehr schrumpfen, bis sie eines Tages nur noch die Größe eines größeren Planeten besitzt. Die gesamte Sonnenmasse wird sich zu einer unglaublichen Dichte zusammenziehen, und ein Kubikzentimeter Materie aus dem Sonnenkern wird viele Tonnen wiegen. Bis zu diesem Stadium gealterte Sonnen werden von den Astronomen aufgrund ihrer geringen Größe und dem weißen Licht, in dem sie erstrahlen, als Weiße Zwerge bezeichnet. Die Kernumwandlung in immer schwerere Elemente hat natürlich zur Folge, daß sich im Sonnenkern immer reaktionsträgere elementare Aschen ansammeln. Die Astrophysiker haben errechnet, daß bei einem Stern von der Masse unserer Sonne sehr bald ein Punkt erreicht ist, an dem die Gravitation nicht mehr ausreicht, die Atome der neuentstandenen schweren Elemente zu verschmelzen. Die schweren Atomkerne widerstehen einer weiteren Kontraktion, und neue atomare Prozesse werden nicht mehr ausgelöst. Das hat zur Folge, daß das atomare Kernfeuer im Inneren unserer Sonne eines Tages langsam aber unaufhaltsam im Laufe vieler Milliarden Jahre zu erlöschen beginnt. Bis zu diesem fernen Zeitpunkt, wenn die Sonne langsam verglüht, wird sie insgesamt nur etwa $1/1000$ ihrer gewaltigen Masse in Energie umgewandelt und abgestrahlt haben. Dieser Masseverlust ist viel zu gering, um die Bande der Schwerkraft zwischen ihr und den Planeten zu lösen. Zu einer unvorstellbaren Dichte zusammengeschrumpft, wird ihre gewaltige Masse die Erde und die anderen Planeten auch weiterhin in einer Kreisbahn gefangengehalten.
In dieser allerfernsten Zukunft, die wir uns nicht mehr vorzustellen vermögen, wird das Leben auf der Erde eine neue, eine allerletzte Chance erhalten. Auf einer toten, sich langsam wieder abkühlenden

Erde werden wahrscheinlich letzte Reste von Wasserdampf aus dem Erdinneren aufsteigen. Dieser wird sich wie einst bei der Entstehung der Erde abkühlen, kondensieren und sich als Wasser in den ausgedörrten ehemaligen Ozeanbecken sammeln, ohne jedoch auch nur annähernd auszureichen, um sie wieder völlig aufzufüllen. Das Wasser der neuentstandenen Kleinozeane wird die Salzschichten auflösen und die in den Salzkristallen tieferer Schichten eingeschlossenen Mikroorganismen, wo sie vor den absolut tödlichen Röntgen- und Gammastrahlen geschützt waren, nach einem mehrere Milliarden Jahre währenden Scheintod wieder zu neuem Leben erwecken. Die Sonne wird sich immer weiter abkühlen, bis die Temperatur ihrer Oberfläche der Temperatur des kalten leeren Weltraums entspricht. Den aus dem langsamen Erlöschen unserer Sonne folgenden unabwendbaren letzten und endgültigen Tod, den Kältetod unserer Erde, hat 1926 der schwedische Kosmophysiker Svante Arrhenius (Aus H. Schiffers: Die Sahara und ihre Randgebiete, Band I) sehr eindrucksvoll geschildert.

»Wenn wir uns von dem endlichen Schicksal unserer Erde ein Bild machen wollen, da sie dereinst bei der erkalteten und geschwächten Sonne in Finsternis und Kälte versenkt sein wird, so haben wir das Vorbild auf dem Mars und nicht auf dem Monde zu suchen. Langsam wird die Zeit herankommen, da das Weltmeer zuzufrieren beginnen wird, bis es endlich bis auf den Grund erstarrt[1]. Der Regen wird immer dürftiger, nur leichte Schneefälle werden in die Erscheinung der Erdoberfläche eine Abwechslung bringen. So weit das feste Land sich erstreckt, wird es immer mehr und mehr zur Sandwüste werden. Aus den Spalten im Erdboden werden die Gase des Erdinnern strömen, und sie werden als dunkle Striche erscheinen. Sinkt auch die Temperatur am Äquator unter den Gefrierpunkt herab, so werden die polaren Gebiete die einzigen sein, in denen eine leichte Reifdecke im Hochsommer auftauen wird und wo die letzten schwachen Organismen nach einem langen Winterschlaf in den Samen oder Sporen ihr hartes Leben fristen[2]. Endlich wird auch dort der letzte Rest von Leben verschwinden, und nur die Sandstürme werden noch einigen Wechsel in die öde Einförmigkeit bringen, wenn man davon absieht, daß noch die Dünste aus dem Erdinnern in den Bergrissen aufsteigen. Einfallender meteorischer Staub, der jetzt nur

1 die neuentstandenen Kleinozeane (Anm. d. Verf.)

2 Die Polarregionen erhalten aufgrund der Neigung der Erdachse während der Sommermonate eine durchgehende, nicht durch die Nacht unterbrochene Sonneneinstrahlung von 24 Stunden täglich (Anm. d. Verf.).

auf dem Meeresgrunde ungestört liegenbleibt, wird die ganze Erdoberfläche mit einem Mantel überziehen, der sich durch Oxydation ziegelrot färben wird. Wird aber auch der Sauerstoff aufgebraucht sein, so wird der Meteorstaub seine grüne Farbe behalten und dieselbe dem Leichentuch der Erde erteilen[3].«
Das kalte Ende unserer Sonne ist im Weltall aber keineswegs als normal anzusehen. Es existiert im Gegenteil so etwas wie ein kosmischer Trost.
Bei den zahlreichen Sonnen, die eine um vieles größere Masse als unsere verhältnismäßig kleine Sonne besitzen, geht die gravitative Zusammenziehung immer weiter, weit über das Stadium eines Weißen Zwerges hinaus, und in ihrem Inneren entstehen bei immer höheren Drücken und Temperaturen immer neue, immer schwerere Elemente, die jeweils immer den Brennstoff für den nächsten Kernverschmelzungsprozeß liefern. Neonasche entzündet sich bei Temperaturen von 800 Millionen Grad, um eine noch schwerere Asche aus Magnesium zu hinterlassen. Bei 1,5 Milliarden Grad bilden sich dann Silizium, Schwefel und Phosphor. Während im Inneren des Sterns also immer schwerere Elemente entstehen, rücken die atomaren Brennzonen der leichteren Elemente schalenförmig immer weiter nach außen. Während in einer äußeren Schicht noch leichtes Helium brennt, verbrennt im Kern bereits ein schwereres Metall. Der Stern stellt in diesem Stadium praktisch eine gigantische Atombombe von kosmischen Dimensionen mit Zeitzünder dar. Schließlich wird im Inneren des Sternes ein Punkt erreicht, an dem die Gravitation die atomare Struktur der Materie selbst, aus der er besteht, zerstört. Bei Drücken und Temperaturen, die sich jeder menschlichen Vorstellungskraft entziehen, bricht das aus Elementarteilchen gebaute Gerüst der Atomkerne zusammen und der Stern stürzt in sich zusammen. Bei den dabei entstehenden Temperaturen von bis zu 6 Milliarden Grad, bei denen u. a. die schweren Elemente Titan, Mangan, Eisen, Nickel und Kupfer entstehen, wird ein großer Teil der Sternmasse zerstört und in einem titanischen atomaren Explosionsblitz, einer sogenannten Supernova, die so hell leuchtet wie 300 Millionen Sonnen, in das Weltall geschleudert. Während dieses Vorganges streut die explodierende Sonne die von ihr aus der kosmischen Ursubstanz Wasserstoff aufgebauten Elemente hinaus in das Weltall – Elemente, aus denen irgendwo und irgendwann in der Unendlichkeit des Kosmos neue Planeten, neues Leben entstehen kann.

3 Aus den restlichen ausgegasten Wasserdampfmengen und von der Oberfläche der Kleinozeane durch Photodissoziation freigesetzter Sauerstoff (Anm. d. Verf.).

Eine Auswahl weiterführender Literatur

J. Bodechtel/H. G. Gierloff-Emden: Weltraumbilder der Erde. München: List 1969.
H.W. Franke: Methoden der Geochronologie. Die Suche nach den Daten der Erdgeschichte. Berlin: Springer 1969.
R. Gardi: Cram Cram. Erlebnisse rund um die Air-Berge in der südlichen Sahara. Stuttgart: Franckh'sche Verlagshandlung 1969.
R. Gardi: Sahara. Monographie einer großen Wüste. Bern: Kümmerly und Frey.
R. Gardi/J. Neukomm-Tschudi: Felsbilder der Sahara im Tassili n'Ajjer. Bern: Hallwag 1969.
K.-H. Georgi: Kreislauf der Gesteine. Eine Einführung in die Geologie. Reinbek: Rowohlt 1972 (rororo tele).
G. Heberer/H. Wendt (Hrsg.): Entwicklungsgeschichte der Lebewesen. München: Kindler 1972 (Grzimeks Tierleben. Ergänzungsband I).
H.J. Hugot/M. Bruggmann: Zehntausend Jahre Sahara. Bericht über ein verlorenes Paradies. Luzern: C.J. Bucher 1976.
F. Kollmannsperger: Auf der Straße der Zugvögel. Pfaffenhofen: Ilmgau Verlag 1961.
H. Schiffers: Die Sahara und ihre Randgebiete. Darstellung eines Naturgroßraums. 3 Bde. München: Weltforum-Verlagsges. 1971.
O. Schmieder: Die neue Welt. Band 2: Nordamerika. München: Keyser'sche Verlagsbuchhandlung 1963.
M. Schwarzbach: Das Klima der Vorzeit. Eine Einführung in die Paläoklimatologie. Stuttgart: Enke 1974.
E. Stuhlinger: Projekt Viking. Die Eroberung des Mars. Köln: Kiepenheuer & Witsch 1976.
G. Vogel/H. Angermann: dtv-Atlas zur Biologie. München: dtv 1967.
H. Walter: Die Vegetation der Erde in ökophysiologischer Betrachtung. Band I: Die tropischen und subtropischen Zonen. Jena: G. Fischer.
H.-G. Wunderlich: Das neue Bild der Erde. Faszinierende Entdeckungen der modernen Geologie. Hamburg: Hoffmann und Campe 1975.

Quellennachweis:

Fotos: Vorlagen für die Abbildungen 1–48 aus dem Archiv des Autors,
Abbildungen: 49–52 USIS-Photos.
Zeichnungen: S. 19, Merian, S. 20 und S. 107 M. Thielscher/NDR,
S. 79 Franckh'sche Verlagshandlung Stuttgart, S. 115 H. Losert
(aus Grzimeks Tierleben, Ergänzungsbd. 1,
Entwicklungsgeschichte der Lebewesen.
München: Kindler 1972), S. 121 K. Kästner/NDR.
Alle übrigen Zeichnungen von R. Barsuhn.

Medizin und Gesundheit Knaur®

Aubert, Claude:
Das große Buch der biologisch-gesunden Ernährung
208 S. Mit Tabellen und Grafiken.
Band 4301

Friedmann, Lawrence:
W. und Lawrence Galton:
Was tun, wenn der Rücken schmerzt?
288 S. mit 58 Abb.
Band 4302

Galton, Lawrence:
Was tun, wenn der Magen streikt?
Das menschliche Verdauungssystem und seine normalen wie auch gestörten Funktionen.
336 S. Band 4304

Hertwig, Hugo:
Knaurs Heilpflanzenbuch
Ein Hausbuch der Naturheilkunde.
400 S. mit 50 mehrfarb. Pflanzendarstellungen.
Band 7197

Kaiser, Dr. med. Josef H.:
Das große Kneipp-Hausbuch
Dieses große Kneipp-Buch leitet an zu richtiger Ernährung, zu Anwendung von Heilpflanzen sowie zu einer naturgemäßen Lebens- und Heilweise.
864 S.
Jubiläumsband 4306.

Knaurs Gesundheitslexikon:
960 S. mit 155 Abb.
Band 7002

Knaut, Horst:
Herzinfarkt
Ursachen, Erfahrungen, Ratschläge.
320 S. Band 4305

Obeck, Victor:
Isometrik
Die erfolgreiche und revolutionäre Methode für müheloses Muskeltraining.
128 S. mit 120 Abb.
Band 4303

Sponsel, Heinz:
Die Heilkräfte der Natur
224 S. Band 7441